MICHEL ONFRAY

Le désir
d'être un volcan

Journal hédoniste

I

GRASSET

« L'existence et le monde ne sont justifiables qu'en tant que phénomènes esthétiques. »

NIETZSCHE, *La Naissance de la tragédie,* § 24.

SOMMAIRE

PRÉFACE

Le principe d'archipel

Dans l'avion où je suis et qui vole vers l'océan Indien, la nuit est un monde à part entière : le décalage dans le temps, le même dans l'espace installent l'âme en un lieu où tout est possible qui permet de faire se rencontrer des hommes et des trajets, des histoires anciennes et des pérégrinations pour demain, de vieux souvenirs et de nouvelles aspirations. Je songe, là, au creux d'une nuitée africaine, au Yémen et au Harrar, à l'Ethiopie et à Djibouti, bien sûr aux mânes de Rimbaud, Segalen et Nizan. En bas, loin, des lumières clignotantes transfiguraient la mer Rouge en une même géographie que les sables pour l'avancée lente et sûre des paquebots, des cargos et des bâtiment qui croisaient avec leur contingent d'âmes solitaires.

Je me rappelais l'*Icaroménippe* de Lucien de Samosate et du désir qu'eut un jour Ménippe, las de la multiplicité des discours philosophiques contradictoires sur la nature du monde, de se rendre compte par lui-même de ce à quoi il ressemblait. Des ailes fichées dans le dos, sur le conseil d'Empédocle visité pour l'occasion, le nouvel Icare a survolé la planète, vu adultères et meurtres, embûches et brigandages, parjures et trahisons, lâchetés et couardises, mensonges et mesquineries. Cessons là, il a vu le monde, comme plus tard le diable boiteux de Le Sage en soulevant le toit des maisons, et comme avant lui Gygès, porteur d'une bague qui le rendait invisible.

Les vols aériens me sont toujours des leçons philosophiques et l'occasion de vagabondages métaphysiques. Survoler l'Afrique et voir s'inscrire sur un écran la trace de l'avion sur la carte du désert, dans les brisées du Soudan, non loin du Kenya, sur les eaux noires de la mer, la nuit, ou céruléennes et brûlantes de lumière, le jour, suivre le passage d'un continent à l'océan, d'un monde à l'autre, c'est toujours pour moi une heure heureuse vécue telle une apesanteur de l'esprit. Au-dessus des îles que j'imaginais peuplées d'oiseaux aux plumages mirifiques, de plantes aux volutes tropicales ou d'animaux aux cris contemporains du début du monde, je songeais que ces fragments de terre au beau milieu de l'eau formaient des archipels dont j'aimais la structure, la forme et la consistance.

Les petites îles sans âme qui vive semblaient mangées par les flots qui rongent les barrières de corail et, à l'aide du jeu de sacs et ressacs, sculptent des formes semblables aux nuages qu'aimait Baudelaire : on peut y voir des groins de monstres, des chevelures de naïades, des crinières d'hippogriffes, des visages de dieux, des corps de femmes, des fumerolles de volcans ou ce qui nous passe par la tête au moment du voyage nous éloignant avec bonheur de l'Europe aux anciens parapets. Ou encore, à l'inverse, l'eau paraissait reculer devant l'émergence de la terre, son surgissement des entrailles, son impudence à être là comme une contrariété à l'endroit de l'élément liquide.

J'aime les îles pour ce jeu qu'elles permettent avec l'éternel retour oscillatoire entre le solide et le liquide, la terre et la mer, le masculin et le féminin. Eaux froides et vertes des mers septentrionales, eaux chaudes et bleues des océans tropicaux, à chaque fois ces terres sont parentes par le désir d'insularité qu'elles induisent dans les mythologies de chacun. Et j'aime cette figuration géographique de l'autonomie, de la solitude, de l'indépendance, de la singularité.

D'où, également, mon intérêt pour les archipels et ce qui, sans les rapprocher autrement que par le désir, peut réunir les îles solitaires. Côte à côte mais séparées, ensemble mais distinctes, sœurs mais éclatées, elles me font songer à la forme d'un livre ou à celle des œuvres aléatoires musicales des années soixante. En atterrissant, l'avion se rapprochant du sol, l'air doit laisser place à la terre. L'île semble grossir. De petit point perdu qu'elle était dans l'océan, elle devient de plus en plus visible, se découpe, s'affirme en forme, montre les hachures de ses côtes, la couleur de ses terres — sublime latérite qui me dit l'Afrique plus que tout ! — , celle de ses végétations. De l'archipel vu comme Ménippe on passe à la terre ferme sans pour autant oublier la dentelle des pierres dans l'eau bleue comme l'iris d'un être aimé.

Rentrant d'Afrique, j'ai voulu retenir ce que j'appellerai *le principe d'archipel* pour composer, un jour, un ouvrage dont je cherchais l'existence, déjà, dans l'histoire des livres. Montaigne, bien sûr, et ses *Essais*. Mais aussi les grands prédécesseurs, ceux qui l'ont aidé à appuyer cette forme qui convenait si bien à l'expression libre d'une subjectivité libre. Aulu-Gelle et ses *Nuits attiques*, lues, je me souviens, dans la bibliothèque gelée d'un lycée où je fis quinze jours de remplacement comme professeur, les ouvrages de Stobée ou de Valère Maxime, annotés dans les salles de lecture d'une bibliothèque universitaire. Ou, plus tard, les *Parerga et Paralipomena* de Schopenhauer, sinon les *Minima Moralia* d'Adorno. Au bout du compte, peu de formes ouvertes et libertaires, peu d'écritures en archipel dans une tradition qui préfère le lourd exposé dogmatique issu des machines de guerre scolastiques. Il m'a fallu, bien évidemment, l'esprit libre de Nietzsche et ses formes associées pour désirer ici l'ébauche de ce que René Char appelle « la parole en archipel ». Apophtegmes, aphorismes, poèmes, dithyrambes, dissertations, fusées, libelles, pamphlets, Nietzsche a tout utilisé pour désinfecter la forme classique.

Car une pensée doit être en coïncidence avec la forme qui l'accueille. Aussi, une vision du monde nomade et libertine, hédoniste et libertaire, ouverte et mobile, ne peut se proposer en dehors d'une revendication d'inachèvement : ce livre commence avec mon désir, il se terminera avec mon trépas, sans qu'on puisse le finir autrement. Pas plus qu'une existence ne s'achève avec le cadavre de qui la supportait. Les traces font un destin qui ne se révèle qu'au fur et à mesure. Voilà pourquoi j'écris : par un trouble déni de la mort doublé d'une conscience vive de l'entropie.

A sa manière, une existence est aussi un archipel, une conjonction de moments, de figures, de traces, de mémoires, de trajets, de personnes, de lectures, d'idéaux, de digressions, de méditations, de fulgurances, de confessions, de confidences. On trouvera tout ceci dans ce livre qui est en quelque sorte une juxtaposition de propositions à partir d'un journal hédoniste dont les feuilles auraient été arrachées d'un registre intime, une fois nettement, une autre, plus secrètement. Je crois toujours, après Nietzsche, qu'une écriture, une pensée, une vision du monde relèvent de l'autobiographie, de la confession de son auteur.

Ouverte, la forme d'un livre se dévoile hors commencement et fin, car, partout et sans dommage, on peut entamer une lecture, partout on peut refermer le livre. La chronologie qu'implique le volume, son déroulement avec un début, un milieu et une fin, peuvent être mis à mal par le désir de libertiner d'un essai l'autre ; ouverte, la forme s'énonce définitivement sans achèvement, dans la suspension d'une existence laborieuse, sur le chantier d'un livre en train de se faire en marge des autres ; ouverte, elle l'est également dans les registres qui conduisent d'une île furtive à une autre plus expansive, d'un lieu bref à un autre plus long, d'une forme électrique à une forme aquatique, de la foudre à l'onde, du volcan à l'océan.

L'archipel est moins une affaire de décision a posteriori que de volonté a priori. Les pages du *Désir d'être un volcan* ne procèdent pas du genre posthume des recueils de textes. De mes piles de papiers, plus de cinq cents feuillets ont été écartés, car écrits dans l'opportunité d'une occasion disparue qui ne justifie plus l'existence prolongée dans un livre. En revanche, tel ou tel de ces fragments d'archipel a pu être vu, ailleurs, quand pouvaient coïncider l'écriture du texte en cours, la pensée du moment, et la proposition en une forme qui soliloquait dans un lieu où l'existence solitaire était aussi possible.

Ce parcours dans la géographie des archipels conviendra aux âmes libertines. Pour les autres, il est facile de passer son chemin. Le libertinage est affaire d'albatros et d'oiseaux sans doubles, tous pourtant convaincus qu'en vertu des affinités électives il existe une fraternité secrète et silencieuse. En fauconnerie, le libertin est l'oiseau qui part et ne revient pas. Ceux-là errent, vont, viennent, circulent. Ils préfèrent Héraclite et son fleuve mobile à Parménide flanqué de sa sphère immobile. Car, avant toute chose, ils aiment l'hédonisme qui permet à la vie d'être réellement vécue avant que la mort n'arrive.

Ce qui donne du goût à la vie est dans ce livre : l'amitié et la lecture, la musique et les beaux-arts, la littérature et les voyages, la conversation et la gastronomie, l'écriture et le corps, la poésie et la philosophie, l'enfance et le silence, l'admiration et la colère, les livres et les chats, la mémoire et la mort. Pour ce genre de proximités fortuites dans ses *Essais*, Montaigne parlait de « fricassée ». J'aime le mot. Plus tard, pour désigner et caractériser cette forme de construction ouverte, on utilisera les expressions « ordre fortuit » ou « ordre aléatoire ». Il me plaît aussi que ces oxymores me fassent, pour une fois, aimer l'ordre.

Encore un mot sur l'Afrique qui m'a soufflé à l'oreille le vent venu des archipels : je lui dois aussi un certain usage de l'arbre. Précisons. Dans les villages où la tradition orale est seule garante de la transmission des savoirs, les mages, les sorciers, les sages, les philosophes, les vieillards, ceux qui savent viennent raconter mythes et cosmogonies qui sont les histoires fondatrices de la tribu. Le parleur s'installe sous l'arbre à palabres et tout autour de lui sont installés ceux qui écoutent et se nourrissent de la parole énoncée. Bien souvent, l'arbre est fruste. Il lui suffit d'être ancien, d'avoir assez de branches ou de feuillages pour protéger des brûlures venues du soleil. Et la voix qui se déplie, se développe, se déploie raconte, baroque, un récit.

J'aimerais que *Le Désir d'être un volcan* soit un genre de parole prononcée sous un arbre à palabres qui, en forme de récit fondateur d'une métaphysique, propose un verbe hédoniste, une vision du monde libertine et libertaire, une option solaire pour trouer les nuées de cette fin de siècle. Si par caprice tel ou tel désirait une métamorphose en arbre, dans une autre existence d'un genre fouriériste, il pourrait choisir le palmier talipot dont j'ai vu, dans l'océan Indien, sur les terres foulées par Baudelaire, les feuilles fripées, desséchées, cassantes, brunissantes et laides : le spécimen que j'avais sous les yeux venait de fleurir quelques semaines auparavant et le Mauricien qui m'accompagnait m'a raconté que ce genre d'arbre vivait entre quarante et soixante ans dans le seul dessein d'une unique fleur qui dure très peu. Pour se rattraper de n'avoir rien fait d'autre qu'attendre pendant des décennies le temps de sa floraison, il est sublime, généreux, immense, grandiose, extravagant. Puis, épuisé, il meurt.

1

CONSIDÉRATIONS ANTHUMES

Où donc ai-je lu le mot anthume ? Je ne me souviens plus. Ni chez Musil qui préfère pré-posthume, ni chez Svevo où je croyais l'avoir rencontré. Chez un oulipien ? Peut-être. A moins qu'il s'agisse de Queneau, de Vialatte ou plus vraisemblablement d'Alphonse Allais. N'importe, j'aime ce mot fabriqué en contrepoint fantaisiste à l'étymologie de posthume et qui suppose, pour cette dernière occurrence, un post et un humus, un après et une terre dans laquelle on repose. Littré, que j'aime comme un compagnon de tous les jours, signale que postumus est le superlatif de postemus et ajoute : « Il conviendrait que l'Académie corrigeât la fausse orthographe et écrivît postume. » Que fait-on Quai Conti pour réjouir et satisfaire Emile en même temps qu'enrayer la décadence de la langue française ? Fichtre, quel mépris pour les mots... Mais je m'éloigne, car posthume ne m'intéresse que pour anthume qui pourrait signifier avant la mort, ce temps mesurable en regard du trépas. J'opte pour anthume et annonce les considérations afférentes.

En vertu des exigences d'une méthode digne de ce nom, il faudrait dire une biographie, ou quelque chose comme cela. Elle commencerait ainsi : je suis né le 1er janvier 1959 en même temps que le nouveau franc. Puis poursuivre sur mon père, ma mère et Frisette, le chien qui vivait alors chez mes parents, mon frère, etc. Mais je n'ai pas, déjà, de goût pour la photo de famille. Dans le journal du jour de ma naissance qu'un ami m'offrit un jour, j'ai compulsé les pages en déconfiture, elles ne sont guère riches en événements importants : une cotisation pour offrir un cadeau à René Coty — déjà le zèle à l'endroit de ceux qui nous gouvernent —, André Malraux au chevet de l'un de ses fils malade, les bas Phantom qui « souhaitent à leurs fidèles et élégantes clientes une bonne et heureuse année », les fiançailles de Denise Bouteille avec le vicomte Henry Homassel de Mechecourt — j'espère qu'ils ont eu des enfants depuis —, la traduction, enfin, de Saint-Exupéry en tamahaq afin de permettre la lecture du *Petit Prince* aux Touaregs du Hoggar. Et puis Charlie Chaplin aux prises avec une mauvaise molaire dans un hôpital londonien, la suppression de l'impôt sur les bicyclettes, rien sur ma naissance. La vie, quoi.

Les portraits sont toujours des autoportraits, mes libertinages et vagabondages d'île en île dans l'archipel hédoniste vaudront comme des traits et volumes, lignes de force et lignes de fuite à l'aide desquels, au fur et à mesure, doucement, avec le temps, s'agenceront les mystères qui génèrent les formes. Peut-être en surgira-t-il quelque chose qui fasse sens...

Deux mots, tout de même, pour expliquer ces libertinages. Dans mon *Portrait du philosophe en chien*, j'ai écrit sur le cynisme dont le contenu s'est modifié avec le temps au point de fournir à la même notion deux acceptions contradictoires. Il en va de même avec épicurien, philosophe ou stoïque dont les définitions sont aujourd'hui loin de correspondre à ce qu'elles signifiaient à l'origine. Libertin a souffert de la même perversion sémantique et l'on n'en sait plus, à l'heure actuelle, qui ne soient d'abord des débauchés ou des roués, ces figures de toujours magnifiées par la Régence. On songe prioritairement au marquis de Sade, à ses mises en perspective des malheurs de la vertu et des prospérités du vice. Et avec lui, à Valmont et autres spécialistes en parties fines. Ceux-là obèrent l'existence de leurs ancêtres du Grand Siècle auxquels on doit nombre d'idées qui ont ensemencé notre modernité. Mais qui connaît aujourd'hui François Luillier, Guy de La Brosse, Jacques Vallée des Barreaux ou François Bernier ? D'aucuns, parmi les plus informés, n'ignorent pas l'existence de Naudé, Gassendi ou La Mothe Le Vayer, certes, mais leur réputation excède-t-elle leur nom qu'on les lise ? Je le crains.

Aussi, pour les distinguer, sinon les opposer aux libertins de mœurs, on a parlé de libertins érudits, ce qui, pour certains, présentait l'avantage idéologique non négligeable de dissocier radicalement deux tendances qui, pourtant, sont loin d'être étrangères. Mais le moment n'est pas de faire l'exégèse de ces deux temps forts de la pensée française, ni de montrer combien Pascal et Descartes ne se comprennent guère ni ne se lisent sans eux. Allons pour les libertins érudits s'il s'agit de justifier libertinages, et disons qu'au-delà du libertinage comme d'une pratique confinant aux mœurs déréglées — mais sur quoi faut-il régler tout cela ? — il est l'activité d'un homme qui se refuse toutes les croyances religieuses de son temps. En plein XVIIe siècle, bien sûr, il n'est de religion que chrétienne. Mais aujourd'hui, les religions ont fait florès en même temps que périclite, sinon chavire, le christianisme. J'entends par religion toute idéologie qui relie, tout ce qui fait corps et fabrique des agrégats, tout ce qui entraîne communion, Eglise, soumission à des dogmes et abdication de la souveraine liberté de l'esprit, tout ce qui fournit une Bible et des conciles, des conclaves et des orthodoxies, des catéchismes et des hérésies, des militants et des sectateurs, des prosélytes et des thuriféraires. La politique, l'idéologie, en ce sens, fournissent force religions qui agissent insidieusement, progressent ou triomphent. Etre athée, en l'occurrence, est un exploit, mais je tâche de tendre à cet état, ce qui n'est pas de tout repos et installe à coup sûr dans la solitude. Mais peu importe.

J'aime également le libertinage parce que Littré dit de lui qu'il caractérise « ce qui va à l'aventure ». Puis il ajoute : « en ce sens il ne se dit plus guère aujourd'hui qu'avec esprit, imagination, plume ». Disons qu'il est plaisant de commencer un livre en sachant qu'il ira à l'aventure, que rien d'autre que la fantaisie ne le conduira, qu'il se nourrira de liberté, d'errances, de traits d'humeur, et de confidences.

2

PHILOSOPHIE DU PANACHE

J'ai toujours aimé la figure de Cyrano de Bergerac, autant le penseur, philosophe libertin, ami de Gassendi et auteur de *L'Autre Monde*, que le héros de la pièce d'Edmond Rostand qu'on lit souvent si mal et avec tant de préjugés. Pour les besoins d'une conférence, j'ai repris le texte dans ma bibliothèque afin d'y voir de plus près. Je crois avoir plus de sympathie que jamais pour ce parangon de la rébellion, pour ce libertaire qui ne s'en laisse pas conter, aujourd'hui, en ces heures de conformisme généralisé. Cyrano, le libertin érudit, autant que le support du nez qui brûle les planches, est une invitation au panache dans une époque qui n'en veut plus, et trouve même ridicule qu'on préfère un peu d'élégance à beaucoup de bassesses. Parler d'honneur aujourd'hui passe pour signe de mauvais goût, d'archaïsme — épithète infamante, car il faut être moderne, c'est-à-dire ne rien tant chérir que la fourberie.

Donc, j'ouvre une édition ancienne du texte d'Edmond Rostand et trouve, à ses côtés, sur le rayonnage, quelque pensum accompagnant une autre édition à l'usage des étudiants qu'on m'avait fait parvenir, il y a quelque temps, dans l'établissement où j'enseigne. Curieux de l'apparat critique et de renseignements qui auraient pu me rendre la lecture plus intelligente, j'opte pour le volume dont la couverture, j'aurais dû m'en douter, sacrifiait à la récente adaptation du texte pour le cinéma. Ne gâchons pas le plaisir par de la mauvaise humeur a priori, l'intérieur pouvait contredire et contrarier l'apparence — n'est-ce pas, d'ailleurs, la leçon de Cyrano ?

Las ! Dedans valait dehors. Le sinistre universitaire, mais je crains le pléonasme, s'avançait avec ses médailles : issu de ce que Sartre appelait l'Ecole dite normale et prétendue supérieure, il était agrégé. Drôle de mot pour signifier qu'on aime s'agglutiner, fonctionner en groupe, par paquets. Mais là n'est pas le pire, il est de plus graves péchés. Non, le fat est aussi un sot, car il présente la pièce comme une œuvre sans épaisseur intellectuelle, sans message, sans problème métaphysique, sans prétention philosophique. Sans texte aussi, peut-être, pendant qu'il y est ? Car, enfin, ça n'est pas parce qu'il ne voit pas la chose qu'elle ne s'y trouve pas. L'œuvre d'Edmond Rostand est trop riche, vraisemblablement, pour qu'il y distingue quoi que ce soit. Pêle-mêle, j'y vois une pièce sur le désir et le fonctionnement du plaisir, la parole donnée et le serment, l'amitié et la camaraderie, les pouvoirs du verbe et la séduction, la fidélité, la valeur, l'élégance, les vertus et la virtuosité, les effets du temps sur le sentiment, les relations entre le désir, la passion et l'amour, la chair et l'esprit, le corps et l'âme, la liberté, l'indépendance, le refus des compromissions. N'est-ce pas assez ?

D'autre part, pour flatter son sens des fiches, des mots et du pensum, l'universitaire aurait pu chercher les récurrences cartésiennes (dans la vie, comme dans la pièce, Cyrano lit Descartes), les sources de la pensée de ce libertin érudit et ce qu'il en reste chez le personnage de théâtre. Pour s'amuser dans les citations, il aurait pu convoquer ici, pour la figure historique, Naudé, Gassendi, Epicure et Démocrite, là, pour la figure esthétique, Baudelaire, Brummell, Barbey d'Aurevilly et Jünger. Ainsi aurait-il vu plus qu'il ne sait voir là où il y tant à regarder.

Au lieu de cela, le sorbonnagre réduit *Cyrano de Bergerac* à un divertissement populaire sur le mode du récit de cape et d'épée. Plus fort, et digne d'une estocade, le faquin, mais je tais son nom, par désir de ne point l'honorer d'en faire une insulte nouvelle, voit dans le personnage l'incarnation du « complexe d'Astérix », montrant par là quelles sont ses plus audacieuses lectures : Cyrano, modèle d'arrogance, de prétention et de suffisance françaises, quintessence du Français moyen parlant haut et fort, au verbe péremptoire, prompt à dégainer. Avec un peu d'extrapolation, on obtient un Cyrano couvert du béret basque et traînant un cabas dont sortent le poireau et le litre de mauvais vin rouge. Encore un effort Monsieur l'agrégé...

Loin du village qui résiste à l'assaillant romain, peu suspect d'être, justement, le rejeton d'amours gomorrhéens entre le petit moustachu gaulois et son compagnon de route obèse, porteur de menhir, Cyrano me paraît incarner l'éternelle rébellion, la singularité à l'œuvre dans la vie quotidienne, le souci de confondre son existence et un projet volontariste esthétique. Il tâche de faire de sa vie une œuvre d'art, aspire à la grandeur et à l'héroïsme dans le détail, veut l'élégance et le panache en lieu et place de ce que Nietzsche appelait les vertus qui rapetissent. A son ami Le Bret qui le presse de répondre à la question du sens de son existence, et l'invite à donner les raisons qu'il a de vivre ainsi, Cyrano répond qu'il a pris le parti d'une morale d'artiste, qu'il entend pratiquer une esthétique de l'existence, qu'il veut styliser sa liberté : « J'ai décidé d'être admirable, en tout, pour tout ! » Voilà son projet, voilà son dessein. Rien de vraiment français, mais tout qui le rapproche d'Alcibiade ou de Brummell, de Baudelaire et du dandysme, cette religion de la forme qui prend la vie comme objet. Cyrano ne cesse d'illustrer dans sa vie ce qu'il a proclamé une fois : « Moi, c'est moralement que j'ai mes élégances. »

Que disait Baudelaire du dandysme ? Qu'il est un sacrement, une aspiration sublime et l'invitation à pratiquer la morale comme une activité artistique. Qu'il est une philosophie de la vaporisation et de la concentration du moi, une éthique du panache. Qu'il sollicite l'excellence et la qualité en un siècle dévolu à la médiocrité et à la quantité. Qu'il propose une théorie de l'homme sublime, de l'exception. On peut lire, dans *Mon cœur mis à nu* : « Avant tout, être un grand homme et un saint pour soi-même. » Et plus loin : « Le Dandy doit aspirer à être sublime sans interruption ; il doit vivre et dormir devant un miroir. » Son aspiration, la tension de son existence, consiste à « vouloir tous les jours être le plus grand des hommes ». Cyrano souscrit à ce projet esthétique, il veut sa vie comme une belle trace, son existence comme sa seule œuvre, quoi qu'il en coûte.

Le dandysme n'a cessé d'être une pratique insolente et négatrice à l'endroit de la morale du moment : lorsque Baudelaire en fait la théorie, il s'oppose à la révolution industrielle triomphante et aux valeurs de la bourgeoisie. C'est l'époque du « poète rôti » sur la table des riches quand l'artiste aspire au bourgeois dans les écuries. Baudelaire parle du « plaisir aristocratique de déplaire ». Or, à Le Bret qui lui demande à quoi rime son existence, à quoi ressemble sa vie, pourquoi il se fait toujours autant d'ennemis, Cyrano répond — comme Don Juan l'artiste à Leporello le domestique : « Déplaire est mon plaisir. J'aime qu'on me haïsse. / Mon cher, si tu savais comme l'on marche mieux / Sous la pistolétade excitante des yeux ! / Comme, sur les pourpoints, font d'amusantes taches/ Le fiel des envieux et la bave des lâches ! ». Car Cyrano est un inactuel, un intempestif, au sens que Nietzsche donne à ces termes : un rebelle dans son siècle, un électron libre. Il est seul de son propre parti. Jamais à la mode, parce que toujours d'actualité, la figure de Cyrano est susceptible de l'élargissement au mythe : parmi le panthéon qui contient déjà en son sein Don Juan, Lulu, Tristan, Carmen, Faust, Salomé, il faut ajouter l'homme de Bergerac. Et je m'étonne que l'œuvre de Rostand n'ait pas suscité l'enthousiasme d'un librettiste et d'un musicien — Ravel ou Debussy, Britten ou Stravinski, Milhaud ou Chostakovitch, Poulenc ou Busoni. Enfin, un musicien libre, lui aussi, de toute école ou de toute inféodation.

Cyrano est également un libertaire, c'est-à-dire un homme qui ne place rien au-dessus de la liberté. Qu'on se souvienne de la tirade des « non merci », catalogue en formes de fin de non-recevoir opposées à toutes les tentations mondaines qui valaient, dans l'époque mythique où évolue Cyrano dans la pièce (la France de Molière et Mazarin), lorsque Rostand écrit ses vers (en 1897), aussi bien qu'un siècle plus tard, ou presque, alors que j'en fais la lecture. Il faudrait tout lire, car Cyrano y résume les principes qui gouvernent son existence, les lignes de force qui structurent sa philosophie du panache : refuser patron et protecteur, s'interdire dédicaces opportunistes et ronds de jambes, ne pas se faire bouffon ni amuseur, ne jamais plier, être debout. Car que faut-il faire pour réussir, hier comme aujourd'hui ? Dressons la liste : ménager l'un et l'autre, célébrer celui-ci et celui-là pour les avantages qu'on y trouverait, donner de l'encensoir à tour de bras, s'agréger, se faire admettre dans cercles et cénacles, coteries et chapelles, se perdre en bavardages littéraires, consumer son énergie à paraître plutôt qu'être, préférer les mondanités à l'écriture, reconnaître du talent à ceux qui n'en ont pas, publier à compte d'auteur, donner dans la comédie parisienne, pratiquer les us et coutumes des gendelettres, craindre ou solliciter par tous les moyens l'article dans les gazettes, faire ses visites, viser l'habit, la coupe ou la médaille, et pour ce faire écrire les mauvaises pages qui valent ces mauvaises distinctions. A toutes ces pratiques Cyrano oppose son « Non, merci ! Non, merci ! Non, merci ! » Combien sont tout entiers dans ce portrait négatif ? Courtisans et échines souples, avaleurs de crapauds, lécheurs de bottes, flatteurs de ministres, domestiques, rats de couloirs et de coursives, vendeurs de rhubarbe et séné, agenouillés congénitaux, vaporisateurs d'eau de rose, préoccupés d'effets et de fausses réputations, calculateurs, fabricateurs d'intrigues. J'ai des noms à n'en plus finir, mais n'aspire pas à en faire un dictionnaire. Il me suffit d'éviter ceux-là où ils sévissent, de fuir le périmètre et l'espace qu'ils ont marqués comme les animaux qui compissent et conchient pour établir un territoire. L'éthologie nous les explique, ils sont moins faune d'un zoo que d'une jungle. Cyrano, reviens...

Quand on a ce que Gracq appelle « la littérature à l'estomac », on pratique la liberté comme un noyé l'oxygène, elle est une condition de survie, la raison d'être d'une existence. Cyrano dit non à ce qu'il appelle « la souplesse dorsale » pour mieux dire oui à la fantaisie, à la foucade et au caprice : « Chanter, rêver, rire, passer, être seul, être libre », lire, écrire, se battre, séduire une femme, boire, écouter son désir, ne jamais céder sur lui. Si l'on doit écrire, suivre sa pente, ne pas copier ni démarquer, oser seul plutôt que suivre : « Dédaignant d'être le lierre parasite, / Lors même qu'on n'est pas le chêne ou le tilleul, / Ne pas monter bien haut, peut-être, mais tout seul. » Je me rappelle un texte, de son *Journal*, dans lequel Kierkegaard, songeant aux palais théoriques inhabitables de Hegel disait préférer sa petite chaumière conceptuelle qui, si elle ne payait pas de mine, du moins était habitable.

Artiste, inactuel et libertaire, Cyrano paraît bien une incarnation du dandysme, et d'ailleurs l'époque à laquelle Rostand écrit n'est pas si éloignée des pages de Baudelaire et de Barbey d'Aurevilly sur le sujet — deux ou trois décennies seulement. L'impassibilité, du moins affichée, est une clé de voûte du dandysme. Elle suppose une sorte de surstoïcisme — qu'on veuille bien me pardonner le néologisme — induisant le mépris de la douleur, la morgue à l'endroit des souffrances. Et Cyrano, qui ne cesse de souffrir, de pâtir, tâche de masquer au mieux ses peines. Seul son ami Le Bret, belle figure de la philia, est le témoin de la pathétique du Gascon. L'ami sait que bravade et insolence cachent parfois blessures presque mortelles ; il a vu Cyrano pleurer et connaît son homme. Mais les émotions sont affaires entre soi et soi, il convient de les vivre en son for intérieur et de n'en pas éclabousser autrui. Le panache est aussi dans la capacité à éviter l'épanchement et la confidence. Royauté de soi.

Une autre fois, c'est dans le geste que Cyrano se fait dandy. On connaît les anecdotes célèbres dans lesquelles, pareils aux cyniques antiques, les Brummell, Orsay et autres Beauvoir illustrent avec drôlerie le sens de leur conception du monde. Les histoires qu'on rapporte sur eux sont de courts signes qui dynamisent et clarifient leur pensée, l'exposent en feux d'artifice. En raccourci, dans le trait, la pointe, ils apparaissent tels qu'en eux-mêmes : sublimes, efficaces et redoutables. Gratuits, grands et convaincants. Ainsi, lorsque Cyrano interdit au mauvais Montfleury de déclamer les mauvais vers d'une mauvaise tragédie, il s'entend rétorquer par Bellerose, le directeur du théâtre, que pareille frasque va coûter, que des frais sont engagés et qu'il faut bien tenir compte des impératifs d'argent. Car Bellerose, comme tous les directeurs de théâtre, est un gestionnaire, un financier. Et Cyrano convient. Pour éviter le malheur d'argent — faire des trous au manteau de Thespis, selon son expression —, il envoie sur scène une bourse pleine d'écus. Plus tard, Le Bret découvre qu'il y avait là une somme correspondant au nécessaire pour vivre un mois et que son ami se trouve de la sorte réduit à jeûner. « Quelle sottise » s'écrie-t-il. Cyrano de répondre : « Mais quel geste ! » On est loin de la rétention bourgeoise et de l'incapacité aux dépenses somptuaires qui, n'en déplaise à l'agrégé spécialiste d'Astérix, caractérisent si bien le Français dans sa superbe et habituelle étroitesse.

Faut-il poursuivre le portrait du Gascon en dandy ? Soit. Je trouve, une autre fois, cette fusée sous la plume de Baudelaire : « De la langue et de l'écriture, prises comme opérations magiques, sorcellerie évocatoire », et, bien sûr, je songe plus que jamais à Cyrano, maître du langage, grand triomphateur de la langue. Bretteur par l'acier, il l'est aussi par le verbe et l'on craint mêmement son art des deux pointes. Parler, écrire, jouer avec les mots, pratiquer l'oxymore et la paronomase, la dubitation et l'antanaclase, l'épitrope et la métalepse, puis, au-delà de tous ces noms barbares, avec les seules figures de style, obtenir les faveurs puis la passion d'une femme, conjurer le double malheur d'être né laid et de n'avoir jamais eu l'amour d'une mère. Soumettre la rose à l'hypotypose, l'allitération à la passion, puis défaire la belle par tant d'habileté qu'elle est acquise aux volubilités. Et l'on oublie le nez pour ne plus désirer que le cœur. Là est également l'une des richesses de cette pièce : elle exprime, bien avant les nébuleuses convoquées par Lacan, le rôle architectonique du langage dans la structuration d'un désir, la place majeure tenue par le verbe dans son élaboration ; elle dit aussi combien la séduction est affaire de sens produit, signification induite, ludisme aussi. Précisons.

Le texte d'Edmond Rostand permet d'oser une réponse à la question : que veulent les femmes ? Disons-le sur le mode freudien : qu'en est-il de l'essence du désir féminin ? Mais je préfère ma pre-

mière formulation, sachant que, de toute façon, elle
me vaut déjà les foudres de quelques-unes qui voient
dans la simple interrogation une expression du
machisme, de la misogynie, etc. J'aime que résiste à
toutes les approches ce mystère qui fait des femmes
un degré supplémentaire sur la voie du cérébral
quand l'homme stagne une marche au-dessous, plus
animal, moins spirituel, plus objet de la physiologie,
plus soumis à son corps. Et si les femmes étaient
appelées à ne jamais rencontrer les hommes du
simple fait qu'elles veulent autre chose, qu'elles désirent autre chose que ce que l'homme lui-même
désire ? Désirant deux objets différents, il n'y aurait
de destin que dans le malentendu, le solipsisme exacerbé, l'incapacité à habiter la même planète.
Cyrano montre qu'à la question : que veulent les
femmes ? On pourrait répondre : avant toute chose,
et pour plus longtemps qu'on ne l'imagine, *qu'on
leur parle*.

Que montre, en effet, la pièce d'Edmond
Rostand ? Les tribulations du désir qui, après la passion, se métamorphosera en amour. Du théâtre au
monastère en passant par le jardin, l'épopée qui
réunit Cyrano, Roxane et Christian est celle qui
mène de la quintessence du corps à celle de l'âme en
passant par cet étrange mixte qui permet le fantasme sur un corps aussi beau que l'âme qu'elle
contient. En effet, dans le théâtre, lieu baroque par
excellence, Roxane succombe au désir pur qui se
manifeste d'abord, et seulement, par la beauté d'un
corps jeune, frais, doux et séduisant. Le physique
triomphe. L'appel du corps et de la chair, avant que
toute parole soit proférée, est le seul qui soit, le reste
est maquillage, travestissement, civilisation. Mais
Roxane aspire à ce que le langage soutienne, ou justifie, cette aspiration brutale et soudaine à l'endroit
de Christian. S'il est beau, ce qui emporte les suffrages, encore faut-il qu'il ne soit pas trop bête, pour
qu'après les avoir emportés, il les retienne. Or, il
semble douteux qu'il le puisse : Christian, comme

tout militaire qui se respecte, est un fougueux qui n'aime guère s'embarrasser de mots. Impétueux, pressé, il voudrait entreprendre Roxane comme on fait basculer une place forte, comme on triomphe après un siège. Mais les femmes n'aiment guère ces méthodes de soudards, du moins trop ouvertement. Il faut un vernis de culture pour cacher la barbarie, un peu d'artifice pour masquer le naturel : un peu de mots pour dissimuler l'instinct. Le verbe est ce décor qui tient les coulisses, sinon les fondations, hors de vue. Ainsi l'honneur est sauf.

Quand elle découvre l'impéritie verbale du cadet de Gascogne, Roxane désespère. Succomber à ses avances sans la médiation de l'artifice, c'est consentir à la bête qui habite en elle, comme en chacun. Aucune femme, qui plus est lorsqu'il s'agit d'une précieuse — la bourgeoise du Grand Siècle —, ne peut lâcher trop vite la bonde à sa libido. La civilisation est là pour entretenir la décence, et avec elle, les névroses, le malaise, disait Freud. Il faut du verbe, encore du verbe. Words, words. La beauté nue ne saurait suffire, il faut qu'au moins elle s'habille, qu'elle se pare. C'est Cyrano qui vêt. Le jardin montre à l'œuvre une parole habile, séduisante, vive, intelligente et amoureuse, dans une enveloppe charnelle présentable : une belle âme dans un beau corps, Cyrano qui parle et Christian qui paraît. Qu'on ne s'y trompe pas, le monstre est du zoo où l'on rencontre hippogriffes et centaures, basilics et licornes. Peu de probabilités pour que l'on fasse avec cet animal fabuleux d'agréables rencontres : il n'existe que dans l'imagination des poètes. Idée de la raison, il permet qu'on structure un raisonnement, qu'on examine en rhéteur, qu'on pratique la casuistique. Pas qu'on envisage un dîner suivi d'une nuit d'anthologie. Mais l'intérêt des vers de Rostand, c'est qu'ils montrent, déjà, qu'une beauté sans intelligence n'est guère séduisante. En revanche, une beauté intelligente semble la plus aimable des choses. Et la plus rare. Puis, à tout prendre, une intelligence sans beauté, à défaut, fait mieux que l'inverse. Au siège d'Arras, où la belle qu'on avait quittée précieuse se retrouve héroïne après avoir forcé les lignes ennemies pour retrouver l'auteur des lettres qu'elle reçoit tous les jours, Roxane avoue qu'elle a compris : le corps sans âme n'est rien. A Christian, elle demandera pardon de l'avoir aimé d'abord pour sa seule beauté — effet de « frivolité » confesse-t-elle —, ensuite pour sa beauté et son âme. Enfin elle avouera n'être plus conquise que par sa seule âme. Autant dire que, sans le savoir, elle a congédié la beauté niaise de l'un au profit de la richesse poétique — au sens étymologique — de l'autre, montrant de la sorte qu'en amour l'esprit mal incarné triomphe toujours d'un corps sans spiritualité. Cyrano peut bien lire Descartes, Roxane, de son côté, a déjà résolu la difficile question des rapports de l'âme et du corps.

Mais l'amour ne dure, c'est l'autre leçon de la pièce, que s'il ne se consomme pas, seulement s'il se consume sans incarnation. Car, enfin, si Roxane peut déclarer son amour à Cyrano qui va mourir, c'est bien parce que l'enthousiasme et l'emportement d'antan sont restés intacts, indemnes de l'entropie qui affecte tous les couples, ces animaux qu'on fabrique en croyant conjurer le malheur quand on ne fait que le solliciter de toutes ses forces. Qu'on imagine, en effet, qu'au siège d'Arras, Roxane ait été affranchie, qu'elle ait compris le stratagème, la « généreuse imposture », alors elle aurait congédié le beau Christian pour déclarer sa flamme au seul Cyrano. Ne rencontrant plus de difficultés, dépassant le malentendu, allant au-delà de tout ce qui rendait l'amour impossible, les deux se seraient épousés, faisant basculer la tragédie du côté de la comédie : à défaut de drame à la Corneille, avec le temps, on aurait eu un vaudeville à la Feydeau.

Qu'on songe en effet au devenir du couple amoureux si, d'aventure, la mort n'a pas verrouillé définitivement l'amour en l'immobilisant dans le néant : le roi Marc pardonne, Tristan peut épouser Isolde ; les Capulet et les Montaigu se réconcilient, Roméo peut convoler avec Juliette ; Christian est démasqué, Cyrano peut s'unir à Roxane. Commencent alors les péripéties conjugales. Tristan s'ennuie des travaux d'aiguille d'Isolde et rêve d'une belle qui pourrait être Juliette, fatiguée du goût de Roméo pour les jeux, les courses, la bière, ou Roxane, rompue à la versification de Cyrano auquel elle reprocherait enfin son long nez, pas assez long, toutefois, pour cacher les ficelles et habitudes du rhéteur ayant épuisé tous ses charmes. Une certaine Emma Bovary entre alors en scène, ou sa sœur, elle est déjà chez Rostand qui a tout prévu.

En effet, le couple Roxane-Cyrano dispose d'un double négatif dans la pièce : l'exact revers de ce qui permet d'imaginer à quoi aurait ressemblé leur amour si, d'aventure, il avait dû, ou pu, s'incarner. Le contrepoint montre en effet Ragueneau, le pâtissier poète, flanqué d'une Lise revêche, mégère pas même apprivoisée. Le mari est généreux, un peu trop, nourrit une ribambelle de poètes affamés et intéressés, rime sans grand talent, mais adore la poésie, les vers qu'on dit de mirliton. Les comptes du magasin sont certainement en déficit, mais Ragueneau aime trop la muse pour lui préférer le tiroir-caisse. Quand l'un de ses mitrons lui offre une lyre en pâte de brioche et fruits confits, les cordes en sucre filé, le patron succombe et gratifie le jeune homme d'une pièce pour boire à sa santé. Emu, prenant Lise à témoin de la générosité du geste pâtissier, il interroge : « C'est beau ? », elle rétorque : « C'est ridicule ! » Repartie d'épouse à son mari, loin de celle que fait la maîtresse à son amant — qui aurait épousé son désir et ses plaisirs... Puis, sacrilège augmenté, elle pose sur le comptoir des sacs en papier faits de feuilles déchirées aux livres des poètes préférés de Ragueneau : pour envelopper choux, darioles et poupelins, elle sacrifie les recueils des amis de son mari. Faut-il que le mariage soit une méchante affaire pour rendre ainsi amers ceux qui, un jour, se sont promis douceurs et chatteries...

Lise ne se contente pas de la castration symbolique du mari que permet le couple habituel, elle donne, bien évidemment, dans l'adultère classique. Au poète un peu céleste, elle préfère un mousquetaire très terrestre, puisque les didascalies précisent qu'il est superbement moustachu et doté d'une voix de stentor. Peut-on mieux signifier l'animal dans sa quintessence ? Quand Ragueneau taquine la muse avec ses amis, Lise s'amuse avec son joli. Au nom de l'amitié qu'il a pour le pâtissier, Cyrano, auquel le manège de Lise n'échappe pas, lui précise : « Ragueneau me plaît. C'est pourquoi, dame Lise, je défends que quelqu'un le ridiculise » — superbe néologisme. Un peu offusquée, juste ce qu'il faut, elle cachera son jeu, mais pour mieux le faire aboutir. Car plus tard, le pâtissier, qui aura fermé boutique et trouvé occupation à moucher les chandelles chez Molière, confiera à Cyrano que sa femme a convolé avec les militaires, le laissant seul sans vergogne et sans état d'âme.

Qu'on sache donc qu'à cesser de parler on se condamne à se séparer et qu'on abandonne le verbe quand on a obtenu la chair. Tout le malheur vient de là. Après les mots, les maux. L'amour dure tant que les mots suffisent. Ensuite, l'entropie commence et avec elle les œuvres de la mort déguisée. Dès que les corps se touchent, les points culminants s'atteignent, et l'on ne peut rester sur les cimes. Aussitôt que sont conquis les sommets, on ne peut escompter qu'une amorce de descente. Après le désir, le plaisir. Puis, l'encagement, pour tenter de garder les jouissances, sinon les domestiquer, au moins avoir l'illusion de pouvoir en profiter à demeure. Lorsque le couple s'impose comme seule forme à la passion, c'est le dépérissement qui s'ensuit et avec lui la mort. Cyrano et Roxane ne s'aiment que parce qu'ils n'ont pu incarner leur désir, que parce qu'ils n'ont connu que des plaisirs érotiques sans chair. Si d'aventure ils avaient pu cesser de se parler, par exemple pour s'embrasser, puis se posséder, ils auraient aspiré à l'éternité de leur flamme et n'auraient débouché que sur les terrains occupés par Ragueneau et Lise. On imagine l'immortalité d'un feu, on n'obtient que cendres froides. Le temps gagne toujours, et pour tout. Croquer la pomme, c'est avoir la bouche pleine, donc ne plus pouvoir parler. Qu'on se méfie du mutisme, il est démoniaque. Sur ce, je me tais...

3

ÉLOGE DE MON CHAT

Un soir de grande peine, sortant d'une maison touchée par la mort d'une mère aimée, ma compagne et moi avons retrouvé la nuit, moins froide et moins noire que celle que nous venions de quitter dans la chambre. Le long d'un mur, rôdant, ventre à terre, puis passant telle une ombre épousant les ténèbres, un chat noir a traversé l'obscurité. Pourquoi faut-il que j'y aie vu l'âme de la défunte comme en un ultime sourire ? Pourtant, athée radical, matérialiste convaincu, persuadé que l'âme meurt en même temps que la chair dont elle n'est que l'une des modalités, je n'ai jamais porté crédit aux fables de ceux qui sacrifient aux transmigrations de l'âme, à la métempsycose ou à la métensomatose. Je crois que l'émotion s'est cristallisée dans le mystère et que la mort, tout autant que le silence des chats montrent à l'œuvre la vie qui se dérobe devant le mutisme.

Il m'arrive souvent de penser que mon chat est riche d'un passé qu'il me cachera, puis de feindre que je le crois. Qu'il sait nombre de choses importantes et secrètes ; qu'il a connu des princes et des

rois, des courtisans et des marchands, des philosophes et des poètes, des femmes du monde et des
catins ; qu'il a vécu dans l'intimité de grands et de
modestes, de riches et de pauvres ; qu'il a goûté des
mets fins et des rogatons ; qu'il a côtoyé le sphinx et
voyagé dans l'arche de Noé. Je veux imaginer, parfois, qu'il fréquenta les labyrinthes des Pyramides et
ceux des rues de Paris en compagnie de Villon ou
qu'il fut témoin faussement endormi de la conversation d'un penseur et d'un chef d'Etat du côté de
Colombey-les-Deux-Eglises. Puis je veux croire qu'il
s'est fait une vertu, comme certains après un vœu,
de garder volontairement le silence, après avoir
mesuré toute la vanité des mots et déduit qu'il y
avait sagesse en acmé à pratiquer le savant art de se
taire.

Animal muet par décision, il dépasserait l'homme
bavard par componction. Du réel, sur lequel il porte
un regard acéré, il comprendrait tout, mais se ferait
une loi de n'en rien dire. Témoin nonchalant, il installerait au sommet de la sapience le mutisme intégral, versant définitivement du côté du mystère :
ceux qui se taisent ne le font qu'en vertu des relations privilégiées entretenues avec un idéal qui rend
caduc le langage. Bouche close plutôt que soliloque.
Mon chat ne parle pas car il sait la vanité du
babillage, certainement.

L'objet que fixe le regard du chat est au-delà du
temps et de l'espace, du côté de l'éternité et de
l'éther, là où circulent les ombres et les âmes, les
chuchotements et les musiques angéliques. Immobile, le corps à peine troublé par une respiration
longue, profonde et régulière, il scrute, vissant son
œil comme un filet de lumière invisible dans la chair
de ce qu'il élit. En méditant sur mon chat, je comprends le *Timée* de Platon qui explique le processus
de la vision en dissertant sur les effets de la
rencontre entre le feu qui vient des objets et celui
qui s'échappe de l'œil : son regard exprime un feu
qui ne brûle pas, une consumation sans autre trace

que la mémoire de l'incandescence. La foudre, la queue des comètes et les météores sont parentes de ces ignitions-là. C'est pourquoi il faut savoir sa chance lorsque notre regard peut rencontrer le sien : dieux et démiurges, seuls, doivent ainsi créer en regardant.

Elle s'appelle Maya, car mon chat est une chatte. Chez les philosophes orientaux, Maya est le voile qui cache la réalité sous les apparences, ce qui dissimule l'intelligible pour nous perdre dans le sensible. Elle est, chez Schopenhauer, le principe d'individuation qui nous empêche d'accéder à la vérité en vertu de laquelle le monde est volonté et représentation. Mon chat est donc l'incarnation du mystère dont il participe, une quintessence, en quelque sorte, faite boule de poil et regard. Je désespère qu'elle ne le sache pas...

Pour ceux qui sont moins versés dans la pensée hindoue, elle rappelle la civilisation du même nom, pour d'autres, encore moins avertis, l'abeille éponyme. Et pour ceux qui sont mes intimes, disons plutôt, ceux qui m'ont lu, ce qui n'est pas la même chose, Maya, c'est aussi, dans le roman de Louis Guilloux, *Le Sang noir,* le nom de l'ancienne fille à matelots, illettrée, goton alcoolique et un peu niaise qui sert de femme à un vieux philosophe difforme, amateur de chiens galeux et de vin blanc, soucieux d'échouer dans tout ce qu'il entreprend. Cette figure romanesque est inspirée de Georges Palante, l'homme auquel j'ai consacré mon premier livre. Qui dira qu'un nom échoit au hasard et qu'on baptise son chien ou son chat sans conséquences ? On ne l'appelle pas impunément Félix, Pénélope ou Médor. Dis-moi comment tu nommes, et je te dirai qui tu es... Donner un nom, c'est égaler Dieu, car nommer, c'est créer.

Maya, donc. Mais je dois confier qu'elle a droit à d'autres patronymes affectueux qui dispensent d'un état civil aussi chargé et rédiment d'avoir à être chat de philosophe. Mais je ne les dirai pas, les réservant pour les minutes pendant lesquelles nous nous méritons mutuellement. En forme d'ultime confidence, il me faut tout de même dire que, chez le vétérinaire où elle est soignée, son livret est au nom de Minette, époque bénie où elle n'avait pas encore fait les frais de la fureur onomastique et érudite de son maître...

Pour ne pas froisser, blesser, ni perdre leurs clients, suspicieux sur l'arbre généalogique de leurs petits animaux, les vétérinaires évitent de parler de chats de gouttière pour préférer chat européen, c'est plus distingué, bien que signifiant la même chose. Ainsi, l'honneur est sauf, la race paraît noble, et le propriétaire n'a pas à souffrir d'avoir sous son toit un roturier, un manant, un vilain. Peu importe, Maya est assez impliquée dans l'histoire de la philosophie — Schopenhauer et Palante, quels auspices ! — pour témoigner qu'on peut avoir des extractions plébéiennes et exceller par ailleurs. Je confie donc volontiers qu'elle est chat de gouttière tricolore mais plutôt noire, écaille de tortue disent les spécialistes pour ajouter à la dignité. Bien sûr, Maya est la plus belle du monde. Son pelage est sans pareil, on n'a pas fait plus doux et les autres fourrures me semblent toujours un peu plus frustes, revêches, ou grossières. Elle vient directement de la rue où elle a appris rixes, puces et autres rigueurs de l'existence. Si Freud consent à ce que les animaux aient un inconscient, gageons qu'elle possède, au creux de son âme, dans les plis de son système nerveux, le souvenir de terreurs, de peurs, d'angoisses préhistoriques, venues d'époques fossilisées, celles du temps où la barbarie et la nature faisaient la loi sans partage. D'autant que le vétérinaire, interloqué et curieux par profession, a diagnostiqué une denture d'extraterrestre, un volume crânien d'hydrocéphale et un œil borgne. De là à ce qu'il s'autorise, post mortem, une autopsie pour laquelle il avait déjà pris rendez-vous, feignant d'ignorer que, complices et silencieux, ma compagne et moi n'avons consenti, ni

ne consentirons, il n'y avait qu'un pas qu'il franchit
sans vergogne, le bougre ! Il peut ranger son scalpel.
Nonobstant, elle est tout de même la plus jolie...

Lorsque la lune lui fait des misères, Maya me
montre une image de l'humaine condition livrée aux
tyrannies de la libido : lascivité, soumission, passivité. Plus rien n'existe, hors son envie furieuse de
répandre le trop-plein d'amour et de désir qui sature
ses muscles, ses nerfs et son âme. Elle se frotte, se
roule, s'étire, s'exhibe ventre à terre, croupe en l'air,
miaule comme une cantatrice, agitant sa queue
transformée en un point d'interrogation qui trem-
blerait animé d'un frisson. Elle n'a plus de griffes,
alors, et paraît être un pur objet livré aux caprices
de la nature. Plus d'une fois j'ai songé à elle devant
tel ou tel martyrisé, lui ou elle aussi, par la lune...

Elle affectionne les grimpers verticaux sur la
moquette murale. Dans ce genre d'exercice, elle
excelle tout particulièrement et a toujours réussi à
interrompre le bavard qui se trouve là un jour de
démonstration. Elle force le respect et pratique la
varape sans crainte aucune sur ce qui reste de murs
libres, car les livres ont envahi la maison. Il faut préciser que je vois dans le respect scrupuleux qu'elle
pratique des bibliothèques du lieu un signe et une
preuve de son intelligence aiguisée : elle sait que
c'est en contrevenant à cet accord tacite qu'elle
encourrait mes foudres. Tout est détruit, fors ma
librairie, pour le dire comme Montaigne : les tapis-
series sont déchiquetées dans toutes les pièces et
l'attaque va jusqu'au plâtre, lui aussi atteint, le rotin
d'une bibliothèque est rongé comme une forêt par
un troupeau de castors, les côtés d'un canapé en
tissu sont loqueteux, le liège qui revêt certains murs
est décomposé, réduit en poudre et poussière, la
presse qui jonche le sol est souvent mise en confet-
tis. Mais elle n'a jamais levé la patte sur un seul des
sept ou huit mille livres qui débordent dans la maison.

Evidemment, elle a arrosé de la moquette et du

fauteuil, du coussin et du tapis, de l'osier et de la plante verte, mais jamais un seul livre, fût-ce le plus minable des envois reçus en service de presse. Sa prescience est totale, car je jure ne jamais lui avoir enseigné que toujours le livre est plus précieux qu'un journal et qu'un journaliste n'est pas un écrivain, même s'il aime le faire accroire. Elle peut manger le quotidien et l'hebdomadaire, le papier glacé et les quadrichromies, pourvu qu'elle épargne l'œuvre brochée.

Je ne pense pas qu'elle sache lire. En revanche, elle affectionne tout particulièrement le papier en cours de barbouillage sur mon bureau et trouve toujours à se frayer une place jusqu'à l'épicentre de ce que je suis en train d'écrire. Entre dossiers empilés, livres entassés et objets dispersés, elle fait son nid, sur ma feuille ou mon cahier. Peut-être est-ce moins le goût pour le texte que le plaisir d'une lampe et de la chaleur qu'elle dégage qui la détermine à occuper ce lieu, et pas un autre. Auquel cas, c'est moins le livre ou l'article en train de se faire qui l'intéresseraient que la douceur d'une paix mesurable en watts. Lorsqu'il s'agit d'écritures pour mon usage, évitant les contrariétés qui lui seraient désagréables, je rédige en épousant son contour, il suffit ainsi. Si, d'aventure, j'entame une autre page, épargnée par son étalement, elle me regarde, bâille, s'étire et prend une nouvelle position qui inclut dans son champ la nouvelle surface promptement confisquée. Aussi, je m'incline. Tant de détermination sereine et souveraine invite à baisser les bras. J'écoute alors de la musique, ou m'empare d'un livre pour y fureter et vagabonder. Elle quittera le lieu, lassée, sans que je sache pourquoi, ou curieuse du courrier qui vient de tomber dans l'entrée. Elle est la première à prendre connaissance des misères qui m'arrivent par là : missives de lecteurs et feuilles d'impôts, relevés de banque ou invitations à colloquer, factures de téléphone ou nouvelles de mon syndic. Aujourd'hui, de mon assureur. Que me pardonnent en ce jour Yves

Prié et ses épreuves tardives, Eric Tanguy et son dernier disque, mon vieux maître Lucien Jerphagnon. Les amis qui m'écrivent, aussi : ils sauvent ma boîte aux lettres qui, sans eux, serait un authentique chaudron à la Pandore.

Je dois beaucoup à Maya qui m'a appris sur les hommes. Elle m'a montré qu'on ne se sent vraiment bien ensemble qu'après de longues périodes où l'on tâche de s'apprivoiser et au cours desquelles tout est possible, de l'élection à l'éviction, de l'amour à la haine, de l'intérêt à l'indifférence. On ne peut s'apprécier que quand on a appris à le pouvoir, et tout cela suppose qu'on se mérite. Son entrée dans mon existence s'est faite sur le mode sonore : elle miaulait dehors, dans une nuit d'hiver rude. Il gelait fort. J'ai ouvert la porte, son regard a rencontré le mien, elle était miséreuse et abandonnée, décharnée, galeuse, sans poil sous le ventre, des croûtes sur le corps. Je ne voulais prendre seul la décision d'un hébergement qui se serait fait définitif. Je n'ai jamais trouvé que la pitié fût un sentiment ignoble, encore moins aujourd'hui sachant qu'elle inaugura notre histoire. Après deux ou trois jours de lait versé dans une petite tasse, dehors, elle fut invitée à entrer dans le couloir. En guise de remerciement, cadeau d'accueil et de bienvenue, elle répandit sa première diarrhée... A contrecœur, je la rendis à la nuit, ce soir-là, l'esprit préoccupé par elle. Le lendemain, rentrant de Paris où j'étais allé respirer ma dose mensuelle d'hydrogène sulfuré, elle attendait, épuisée, assise dans l'entrée, les yeux réfléchissant la lumière de ma voiture. Elle entra chez moi, sur l'instant. Je sais que le jour où elle en sortira sera un jour maudit et de grande douleur.

Pendant des mois, elle se refusa à tout contact, peureuse, fuyante, terrée. Epuisée, elle semblait se remettre d'immenses épreuves ; craintive, elle donnait l'impression d'avoir été battue ; fébrile, elle paraissait avoir souffert de la faim, du froid ; marquée dans sa chair, elle avait dû être frappée, sinon accidentée, ou brutalisée dans des combats avec chiens ou autres chats. La jungle, la sauvagerie, l'état de nature. Tant que dura cette convalescence, elle nous évita ma compagne et moi : ni miaulements, ni caresses, ni proximité, ni tendresses. Nous vivions côte à côte. Semaine après semaine, elle perdit ses démangeaisons, fut vaccinée, soignée, nourrie, choyée — aimée. Elle entra dans notre âme en nous offrant la sienne : nous entendîmes sa voix après des mois de silence. Juste ce qu'il faut, elle consentit au minimum d'apprivoisement. Puis devint câline.

Un soir qu'elle semblait dormir en boule au pied du lit, et que je m'apprêtais à l'emporter dans la cuisine où elle passait habituellement la nuit, je lui dis qu'elle gagnerait son droit à rester avec nous si et seulement si elle allait se coucher dans l'un des petits paniers remplis de coussins dont Marie-Claude, ma compagne, a rempli la maison. Bougeant doucement les oreilles, puis la tête, elle s'est levée, s'est étirée, comme le chat de Bonnard, faisant un dos rond voluptueux, nous a regardés, s'est mise en mouvement, lentement, est descendue du lit, a fait les quelques pas nécessaires, est rentrée dans le panier, s'y est lovée, pour poursuivre son sommeil, sans autre forme de procès. Les lois de l'hospitalité étant ce qu'elles sont, la parole donnée valant ce qu'elle vaut, Maya a droit de cité dans la chambre jusqu'à trois ou quatre heures du matin, heure à laquelle elle entreprend presque systématiquement de visiter les rayonnages de la bibliothèque, sauter sur le magnétoscope, faire tomber des bibelots, parfois allumer la lumière en jouant avec une ficelle qui pendouille d'une applique murale, ou encore manger ce qui reste d'une tablette de chocolat en souffrance à la tête du lit. Alors, l'un ou l'autre la conduit à la cuisine où elle finit sa nuit dans le calme.

Ses ronrons me ravissent, ainsi que son impatience à me retrouver. Lorsqu'il m'arrive, après une conférence lointaine, de délaisser de manière impromptue la chambre qu'on m'avait réservée dans un hôtel pour rouler en voiture une partie de la nuit, seul, tranquille, écoutant de la musique, ignoré de tout et de tous, j'ai plaisir, lorsque j'arrive, à l'entendre derrière la porte, grattant et miaulant. Personne ne savait mon retour, effet de mon pur caprice, sauf elle, la première : elle avait entendu mon pas, que j'avais fait discret, senti mon odeur, peut-être — les phéromones comme réponse au mystère —, de toute façon découvert et fêté ma présence.

Dans la cuisine où elle a trottiné, je la suis, encore vêtu, le cartable ou le bagage à la main. Je m'approche d'elle et, du bord de la table où elle m'attend, elle se met debout sur ses pattes arrière, pose celles de devant sur ma poitrine, ronronne comme un petit moteur et me donne des coups de tête affectueux sur le menton, le front, les joues — à moi de choisir. Les câlins épuisés, je lui donne deux ou trois choses à manger et m'en vais dormir un peu, quelques heures. La nuit continuera, épaisse et silencieuse. Les mots de la conférence, les interventions, le monde, le théâtre, la fatigue, tout tournera dans ma tête, empêchant le sommeil. Quand il viendra, en même temps que les songes, je rêverai d'être chat, pour vivre un peu plus proche d'elle, un peu plus loin de ceux qui me font parfois regretter d'être un homme.

4

PROSE POUR MON LIBRAIRE

Je n'ai guère souvenir de livres dignes de ce nom en dehors de ceux qui sont contemporains de mon libraire, un peu comme ceux que l'on cherche dans

sa plus intime enfance et qu'on ne trouve que trébu-
chant sur un moment important à partir duquel on
imagine l'induction d'une existence. Dans les plis de
l'âme, immiscés et sertis comme des pierres précieuses, je sais pouvoir chercher des moments rares
vécus avec lui, près de lui ; je sais, aussi, qu'ils ne se
déroberont pas et que je les débusquerai. En
revanche, là où ils sont, je ressens comme une
pudeur doublée d'une crainte à l'idée de les mettre
en lumière. Vécus, ces instants sont livrés comme
sans âme lorsqu'ils sont racontés ou remémorés.
Dans la profondeur d'une mémoire, il y a ce qui veut
bien encore se montrer, mais il y a aussi ce qui
n'apparaît qu'en efflorescence, en éminence dont
sont cachés rhizomes et racines. Or, ce sont ces
griffes, nourries de l'intimité, qui sont les plus
rétives à donner leurs sucs, exsudats de l'inconscient. Je ne m'avance pas dans ces contrées sans le
malaise de qui sait aller au-devant de puissances
magiques. On ne sollicite pas en vain la mémoire de
ceux qui ne sont plus.

Ceux à qui l'on doit ne le savent pas forcément. Et
si d'aventure ils en sont informés, il est vraisemblable qu'ils ignorent tout de la façon qu'ils ont eu
d'influencer, d'aider. En étant là, certes ; en disant ce
qu'il fallait dire, bien sûr ; en sachant se taire au
moment opportun, évidemment. Mais certainement, aussi et surtout, en aimant comme on attend
d'être aimé, et pas autrement : en donnant ce qui
doit l'être, en retenant ce qui doit rester retenu. Car
il est riche pour un homme qui donne de savoir garder par-devers soi une part des mystères qui entretiennent le caractère précieux et rare du lien. Jamais
on ne donne tant que dans ce que l'on épargne du
don : là est la richesse.

J'aime, dans les *Pensées* de Marc Aurèle, cette
ouverture, pour le dire sur le mode musical, dans
laquelle le philosophe s'acquitte avec bonheur des
dettes d'amour, d'amitié, d'affection et de cœur en
révélant ce qu'il doit à tel ou tel. Dans mon exis-

tence, il y eut quelques individus majeurs. Les doigts d'une main suffisent pour les compter. Je leur dois d'imperceptibles savoirs qui sont pourtant considérables, puisque j'ai construit mon existence sur ceux-là. Monsieur Hervieu, puisque tel était son nom, m'a appris le livre, la passion qu'on peut lui vouer et le bonheur qu'on lui doit toujours.

Sans affectation, sans ostentation, sans démonstrations et sans jamais être péremptoire, il a vécu sous mes yeux comme un homme admirable, c'est-à-dire digne d'admiration, qu'on a envie d'égaler, du moins dont on a le dessein de se rapprocher dans les domaines où il nous séduit. Chez lui, dans sa librairie, les livres étaient des monuments, des personnes, des vies incarnées, des promesses d'aventures et de bonheurs, des invitations au voyage et à la rêverie. Jamais des objets, toujours des sujets. Comme il en parlait, ils inauguraient des conversations par-delà les siècles et les terres, les âges et les continents. La planète était une fête, l'univers, une banlieue. Et quand on a quatorze ans, le désir est grand de visiter, par exemple, Harrar avec Rimbaud. Aussi lui dois-je des voyages dans les montagnes de Sils avec Nietzsche, sur les traces du Condottiere avec André Suarès, dans la campagne normande avec Flaubert, dans la cathédrale de Königsberg, au pied d'un pilier où Kant est enterré, sur les collines de Meudon avec Céline, dans les régions où les eaux sont étroites avec Gracq, dans la cuisine de Françoise et de Tante Léonie, sur les falaises de marbre, traquant le Grand Forestier avec Jünger. Je fis, aussi, avec lui, le trajet qui conduit Jacques Thibault à Zurich dans les cafés où s'épuisent les folies de la Ire Internationale. Je fus des tranchées, avec les rats, la boue, la vermine et Barbusse. J'ai écouté quand il m'a raconté Jules Romains, Anatole France et Romain Rolland. J'y ai appris, pêle-mêle, qu'il existe parfois des hommes de bonne volonté, que, de temps en temps, les dieux ont soif, que c'est toujours une bénédiction d'avoir des copains et qu'il existe des hommes illustres, quoi qu'en disent les époques qui chérissent les hommes unidimensionnels.

Tant de voyages ont été accomplis, aller et retour, sous les néons à la lumière tremblante, entre les quatre murs de son magasin dont il ne sortait jamais. Ou si peu. Les livres, sous sa main, étaient des compagnons de bonheur ou d'infortune, des amis de passage ou des coups de foudre dont une vie ne suffisait pas à épuiser la promesse et les richesses. De grands anciens, morts, parlant encore par leurs livres, lui étaient plus proches, plus précieux et plus indispensables que tel ou tel de ses voisins : il était le contemporain d'aventures qui lui rendaient acceptables les jours répétés, tous semblables, et qu'il faut consacrer, pour vivre, aux affaires courantes de la papeterie. Dans une sous-préfecture où le libraire est condamné à vendre tant des inepties qui font les délices du grand nombre, on ne peut vivre que parce qu'on sera, mille fois le jour, familier de Solal et de Consuelo, de Gilles et de Meursault. On a le courage et le cœur à l'ouvrage pour la seule raison qu'on retrouvera, le soir, après le travail, le palais d'Orsenna près de la Zenta, le Mexique, le mescal et la tequila de Geoffrey Firmin, Bambola-Fort-Gono dans la Compagnie Pordurière du Petit Togo où travaille Bardamu, et tous ceux qui métamorphosent l'univers pour en faire un terrain de jeu soumis à leurs passions et à la littérature.

Les pays de rêve que nous visitions ensemble, dont il se faisait une fois le guide, une autre fois c'était moi, avaient tous la même odeur : un mélange de colle et de papier, d'encre et de carton. Dès la porte poussée — elle grinçait alors comme encore aujourd'hui —, c'étaient des parfums qui annonçaient l'embarquement pour notre Cythère littéraire : le papier bible, celui des livres de poche, l'encollage, les couvertures en faux cuir, les peaux de mouton fines des Pléiades, les vieux volumes en vélin pur chiffon de Lana, les épais dictionnaires, les emboîtages en carton gris ou marron, les pellicules plastifiées grillées par le soleil, tout cela embaumait, transformait le magasin en havre, comme un port annonce les voyages qui dépaysent avec, pour seules prémisses, les parfums d'épices, les bois exotiques et les carénages découverts par le mouvement des vagues.

Avant la pleine mer et les embruns dans le visage, il y avait des signes avant-coureurs, en l'occurrence, des bruits familiers, des bruissements heureux. Pages tournées, papiers froissés, dos qui craquent, feuilles glacées qui claquent, humeurs qui crissent et couvertures qui murmurent dans les mains, dès leurs premiers contacts avec les doigts. Le livre racontait les promesses, invitait au voyage, flattait d'abord les sens et installait sur un terrain qui exigeait du corps toute son attention, toute sa tension.

Monsieur Hervieu se taisait d'autant qu'il constatait la magie opérer. Ses yeux brillaient, scintillaient comme ceux des enfants les soirs de Noël ou de grandes fêtes, lorsqu'il avait retenu, dans les arrivages de la semaine, un ouvrage qui annonçait d'amples voyages et de séduisantes contrées. Il y eut le Paris de José Corti lorsque parurent ses Mémoires ; le Portugal de Torga quand on put lire son Journal ; la Colombie de Gabriel García Márquez dès que son œuvre majeure fut traduite en français ; le Japon ombré et lumineux de Tanizaki. Et tant d'autres qui nous emmenèrent sur la plage où s'était échouée la baleine blanche de Gadenne, sur la route, à motocyclette, pour y suivre Perros, devant le miroir de Louis René des Forêts pour assister, en silence, aux soliloques de son bavard.

Lorsque je me pris d'écriture, c'est lui qui lut mon premier texte — mauvais. Il mit toute son élégance à ne pas briser l'ardeur de mes dix-huit ans, m'invita à poursuivre, à ne pas tromper cette maîtresse fidèle qui ne donnait que des joies. Et je désespère qu'il m'ait fallu publier mon premier livre alors que la mort l'avait requis pour de plus sinistres voyages dont je fus écarté, car ils sont de ceux qu'on effectue seul, comme je fais seul, aujourd'hui, mon trajet d'écriture — sans lui.

Ses obsèques se firent à deux pas de son échoppe, dans une église où quelques-uns de ceux qui l'aimaient s'étaient retrouvés, près de sa femme, qui tient depuis la librairie, et de son fils, qui traduit de la poésie japonaise. L'un de ses habitués a lu un poème ; le prêtre, qui était de ses familiers, en a fait le moins possible dans la liturgie, j'étais prostré. Dehors, le cercueil fut emmené sous une bourrasque de neige fondue, le ciel était noir. D'un noir que je n'ai pas oublié et que je n'oublierai pas. Quelques mois plus tard, sur sa tombe, il y a sept ans, j'ai posé un bouquet de violettes cueillies dans une campagne aimée où j'avais voulu surprendre les signes avant-coureurs du printemps. J'en avais gardé quelques-unes par-devers moi, je les ai toujours, désertées par la sève et la couleur, mais la forme intacte — tels les souvenirs authentiques. Peut-être devrais-je les laisser reposer entre les pages d'un livre...

Je savais que, mon libraire parti, je n'en aurais plus jamais d'autre, car on ne revit pas une initiation, on ne recommence pas ce qui est sans double. Le jour où il fut mis en terre, je suis devenu un peu plus vieux, un peu plus seul, un peu plus contraint à ma compagnie. Un peu moins à même de partager des voyages qu'il me faut maintenant accomplir sans lui. Et je n'ai cessé de le constater. Aussi, dans les librairies où je me trouve maintenant, je veux qu'on me laisse seul, avec mon silence, dans l'unique fréquentation des livres et de son ombre.

5

LE PRINCIPE DE DÉLICATESSE

Toutes les méditations qui tournent autour de l'esprit d'un peuple m'ont toujours inquiété. Vouloir circonscrire la spécificité d'une âme nationale inscrit d'emblée du côté du général et néglige les singularités. A moins qu'en forme de ruse de la raison on réduise celles-ci à n'être que des instruments de celle-là. De même, en procédant de la sorte, on se trouve souvent en de mauvaises compagnies, soucieuses de donner aux races, aux peuples et aux civilisations de sinistres étais, irrationnels de surcroît. De plus, ces tentations sont rarement dépourvues d'arrière-pensées idéologiques. Les lois à prétentions générales ont toujours fâché mon goût viscéral pour les individualités. Pourquoi fallait-il qu'en tâchant de comprendre Benjamin Britten, de saisir sa spécificité ou de circonscrire son style j'aie d'abord pensé qu'il était britannique ? Comment ai-je en priorité songé au sol anglais dont il procédait ?

Ma fréquentation de Britten date d'une quinzaine d'années, l'époque à laquelle je tâchais d'appréhender le quatuor en essayant de vérifier systématiquement qu'il s'agissait de la forme dans laquelle un musicien manifestait son style de la manière la plus quintessenciée. Déjà Britten me semblait irréductible, singulier et fort de ce tempérament que j'ai cherché ensuite à mieux saisir. D'où mon interrogation sur ce qui m'a semblé britannique chez lui, à défaut d'un autre mot.

Curieux de ce qu'avaient dit les philosophes sur ce sujet, j'ai repris les pages convenues de Montesquieu sur le climat comme mode d'affection privilégié de l'anglais spécialement handicapé par une langueur mélancolique dont la généalogie ne devrait qu'aux brumes et brouillards. Je me souvins de la liberté sévère et de l'égoïsme dont Gobineau affublait nos

insulaires voisins d'outre-Manche. Interrogeant leur
métaphysique, Hegel le conceptuel reprochait aux
Anglais une incapacité radicale à s'élever aux principes universels et une ardeur avérée à simplifier le
monde phénoménal. Rien qui me convienne.

Le souvenir me revint que des pages de l'*Anthropologie* d'un point de vue pragmatique avaient mis
Kant aux prises avec cette question de l'esprit des
peuples. Retrouvant les lignes en question, je lus sur
les Anglais : « La vieille race des Bretons », puis une
note à propos de ce dernier terme : « Britten comme
l'écrit avec raison le professeur Büsch (d'après le
mot *brittani* et non *britanni*). » Stupéfaction, bien
sûr, de retrouver le patronyme du père de *Peter
Grimes* aux côtés des généalogies sémantiques qui
accompagnaient, en prolégomènes, les considérations sur l'âme anglaise. Britten l'Anglais, le vieux
Celte des terres de l'origine ! Si les psychanalystes
qui enseignent que le nom propre détermine l'identité ont raison, alors rien ne fait mieux sens que
cette étymologie facétieuse. Et peut-être y avait-il là
matière à solliciter dans l'inconscient d'étranges correspondances entre les mots, les consonances, les
musiques et les sensations...

Revenons donc à Kant et au portrait qu'il fait de
l'Anglais. Lisons : « Il renonce à l'égard des autres, et
même à l'égard de lui-même, à toute amabilité et ne
prétend qu'à l'estime ; ce faisant, chacun, d'ailleurs,
veut vivre à sa seule fantaisie. » J'aime que, dans
une relation avec autrui, on puisse sacrifier l'immédiateté, la facilité et le profit immédiat, pour de plus
longues aspirations génératrices de liens plus
solides, de sentiments plus authentiques. De la
même manière, j'apprécie qu'une œuvre d'art agisse
sur des modes identiques : faisant fi de la séduction,
exigeant la patience, et promettant de plus substantifiques plaisirs à qui aurait opté pour le temps et les
approches par lesquelles on apprivoise. La musique
de Britten me paraît également sacrifier la séduction

au profit de l'estime qui vient, ensuite, lorsque l'on aura su attendre.

Faut-il dire avec plus de précision ? Alors il me semble qu'on peut affirmer de Britten qu'il pratique en musique une exquise politesse. Rien à voir, bien sûr, avec les pratiques de classes ou les frasques bourgeoises. La politesse dont je parle ici est l'art de la bonne distance, osons le néologisme, de l'eumétrie, de la position ni trop proche, ni trop lointaine. Elle est la faculté d'élire le point d'équilibre entre trop de proximité et trop de distance. En quelque sorte, elle est la métrique du démiurge qui évite la pénurie et l'excès, le manque et la débauche. Sans elle, pas d'harmonie ni d'élégance.

Entre quelles bornes excessives évolue la musique de Britten ? Sa politesse évite le sérialisme austère, le triomphe sans partage d'Apollon et du chiffre, autant que les facilités réactionnaires de ceux qui se morfondent ou désespèrent de l'existence et des effets de la seconde école de Vienne. Elle fleurit dans une époque contemporaine des holocaustes, des guerres mondiales et des camps nazis, des explosions nucléaires et des opérations militaires coloniales qui ont vraisemblablement induit en partie le ton apocalyptique employé depuis en matière de création. On sait que certains ont enseigné qu'après ces furies meurtrières l'esthétique n'avait plus de sens, ni même de raison d'être. En musique, par exemple, il aurait fallu précipiter la composition dans des abîmes où l'on aurait sacrifié l'harmonie, l'assonance, les cadences mémorisables au profit du seul atonalisme, de ses dissonances, et des séries conceptuelles. En écho à l'hystérie du siècle, au capharnaüm de l'histoire, il aurait fallu tuer la musique et ne plus consentir qu'à des créations visant le silence tel un idéal aspirant à lui comme à un anéantissement. Britten montre, avec d'autres — je songe à Chostakovitch, par exemple —, qu'on peut encore créer et ne pas se contenter d'ajouter du nihilisme à la fureur des hommes : il oppose la culture à la barbarie, la civilisation à la sauvagerie, l'humain à l'inhumain. Il résiste au pire par le meilleur : l'art. Cette résistance exige ce que j'appelle le principe de délicatesse, la volonté d'opposer au réel délétère, contre vents et marées, malgré tout, l'élégance et la beauté, même au milieu des ruines. Surtout au milieu des ruines. Loin de l'affliction convenue, du relâchement et de la compassion bruyante, des facilités qui séduisent, Britten aspire, là encore, à l'estime, au sentiment durable destiné à celui qui a montré de la grâce et de la grandeur.

Le principe de délicatesse est ce qui fait le fond du style de Britten : la tenue et le désir d'opposer sans fin le céleste au terrestre, l'angélique à l'infernal, l'élégance à l'épaisseur. Comment s'y prend-il, par exemple dans *Le Songe d'une nuit d'été* ? De multiples signes repérables montrent le triomphe de cette qualité. Ainsi le registre d'Obéron qui permet une superbe écriture pour voix de haute-contre. Schopenhauer avait mis au point une petite théorie des correspondances qui lui permettait d'associer la voix de basse au registre minéral, celle du ténor au végétal, quand l'alto et le soprano illustraient respectivement l'animal et l'humain. Quid du contre-ténor ? Ou du falsettiste, du sopraniste et du castrat ? Rien, bien sûr, car il aurait fallu au philosophe opter pour une autre métaphysique qui aurait laissé place au monde céleste et à ceux qui l'habitent : les anges. La voix de haute-contre est la preuve de l'existence du ciel, elle est l'organe de l'éther qui rend lugubre le tellurique sur lequel se convulse notre monde. Et je ne m'étonne pas que les interventions de cette voix se fassent, dans *Le Songe d'une nuit d'été*, en compagnie du... célesta. Voix angéliques et instrument céleste contribuent à l'expression d'un mystère, d'une douceur et d'une féerie qui se manifestent également à l'aide des cordes et plus particulièrement des harpes. L'impression aérienne, cristalline et déliée, doit aussi beaucoup au chœur d'enfants qui module une fluidité gracile, presque transparente. L'orchestration est légère et la sensation ouranienne émane du changement de registre savamment mis en scène par Britten qui fait alterner burlesque et tragique, réel et fantastique de sorte qu'il évite l'enlisement dans un ton ou la démonstration formelle. Politesse, là encore.

Dans la logique des éléments, loin du feu et de la terre, Britten aurait pu être l'eau s'il n'avait été l'air. Eau claire et printanière, eau courante et amoureuse, « rire des eaux » pour le dire comme Bachelard, si d'aventure le liquide avait été son élément ; mais constellation, nuage, nébuleuse, vent et « clarté intuitive » puisque l'air exprime mieux Britten et paraît plus finement lui correspondre. Sa musique est tout entière variation sur le thème de l'ange, forme ailée du principe de délicatesse — dont l'étymologie nous enseigne, comme une récurrence, la parenté avec ce qui rend liquide, fluidifie, vaporise jusqu'à l'éther. Le style de Britten magnifie le raffinement sans l'excès d'apprêt, la recherche sans la complexion maniérée, l'élégance sans l'affectation, la grâce et la subtilité sans l'inconsistance. Si les anges avaient un langage, c'est vraisemblablement la langue du contre-ténor de Britten qui serait la leur. Mais, si l'on en croit le Pseudo-Denys l'Aréopagite, pour communiquer, les créatures ailées se contentent d'« impulsion de direction volontaire ». Délicatesse, politesse, bonne distance entre un réel apocalyptique et l'illusion célébrée, entretenue, la musique de Britten restaure l'ange nécessaire au beau milieu d'une époque qui semble échappée d'un chaudron de sorcière. Elle apparaît comme ce qu'elle ne devrait jamais cesser d'être : une consolation, la consolation.

6

LIBIDO LIBERTAIRE

Dans le flux de papier que, dans leur munificence, les postes m'apportent quotidiennement, je découvre sous un plastique opaque qui bruisse et colle aux doigts une revue à laquelle j'ai donné un entretien sur les relations entre éthique et diététique. Le dossier du mois est consacré au libertinage et s'est assuré l'intervention de prestigieux cardinaux : Philippe Sollers, prélat des lettres, qui donne, comme il sait si bien le faire, dans le brillant, le brio ou l'éloge des vertus et passions françaises ; Jean d'Ormesson, éminence des honneurs, disserte sur les mérites comparés de Don Juan et de Casanova, précise qu'on part en week-end avec le premier et qu'on meurt avec le second, conclut en affirmant que l'époque n'a plus assez d'interdits pour que le libertinage soit sinon d'actualité, du moins encore possible ; François Mitterrand, enfin, cardinalissime en cynisme, morgue et mépris, badine sur Casanova dont il confie ne l'avoir lu que récemment. Gageons que le roué, menteur, hypocrite, fourbe, espion à la solde de qui le sauve, coureur sans distinction, homme à femmes, comme on dit, plutôt que séducteur, le libertin sur le retour d'âge, obsédé de trace dans l'histoire et de rédaction de mémoires aura assez séduit l'ancien locataire de l'Elysée pour qu'en découvrant le portrait du Vénitien il ait entrevu les reflets de son propre visage.

Plus drôle, j'ai lu également les pages signées Raymond Trousson. un professeur belge qui, sur le sujet du libertinage, n'écrit pas sous pseudonyme, et je le comprends, car il en est d'autant auréolé et habilité. Je me souviens, comme pour Britten je le fis, d'un livre du psychanalyste René Major, *De l'élection*, qui montrait, parfois en lâchant des frissons dans l'échine du lecteur, que chacun dans son existence était déterminé par la signification de son nom propre, qu'il en sache ou non le sens caché. Je ne sais si l'universitaire qui professe à Bruxelles souscrit aux thèses néo-freudiennes, mais j'aime qu'on puisse être né Trousson et passer sa vie de chercheur dans le turbulent univers libertin.

Mais ce ne sont ni le pontifex maximus de la NRF, ni l'académicien, ni le vieux monarque, ni le sieur au patronyme en forme d'impératif catégorique qui m'arrêtent. C'est plutôt la page signée Michel Ragon et qui annonce sa thèse dans son titre : « *Les pauvres ne sont pas libertins.* » Habituellement, j'apprécie l'esprit libertaire de l'auteur, son indépendance, sa défiance — que je partage — à l'endroit des pouvoirs, de l'autorité et de la hiérarchie. J'aime cet homme-là qui devrait apprécier d'autant le libertinage qu'il a toujours été le fer de lance d'un trait planté dans le flanc du Béhémoth qu'il exècre. Mais celui qui idéalise et vénère le populisme, les pauvres et le peuple, ne se défie pas assez d'une religion dangereuse pour les raisons que ce siècle a montrées, car il prête aux hommes simples et miséreux des vertus qu'ils n'ont pas : la rectitude morale, le sens inné de la bonne action, la dignité. Ces signes-là sont affaire d'individus et non de catégories sociales.

Je sais, comme lui, la misère et l'ai connue enfant dans un village de la Normandie la plus profonde, en une famille pauvre ne pouvant vivre sur le maigre argent rapporté par un père ouvrier agricole et une mère femme de ménage sans de perpétuelles contorsions et privations. La bourgade appartenait, corps et âme, au féodal du lieu qui possédait une ferme de six cents hectares, que mon père a travaillés son existence durant, et une fromagerie dans laquelle j'ai plusieurs semaines, et à plusieurs reprises, gagné un peu de l'argent me permettant de financer en partie mes études. Les enfants naturels du lieu, certes, étaient pour plusieurs d'entre eux, des effets de ce « prédateur triomphant », pour le dire comme Ragon, qui roulait en Jaguar — la même que celle de Roger Vailland. Mais ceux du petit peuple qui regardaient passer le libertin au volant de sa MK II grise aspiraient le plus souvent à son insolence et à sa puissance, à son libertinage. Quand ils le condamnaient, leur haine se trouvait bien souvent motivée et structurée par leur ressentiment. De sorte que, sur ce terrain, la meilleure façon d'anéantir le responsable syndical stalinien de l'usine a longtemps consisté en invitations cynégétiques en Sologne. La lutte des classes disparaissait quand apparaissait la cuite des chasses.

Quant aux femmes, loin d'aspirer aux éternelles vertus prolétariennes de la fidélité uxorienne, elles salivaient à l'idée d'imaginer que, peut-être, elles pourraient, elles aussi, partager un jour la chambre d'hôtel dans laquelle le patron faisait, toutes les semaines, la bête à deux dos avec l'une des employées de son usine qui bientôt quitta les bottes de l'ouvrière pour la blouse blanche du contremaître. Je songe que Zerline, cette fille du peuple qui, dans l'opéra de Mozart, doit épouser un homme de sa condition, est prête à tromper Masetto le jour même des noces avec un seigneur poudré aux belles manières et au beau langage. De même Charlotte et Pierrot, chez Molière. A peine époux, ils sont déjà presque cocus. Dieu que le peuple est moral quand on ne lui donne pas l'occasion d'être libertin !

Le libertinage est une aspiration universelle, seuls quelques-uns y consentent : les plus audacieux, les moins tièdes, les plus forts. Et le peuple n'est pas en reste, à sa manière. Son libertinage est manifeste si on le définit comme l'art de dissocier et de rendre indépendants dans l'alcôve, la reproduction, le couple, l'amour, la sensualité, la fidélité, la monogamie, que le bourgeois s'évertue à associer, réconcilier, pratiquer de conserve. Le libertin veut une sexualité libre de toute obligation, qui soit à elle-même sa propre fin, et qui n'ait d'autre visée que la jubilation de la séduction, de la consommation et de la démonstration, à soi-même, qu'on peut dépenser son énergie sexuelle en pure perte hédoniste.

Ce libertinage-là, j'ai vu le peuple le pratiquer pendant les pauses ou après la journée d'usine consacrée au travail dans des pièces moites, humides, surchauffées, dans lesquelles se, faisait le présurage du lait ou ailleurs, dans les salles glaireuses où s'élaborait la moisissure des croûtes. Ragon écrit : « Les pauvres ne sont pas libertins. » Et je me souviens des étreintes faciles de ces pauvres-là qui pratiquaient le désordre et la malhonnêteté, pour le dire dans les mots de notre auteur. Etreintes sauvages et sans amour, désespérées, ne visant que le jeu, la transgression, la jouissance brutale. Copulations sur le mode du défi à l'endroit du règlement de l'usine, des codifications sociales, morales ou religieuses du sexe, des habitudes affichées et du moralisme ambiant. Fellations d'occasion entre la communion des enfants, le week-end suivant, et les vacances au bord de la mer, avec maris ou femmes devant Dieu, les congés arrivant. Foutreries généralisées sous forme de bravades, dans la direction des collègues de l'usine, sur le mode du seul pari. Ejaculations miséreuses, à deux, au pied des armoires métalliques grises dans lesquelles puaient le litre de vin, de cidre, le casse-croûte de charcuterie et les vêtements de tous les jours. Partout et la plupart d'entre eux besognaient, comme travaillés par la fermentation des fromages qu'ils faisaient.

Dehors, les mêmes libertinages et les mêmes gamahucheries mettaient aux prises de semblables gens du petit peuple et j'ai vu, pendant mon adolescence, les trajets de ces zombies en rut pour de pitoyables exercices libidineux pratiqués dans des champs, des bâtisses abandonnées, des voitures, des fossés. Le jeu, rien que le jeu. Pas d'amour, mais de la jouissance dans la décharge, de la jubilation dans le transport. Nul besoin d'être bourgeois, ni de représenter le capitalisme dévoreur d'hommes : l'épicier lutinait ses clientes, le postier sa voisine, la femme du garagiste, l'artisan peintre, collègue de son mari, le maréchal ferrant, la femme du cordonnier. Et tant d'autres dont j'ai le souvenir. Fornications champêtres, luxures d'arrière-boutiques et stupre côté jardin : quand il n'est pas une immense boucherie, le monde est un gigantesque bordel. Le libertinage est la règle, il prend des formes historiques différentes, certes, mais les pauvres n'en sont jamais exclus. A leur manière, ils en connaissent les finesses et les mécanismes. Depuis Sade et Laclos, ils n'ont jamais été en reste. S'ils n'écrivent pas, ne rédigent mémoires ni placets érotiques, c'est parce qu'ils se contentent de la chair, pure et dure, que la médiation cérébrale et intellectuelle ne leur chaut pas. Car les livres leur semblent faits pour autre chose que pour consigner des expériences érotiques qu'ils se contentent de vivre, pour la raison qu'ils en font des parangons au service de leurs mythes : l'excellence du travail bien fait, la promotion par le savoir, la solidarité ouvrière, la vérité de l'approche manuelle du monde, les valeurs de la terre nature et de ceux qui vivent avec elle, en harmonie, etc. Voilà pourquoi il me semble que les pauvres, en matière de livres, ne font que dans la littérature prolétarienne ou le roman populiste. Par ailleurs, la littérature n'est pas la vie, ni l'inverse. C'est rêverie d'intellectuel d'imaginer que les romans disent absolument et totalement le réel : ils se contentent de le transfigurer. C'est déjà beaucoup.

Comment peut-on écrire : « Le libertinage est toujours de droite » ? De la sorte on persiste à rendre floues les véritables lignes de démarcation entre droite et gauche. L'expansion libidinale et ses formes n'ont rien à voir avec ces partages politiques-là car toujours elles sont subversives pourvu qu'elles excluent la monogamie et la fidélité des couples bourgeois qui sont passés, vont passer ou passeront, un jour ou l'autre, par la procréation. Est libertin quiconque fait de la sexualité un jeu, une activité ludique et rien d'autre. Hommes de droite et de gauche confondus.

D'autre part, historiquement, c'est une erreur de faire du libertinage une pratique de droite. Baudelaire écrivait : « Les livres libertins commentent et expliquent la Révolution. » Il avait raison et Péter Nagy en a fait la démonstration dans *Libertinage et Révolution*. Sans souci de dieux ni maîtres, de règles morales, sociales et religieuses, le libertin n'écoute que sa fantaisie, il est entièrement volonté de jouissance. Comme le Don Juan de Molière, il pourrait dire : « J'ai une pente naturelle à me laisser aller à tout ce qui m'attire. » L'individu a toujours été la force révolutionnaire la plus puissante, contre tout et malgré tout. Impossible à éradiquer, perpétuellement renaissant de ses cendres, il est insolence à l'endroit des religions, de ce qui lie, relie, spirituellement d'abord, socialement ensuite, car les choses vont toujours ainsi croissant. Ses desseins contrarient les forces en place et celles qui visent à les remplacer, révolutionnaires aujourd'hui, parce que dans l'opposition, réactionnaires demain, quand elles seront au pouvoir. Le libertin est toujours subversif, parce que jusqu'au trépas gorgé de révolte, de rébellion. Quelles que soient les conditions historiques, il est le moment négatif d'une dialectique susceptible de conduire à autre chose. En l'occurrence, je songe à un sur-libertin qui transformerait cette négativité à l'œuvre en positivité potentielle. Pour ce faire, il lui suffirait d'esthétiser le libertinage, d'en faire une arme contre le sexe triste et coupable qui triomphe, aussi bien à cause de la culpabilité issue du christianisme — de saint Augustin à Georges Bataille — qu'en vertu des ravages effectués par le sida. J'aspire à un libertinage radieux qui déclasserait les boudoirs et les latrines en acclimatant les érotiques orientale, chinoise et indienne, par exemple, ou encore celle des troubadours occitans, pour lesquelles la libido est une occasion de faire triompher le raffinement amoureux, la culture du sexe contre la barbarie qui a généré une misère des corps dont trop souvent on mésestime l'étendue des dégâts. Sexologues, psychanalystes et conseillers conjugaux, ces modernes tenants de la confession auriculaire le confirmeraient. Du moins je le crois. Sur ce libertinage solaire et radieux, je reviendrai.

7

SOCRATE À L'ABATTOIR

Dans les douze mois qui font l'année de Socrate, septembre est vraisemblablement le plus sinistre, du moins le plus mélancolique, car il marque l'heure de quitter le Pirée, où le soleil grille les peaux, réchauffe l'âme et gorge les chairs d'énergie, pour retrouver l'épouvantable « odeur de réfectoire » dont Alain parle si bien dans l'un de ses propos. Ce parfum de rentrée scolaire est contemporain des ciels qui s'alourdissent et se plombent, des vêtements neufs, des livres et cahiers, puis des bonnes résolutions. Le Pirée, donc, n'est plus qu'un souvenir, car pendant neuf mois, le temps d'une gestation qui jamais n'aboutit en parturition, Socrate vend son savoir dans un lycée où il est appointé pour le moins de drachmes possible et le plus de docilité pensable.

Socrate sait chacun de ses collègues, l'un, porté à l'excès sur l'amphore, le regard oblique en direction de l'hippodrome où il parie quotidiennement sur les jaunes ; l'autre, collectionneur de jeunes vertus, spécialiste en musculatures exhibées à la palestre, jamais en retard d'une prouesse sportive. Ici, c'est la jeune fille un peu barbue qui, on le comprend, sacrifie à Lesbos, puis joue la science pédagogique pour éviter de consentir à son seul rôle de garde-chiourme ; là, c'est le modèle classique, adhérant aux invites de l'inspection académique, toujours précédé du fumet d'acide sudoripare généré par son ardeur à défendre les programmes officiels auprès des foules assemblées. Une fois, c'est la vierge qui n'a pas même le prétexte des Vestales pour économiser son hymen intact ; une autre, la vieille peau qui oscille entre fornications lesbiennes et psychanalyses embryonnaires, jets de fiel et baves nourries de ressentiment, poétesse sans talent, mais excellente hystérique. Le théâtre ne manque pas de beaux rôles. La vie quotidienne, sur cette scène, est épique. Or, précisément, l'année commence avec les retrouvailles effectives de toute cette faune.

Le premier moment de convivialité est à mettre au crédit du chef d'établissement, dont l'œuvre est un exercice de style à mi-chemin entre la harangue et le rapport de bilan : un peu de vertus philippiques et beaucoup de patience pour supporter l'assemblée de pédagogues dissipés. L'imperator raconte les effectifs, les succès et les échecs, le carnet mondain, le mariage de l'un, la retraite de l'autre, la mutation de celui-ci, saluée par des soupirs de soulagement, la nomination de celui-là, accueillie avec toute l'inquisition nécessaire, à moins que l'arrivée nouvelle soit féminine et honore le beau sexe, auquel cas le murmure d'approbation est immédiat. L'orateur poursuit, le vulgum pecus persiste : papotages, babillages, bavardages. Il faut être héroïque, et poursuivre, comme le général au milieu de ses troupes quand son régiment se défait. En brave guerrier qui sait la nécessité de ne pas plier devant l'adversité, le chef ira jusqu'au bout, avalant la lie.

L'après-midi suffit à peine pour se remettre des champs de bataille du matin. N'importe, l'ardeur se retrouve et l'autre demi-journée s'aborde avec l'enthousiasme d'un antimilitariste hoplite un jour d'incorporation. Versé dans les phalanges concoctées par les officiels, Socrate retrouvera ses pairs avant de succomber, terrassé par l'ennui, dans la facilité offerte par la contrepèterie. Avec son sem-

blable chargé de l'enseignement du parler teuton, il
osera : « Quel beau métier, professeur ! » Mais, malgré l'actualité, le paraclet fera défaut. L'épaisse
mélancolie triomphera.

Arrive le jour où Socrate et ses comparses
rencontrent leurs élèves, chalands plutôt réticents
auxquels il faut vendre son savoir, enseigner
l'inscience, apprendre l'ironie, déclamer, sans rire,
qu'on ne sait qu'une chose, c'est qu'on ne sait rien.
Certes, on évitera de les socratiser trop profondément, et si vite, car trop de sagesse fait chez eux
l'effet d'une apocalypse dont ils souffrent et tardent
à se remettre.

Dans le lycée où il professe, Socrate évangélise
une foule aussi nombreuse que celle d'une trière
prête à l'abordage, un peu plus de deux cents âmes
— deux cent quarante pour être précis. Evidemment, ils ne sont pas là pour goûter les joies de la
seule philosophia, je dirai même qu'ils supportent
Athéna, son Jardin, son Académie, son Portique, son
Lycée même, avec la passion d'une victime pour son
bourreau. En effet, leurs études les conduiront à
manier le stylet pour un riche citoyen boutiquier, à
effectuer les comptes d'un marchand aisé, ou à
vendre n'importe quel brimborion escomptant les
bénéfices les plus substantiels. Rien, on le voit, qui
prédispose à la philosophie ou même la nécessite.

Sa réputation l'a précédé : Socrate, de par sa fonction, a le droit d'aller la tête dans les étoiles, au
risque de ne pas voir le puits qui s'ouvre sous lui et
d'encourir, quand il y sombrera, le rire de la servante thrace observant sa démarche lunaire. Les
Cerbères de l'administration, ici un faune, là une
saphique, ailleurs un sadique, consentiront avec
irritation à quelques-unes de ses frasques sans toutefois jamais manquer d'aller mander à l'auctoritas
une main ferme pour châtier l'impudent. Ils
aspirent à remplacer Socrate par un domestique,
mais la profession paraît en comporter moins ici

qu'ailleurs. Contrits, ils font avec. De sorte qu'on peut les dire philosophes...

Dans les limbes de l'administration, outre les Cerbères et le basileus, il y a Zeus, l'inspecteur d'académie, le représentant de Dieu sur terre, l'incarnation du corps mystique et sacré de la philosophie. Socrate craint Zeus, bien sûr, car il est pieux et lui sacrifie un taureau rouge à chaque rentrée scolaire, sans oublier d'enrichir l'holocauste d'un verrat ou d'un bouc pour Aphrodite, d'un âne pour Priape, d'une génisse pour Athéna et d'un lièvre pour Dionysos. C'est beaucoup de sang, j'en conviens, mais il faut se ménager les faveurs et les complaisances du dieu des dieux, des belles femmes, des priapismes en tous genres, intellectuels en priorité, bien sûr, de la sagesse et des débauches. Après que toute cette hémoglobine aura coulé et lavé l'outrage, l'année pourra bien commencer, et avec elle, une attente en règle de l'épreuve d'inspection.

Ce jour est béni parmi tous, car Socrate peut ainsi assister à cet étrange phénomène en forme de travaux pratiques platoniciens, qui permet de voir, de ses propres yeux, l'émanation d'une Idée Intelligible, l'incarnation sensible et phénoménale d'une pureté nouménale : Zeus, disons plutôt l'un de ses démiurges, descendu sur terre pour mesurer l'étendue de ce qui sépare les Idées de la Réalité, le programme de son application. Qu'il se prépare au pire, ce sera encore très en deçà de ce qu'il imagine !

L'inspecteur est l'Ordre, la Loi. A lui tout seul, il manifeste le Vrai, le Juste, le Bien, ce qui n'est déjà pas si mal. Fort de ce qu'il a vu en contemplant le feu qui brûle dans les entrailles de la caverne, l'Inspection générale — l'igéné, pour ceux qui savent, le saint des saints —, il sait ce qu'il faut faire, ce qu'il faut dire, comment il faut le dire, et comment le faire, bien sûr, aussi. Son savoir est d'autant précieux qu'il ne l'a jamais prostitué dans la réalité. Pour cette raison, il reste pur, idéal, sans tache. Vrai, quoi. Il a tout lu, tout su, tout vu. Sauf, peut-être, des élèves en chair et en os, en acte, mais ça n'est pas vraiment grave, puisque ça n'est pas le problème.

Ce qu'il a vraiment lu, cet homme de Zeus, ce sont les directives ministérielles, le Bulletin officiel, tables de la loi, décalogue en son genre, du moins proclamation sacrée à partir de quoi Socrate doit donner impulsion à son discours. Dans sa classe, l'homme de la sagesse pratique doit sacrifier au rite du cahier de textes, Iliade et Odyssée de son trajet en compagnie des éromènes. Théoriquement, tout s'y trouve, faits et gestes, légende dorée, annales et minutes, évangile et livre de bord à la fois. L'inspecteur y pointera les stations auxquelles se sont arrêtés les élèves, les travaux rendus, les auteurs lus, les notions abordées et le respect des sacro-saintes lois de la nation en matière d'éducation.

L'envoyé de Zeus ne veut pas savoir s'il a affaire à des citoyens pauvres en matière de capacités ou de références, s'ils souffrent à la lecture de la gazette locale, s'ils succombent au-delà de trois minutes de conceptualisation, s'ils développent une allergie cutanée, respiratoire ou cardiaque en présence des auteurs cardinaux ou des textes fondateurs. Rien de tout cela ne l'intéresse, puisqu'il n'entretient de passion qu'à l'endroit des Idées. Pour lui, pas d'élèves concrets, mais des élèves Idéaux ; pas de cours effectifs, mais des dissertations magistrales et célestes ; pas de copies constellées d'inepties, mais des exercices de style dans lesquels s'expriment les jeunes âmes radieuses pour l'occasion converties à la philosophie, « une discipline comme les autres », prend-il soin de préciser avant toute intervention.

Faut-il dire que, dans le meilleur des cas, ceux qui se souviendront d'*Ainsi parlait Zarathoustra* citeront dans leurs copies : Ainsi parlait Tarass Boulba ? Doit-on préciser que ceux qui, pour les meilleurs, auront eu vent de Sartre, le philosophe, feront référence, s'ils s'en souviennent quelque peu, à Sarthe, le département des rillettes ? Est-il utile de rappeler que les plus avertis parleront des grottes de l'après-histoire, de la peinture de Picasseau — un mélange de piques et de pinceau —, ou des couleurs sublimes de *Guérilla*, la célèbre toile noir et blanc du peintre catalan. Le tout (et rien n'est inventé, ces mots ont été écrits un jour) dans un simple paquet de devoirs consacrés à l'art. Lorsque tous auront répondu, Socrate disposera de deux cent quarante copies, soit trois kilogrammes cinq cent vingt grammes, il a pesé. De quoi le priver de palestre, de gymnase, de panathénées et de banquets pendant une semaine et demie en continu, le temps de raturer, biffer, surcharger de rouge les pages désespérantes. Car, en fin d'année, après avoir supporté un cours magistral les traversant comme une pluie normande, ils auront à répondre à des questions du genre : *L'accord avec autrui au niveau du discours est-il un critère suffisant de vérité ?* Nul n'est besoin d'être clerc pour avancer que les résultats seront très en décalage avec ce que les officiels escomptent...

Pour autant, les hommes de l'art académique ne se convertiront pas au réel, car ils exigent l'inverse : que l'idéal soit la norme et qu'on parte moins de ce que les élèves d'un lycée technologique peuvent réellement, concrètement, produire pour s'occuper plutôt des programmes et du respect de la loi. Ils souffrent devant le billet d'humeur d'un chroniqueur de magazine ? Peu importe. Qu'ils lisent trente-quatre œuvres complètes, oui, oui, de Platon à Heidegger, en passant par saint Thomas d'Aquin le roboratif, Cournot le passionnant, Husserl le stimulant. Qu'ils réfléchissent sur neuf notions, dont la Vérité, la Conscience et la Raison. Qu'ils fournissent des pages de dissertation ou de commentaire de textes. Qu'ils lisent, rédigent, écoutent et dissertent. Et qu'on ne nous inquiète pas avec ce qu'ils sont véritablement, ce qu'ils peuvent sincèrement, au risque de les démobiliser, sinon de les désespérer, à moins de les fâcher.

Socrate voudrait bien dire à l'envoyé de Zeus qu'il aime la philosophie, et que ses élèves seraient d'autant plus enthousiastes si d'aventure la discipline était pensée pour eux et non pour les pédagogues qui dissertent à longueur de temps dans les commissions ad hoc. Il aimerait expliquer que le réel seul importe et qu'il est temps d'en finir avec le lycée de Victor Cousin ; que la philosophie n'est pas seulement l'enseignement des doctrines et la lecture des grands auteurs ; qu'elle peut être proposition et acquisition d'une attitude à l'endroit du monde, des autres, du réel. Socrate aspire à la réconciliation de son art et de la vie, mais il est bien le seul — avec certains de ses élèves, une poignée, ce qui est déjà beaucoup.

Soyons pragmatiques. Faut-il faire un cours sur le Droit, comme le programme l'y invite ? Oui ? Alors précisons : Socrate mobilise son savoir, ses fiches et ses auteurs. De sorte que, zélé, il enseigne la généalogie et les fins du Droit, se propose d'exprimer le juste et l'équitable, de rendre à chacun, en vertu d'un principe transcendant, ce qui lui revient relativement à ses actions, pourvu qu'elles soient mises en perspective avec ses intentions. Etc. Très vite, on lui rétorquera le fait divers entendu hier à la télévision, on reparlera de la peine de mort pour déplorer qu'elle soit abolie, certains, sérieusement, dans le plus pur ton péremptoire, inviteront au rétablissement de la torture. Forts de cette proposition, d'autres formuleront les modalités de celle-ci : faire au coupable ce qui aura été fait à la victime, empoisonner sa nourriture sans lui dire quel jour, expérimenter scientifiquement sur leurs corps...

Socrate n'invente rien, toutes ces billevesées, depuis plus de dix années qu'il enseigne — soit plus de deux mille élèves — il les a entendues, réitérées à satiété, toujours vivaces, toujours d'actualité. Exit le Droit chez Aristote. Pas question d'examiner sa généalogie chez Nietzsche. Improbables les méditations sur le juste et le fort chez Pascal. Douteux qu'on puisse lire *De l'esprit des lois* de Montesquieu. Impossible le programme. L'envoyé de Zeus n'aurait qu'à reprendre son char, circuler avec Phaéton, risquer, dans son voyage, le percement de la voûte ou l'écrasement sur le sol, pourvu qu'il quitte les lieux où Socrate officie.

A moins qu'il ne se soucie véritablement des élèves tels qu'ils sont et qu'il permette au maître en ironie de formuler un art de vivre, une invitation à la stylisation de sa propre existence. Car l'intraitable mélancolie dans laquelle évoluent les élèves a sa racine dans la complaisance quasi généralisée des penseurs ou éducateurs dans la direction de la négativité et du soupçon, dans le silence offert comme seule réponse aux questions qu'ils posent et se posent concernant le sens de l'existence, dans l'absence d'alternative qu'ils constatent face au nihilisme de l'époque, dans l'incapacité à saisir la nature du réel qui est le leur, dans le pessimisme entretenu à leur endroit lorsqu'ils manifestent de l'enthousiasme, de la passion, des envies. Là où ils débordent de vie, on leur vante les mérites de la castration, de la soumission, de l'obéissance. On prétend former des hommes libres, on fabrique des domestiques. A chaque rentrée scolaire, la destination de Socrate, c'est l'abattoir.

A défaut, et j'y aspire, on pourrait restaurer le maître de vérité, en lieu et place des promoteurs d'arrière-mondes et des vendeurs de poudre aux yeux qui, aujourd'hui et sans vergogne, occupent les lieux. Lorsque campent dans leur morgue, et dans d'immenses zones de pouvoir qu'ils contrôlent, ceux qui font le réel déliquescent, il s'agit d'accepter le principe d'une opposition de forces à d'autres forces. Le philosophe est un combattant, un artiste de l'agôn. Auquel cas Socrate se fait un peu plus proche de Diogène dans la façon, dans la méthode. Libertin, donc, dans le propos, la démarche et l'enseignement d'une attitude. Libertin, aussi, pour la liberté et l'audace, la détermination et la puis-

sance. Libertin, enfin, pour le choix délibéré d'empêcher la formation en nombre d'hommes unidimensionnels dont la seule vertu serait de grossir les
troupeaux déjà trop abondants. Dans cet ordre
d'idées, et puisqu'il s'agit de combats qualitatifs,
point n'est besoin, comme le programme le suppose,
de pouvoir lire la *Logique formelle et transcendantale*
de Husserl pour être philosophe. Ni faire de la philosophie. Nul n'est tenu de se mouvoir dans le cor-
pus des grands penseurs pour accéder au statut de
sage. Ni d'avoir des diplômes. Un technicien de la
philosophie de plus ne serait d'aucune utilité.

Dans la ribambelle de professeurs de philosophie
qui m'ont conduit de la classe terminale à l'année de
soutenance de mon doctorat, j'ai connu un nombre
incalculable d'incompétents, d'incultes, de niais, de
staliniens sans complexes, de francs-maçons guère
préoccupés par le message humaniste, d'hommes de
main attendant la promotion promise en gage pour
leur servilité à l'endroit de leurs supérieurs dans la
carrière, d'intraitables fainéants recyclant depuis
des décennies, soit les notes pour une thèse qui
jamais n'aboutira, soit les pages d'un pensum qui,
malheureusement, aboutit un jour, et se trouve res-
servi à longueur de cours, de colloques et d'articles.
J'ai supporté les logorrhées d'alcooliques soucieux
de galons, de faux gauchistes vrais caméléons, vrais-
faux chrétiens de gauche triomphant dans l'obséquiosité et stationnant avec une béatitude sans nom
dans les coulisses de l'administration où l'on devait
leur confier un méchant pouvoir dérisoire sur la
paperasserie. J'ai subi un maoïste assassinant Lacan
qui devint un jour subitement lacanien avant de trucider Mao, puis d'épouser depuis, et presque systématiquement, toutes les causes à la mode de son
temps. J'ai entendu, à la Sorbonne, un maurrassien
pétillant converti aux frasques de Sollers, un nègre
de présidentiable depuis trépassé — le nègre, l'autre,
est enfin sur le trône —, un fumeur de cigares

engoncé dans des costumes trois-pièces qui conte-
naient mal sa jeune suffisance d'alors. Et tant
d'autres perclus dans les bassesses qui font la mesquinerie de tous les temps, historiens de la philosophie plus ou moins efficaces, certes, mais philosophes, que nenni...

Et puis vint Lucien Jerphagnon, mon vieux
maître, qui fut Socrate et Diogène, fulgurant de
culture et d'intelligence, brillant de tous ses feux
entre les références et les pointes, les drôleries et le
savoir, les *vacheries hystériques*, pour le dire comme
Rimbaud, qui nous remplissaient de bonheur. Il fut
Plotin racontant les hypostases, familier et contemporain de Porphyre lorsqu'il enseignait la vie du
néo-platonicien, voisin de saint Augustin quand il
narrait la conversion de celui qui, après le whisky,
les femmes et la débauche, deviendrait évêque
d'Hippone. Dans les bouges, il nous conviait avec
Lucrèce ; dans le Jardin, il nous promenait avec
Epicure ; sous la couverture de Messaline, il nous
proposait un abrégé de la philosophie romaine. Il
était un maître. Il le fut pour moi, et ne cessera de
l'être. Quand il me fallut endosser l'habit de Socrate,
lâché devant des classes comme un chrétien des
catacombes devant les lions, je n'eus qu'un seul et
unique modèle, une seule référence : lui. Ma question fut : comment être devant eux ? La réponse :
comme lui le fut devant nous. De sorte que jamais
Socrate n'ait son destin en direction de l'abattoir.

Libertin, le professeur de philosophie retrouvera
Socrate et son esprit. Loin du programme et de
l'administration qui le fait respecter, à défaut de le
modifier pour qu'il coïncide avec les nécessités,
aujourd'hui, d'une philosophie en relation avec le
monde tel qu'il est, et les élèves tels qu'ils sont,
Socrate enseignera l'ironie qui questionne, sape et
met en cause les vérités du jour : le spectaculaire
comme vertu, l'avoir pour seul destin, le désenchan-
tement fait règle, l'égoïsme généralisé pour seul
impératif éthique, le consentement à la barbarie

partout où n'est pas la célébration de la culture, le dégoût des idées, la volonté d'accéder à des pouvoirs qui n'en sont pas, la fascination pour les réussites fictives, l'admiration de caricatures de héros et de figures de pacotille.

La négativité est propédeutique, et seulement. Aussi, Socrate pourrait proposer, enseigner la positivité, par exemple : la nécessité de la culture comme ascèse, effort vers plus d'humanité là où triomphent la lourdeur, la terreur et l'horreur ; l'esthétisation de l'existence, le souci de soi et l'usage des plaisirs — pour le dire comme Foucault ; le goût pour une belle individualité moins soucieuse de commandement d'autrui que de gouvernement de soi ; les vertus qui grandissent et qui vont de l'amitié au sens de l'honneur ou de la parole donnée, de l'élégance à la conséquence, de la tenue, du style et de la forme à la verticalité en tout, cette vertu sublime qui ne plie que terrassée par Thanatos.

Déjà les ennemis de Socrate ont fait un concert de pleureuses. « C'est la mort de la philosophie, geignent-ils ! C'est la disparition de la discipline dans ce qu'elle a de plus noble ! Apocalypse, désolation et sabotage ! Qu'on enseigne les formes a priori de la sensibilité, qu'on professe les postulats de la raison pure pratique, les apories de la *Critique de la raison pure* ou qu'on réponde à la question : comment des jugements synthétiques a priori sont-ils possibles ? » Tant pis s'ils n'y comprennent rien, du moins ceux qui communient en Victor Cousin auront-ils, une fois encore, l'illusion d'être parents des philosophes qu'ils enseignent, à défaut d'être du même alliage. Ils se trompent en pensant que le travail des professeurs de philosophie est de fabriquer leurs clones qui enseigneront aussi à ceux qui se destinent à engrosser le rang des fonctionnaires de la matière. La philosophie est art de vivre, ou elle ne mérite pas une heure de peine. C'est le seul dévoiement qui l'a confinée dans les questions oiseuses où elle n'est plus un enjeu que pour les spécialistes réjouis de l'avoir mise tout entière, ou presque, dans un ghetto.

La science de Socrate sert à vivre, à mieux vivre dans un monde qui, partout ailleurs, a congédié la spiritualité. Socrate est moins un enseignant de plus qu'un maître de vérité. Mais l'époque n'aime pas qu'on puisse proposer le projet d'une maîtrise, d'une relation de maître à disciple, d'une initiation qui suppose celui qui sait et celui qui ne sait pas, sous prétexte que personne ne saurait et qu'il faudrait laisser chacun à sa désolation solipsiste. Or, on n'évite pas le dressage d'abord, l'éducation ensuite : il n'y a pas de culture sans arrachement à la barbarie, sans volonté farouche de congédier les mouvements naturels pour leur substituer des impulsions culturelles. C'est le projet de toute éducation digne de ce nom. Attelés à cette tâche, il y eut les prêtres, longtemps, trop longtemps ; puis les hussards de la République, spécialistes en démarquages laïques des vertus évangéliques et chrétiennes ; il y a, aujourd'hui, les pleins pouvoirs offerts aux maîtres de ce que Régis Debray appelle la vidéosphère : les idoles de l'écran cathodique, les amuseurs publics, les bateleurs décérébrés, les politiciens démagogues et populistes — je crains le pléonasme —, les penseurs de charme, poudrés et parfumés, les chanteurs de variétés invités pour donner leur avis et proposer leurs lumières sur le monde tel qu'il va, ou sur ce qu'ils font. Puis ils s'exécutent, sans vergogne. Et tant d'autres qui font le carnaval des animaux malades de la peste. Les trucs à la place de l'éthique.

Le combat se mène contre ceux-là. Socrate d'un côté, seul, libre ; de l'autre, la foule grouillante des nains qui gouvernent. A défaut de donner à l'éthique la place qu'elle n'a plus nulle part, on avalise les gesticulations brutales et les contorsions utilitaristes, les opérations hypocrites et les subordinations mentales. Le prêtre et le hussard noir de la République n'existent plus, hors les fossiles. La fonction spirituelle n'est plus assurée nulle part, sinon dans des lieux d'une infinie maigreur. Les guerriers et les commerçants ont les mains libres, le roi également. Sans bûchers ni autodafés, sans brasiers dans lesquels précipiter les œuvres majeures de l'humanité, les barbares ont triomphé. Avant de l'exécuter, ils ont envoyé Socrate à l'abattoir, le temps qu'il se fasse au goût du sang dans le fond de sa gorge et qu'il apprivoise l'idée qu'on ne le désire plus, qu'il n'est plus utile nulle part, qu'on n'a plus besoin de ses services. La poignée de drachmes qu'on lui donne à chaque fin de mois est moins que le pourboire distribué par les bourgeois à leurs cochers. L'abattoir est l'antichambre du destin pour ceux qui vont mourir et ne saluent pas Alexandre, ou ce qui lui ressemble. Septembre est noir, qu'on allume les lumières...

8

LES FILLES DU DÉSERT

Lorsqu'il m'est nécessaire de passer quelques jours à Paris, mon éditeur me réserve une chambre à l'hôtel Chomel où j'ai mes habitudes et des souvenirs anciens. Aux alentours d'un solstice d'été, il me fallut m'installer là-bas. Au matin, réveillé par la lumière et les bruits de la rue, j'ai lu quelques pages de l'« Esthétique » de Shaftesbury. Quelques phrases sur la question du génie et de l'œuvre, de l'écriture et de son destin, sont superbes et d'une redoutable actualité. Par exemple, je marque dans la page, au crayon à papier, cette tirade : « Nos auteurs modernes se laissent façonner et modeler — ils le confessent eux-mêmes — par la prédilection du public et l'humeur générale du temps. Ils se règlent sur la fantaisie sans règle du monde et reconnaissent franchement qu'ils sont déraisonnables et absurdes afin de se prêter au génie de l'époque. De nos jours, l'audience fait le poète et le libraire l'auteur. Avec quel profit pour le public et quelle perspective d'une renommée et d'un honneur durables pour l'écrivain, quiconque a du jugement peut l'imaginer. »

Ailleurs, autre trait de crayon dans la marge, il est question de la paresse et de la négligence des auteurs « qui, observant ce besoin que notre curiosité nous impose et faisant un exact calcul commercial pour connaître avec précision la quantité et la demande du public, nous donnent ainsi la becquée, décidant de ne pas surcharger le marché ou de ne pas se mettre en peine de plus de correction ou d'esprit qu'il n'est absolument nécessaire pour poursuivre leur négoce ». Je vérifie la date de publication de ce texte : 1711... Ne dirait-on pas Guy Debord ou les belles pages qu'Alain Nadaud a consacrées au malaise dans la littérature ? J'aime ce philosophe anglais pour sa théorie du sublime, son idée que la vérité, la beauté et l'harmonie ont partie liée, son affirmation, aussi, que l'artiste est une figure démiurgique susceptible de résoudre le problème de l'éthique. Sa modernité me plaît.

Délaissant le livre pour le miroir de la salle de bain et la mousse à raser, j'ai allumé la télévision pour entendre les informations du matin. Mélangée au bruit de l'eau qui coule du robinet, j'entendais la voix d'une femme et quelques bribes : il était question de prostitution, de superbes femmes, de luxe et de volupté. C'était Madame Claude parlant de son livre, de son passé chez les sœurs visitandines, dans la Résistance, à Ravensbrück, de sa passion pour Pierrot le fou, l'homme, pas le film, de l'argent et des honneurs. Attiré par le propos incisif, la voix sèche et l'extrême cynisme de cette femme, je m'installe sur le lit pour écouter son entretien avec un journaliste. Son visage est resté celui d'une belle femme, le poseur de questions paraît un petit garçon soumis, docile, sinon tétanisé par cette femme qui jouit de dominer.

Je songe aux prostituées d'hier, compagnes de Baudelaire et de Flaubert, de Maupassant et de Nerval. Je me souviens des « filles du désert » dans *Ainsi parlait Zarathoustra* quand Nietzsche écrit qu'elles sont « profondes mais sans pensées, comme de petits mystères, comme des énigmes enrubannées, comme des noix de dessert — multicolores et étrangères assurément, mais sans nuées, énigmes qui se laissent deviner ». Elles offrent les moiteurs nocturnes et les plaisirs faciles qui s'enracinent dans la douleur d'exister, le malaise d'être. Leurs peaux lisses sont aussi neutres que leurs visages ou leur bijou rose et noir qui accueille pour de misérables espèces sonnantes et trébuchantes les liqueurs sales et les liquides infects empesés du mal de vivre.

J'aime leurs blessures à l'âme et suis plus concerné par elles, fardées et maquillées, ravagées et offertes, que par les développements nihilistes des snobs qui dissertent à longueur d'opuscules sur le néant, le dégoût du monde, le malheur de vivre, leurs douleurs existentielles entre deux whiskies à la terrasse du Flore. J'aime leurs corps tristes et leurs ventres déserts, leurs seins insolents et leurs hanches larges, leurs vêtements aux couleurs de sang ou de deuil, leurs peaux gainées dans la soie, leurs yeux ardents qui cachent la flamme éteinte, derrière, leurs bouches énervées, fatiguées et mortes. J'aime tout cela pour le spectacle ainsi dressé, clair et cruel, de la misère du monde quand on ne lui a pas donné sens, de la brutalité farouche du désir quand on ne sait ni ou, ni quand, ni comment lui donner forme. J'aime les odeurs de musc et de feu, d'apocalypses et de parfums lourds qui saturent les couloirs dans lesquels elles attendent le client, et je compatis toujours à leurs présences nonchalantes, comme lorsque mon regard croise celui d'un homme qui va mourir et le sait, qui donc est déjà mort. De Baudelaire, sublime, sur Elles : « Vous que dans votre enfer mon âme a poursuivies, / Pauvres sœurs, je vous aime autant que je vous plains, / Pour vos mornes douleurs, vos soifs inassouvies, / Et les urnes d'amour dont vos grands cœurs sont pleins. »

Mes songeries n'avaient rien de commun avec les vérités assenées par Madame Claude qui, elle, disait conduire la prostitution du côté haut de gamme, élégance et style. D'une part, les latrines et le ruisseau, le trottoir, les amours du poète et de la bohème, des pauvres et des miséreux ; de l'autre, le caviar, les chambres luxueuses, le champagne et les éjaculations de la jet set, ministres et diplomates, cardinaux et présidents, princes et chefs d'Etat. Rien de commun. Pour satisfaire ces homme de pouvoir en mal de passes mondaines, il fallait des filles ayant les manières d'une femme du monde — je cite. Belles, l'esprit vif, drôles, intelligentes, éduquées et modelées jusque dans leur chair par la chirurgie esthétique, les professionnelles du haras de Madame Claude devaient accepter le principe de la douleur et de la souffrance pour parvenir aux objectifs fixés par la mère maquerelle : efforts et constance dans la peine, il fallait mériter la distinction qui faisait l'honneur et la réputation de la maison. « Je voulais les rendre sublimes », disait la patronne. Mon esprit revint vers ce que Shaftesbury entendait par là, sublime...

Je dus laisser là le verbe de cette femme cynique, au sens vulgaire du terme, pour honorer un rendez-vous. Puis j'ai retrouvé Jean-Paul Enthoven, mon directeur littéraire, pour un déjeuner à la brasserie Lipp. Aréopage habituel de mondains et d'écrivains, de journalistes et de politiciens, de femmes du monde et de séducteurs flétris. Voir, se faire voir, être vu — drôle de zoo. Nous nous installons et commençons à nous raconter, comme à l'habitude, à bâtons rompus, nos vies, nos lectures, nos histoires. Projets de livres, commentaires sur des articles écrits ou à paraître, avis sur les premiers chapitres de mon prochain ouvrage. Détails sur mes voyages et mes conférences. Propos politiques sur l'odeur de la gauche décomposée, commentaire en bonne et due forme de l'idée de Baudelaire selon laquelle aimer une femme intelligente est un plaisir de pédéraste. Deux mots sur Rancé, un éloge de La Fontaine, et le déjeuner dans le plaisir mutuel de constater quelle jubilation nous avons à mesurer, une fois de plus, tout ce qui nous sépare.

Soudain, le maître d'hôtel déplace la table qui jouxte la nôtre pour laisser s'installer une femme qui prend place juste en face de moi : Madame Claude que j'avais laissée derrière l'écran, trois heures plus tôt. En face d'elle, pour lui donner la réplique, une créature qui aurait pu s'échapper de l'ancien haras de la dame en question. Mais ce pouvait être aussi une femme d'affaires dépêchée par son éditeur, un agent littéraire, ou quelque chose de cet acabit, elle en avait les vertus peintes sur la figure. Drôle de situation. Les yeux vifs et fuyants, le visage aussi beau que la télévision pouvait le laisser croire, triomphant dans une morgue conservée malgré tout, l'ancienne mondaine, raide, montrait ostensiblement et avec conviction combien la chirurgie esthétique fait des merveilles. Du moins sur les visages, car ses mains tavelées et ses doigts décharnés ornés de pierres précieuses disaient la vieille femme cachée derrière le masque. Pour répondre à la demande du garçon venu les entendre, elles commandèrent une coupe de champagne. Classe. Un pastis aurait manqué de distinction. Et il faut bien donner dans la mythologie des femmes de luxe aux bonnes manières, dans l'élégance et le raffinement, dans la distinction qui sied aux familières de l'aristocratie péripatéticienne. On ne peut enseigner le style et pratiquer avec balourdise.

Aussi, lorsqu'on lui apporta la coupe, je fus étonné de voir la dame du monde prendre la fourchette qui était à sa droite avec le détachement et la nonchalance qui conviennent aux actes fondateurs d'Empire ou générateurs de Civilisations. Allait-elle boire son champagne avec une fourchette, illustrant de la sorte une pratique de caste, ou inaugurant ainsi une nouvelle étiquette ? Continuant à converser, elle se mit à battre son champagne à petits coups réguliers. Vraisemblablement pour éviter la dyspepsie. A son corps défendant, elle montrait, en effet, que tout est affaire de classe, de bonnes manières et d'éducation. J'ai soudain senti toute ma sympathie redoubler pour les filles de Baudelaire.

9

BAUDELAIRE, ENCORE

Dans l'avion qui me conduit à Amsterdam, pour une conférence que je donne dans les murs de l'ancienne Bourse du commerce, je relis les quatre pages sublimes que Baudelaire consacre au dandy. J'avais emporté le volume de la Pléiade pour y reprendre les notes consacrées aux *Liaisons dangereuses* et tâcher d'y retrouver le passage dans lequel Valmont est montré comme une figure opportune qui utilise le dandysme afin d'obtenir du pouvoir.

En flânant dans les pages de papier bible, j'ai pratiqué la lecture en amateur de la passion papillonnante chère à Fourier. Ici avec des sourires lorsque, peut-être survolant Bruxelles, je lus des fragments de *Pauvre Belgique* ! en me disant que jamais, vraisemblablement, on n'avait écrit en trempant de la sorte sa plume dans la haine et le ressentiment ; ailleurs avec curiosité, lorsqu'il s'agissait par exemple de l'esthétique de Proudhon ; une autre fois, avec le désir d'apprendre de Baudelaire les raisons pour lesquelles il estime la sculpture ennuyeuse.

Par le hublot, le ciel est d'un bleu dont j'imagine à

chaque fois qu'il est semblable à celui des flots dans lesquels Icare s'est abîmé. Je me souviens de l'étranger des poèmes en prose, cet homme énigmatique, sans famille, sans patrie, ignorant tout de la beauté, haïssant l'or et n'aimant que les nuages, les merveilleux nuages. Il est de ces familles où seuls les poètes ont droit de cité et dans lesquelles on trouve les amoureux de cumulus, de stratus et de nimbus. Michaux, par exemple, écrivant le trajet des âmes mortes et des ombres défuntes qui se perdent quand elles vont vers l'Opaque et qu'elles flottent, un temps, dans une grande banquise d'ouate. Rêvant aux nuages, le regard perdu dans l'azur, je suis rappelé à Baudelaire par le jet d'air conditionné, frais, sinon froid, bruissant près de moi, sur ma peau, comme un gaz qui fuse.

Je donnerais toute la *Phénoménologie de l'esprit* pour ces quatre pages merveilleuses. Et n'aurais guère besoin d'invites supplémentaires pour offrir tout Hegel. En moins de cent cinquante lignes, le portrait du dandy offre lignes de force, clés de voûtes, architraves et autres instruments de répartition des poussées pour styliser sa liberté, construire son œuvre majeur : l'existence. L'esprit vagabondant, l'idée me vient, je la reprendrai peut-être un jour, que le dandysme doit à la Normandie nombre de ses références : Honfleur, la *cosa mentale* de Baudelaire, Caen pour la déchéance et la tombe de Brummell, Saint-Sauveur-le-Vicomte pour Barbey d'Aurevilly, voire le Cabourg de Marcel Proust. Le dandysme historique est loin des frasques et de l'anecdote, plus près d'une métaphysique, d'une sagesse.

L'artiste et le poète, le libertin et le dandy : j'aime les figures qui se structurent contre les courants, en allant vers la solitude et l'isolement des désespérés. Certes, à l'aune du Sartre bolchevique, le dandy est inutile, parasite, puisqu'il n'est pas révolutionnaire et que la bourgeoisie n'a pas à le craindre. Baudelaire n'étant pas Louis Blanc, *Les Fleurs du mal* n'ont aucune utilité, il faut leur préférer un discours à l'adresse du peuple. Dans ses excès, Sartre singe le capitaliste en aspirant aux mêmes valeurs : l'utile, le pratique, l'efficace. Et par là même, il passe à côté de l'essence du dandysme : la rébellion perpétuelle, le refus du grégarisme, l'éloge de l'individu, l'insoumission permanente, traits qu'aura vus Albert Camus, mais pour mieux rejoindre son frère ennemi dans la condamnation de l'attitude romantique. Quant à l'utilité, vertu sartrienne, qu'on relise « Mon cœur mis à nu » dans lequel Baudelaire écrit : « Etre un homme utile m'a paru toujours quelque chose de bien hideux. » Jamais autant qu'aujourd'hui l'utilitarisme n'aura mené le bal, jamais l'inutilité n'aura donc été autant d'actualité.

Les ennemis de l'individu sont nombreux : ici les prêtres, là les politiciens, une fois les universitaires, là ceux qui communient dans l'esprit de groupe, le corporatisme et les castes, ailleurs, les amateurs d'ordre, en général, tous ceux qui savent que dans la singularité rebelle résident des forces d'une extrême puissance, quand elles sont sollicitées, entretenues et dépensées. Du même auteur, dans le même texte : « Il ne peut y avoir de progrès (vrai, c'est-à-dire moral) que dans l'individu et par l'individu lui-même. » Je ne démords pas de cet axiome. Tout mon travail s'en inspire.

La haine de l'individu est chez tous ceux qui, depuis Platon, communient en l'idéal d'un universel dans lequel se dissolvent les individualités : idéologies religieuses et totalitaires, utopiques et sociétaires, traditionalistes et populistes. Au nom de Dieu et de l'Etat, de la Patrie et de la Nation, les conducteurs d'hommes ont exigé au-delà du nécessaire requis pour la pure et simple cohésion sociale. Quand il fallait abandonner le minimum dans le contrat social, ils ont voulu la totalité. Démocrates et totalitaristes communient dans cette même ferveur qui sacrifie l'individu sur l'autel de leurs fantasmes égalitaires. Pour ceux-là, ce vers de

Baudelaire : « Mais le damné répond toujours : "Je ne veux pas !"»

Le dandy aspire à une morale autre, différente, post-chrétienne pourrait-on dire. Une éthique soucieuse d'esthétique et non plus de théologie ni de scientisme, ces deux pestes auxquelles on doit les misères de la philosophie morale depuis des siècles. Au centre de cette forme nouvelle, l'individu est roi. Le projet consiste à donner au Beau une place architectonique qui déclasse le Vrai ou le Bien. Des dandys, Baudelaire écrit : « Ces êtres n'ont pas d'autre état que de cultiver l'idée du beau dans leur personne, de satisfaire leurs passions, de sentir et de penser. » Esthétique et pathétique, éthique et sensualisme, réconciliation avec les sens et le corps, Baudelaire et le dandy réhabilitent les parfums suaves et capiteux, l'âme du vin, le haschisch, les passantes désirables et les amants désespérés, les femmes damnées et Satan, les prostituées aux odeurs capiteuses, les vampires et les squelettes. Et il me ravit.

Son art est la distinction : le dandy est seul de son parti. Suivre et guider lui sont mêmement odieux — Zarathoustra est l'un des leurs, et Cyrano bien sûr. Car tous pratiquent avec ardeur le culte de soi-même qui caractérise les individualités fortes de leurs potentialités, soucieuses de produire un style là où triomphe, a priori, le chaos. Rien à voir avec les chemises empesées, les cravates hystériquement nouées, les gants façonnés par trois artisans, les tissus précieux et les raffinements de circonstance qui ont fait la réputation, fautive, du dandysme réduit aux accessoires et à l'esbroufe. Certes, c'est aussi cela, mais pas seulement comme aiment à le faire accroire les spécialistes en désamorçages qui stérilisent cette pensée en acte.

Lorsque Barbey d'Aurevilly écrit sur Brummell, c'est pour extraire une théorie de ce qu'après Balzac on pourrait appeler la vie élégante. La plus belle réussite d'un dandy est l'emploi de son temps, et non son argent. Car il méprise l'or dans lequel croupissent les bourgeois. Son chef-d'œuvre est sa liberté, l'acquisition de sa liberté. Je me souviens d'une belle phrase de Nietzsche qui écrivait qu'un homme qui ne dispose pas des deux tiers de son temps pour son propre usage n'est pas un homme libre. La volonté d'héroïsme a pour terrain d'application la seule vie quotidienne et la présence jubilatoire au monde : la bohème des fumeurs d'opium, les frasques des hydropathes, les fusées du zutiste, les ris du fumiste, l'unique et sa propriété, la revendication libertaire, les dérives situationnistes et l'insoumission romantique qui ont mes sympathies.

Cette culture de soi suppose le désir de fortifier et de discipliner son âme, la rage dans l'installation à distance des parasites et des nains, la formulation d'un style qui exprime l'aspiration des danseurs à la légèreté, l'affranchissement à l'endroit de l'esprit de lourdeur. Volontarisme, aristocratisme et esthétisme, autant de vertus inactuelles, au sens de Nietzsche, car cette époque est tout entière faite d'avachissement, d'uniformité et de laideur.

En 1863, Baudelaire signalait que le dandysme ne pouvait naître qu'en des âges intermédiaires, époques de tuilages qui se caractérisent par l'épuisement d'un temps et la gésine d'un autre. Sa période était celle de la disparition annoncée de l'aristocratie de particule et de l'avènement de la démocratie égalitariste, sinon communautariste ; la nôtre est celle de la fin des cultures nationales et de l'émergence de pratiques consuméristes grégaires planétaires. Epuisement des civilisations structurées sur le verbe, par lui, et naissance d'un Etat universel commandé par l'image, soumis à son empire. La résistance à ces forces d'unifications planétaires ne peut se faire que sur le terrain d'individualités solitaires et solaires. Libertins contemporains de Cyrano et dandies familiers de Baudelaire, Uniques s'épanouissant dans la lumière de Stirner et Anarques dans celle de Jünger, les figures de la révolte et de l'insoumission sont de toujours. Au demeurant, elles sont les seules forces qui contreviennent efficacement au nihilisme : celles qui font l'Artiste.

10

REVIENS FRANÇOIS

D'aucuns naissent par l'effet du Saint-Esprit, en économisant la virginité de leur génitrice, souci louable. C'est en sortant du ventre de leur mère qu'ils perforeront son hymen, inaugurant ainsi une nouvelle et drôle de façon de pratiquer l'inceste. Pareilles modalités d'entrée dans l'existence trempent un tempérament, on s'en doute. Etonnez-vous qu'ensuite pareil olibrius devienne meneur de foule, créateur de secte ou mamamouchi d'une quelconque civilisation...

D'autres procèdent de trajets mêmement miraculeux et peuvent s'enorgueillir, eux aussi, de parents exceptionnels. Ainsi de Gargantua dont la mère, Gargamelle, vit un jour son fondement lui échapper pour cause d'orgie de tripes — les gaudebillaux de Rabelais. Fâcheuse aventure. Grandgousier, son mari, avait pourtant pris soin de le lui préciser : « Il a une grande envie de manger de la merde celui qui en mange le sac. » Qu'on se le dise à Caen, le pays de la tripe, car l'oracle se vérifia : la parturiente se sentit mal du bas, le gros intestin relâcha — le « boyau du cul », écrit notre auteur —, la femme se délesta de son intérieur mais conserva l'enfant. Une vieille maligne administra un clystère apocalyptique, tant et si bien que l'enfant fut propulsé par l'oreille, via le diaphragme et la veine cave. A cet âge, on ignore encore tout de l'anatomie. Ses premiers mots furent : « A boire ». Le ton était donné.

Nul besoin de préciser que les uns font dans l'idéal ascétique quand les autres s'illustrent dans le gai savoir. Et l'on doit à Grandgousier ce désir de faire de son fils Gargantua un docteur en gai savoir — ce sont ses mots — le jour où il découvre que son rejeton n'a pas son pareil pour inventer un torchecul efficace, pratique et confortable. Du cache-nez de velours au sac d'avocat en passant par un chat, une poule, la peau d'un veau, un oreiller et tant d'autres choses, Gargantua essaya tout ce qu'il est possible d'imaginer avant d'arrêter son choix sur un oison bien duveteux « pourvu qu'on lui tienne la tête entre les jambes ».

Manger et déféquer, voilà donc les grandes affaires de toute l'existence, celles qui disent la parenté entre le dernier des citoyens et le premier d'entre eux, entre le bourreau et sa victime. Y a-t-il métaphysique plus fine ? Chez les sorbonnagres, certainement, mais si loin de la vie... Car Rabelais ne perd jamais de vue que c'est un corps qui parle, pense et jouit, vit et souffre, mange et meurt.

Faut-il prendre au pied de la lettre les critiques adressées aux gastolâtres, ceux qui ont décidé, une bonne fois pour toutes, de passer leur chemin quand ils voient un Nazaréen pour préférer la station longue devant Gaster, Messire Gaster, dont la figure emblématique, lors des carnavals, est Mâche-Croûte Manducus à mi-chemin du monstrueux et du ridicule, les yeux plus grands que le ventre, la tête plus grosse que le reste du corps, les mâchoires gigantesques, édentées, claquantes par un stratagème employé les jours de fête. Les sectaires de Gaster mangent de la couille d'évêque ou des oreilles de Judas, des myrobolans confits et des choux-cabus à la moelle de bœuf, des andouilles caparaçonnées de moutarde fine ou des longes de veau rôti froides saupoudrées de gingembre. Et des tonnes d'autres choses, bien sûr. Leur cri de guerre est : « Tout pour la tripe. » Gageons que Rabelais, qui les stigmatise, n'est pas sans quelque sympathie à leur endroit. L'ironie fait le reste.

Car le père de ce délire festif est un oral : sa langue est sublime, un organe autant qu'une fonction, une chair autant qu'une musique, une cause et un effet. Sa voix est tonitruante, faite pour les cirques et les gouffres, les abîmes et les montagnes. Son verbe est hédoniste, délirant, joyeux, heureux, expansif, soumis à la libido et rien d'autre. Sa bouche est un antre et dans son œuvre, on la voit contenir un champ de salades et des pèlerins, ici, ou une langue suffisamment énorme pour qu'elle couvre tout une armée, là. Elle est l'antichambre d'un estomac qui fomente, comme en un athanor, des matières d'où procéderont des vies, des mondes. Ou des hommes, car lorsqu'il pète, Pantagruel donne naissance à cinquante mille petits hommes nains et contrefaits ; lorsqu'il vesse, à autant de petites femmes rabougries. Leur mariage produira des Pygmées, avance Rabelais. Politiquement incorrect, certes, d'autant que ces petits nègres sont présentés comme colériques : « La raison physiologique est qu'ils ont le cœur près de la merde. » Je saurais m'en souvenir pour d'autres énergumènes, moins africains mais guère plus hauts. Rabelais me fait comprendre beaucoup de choses...

Le démiurge de Gargantua est médecin, comme Céline. Et leur verbe à tous les deux, leur truculence, leur obsession du corps réel induit un style, une écriture, une verve sans pareil. La chair des carabins qui écrivent n'est pas matière idéale, spirituelle. Le corps qu'ils mettent en scène n'est pas une machine sèche, froide, morte, mais un organisme vivant, chaud, empli de matières qui bouillonnent, fermentent et entretiennent la vie, la vitalité. Ni l'acier des modèles mécanistes, ni le métal des technologies qui fournissent la métaphore, le corps rabelaisien suinte, coule, vit, bouge, il transpire, exsude, exècre, il est habité de lymphe, glaires et bactéries qui auront nos yeux en même temps que la mort. C'est le corps des hôpitaux et des dispensaires, des asiles et des boucheries, des théâtres d'anatomie et des latrines. Le seul qui soit, le seul qu'on congédie aussi bien à l'université que dans la littérature ou la philosophie. Le monde de Rabelais est un magma en fusion duquel naissent, au milieu de fumerolles et de vapeurs délétères, pareilles à celles des enfers, des monstres, des exceptions, des délires tels qu'on les voit chez Bosch, son contemporain et frère en visions.

Le roman contemporain s'épuise d'avoir mis Rabelais à sa distance maximale : expérimental, il néglige, ignore ou méprise la chair, le corps, le délire, le fantasque et l'imaginaire pour se faire étique, banal, plat, ennuyeux, maigre, théorique et bavard ; classique, il fait fi de la grandeur du genre : la capacité à faire naître un monde au-delà du monde, un réel sublime pour nous consoler d'avoir à faire avec un réel médiocre. Dans le roman d'aujourd'hui, épuisé de narcissisme à défaut de savoir puiser dans l'hénaurme, on ne mange plus de pèlerins en salade, on ne se torche plus le cul, on ne force pas le destin en naissant par le pavillon au milieu du cérumen, on ne s'appelle plus Baisecul ou Humevesne, on ne crée plus de Pygmées en pétant, on ne mange plus de couilles d'évêque, on ne crée plus de fleuves en pissant, et les moutons de Panurge prolifèrent. Le monde est devenu triste. Reviens François...

11

MON ULCÈRE

Le gastrologue est aussi un proctologue. Normal, il est spécialiste de l'orifice, celui de la déglutition aussi bien que de la défécation. Le même et l'autre, l'entrée et la sortie, la vie et la mort, la substance et ses reliefs. J'ai dans la bouche une sorte de rond de serviette en plastique dans lequel je mords. Au fond de la gorge, je commence à ressentir que l'engourdissement gagne. Le gel anesthésiant fait son effet. Ecœurant, l'excipient est à la framboise, la consistance est glaireuse. L'homme à la blouse blanche prépare une fibroscopie, la troisième de ma carrière.

Jamais l'expression « se faire entuber » n'a eu plus de sens ou de pertinence. Dans le trou de ma bouche passive et demeurée, le spécialiste enfonce un tuyau dont l'extrémité est lumineuse : il entre des longueurs et des longueurs de tube en brefs coups saccadés. Je sens comme un serpent aux anneaux qui coincent dans la gorge. L'objet descend. Mentalement, je suis le parcours : bouche, luette, gorge, tube digestif, entrée de l'estomac, traversée des muqueuses acides, duodénum. L'œil rivé à son endoscope, le médecin constate, regarde, envahit l'intérieur de mon corps.

Les mouvements du tuyau provoquent des renvois, des poches d'air qui crèvent. Rots sur rots, éructations qui n'en finissent pas et qu'on ne peut retenir. Les larmes roulent le long de mes joues. Je suis allongé. La bave coule de ma bouche et descend sur mon menton. Mon cœur se soulève. Nausées, envies de vomir. Avec une pince fichée au bout du tuyau, il effectue une biopsie, petit prélèvement d'un morceau de ma viande pourrie, de chair avariée. Portion d'ulcère. Cancer, ou non ? Le laboratoire dira.

Puis rapidement, le serpent quitte mon ventre, ma poitrine, ma bouche. Il est maintenant lové dans une bassine de liquide désinfectant. On me donne du papier pour essuyer tout ce qui coule : larmes, baves, liquides divers. Assis sur le bord de ce lit d'infortune, je regarde, en face de moi, une grande affiche en forme de planisphère de l'ulcère : pourritures comme des volcans, des abîmes, des trous, des crevasses, des excroissances. Viandes brunes, tachées, rougeoyantes dans leurs centres. Mélange de sang coagulé et de tumeurs en action. Au centre de moi, il y a l'œuvre de cette pourriture qui aura le dernier mot, avant-goût de cadavre, antichambre de la décomposition..

L'ordonnance en poche, la bouche neutre, blanche, anesthésiée, la gorge se souvenant petit à petit du serpent se débattant en elle, je retrouve l'extérieur, la vie qui grouille. Dehors, tout pétille, effervescent ; dedans mon corps, la mort fait son avancée, audacieuse. Il faudra bien pourrir, l'ulcère est propédeutique. Avant le goût de viande avariée dans ma bouche, il y a le soleil d'automne. Carpe diem.

12

FOUCAULT LE CONTEMPORAIN

Nos temps sont voués aux livres qui confondent la légèreté, vertu nietzschéenne, et l'inconsistance, apanage des frivoles qui s'illustrent dans la production de pensées jetables. Les œuvres qui durent ne sont guère légion et les actualités tonitruantes qui placent un livre en tête des ventes désignent le plus souvent des travaux qui auront brillé l'éclat d'un instant, le temps du strass et des paillettes. A l'heure des bilans, il ne reste plus grand-chose, rien qui ait produit des effets, non dans le petit monde médiatique, mais dans le monde réel, brutal et sans manière. Le philosophe a perdu le sens de la subversion et de la positivité. Bien souvent, il se complaît dans la contribution docile aux frasques libérales de l'époque ou dans le constat négatif, nihiliste et délétère à souhait. Foucault n'était pas de cette

engeance, et pour cette raison, entre autres, il
manque.

En nietzschéen qu'il fut, Michel Foucault a pensé
son siècle en rebelle, en insoumis. Il a jeté son
dévolu sur des objets d'analyse nouveaux, inauguré
une nouvelle façon, philosophique, de faire l'histoire, ou, historique, de pratiquer la philosophie.
Dans le *Gai savoir*, Nietzsche appelait à une histoire
des choses qui donnent du sens, de la saveur et du
goût à la vie. Il écrivait : « Tout ce que les hommes
ont considéré jusqu'à maintenant comme leurs
"conditions d'existence", tout ce qu'ils mettent de
raison, de passion et de superstition à les considérer
ainsi — l'a-t-on jamais exploré à fond ? » Je crois
qu'à partir de 1975, la date de *Surveiller et punir*,
Foucault a commencé le défrichage de cette jungle.
Dès lors, il a travaillé à cette révolution méthodologique qui permet non plus de distinguer et d'opposer des objets philosophiques à ceux qui ne le
seraient pas, par manque de dignité, mais d'inaugu-
rer un traitement philosophique de tous les objets
possibles et imaginables : la prison et la discipline,
l'hôpital et la maladie, l'asile et la folie, la sexualité
et la famille, la loi et les institutions, le savoir et le
pouvoir, la diététique et l'économique.

Lorsque le sida l'a foudroyé, il ouvrait la voie à des
chemins qui, pour l'instant, n'ont pas encore été
empruntés, mais sont appelés à permettre des abou-
tissements en clairière : la morale sans moralisme,
sans *moraline* disait Nietzsche, c'est-à-dire moins
soucieuse de castration et de production de culpabilité tous azimuts que de culture de soi, l'expression
est de Foucault, et de promotion d'un sujet
postchrétien réconcilié avec sa chair, composant
avec ses plaisirs, élaborant un régime d'existence,
inaugurant un volontarisme stylé. Avec cette
ébauche à l'œuvre dans *Le Souci de soi* et *L'Usage des
plaisirs*, nul doute que vivifié aux sources antiques,
préchrétiennes, le philosophe aurait élaboré une
remarquable éthique de la subjectivité. Car derrière

certains plans, au-delà des prolégomènes et des cartons abandonnés dans l'urgence, au seul regard des
premières pierres posées, on peut conjecturer ce
qu'aurait pu être l'œuvre majeure d'un penseur qui
toujours a réfléchi aux articulations entre l'universel
et le particulier, aux interactions entre le sujet et le
monde dans lequel il vit. Qui dira que cette morale
ne nous manque pas ?

Reste l'œuvre inachevée, « veuve de son auteur »
pour le dire comme Canguilhem, mais riche, en
même temps, de cet inachèvement en forme d'invite
à ce que d'autres reprennent le flambeau que le sida
lui aura arraché des mains. Après Nietzsche, il y eut
Foucault, après lui, des fils à venir. Du moins c'est
souhaitable, des penseurs et des philosophes qui
prolongent cet esprit d'insoumission et de résistance, cette volonté de savoir libertaire doublée
d'une méfiance à l'endroit des pouvoirs, cette ardeur
à n'écrire de livres que dans la mesure où ils se
gorgent des idées susceptibles non plus seulement
d'interpréter et de justifier le monde, mais d'en
changer certains aspects, notamment ceux qui
montrent trop de pourriture et soulèvent le cœur
plus qu'il n'est supportable : là où l'on exploite,
domine, tue, soumet, persécute, aliène et avilit.

Certes, la mode est au désespoir, au nihilisme
mondain, au désabusement de tous ordres, au pessimisme médiatique, superbement porté par
quelques-uns, cyniquement orchestré par la plupart.
Foucault voyait dans le souci de faire émerger
aujourd'hui un sujet dionysien de quoi remplacer
les pensées d'hier préoccupées de grands récits et de
révolutions planétaires. Se changer plutôt que changer l'ordre du monde, pour le dire comme
Descartes : le projet est toujours d'actualité. Plus
que jamais, il est utile et nécessaire de ne pas
oublier Foucault. Toute volonté, ici, d'enterrer son
œuvre, de nier sa postérité potentielle, de clamer, au
nom de quelques-unes de ses erreurs, la caducité
de l'ensemble de son travail désigne, là, un secret

désir de consolider l'édifice qu'il avait entrepris d'effondrer.

13

LA MÉCANIQUE DU DANSEUR

Que peut bien valoir, sur la danse, le propos d'un homme qui ne danse pas ? Faut-il écouter celui qui s'essaie à penser sur ce sujet s'il n'a de corps que lourd, pesant, encombré, du moins fâché avec la danse ? Car je ne danse pas, ni d'une manière, ni d'une autre, relativement à ce que le système des beaux-arts entend par là : ni sur le terrain de l'agré-ment, ni sur celui que je dirais des arts plastiques. Et pour quelles raisons ? Peut-être, à tort, parce que je suppose trop derrière la danse ce qu'il faut d'efforts, de travail, de douleurs, sinon de souf-frances. De sorte que je ne vois jamais personne danser sans imaginer, derrière le sourire qui masque, ou le masque qui sourit, le travestissement du labeur — et que je n'oublie jamais l'étymologie de travail qui est tripalium, un instrument de tor-ture. Certes, il y aurait à dire, sur le terrain de la psychanalyse, pourquoi je hais à ce point l'effort physique, pour quelles raisons je ne veux pas croire que, pour ma seule gouverne, on puisse accéder au plaisir par la douleur, au bien-être par la peine. Trop d'effluves masochistes si je puis utiliser ce terme sans la charge morale et moralisatrice qu'il contient. Ni Sade, ni Masoch, j'aime trop Aristippe de Cyrène...

Quand et dans quels moments de mon existence suis-je réconcilié avec le muscle qui travaille, les nerfs qui se tendent, la décharge que je vise, la fatigue musculaire, le mouvement, la transpiration, la modification et l'accélération jusqu'au paroxysme du rythme cardiaque, de la respiration ? Où suis-je surpris de consentir à la musique des peaux, des souffles et des chairs, au travail du corps ? Exclusivement sur le mode érotique. Je ne conçois la dépense physique que dans la relation amoureuse, lorsqu'elle est ouvrage de deux énergies sur un terrain sexuel. Alors, et seulement là, j'ai l'impression que mon corps peut connaître les signes extérieurs de l'effort physique sans qu'il soit question de les payer de douleurs, de souffrances. Les fins hédonistes intenses font disparaître les moyens et leur nature.

Danses, les ébats et les jubilations amoureuses ? Danses, les jeux et joutes de chairs éprises ? Danses, les jambes mêlées, les bras aussi, et les doigts et les mains ? Danses, les bassins qui ondulent, plient, ploient et bougent au rythme des désirs ? Si oui, alors je danse et n'ai pas le désir de danser ailleurs et autrement car, alors, j'aurais trop l'impression de virtualités, de fictions, de jeux pour rien. Trop d'érotisme et pas assez d'amour, trop de corps et pas assez d'âme. Trop d'épidermes en contact pour qu'il ne soit pas question, sur le mode de l'induction, d'un peu d'amour, sinon de beaucoup d'érotisme, rhétoriques que je veux réserver, loin du spectacle, pour la seule scène des draps intimes et des chambres éloignées du regard tiers.

Car, me semble-t-il, la danse est avant tout dépense, désir de consommer et de consumer une énergie qui menace débordement. Elle est sculpture, par la médiation du corps, de pulsions qui le travaillent, matérialisation, dans le temps et dans l'espace, d'une sublimation, au sens freudien, de l'énergie sexuelle en excès. Je ne conçois pas la danse hors cette catharsis qui a partie liée avec la libido. D'où mon désir de ne danser que sur le mode amoureux — et ma douleur de voir danser le corps de la femme que j'aime dans une relation qu'on s'évertue, sans me convaincre, à me dire déconnectée des nécessités cathartiques, érotiques et libidi-

nales. La danse est la pointe d'une civilisation qui
formule de la sorte des transfigurations socialement
acceptables d'énergies sinon condamnées par le
même social. Danser, c'est s'installer sur le terrain
de la parade nuptiale, sur le champ de bataille des
démonstrations agoniques à fins sexuelles. C'est
appeler le corps de l'autre à une sexualité qui autorise esthétiquement et culturellement la variation
sur ce thème.

Et pour qui danse seul, ou prétend qu'il n'y a de
jeux sur cette géographie que solipsiste ? Faut-il
filer la métaphore et installer la danse sur le terrain
de l'onanisme ? Pourquoi pas. Toujours en évitant
les connotations morales, on pourrait, dans cette
hypothèse, lire la danse comme une activité relevant
du plaisir solitaire, destinée à satisfaire un narcissisme dans lequel le contentement de soi passe par
la mise en scène de soi, le jeu de soi avec soi, l'exa-
cerbation de soi nourrissant l'amour de soi. Activité
égocentrée, la danse inviterait au rapport ludique
avec cette part qui, en chacun, appelle débordement, menace expansion et se structure, prend
forme et sens, dans le geste de danse, l'énergie dan-
sée. Quoi qu'il en soit, à deux, ou solitaire, la danse
n'est jamais que la manifestation d'un corps seul, et
dans le temps, et dans l'espace. C'est-à-dire, impliqué dans une durée et dans un lieu.

Que sont ces forces ? Sont-elles délétères, inhibi-
trices, dangereuses ou douloureuses ? Sont-elles
puissance d'asservissement et d'inféodation, énergies qui captent et vampirisent l'âme ? Elles sont les
résidus de ce qui parcourt le corps pour en faire une
mécanique à l'ouvrage, les restes d'un processus
de fonctionnement qui témoignent du travail de
la vie. Je songe à Bichat pour les montrer, après
lui, comme l'ensemble des énergies qui résistent
à la mort. Conatus spinoziste, vouloir-vivre
schopenhauérien, volonté de puissance nietzschéenne, libido freudienne, pourquoi pas orgone
reichienne, la force qui menace débordement est

puissance génésique et séminale, elle signifie la vitalité : la danse est aspiration à sa sculpture.

La dépense et la modulation de la force supposent
le rythme, la cadence, le mouvement, la matière en
lutte contre elle-même, le désir d'air et d'éther.
Cathartique, elle est à l'origine d'une purification
qui génère des états : du bien-être à l'extase, de la
détente, au sens étymologique, à la transe. La danse
installe le corps dans un champ magnétique qui se
propose de libérer des contraintes de lourdeur et de
pesanteur. Elle veut transfigurer la matière et promouvoir l'air, la légèreté et les lois du ciel là où
triomphent habituellement le sol, la pesanteur et les
lois de la physique. D'un côté Ouranos, de l'autre
Newton ; la volonté angélique contre la loi de la
chute des corps — il n'y a pas d'autre alternative.

Dans cette hypothèse où la pomme qui tombe se
partage le réel avec l'ange qui plane, le danseur se
voit proposer deux modèles qui ont été formulés par
Heinrich von Kleist dans un tout petit texte d'une
extrême densité et qui a pour titre *Sur le théâtre de
marionnettes*. Les danseurs le connaissent bien, je
dois la référence à deux d'entre eux — Dominique
Dupuis et Hubert Godard. Dans la poignée de pages
qui pèsent plus lourd que le texte de Valéry qui
s'intitule *Philosophie de la danse*, Kleist montre combien, en dansant, le danseur veut la mort d'un certain nombre des contingences qui le rivent au sol, le
ramènent sur terre et en font un animal rampant.

Mort de la pesanteur, bien sûr, et de ce qui assi-
mile le corps aux objets qui, obéissant à la loi de la
gravitation universelle, à la nécessité de la chute des
corps, sont autant concernés que l'homme de l'Eden
par la chute. Mort du temps et de l'espace en tant
qu'ils relèvent d'une conception dont la physique
quantique a dit ce que l'on pouvait en penser après
l'esthétique transcendantale de Kant. Mort de
l'entropie et de la déperdition d'énergie consubstantielle aux résistances dues à l'air. Mort du mouvement avec aspiration à l'éternité d'un geste qu'on

voudrait situé en dehors d'une durée et d'un lieu précis. Quand toutes ces instances seraient pulvérisées, détruites, on accéderait à la légèreté, figure de la grâce, à l'immobilité, figure de l'éternité, au céleste et à l'éther, figures de l'angélisme.

J'aime me souvenir que dans le *Timée*, Platon définit le temps comme « l'image mobile de l'éternité immobile », pour mieux signifier, de la sorte, la déperdition qu'il y a à passer du registre intelligible, lieu de l'éternité, au registre sensible, monde de la durée — la sphère fixe de l'Eléate contre le fleuve ondoyant de l'Ephésien. Le danseur, qui, par nature et depuis la chute, est un homme de la terre, du sensible, du monde, est attiré vers le bas par la pesanteur de sa chair et de sa matière, mais aussi par sa conscience qui, en tant qu'elle vise des objets, s'alourdit encore de la charge induite par l'intentionnalité. D'où le désir et l'aspiration du même danseur à être, par culture, un homme du ciel, de l'intelligible, du céleste, aspiré vers le haut par la grâce de ses mouvements et de ses gestes, libéré des effets pervers de sa conscience. Et comment mieux montrer l'homme débarrassé de conscience qu'en allant voir du côté du théâtre de marionnettes ?

Kleist pense que les poupées mécaniques sont plus gracieuses que les danseuses justement parce qu'elles sont dépourvues de conscience, d'intelligence, de raison et d'intentionnalité. De sorte que, chez elles, le centre de gravité, question essentielle pour un danseur, ne se trouve pas là où la conscience l'aura piégé, c'est-à-dire là où elle se trouvera, mais dans le point physique où il doit être, dans l'organe, dans la chair, la matière. Ainsi, vidé de conscience, rempli de matière, le danseur évite les parasitages dus à l'affectation qui entrave toujours le mouvement au point de rendre la grâce impossible. Avantages de la mécanique sur la métaphysique. Le corps du danseur doit être un pantin mécanique, une machine décérébrée visant l'ordre antigravitationnel : il doit ignorer l'inertie et la matière, car le sol est l'échec du danseur.

Faut-il rappeler que la chute racontée par la mythologie chrétienne est moins due à une pomme — ce sera l'affaire de Newton — qu'au fruit de l'arbre de la connaissance ? De sorte que vouloir savoir induit la chute, désirer connaître fait tomber : est-il meilleure métaphore pour expliquer que le danseur, pour éviter le sol ou le destin du serpent qui est de ramper, d'avoir ventre à terre et d'ignorer l'air, doit vouloir ne pas savoir, désirer ne pas connaître, c'est-à-dire tâcher de se débarrasser de la conscience, l'instrument de tous ses malheurs ? Kleist l'aura montré à l'envi.

La danse est un art cathartique qui promet de libérer du fardeau d'exister comme une masse. De sorte qu'elle est une esthétique antiplatonicienne. En effet, Platon voyait le corps comme un tombeau pour l'âme, une prison. La chair était une malédiction, l'esprit une bénédiction et le salut ne pouvait venir que d'un abandon doublé d'un mépris et d'une haine du corps, propédeutiques à une célébration de l'âme qui magnifie l'esprit, morceau d'intelligible, quand la chair n'est jamais que fragment du sensible. Le danseur veut l'inverse. En tant que tel, n'est-il pas l'intercesseur physique et incarné du projet philosophique et métaphysique de Deleuze qui visait le renversement du platonisme ? Car, en effet, il veut célébrer le corps et oublier l'âme, vanter la chair et négliger l'esprit, transcender son état de prisonnier du temps et de l'espace pour faire advenir une autre durée dans un autre lieu, sur une autre scène. Fin de l'animal terrestre arraisonné au sol, avènement de l'animal céleste nageant dans l'éther. Fin de Platon, naissance de Nietzsche qui ne croyait qu'à un Dieu qui fût danseur. Fin du christianisme, début d'une ère nouvelle pour la chair.

Le corps du danseur est donc une machine, cette mécanique supposée par Descartes, exacerbée par La Mettrie, révélée tragiquement par le sida :

lymphe et sang, chair et muscles, nerfs et neurones, os et salive, énergie et peau. C'est un corps qui mange et boit, digère et défèque, vieillit et souffre, une matière fouettée par le temps et la vie — le contraire de ce que l'Occident propose sur le mode négateur et dépréciatif depuis deux millénaires. Ni une prison, ni un tombeau, ni un cloaque, ni un déchet. Une force exigeant forme, une énergie appelant sculpture, un débordement nécessitant sublimation.

Kleist manifeste cet antiplatonisme de manière abrupte et évidente lorsqu'il écrit : « Dans le monde organique, plus la réflexion paraît faible et obscure, plus la grâce est souveraine et rayonnante. » Et plus loin, quand il précise que la grâce, justement, « apparaît sous sa forme la plus pure dans cette anatomie humaine qui n'a aucune conscience, ou qui a une conscience infinie, donc dans un mannequin ou dans un dieu ». Voilà vraisemblablement pourquoi Nijinski et Nietzsche sont tous les deux morts fous, mannequins et dieux à la fois, danseurs tous les deux terrassés par le corps triomphant d'une raison devenue soudain défaillante. Le philosophe aura dit mille et une fois dans *Ainsi parlait Zarathoustra* que « le corps est la grande raison » et le danseur, dans son *Journal*, abondait : « Je ne ressens les choses que par la chair, sans l'entremise de l'intelligence. » C'est pourquoi, certainement, l'homme de la scène avouait de la compassion pour le philosophe des cimes : « L'homme me plaît et je crois que nous pourrions bien nous entendre. » Kleist, Nietzsche et Nijinski paieront de leur chair et de leur raison cette intuition considérable, cet attentat contre la conscience, comme en une malédiction concertée. Tous trois seront des anges foudroyés qui, à force de danser trop haut, un jour, ne sont pas redescendus. De leur vivant, ils sont allés au-delà du miroir, là où les hommes sont sans ombre, parce que sans matière. Et si là était le paroxysme de la grâce ?

14

STUPRE ET STUPEUR

A quoi pourrait ressembler, aujourd'hui, en cette période qui singe la fin d'Empire avec un brio qu'on ne lui contestera pas, un Romain qui, en route, se serait attardé du côté des baroques ? Sans conteste à Pascal Quignard, mixte de Martial et de Paschal de l'Estocart, grand frère de Catulle et de Jean de Sponde. L'ensemble de son œuvre est placé sous le signe d'une austérité dite à grand renfort de volutes, d'une ascèse exprimée via les débauches — de verbe, de signes, de sens, de sexe et de références. Dans le contour des livres successifs, on pourrait lire des portraits en anamorphoses, sinon des autoportraits. *Le Sexe et l'Effroi*, qui montre les familiarités du stupre et de la stupeur, pourrait être de ces livres qui apportent la démonstration que l'œuvre est la confession de son auteur, sa pathologie transfigurée.

Dans les chemins qu'il utilise et qui le mènent du côté des codes, lois et législations structurées comme des catilinaires, Pascal Quignard a le profil romain de qui sait les épousailles du sang et du sexe, de la loi et de la transgression, de l'ordre et de l'excès. Pour mieux déplier les significations latines, lire la civilisation dans ses manifestations écrites, peintes et dites, il épie le regard de ceux qui fixent le phallus en érection et ne parviennent pas à détacher leur vision du spectacle dans lequel elle s'abîme. Si phallus, le mot, n'existe pas chez les Romains, c'est parce qu'ils disent fascinus, ce qui capte et retient, emporte et séduit, captive. Et la magie est telle que le regard qui touche des yeux ne peut se projeter que sur le mode oblique, torse. C'est la seule déviance à laquelle consentent les contemporains de Tibère : celle du regard. De sorte qu'après les leçons de Quignard, on comprend les fresques, les têtes féminines penchées, les yeux perdus vers la terre, en l'occurrence dans la direction de la tumescence triomphante qui pétrifie et installe dans l'un de ces instants privilégiés qui faisaient le bonheur des peintres.

La pérégrination latine se fait dans un réel d'apocalypse, celui de toujours. Intempérances, fornications, irumations impériales dans la bouche d'enfants pas mêmes sevrés, copulations tératologiques dans des domus transformés en lupanars, élaborées pour la seule luxure, théâtralisations orgiaques collectives sous le masque, le sexe est varié sur le thème de la licence, pourvu qu'elle soit soumise au seul impératif qui structure la morale sexuelle romaine : célébrer l'activité, flétrir la passivité. Oui au phallus impérieux, non à l'anus paresseux.

En baroque qu'il est aussi, Pascal Quignard pratique la volute réitérée sur ce dernier thème. Toute son esthétique est luxuriance sur le mode floral : le mouvement de l'ensemble et l'irrégularité des fragments qui le composent, le jeu sans frein avec les métamorphoses, la passion pour les figures de rhétorique associées, les codes symboliques et allégoriques, les syntaxes énigmatiques, le flux saisi dans l'alternance de lumière et de pénombre, de clarté conceptuelle et de rêveries imagées. Dans les catégories de Gilles Deleuze, il serait un néobaroque moderne pratiquant avec virtuosité l'art du pli — pliage, dépliage, repliage, le tout dans la production d'une texture, la matière de l'œuvre, de ce livre.

Retour au thème : l'activité vantée. La colonne vertébrale de cet animal qu'est le sexe romain est donc la haine de la passivité, de la soumission. Le liquide qu'on répand est supérieur au réceptacle qui l'accueille ou le contient. Le sexe qui fascine est triomphant par rapport aux lieux qui l'hébergent et donc sont répugnants. Toute sexualité qui agit est bonne ; celle qui pâtit, toujours mauvaise. Vertueuses la sodomisation et l'irumation, infâmes la fellation et la pénétration anale. Or, pour que les

morceaux s'emboîtent et fassent une figure digne de
ce nom, il faut bien un plein et un creux, un fragment qui fasse saillie et un contenant qui l'accepte.
D'où la démonstration que la sexualité romaine est
une métaphysique de maître, une pratique qui
distingue le dominateur et le serf, la virilité et tout
ce qui n'est pas elle. « Jouir sans mettre sa puissance au service de l'autre est respectable », écrit
Quignard, le contraire des passions démocratiques
d'aujourd'hui qui font de tous des esclaves sous prétexte de ne plus vouloir de maîtres. Rome ne peut
mieux célébrer le phallocentrisme, pour le dire
comme aujourd'hui les épigones de Derrida, le phallus roi, au centre, au milieu.

Filant la métaphore, Quignard traque la stupeur
là où est le stupre. Les variations sont savantes à
l'excès, l'érudition confine à l'étourdissement, sa
jubilation en matière d'étymologies sinon fantasques, du moins extrêmement suggestives, est
contagieuse. L'apparent coq-à-l'âne disparaît quand
on fait l'effort de relectures, de méditations, d'arrêts
qu'on voudrait accomplir en stations romaines, sur
place. Le voyage s'effectue en compagnie de figures
mythologiques qui deviennent des personnages
conceptuels, des prétextes à signifier plus et mieux
dans le sens de la thèse. Ainsi Pasiphaé, peut-être le
prototype de la femme à laquelle aspirent ceux qui,
dans leur désespoir, dissocient l'amour et la sexualité, puisque, sollicitant la bête en elle — en nous,
donc —, elle demande à Dédale qu'il lui fabrique un
simulacre de vache, une génisse mécanique dans
laquelle elle puisse prendre place, exhibant sa seule
vulve à l'air libre afin de tromper le taureau dont elle
désire le sexe ; puis Narcisse, moins amoureux de
lui-même qu'expérimentant les frasques et le destin
de qui utilise son regard à scruter ses yeux, mettant
en abîme un regard actif et un autre, passif, le
même, pour son plus grand péril, puisqu'il manifeste de la sorte la quintessence du suicide au détour
du visage renversé se reflétant à la surface des eaux,

comme un portrait de Baselitz ; de même Parrhasios, l'inventeur de la peinture, qui crucifie ses sujets, nourrit ses couleurs du sang, des rictus et des larmes de ses modèles, installe la cruauté au centre de l'art et quête l'instant qui précède, au plus près, l'irrémédiable que sont le viol, le crime, le trépas, le suicide ou l'éjaculation, petite synthèse de toutes ces apocalypses ; Fulvie, enfin, qui lance au visage d'Auguste : « Ou tu me baises, ou c'est la guerre », oubliant dans son ardeur qu'elle formule de la sorte une alternative qui est dépourvue de sens, voire d'existence, puisque, pour le dire dans ses termes, baiser c'est guerroyer.

Pasiphaé, Narcisse, Parrhasios, Fulvie, et d'autres font l'objet du délire de l'auteur. Délire, parce qu'il écrit lui-même : « Toute interprétation est un délire », et qu'on peut, parfois, ne pas adhérer toujours et absolument, avec conviction et enthousiasme aux hypothèses qui parsèment *Le Sexe et l'Effroi*. Par exemple, je me demande encore si Pascal Quignard m'a bien sodomisé, ou si j'ai mal compris. En effet, on peut lire sous sa plume, au bout de son stylet : « Celui qui écrit sodomise. Celui qui lit est sodomisé », et je l'ai lu. Donc, le syllogisme aidant, on imagine à quelles fureurs je me suis prêté, à mon corps défendant. Pour sauver mon intégrité physique, je préfère imaginer que la lecture est incorporation, sur le mode omophagique, avant restitution sur le terrain de la métamorphose. Moins sodomisation que digestion, moins sexe que nourriture. Ailleurs, on peut préférer le délire des mises en perspective du livre, de la maison, du ventre de la femme, de la chambre de repos et de la tombe. Car, à défaut de donner son assentiment à l'ensemble des intuitions de Pascal Quignard, on ne peut que consentir au mouvement baroque qui fait du livre le prétexte, comme on le disait de la toge des patriciens, à dire l'autorité d'une parole.

« Pourquoi, durant des années, ai-je écrit ce livre ? » se demande Quignard. Et de répondre illico : « Pour affronter ce mystère : c'est le plaisir qui est puritain. Le plaisir rend invisible ce qu'il veut voir. La jouissance arrache la vision de ce que le désir n'avait fait que commencer de dévoiler. » L'ensemble de sa méditation peut aussi se lire comme la généalogie d'une autre métamorphose, celle qui conduit du sexe joyeux au sexe triste, de l'érotisme solaire des Grecs à la chair coupable des chrétiens. L'Antiquité ignorait la culpabilité ou quelque chose qui pût ressembler au péché. Les corps s'épanchaient dans des pratiques codifiées, certes, mais jamais la chair elle-même n'est devenue, de manière quintessenciée, une matière dégoûtante et répugnante.

Le travail de Pascal Quignard est essentiel, car il fait œuvre d'archéologue : il montre que ces changements se sont faits dans l'histoire, par une série de glissements qui donnent à l'épicurisme et au stoïcisme le statut de forces qui déprécient et disqualifient la chair. Le christianisme n'aura pas beaucoup d'efforts à faire pour cristalliser ces mépris. Du taedium vitae des philosophes à l'acedia des chrétiens, il y a l'effort de quelques misérables poignées d'années pendant lesquelles le mot d'ordre s'est renversé : puisque le désir accompli conduit au dégoût, qu'on se dégoûte du désir à accomplir. De la sorte s'effectuait le passage de la haine du corps à un corps de haine. « Le règne d'Auguste, écrit Quignard, est contemporain de la métamorphose de l'érotisme joyeux et précis des Grecs en mélancolie effrayée. Cette mutation n'a mis qu'une trentaine d'années à se mettre en place (de moins 18 avant l'ère à 14 après l'ère) et néanmoins elle nous enveloppe encore et domine nos passions. De cette métamorphose le christianisme ne fut qu'une conséquence, reprenant cet érotisme pour ainsi dire dans l'état où l'avaient reformulé les fonctionnaires romains que le principat d'Octavius Augustus suscita et que l'Empire durant les quatre siècles qui suivirent fut conduit à multiplier dans l'obséquiosité. »

En Paul de Tarse se stratifiaient les soubresauts de
l'histoire, le christianisme ne fut qu'une chambre
d'enregistrement. Dialectiquement, en quelques
années néfastes, Rome prépara la fin de l'antiquité
solaire et l'avènement de la sombre modernité pour
les corps, un moyen âge dont nous ne sommes pas
encore sortis.

15

LE CLUB DIOGÈNE

Toutes les paternités doivent être sur le même
principe, du moins j'imagine, n'ayant, à ma connaissance, à rougir que de celle qui concerne mes livres :
une fois lâché dans l'univers le morceau de chair,
symbolique ou réel, il n'appartient plus qu'à lui-
même, contemporain d'un destin qui se dévoile en
même temps qu'il s'affirme. Le devenir d'un volume,
daté, écrit dans l'urgence d'une époque qui n'est plus
et dont on craint toujours qu'elle cesse, un jour,
d'être consubstantielle à soi-même, à ses désirs et à
son enthousiasme, est un spectacle qui réserve les
surprises les plus étincelantes. Dans la meilleure et
la pire des hypothèses, du cocasse au tragique, du
malentendu à la mauvaise foi.

De tous mes livres, *Cynismes* est de loin celui qui
a le plus produit d'effets inattendus, ici, ailleurs ou
autre part, en des lieux sans fond, sur des places de
lumière ou dans le seul bruissement des correspondances. Certains réjouissent mon âme dans la solitude où elle se trouve, d'autres m'attristent tant ils
illustrent l'illusion dans laquelle on se trouve si
d'aventure on imagine pouvoir transmettre, sans
risques ni distorsions, des idées, des envies, des
désirs. Ecrire ne renvoie prioritairement qu'à soi. Le
lecteur arrive ensuite, comme un accident, tel un

supplément d'âme, acceptant d'être le voyeur d'une pratique inaugurée dans l'onanisme et qui se conclut dans l'exhibition. Pour lui, que ne fait-on ! En son nom, quelles acrobaties certains n'ont-ils pas tentées avant de s'écraser sur la piste, dans le cercle de lumière des cirques...

Si je vois le pire dans le souci du lecteur lors du projet d'écriture, sinon de l'écriture elle-même, je regarde du plus mauvais œil l'indifférence à son endroit après, lorsque l'on a accepté l'itinérance des pages, la vie du livre. On n'écrit pas pour un public, mais une fois dans les librairies, l'ouvrage est une invite à la conversation qu'on ne peut ni ne doit refuser. Or, l'observance scrupuleuse de cette règle soumet à des rencontres fantasques, à des réactions épidermiques, à des vénérations qui n'ont leur pareil dans l'excès que dans des fustigations tout aussi disproportionnées. De la bourgeoise de sous-préfecture qui souffre d'un lancinant bovarysme, au névrosé en cours d'analyse qui ne rechigne pas sur les confidences ; de l'étudiant sollicitant amoureusement la lettre autographe, avant qu'il ne bascule dans une haine éternelle si d'aventure la réponse se fait attendre plus de vingt-quatre heures, à l'agrégé des deux sexes qui corrige mon livre comme une copie, donne sa note en même temps que des conseils pour une éventuelle réédition ou pointe les faiblesses de l'argumentation ; de l'hystérique appelant à la lecture de son manuscrit pour qu'une justice immanente lui permette une reconnaissance immédiate dans un premier temps avant le Nobel dans les meilleurs délais, au mari amoureux qui me demande d'envoyer une lettre manuscrite à sa femme qui collectionne tout ce que j'écris — la cour des miracles est inépuisable en types. À ceux-là, un mot est nécessaire, tout de même. Mais ils me désespèrent tant ! À être les seuls à franchir le pas, à écrire et poster leurs lettres, ils donnent l'impression qu'on n'est lu que par eux qui, bien souvent, sont dans un état d'esprit qui sollicite le gourou et

mettent dans l'embarras tous ceux qui, comme
Nietzsche, pensent qu'il est odieux autant de suivre
que de guider.

De plus, la figure décalée, marginale et libertaire
de Diogène agit comme un papier tue-mouches,
gras, collant, gluant, attirant à lui la musca
domestica éperdue, voletant dans son époque
comme dans l'espace d'une arrière-cuisine confinée.
L'exemple me fut donné, en d'étranges médiations et
travers, par une amie domiciliée à quelques enca-
blures de mon tonneau. Elle vint me trouver, un
après-midi radieux d'été, pour me raconter l'histoire
narrée avec force larmes par un couple de ses amis,
parents malheureux d'un jeune adulte, ou d'un vieil
adolescent d'une vingtaine d'années, qui après deux
décennies de docilité domestique, leur avait subitement donné du fil à retordre. Le père et la mère
étaient encore confits dans leur flux lacrymal, à un
vol de mouche de mon domicile, lorsqu'elle m'expli-
qua que le vieux jeune homme était depuis aussi
longtemps qu'on s'en souvenait, un excellent élève
modèle, bon fils, dans lequel tous avaient investi les
plus généreux espoirs. Certes, il avait opté pour un
cursus d'études universitaires scientifiques afin
d'éviter la reprise du garage familial qui, s'il permettait le papier-monnaie, laissait plutôt sur la paille en
matière de reconnaissance symbolique. Mais
qu'importe, c'était un rejeton dont on pouvait se
prévaloir avant qu'il ne quitte un jour le domicile
parental en laissant pour toute explication une lettre
de quelques mots : il avait décidé de fuir cette vie
rangée et bourgeoise qui l'attendait après avoir lu, à
la bibliothèque de son université un certain
Cynismes sous-titré *Portrait du philosophe en chien*.
Optimiste, il avait averti ses parents qu'ils compren-
draient le sens et la portée de son geste après avoir
lu le livre en question. Les garagistes s'exécutèrent
et conclurent qu'un homme qui faisait l'éloge du
chien, de ses comportements, qui célébrait la masturbation, le cannibalisme et la pétomanie, fût-il

écrivain, était un fou furieux, à enfermer, du moins
à lier. Pour l'empêcher de nuire. Poussant la vertu
un peu plus loin, ils avaient même songé à prendre
contact avec le philosophe en question pour lui
administrer quelques coups de bâton. L'affaire était
bien engagée...

Le cynique en herbe connut deux ou trois jours les
rigueurs de l'hiver breton. Car l'histoire se passait à
Rennes, qu'il prenait pour Athènes. A défaut de
Méditerranée et d'olives, de douceurs climatiques et
de proximités avec Platon, il eut froid dans des
caves d'immeubles ouverts aux vents, partagea
la pitance de deux ou trois clochards l'ayant pris
sous leur protection et se fit renvoyer par ceux-là,
sages en diable, chez papa-maman qui, éplorés,
accueillirent l'enfant prodigue avec un mélange de
circonspection, d'incompréhension, de soulagement
et d'hébétude. Restait à expliquer tout cela...

Restait aussi, aux amis dépités qui entendaient
raconter cette histoire et découvraient dans le philosophe honni leur voisin et ami que, certainement, le
livre n'avait pas été lu comme il l'aurait mérité, que,
vraisemblablement, je n'y avais pas mis tout ce
qu'on y voyait, que, décidément, il était peu probable que je fisse l'éloge du manteau percé, de la
besace, du bâton, du pet, de la consommation de
viande humaine, de l'onanisme. On fit savoir aux
géniteurs celtes que j'étais plutôt propre sur moi,
bien élevé, que je n'avais pas pour habitude de ves-
ser à tous vents, que je me tenais bien à table, définitivement fâché avec le pain et l'eau, plutôt coupable d'aimer la gastronomie et les vins. On fit
savoir aussi que je n'habitais pas une jarre, à défaut
de tonneau, qu'on ne me verrait pas traîner dans le
quartier pieds nus, et que j'étais plutôt du genre cha-
rentaises, rivé à mon clavier nuit et jour. Pour finir
de désespérer les parents, on leur fit savoir qu'en
tirant un peu les rideaux du domicile dans lequel ils
se trouvaient et se lamentaient, ils verraient le petit
pavillon bourgeois de Diogène. Avec un peu de

détermination, il était même possible d'aller le visiter, à défaut de lui casser la figure...

Les parents déclinèrent l'invitation. Pas le jeune homme, qui vint me voir avec le fils des amis qui l'hébergeaient. On ne prend jamais trop de précautions en projetant pareilles expéditions. J'évitai, ce jour-là, de trop intempestives manifestations onanistes, pétomanes et cannibales ; je n'exigeai pas qu'il parcourût la sous-préfecture en traînant derrière lui un hareng au bout d'une ficelle ; je ne l'accueillis pas avec un bâton ; je n'arborai pas de lanterne en plein jour, ne cherchai pas un homme en lui lançant dans les jambes un poulet plumé. C'est pourquoi le coup fut certainement rude, sinon fatal. Il n'en montra rien. Poli, il tint conversation et nous évitâmes les sujets qui pourraient aggraver mon cas. Je ne l'ai pas revu. Je sais qu'il collectionne les diplômes, on m'apprendra certainement un jour son mariage et la naissance de son premier enfant.

Comme quelques-uns, il aura conclu à la forfaiture. Car je sais que d'autres ont attendu de moi, après l'éloge des cyniques antiques, que je sois à la hauteur de leurs illusions pubères ou de leurs fantasmes adolescents, que j'embouche les trompettes du ressentiment et de la réaction à l'endroit du monde, que je fasse un brasier dans lequel je précipite l'univers, les gens, les choses, moi-même, le monde quoi. Donneurs de leçons et commissaires du peuple édictèrent les comportements à tenir : ne pas se compromettre, refuser d'écrire dans la presse bourgeoise, ne pas accepter d'être édité ici, décliner les prix littéraires et mettre plus d'orgueil et de prétention à les refuser qu'à les accepter, ne jamais mettre les pieds à la télévision, et tant d'autres conseils avisés issus de leur décalogue. En des lieux publics où je faisais des conférences sur Diogène, ceux-là qui parfois m'avaient écrit pour me dire leur dégoût, leur haine ou leur mépris de n'être pas aussi perclus de ressentiment qu'eux m'ont insulté, sinon pire. Je me souviens, par exemple, que dans l'amphithéâtre de la Villa Gillet à Lyon, la rencontre fut agressive, violente. Les intervenants, qui s'illustraient dans l'écologisme radical et le groupuscule atrabilaire, firent des attaques ad hominem. Certains, qui m'avaient gratifié, en amont, plusieurs mois auparavant, de courriers enflammés et positifs, sinon suspects par tant d'admiration, se retrouvaient dans la même incandescence, tout aussi déplacée, mais cette fois en ayant transformé leur célébration en détestation. Le climat se détériorant, les procès d'intention s'ajoutant aux jugements de mauvaise foi, le débat tourna court. Il fut impossible de poursuivre avec raison. Lors du dîner qui suivit, les vitres du restaurant dans lequel les organisateurs m'avaient invité volèrent en éclats. Une pierre vint finir sur le parquet, dans les débris de verre, à deux pas de Maria Joao Pirès qui, ce soir-là, avait donné un concert avec Emmanuel Krivine et soupait non loin. Il n'était sans doute pas question de ceux-là, mais je ne pense pas qu'il y ait eu chez Diogène quoi que ce soit qui justifiât les insultes, la haine et le jet de pierre cette soirée.

Ailleurs, au nom du même Diogène, on me reprocha de gagner de l'argent avec un ouvrage qui faisait l'éloge du cynisme antique, on exigea qu'après mon intervention j'abandonne gratuitement les livres exposés par un libraire sur une table de presse, on me mit en demeure de devenir anthropophage, seule aune à laquelle on voulait mesurer la vérité de mon engagement kunique. Et tant d'autres invites, en tant de lieux différents que j'ai peine à m'en souvenir. Dans les taxis qui me ramènent à l'hôtel, via les rues de villes qui dorment, fatigué, je me demande souvent : à quoi bon ? Ne faut-il pas plutôt se faire une loi de ne jamais aller au-devant des lecteurs ? Doit-on refuser, par principe, le débat contradictoire et laisser aux livres le soin de dire ce que l'on veut dire ?

Puis, je pense à ceux qui n'auront rien dit, n'auront pas profité de l'agora et de la scène pour se faire voir ou entendre, étaler leur ressentiment, exposer, mal masqués, une jalousie qui les taraude. Je songe aux lettres de quelques-uns qui me disent l'essentiel et pour lesquels je continue. Car souvent ceux qui se montrent en pareilles circonstances règlent moins leurs comptes avec des idées, des systèmes, des pensées, des visions du monde qu'avec eux-mêmes. Ils sont moins soucieux de Diogène, ou du sujet dont on débat, que de réussir à trouver les moyens de supporter une existence très souvent en deçà de leurs espoirs, de leurs attentes et de leurs rêves anciens. Dans ces occasions, nombreux sont les écrivains frustrés, les philosophes avortés, les penseurs inachevés, les orateurs pitoyables, nombreux encore ceux qui s'ennuient, s'imaginaient une autre vie dans laquelle ils auraient été héros, aventuriers, voyageurs, tribuns, artistes, qui ne sont rien, et auxquels on ne demande rien. Pire, qui ne seront jamais rien et auxquels on ne demandera jamais rien : ce qui les attend, c'est la médiocrité déclinée sous toutes les latitudes de leur existence. De ceux-là, il faut attendre le pire. Ils ne jubilent qu'en entraînant ceux qui sont à leur portée dans les sables mouvants de leur tempérament. Dans la morale esthétique que j'ai proposée avec *La Sculpture de soi*, ils sont ceux qui appellent l'éviction, la mise à distance. Leur proximité est délétère, elle corrompt, pareille à celle des fruits gâtés qui pourrissent les corbeilles les plus fraîches.

Heureusement, il est dans les mouvements humains qui se font autour des livres de multiples raisons de s'enthousiasmer, de se réjouir, des rencontres jubilatoires qui, sans ces occasions, ne se seraient jamais faites. Au milieu des maelströms où se confondent exhibitionnistes et médiocres, prétentieux et pénibles, on rencontre, discrets, modestes, des êtres de valeur qui nous charment par la grandeur et la beauté de leur âme. Ils sont de ces hommes ou de ces femmes qu'on peut respecter, célébrer, admirer. Je n'aime pas la tiédeur de notre époque qui ne sait dire ni ses passions ni ses répulsions, ni ses goûts ni ses dégoûts pour mieux communier dans la perpétuelle hypocrisie des retours de politesse ou des stratégies et tactiques opportunistes. Je hais les moyens termes et les ventres mous, la demi-mesure et le propos intermédiaire. Je veux pouvoir d'autant pratiquer quelquefois l'élection que l'existence multiplie les occasions de pratiquer l'éviction. Les raisons de rendre hommage sont trop rares pour qu'on ne les saisisse pas.

Les plus frères et sœurs en Diogène — ceux du club ! — ont compris, bien sûr, que le cynisme antique est avant tout une attitude à l'endroit des puissants, de ceux qui nous gouvernent, des modes ou des pratiques dominantes. Avertis, ils savent que le kunisme enseigne des postures, des manières de se tenir debout, des façons d'être ou de faire, une tenue. Diogène est une figure emblématique, un personnage conceptuel, pour le dire comme Deleuze. Etre cynique, aujourd'hui, n'a pas de sens s'il s'agit de singer, de copier dans l'anecdote les faits et gestes des personnages du panthéon : imiter Antisthène donnant du bâton, Diogène prenant ses leçons des grenouilles, Cratès chevauchant Hipparchia au vu et au su de tout le monde, rien de tout cela, du moins quand il n'est que cela, ne fait le philosophe kunique.

Pour une métaphysique cynique, il faudrait s'entendre sur le solipsisme, le matérialisme, l'hédonisme, ce que j'ai appelé le volontarisme esthétique, l'éthique ludique. Pour une politique, au sens large, il serait nécessaire de consentir aux stratégies subversives et à la figure du philosophe-artiste, seule capable de les mettre en œuvre, de les incarner. Car Diogène est un contemporain, un intempestif au sens de Nietzsche, c'est-à-dire quelqu'un qui, depuis ses frasques, concerne toujours avec la même incandescence ceux qui l'ont rencontré sur leur chemin. De son vivant, il fut l'objet d'un culte. On lui dressa des monuments, des stèles furent élevées, des édifices consacrés. Les gnostiques licencieux, les Frères et Sœurs du Libre Esprit, les libertins s'en réclamèrent peu ou prou, illustrèrent le diogénisme dans leur époque. La Révolution française engendra un livre dont le titre était *Diogène aux Etats généraux*, puis une revue utilisant son patronyme en titre. Enfin il y eut, plus proches de nous, les Actionnistes viennois qui, dans la radicalisation de la pratique esthétique, ont exprimé la liberté, l'insolence et la souveraineté radieuse qu'on trouve chez l'homme de Sinope. A Vienne, où je suis allé visiter Hermann Nitsch, dans son château de Prinzendorf, et Otto Muehl, dans la prison où il purge une peine pour une histoire de mœurs tout entière fabriquée pour l'empêcher de continuer son œuvre, sa Kunstgeselschaft, je me suis entendu dire par ces deux maîtres de l'Actionnisme combien les traductions allemandes de mes livres, et plus particulièrement celle de mon Diogène, avaient joué un rôle dans l'élaboration, pour l'un de son dionysisme actif et incarné dans l'Orgie Mysterien Theater, pour l'autre dans la radicalisation de son entreprise esthétique.

Diogène est partout où l'on dit non aux valeurs bourgeoises dominantes. En ce sens, frère de Cyrano, il est libertin avant l'heure, mais surtout avant le mot. Non à l'argent, aux richesse factices, aux compromissions, aux médiocres, à la trivialité. Il guerroie contre les petits qui visent la gloire ici-bas, la paient le prix fort et discréditent après eux le travail de la pensée, l'œuvre d'écriture et la fonction authentiquement subversive de la philosophie. Nietzsche écrivait : « Un oui, un non, une ligne droite. » De la sorte, il formulait les principes d'un volontarisme éthique qu'on peut mettre en perspective avec la vision kunique du monde. Le grand oui est prononcé pour le style et l'élégance, la force et la forme, l'indépendance et la liberté, la solitude et l'œuvre solaire, radieuse. Cet acquiescement est plus que jamais nécessaire. Diogène durera autant que la planète. Ceux qui s'en réclament également...

16

UNE JOURNÉE PARTICULIÈRE

Je ne peux m'empêcher d'associer l'existence d'André Berne-Joffroy au superbe film de Bertrand Tavernier *Un dimanche à la campagne*. Vraisemblablement parce que la couleur des après-midi, dans les deux cas, chez André tout comme chez Tavernier, est donnée par la musique de chambre de Gabriel Fauré dont j'aime l'intraitable mélancolie. Peut-être aussi pour la raison qu'ici et là le temps coule de la même manière, presque sur le mode japonais, avec une extrême lenteur qui me force, moi qui suis d'une vitalité débordante, à adopter un rythme qui n'est pas le mien, par amitié. Enfin, pour la raison, également, que ce qui importe dans le film comme dans nos journées de conversation est ce qui n'est pas dit, ce qui ne parvient pas à se formuler, mais s'installe pourtant derrière chaque mot, chaque souvenir retourné dans la mémoire comme, enfant, je retournais les pierres dans la rivière qui traversait mon village pour y débusquer des poissons-chats apeurés. De la mélancolie, de la lenteur et de l'affection.

J'ai connu André Berne-Joffroy par l'entremise d'une amie commune qui, avant de présider aux destinées culturelles du département de l'Orne, dans lequel je vis, mettait sur pied, chaque année, dans le bourg qu'elle habite, une très belle exposition de peinture qui me permit de voir aussi bien des toiles de Lorjou que, dans les derniers temps de son existence, près de quelques-unes de ses œuvres, le vieux corps fatigué et aveugle de Jean Hélion. Le rendez-vous fonctionnait comme un accord tacite, sans que nous ayons jamais pris le soin de confirmer notre désir de nous voir ces jours-là. Toujours la lumière était belle, blanche et crue comme elle l'est dans cette période de l'été, la même d'une année sur l'autre. L'arrivée d'André Berne-Joffroy, avec son regard vif et malin, son corps un peu fatigué, son intelligence pétillante et sa conversation brillante, me mettait en joie, comme vraisemblablement on jubile de retrouver pendant les vacances un oncle ou un ami à qui l'on sait devoir des moments heureux.

André Berne-Joffroy fut conservateur au musée d'Art moderne de la ville de Paris. Quand il n'habite pas rue de La Rochefoucauld près de Pigalle, il s'installe dans le presbytère d'un hameau de l'Orne, non loin des clochers de Sées-l'Evêché. C'est là que je le retrouve, chaque saison, comme un rite, pour des journées arrachées à mon emploi du temps ébouriffé. A chaque fois, j'y retrouve un plaisir intact, dès la porte de fer poussée, dès l'entrée dans le jardin de curé. La maison est morceau de paradis, un fragment détaché. En elle circulent les souvenirs et les âmes, les traces et les mémoires. Le temps y est moins vif qu'au-dehors, plus dilué. Je ne peux la retrouver sans penser à celle de Proust que j'ai visitée à Combray : hantée par des images et des objets, habitée par des choses qui toutes ont une âme. Le contraire des maisons dans lesquelles jamais on ne peut capter l'esprit.

Habituellement, les lapins font des ravages dans le parterre ou dans le terrain qui entoure la maison : trous en profondeur, petits tas de terre à leur entrée, plantations ravagées, André commence par pester contre les animaux qui se dandinent sous son regard, presque avec insolence, mais je crois bien qu'à défaut ils manqueraient dans son paysage et dans son quotidien, car je pense qu'il affecte une fâcherie de bon aloi, juste pour le plaisir d'une conversation avec les rongeurs. Cette année, ils ne sont pas là, absents au rendez-vous. Je ne sais pour

quelle raison, peut-être pour cause d'exposition
Beuys à Beaubourg...

Les poires sont sur l'espalier, les pommes dans les
pommiers, le petit noyer du fond de jardin donnera,
cette année, une noix, comme l'unique orchis d'un
enfant pubère que nous allons voir comme un petit
corps exposé et offert à Hélios. André s'émerveille,
mais confie qu'il ne sera pas là pour le voir donner
véritablement ses fruits en abondance, que ce sera
plaisir des occupants du siècle prochain. Je ne sais
comment chasser cette mauvaise idée, sombre
comme une ombre qui s'avance et s'étire toujours
plus longuement : en précisant que le siècle suivant,
c'est bientôt, que le temps passe vite, et que j'espère
qu'il sera là, avec nous, pour fêter le millénaire nouveau. Les cerises ne sont plus, restent les reliefs
grillés des queues. Plus loin, un autre noyer, en compagnon de proximité avec l'arbre au fruit unique.

La porte a été repeinte, blanche. Je m'en souvenais, l'année d'avant, grise, un peu lépreuse, le bois
à vif, blessé par le vent, le froid et la pluie des hivers
rigoureux. La lumière s'accroche sur la surface, le
soleil chauffe les pierres du mur, les odeurs de thym
et de menthe sont discrètes, les abeilles butinent la
lavande et dans les buissons de fleurs dont j'ignore
le nom voltigent insectes, papillons légers et bour-
dons qui bruissent. La nature tout entière semble
animée d'une énergie qui m'enchante. Chaleur et
vitalité, flux de forces et sèves au zénith, j'aime cette
saison de l'abondance qui ravit mon âme et ma
chair.

A l'étage, les fenêtres sont ouvertes. Elles donnent
sur la campagne, le petit vallon et l'éminence légère,
en face. J'imagine que, là-haut, une table installée
derrière la croisée peut s'encombrer des feuilles et
papiers, manuscrit en cours, correspondance en
souffrance, livres en lecture ou volumes à lire. C'est
là, peut-être, qu'André a écrit son *Dossier Caravage*
publié aux éditions de Minuit. Là peut-être, aussi,
qu'il a rédigé quelques-unes de ses correspondances

avec ceux dont il a gardé un souvenir précis pour les
avoir connus, côtoyés, rencontrés, approchés, fré-
quentés. Pêle-mêle, et dans le zigzag, pour le dire
avec un mot qu'il affectionne tout particulièrement,
Paulhan ou Artaud, Boulez ou Sarraute, Butor ou
Caillois, Fénéon ou Groethuysen, Malraux ou Gide,
Adamov ou Francis Ponge, sinon Henri Thomas,
Roland Barthes, Daniel Boulanger. C'est dans cette
maison que sont vraisemblablement la plupart de
ses manuscrits, les états différents de ses livres sur
Paul Valéry, ses préfaces au Rancé de Chateaubriand, à Paulhan ou Radiguet.

Par la fenêtre, j'imagine qu'il aura, au gré de ses
humeurs, regardé le ciel changer : serein, comme
devant le spectacle de la première journée du
monde, assistant aux levers et couchers du soleil,
curieux, méditant à la fabrication d'un ciel d'orage
se grisant, puis plombant avant déchirure par les
éclairs, mélancolique face au blanchissement avant
la neige, en hiver, quand d'aventure il passe au presbytère quelques jours en cette saison. Je sais les ciels
changeants en Normandie, rouges en fin de journée
l'été, noirs en novembre, blancs ou gris lors des
giboulées, d'un azur absolu ou troués de nuages qui
moutonnent, striés de stratus une fois, ou gonflés de
cumulus une autre fois. Et je n'imagine le spectacle
de ces modifications qu'encadré dans une fenêtre
par laquelle se découpe le monde, dans le déroulement des époques, du temps, des saisons. Le regard
levé vers la chambre, alors qu'il marche à mes côtés,
je vois André voyant, je le regarde regardant, l'imagine imaginant.

Notre dernière rencontre s'est faite le second jour
d'août. Nous étions convenus d'un déjeuner dans un
restaurant perdu dans la forêt de Gouffern où nous
avons arrosé des gigotins d'agneau à l'ail d'un
gevrey-chambertin, puis parlé de Michaux. Confidences sur la mescaline, les gouffres et l'écriture,
une cigarette d'opium ou les pages de Jünger sur les
drogues et l'ivresse. Ensuite, dans le parc, nous

avons fait quelques pas avant d'emprunter une allée forestière qui conduit à un petit plan d'eau. Zigzag, toujours, sur l'état de la musique contemporaine, l'influence de Thomas Bernhard sur le dernier Guibert, sur les libertés que peut s'octroyer un écrivain attaqué par le sida et condamné à mort, propos sur Joseph Delteil que je relis avec passion, sur la littérature japonaise et le temps dans le roman nippon. André parle en marchant, l'esprit vif, la mémoire alerte, le verbe élégant et la tournure brillante. Son corps gracile, sa voix un peu fatiguée, sa démarche interrompue parfois par des arrêts soudains qui ponctuent une phrase, marquent une interrogation, signalent un temps de réflexion, accompagnent parfois un petit trou de mémoire que je ne parviens pas à combler, défaillant, moi aussi — dans quelle galerie d'art parisienne travaille maintenant un éditeur que nous connaissons tous les deux ? La lumière est belle, tamisée par les futaies, la fraîcheur est agréable après la bouteille de bourgogne bue à deux. Le temps coule comme dans une mélodie de Fauré. Je ne voudrais pas que ce moment s'arrête pour la douceur qu'il m'offre alors, la paix.

De retour au presbytère, nous avons bu le thé comme pour obéir au rite. Dans la petite pièce qui jouxte la cuisine, les confitures sont toujours divines : mûre ou framboise, abricot. Parfois, nous goûtons la brioche qu'il a rapportée de la boulangerie du village voisin. La conversation continue. Dans la bibliothèque, pendant qu'André préparait la dînette, j'ai regardé la collection complète des numéros de la *Nouvelle Revue Française*. Curiosité sur le volume relié de mon année de naissance : qui écrivait et quoi ? Quelle était l'actualité de l'écriture ? Ailleurs, un rayonnage de textes devenus rares, sinon introuvables, publiés sous la couverture blanche du Gallimard des années d'après-guerre. Une vieille et belle édition d'Apicius, un emboîtage pour un texte de *Cyrano* illustré et dédicacé par

l'artiste, un fascicule de Pierre Jean Jouve, petit mot
du poète, Schiller en allemand, Shakespeare en
anglais, des ouvrages de médecine, des exemplaires
de revues aujourd'hui précieuses. Et cent autres
merveilles. Trésors de livres, voix d'André qui
m'invite à la table.

Sirotant le thé, goûtant les confitures, croquant
les gâteaux, nous parlons des nuits d'André, du sommeil et des somnifères, de la fatigue et de l'âge.
Hypnos convoqué, Thanatos n'est pas loin. La mort
passe, en frôlant la pendule, lorsque André, me
racontant ses occupations récentes, me parle de la
rédaction de son testament. Je sens ma gorge se
nouer et ne sais comment conjurer la mort pour lui.
Envie de mettre mes mains en avant, comme pour
le protéger d'un malheur ou d'une mauvaise idée.
Impossibilité de trouver des mots. Je voudrais offrir
une phrase, un signe, un geste. Rien. Mon regard est
perdu dans ma tasse, je sens mes doigts serrés sur
son anse, crispés. Je sais mon père presque du
même âge et j'expérimente le dérisoire d'une présence silencieuse. André va troubler rapidement
mon âme, car il continue de parler, du reste, de la
vie, des choses, naturellement. Je lève mon regard,
mes yeux rencontrent son visage, la vie continue,
j'entends Fauré.

17

POUR LA GENTILLESSE

La gentillesse est mal portée. Cent fois j'ai pu en
faire l'expérience lorsque d'aventure j'ai remercié en
son nom tel ou tel qui m'avait fait présent de cette
vertu, à mes yeux cardinale, dans un geste, un mot,
une intention ou un signe. On ne veut pas être gentil, c'est suspect, mal venu, un peu niais, sinon enta-

ché d'une légère connotation péjorative. La gentillesse passe pour une vertu de faible, une minoration débile, la qualité des gens sans qualités. Gentils l'idiot du village ou la personne sans caractère, dépourvue du tempérament qui lui permettrait une colonne vertébrale. Gentils la fille à l'esprit traversé par le vent, le garçon resté demeuré, l'enfant voué aux vertus sirupeuses. Gentil le roi Henri VI dans l'immense et homérique pièce éponyme de William Shakespeare. Gentils les humbles, les sots, les simples d'esprit, ce qui, convenons-en, fait du monde...

Pourquoi faut-il que cette vertu que je chéris chez ceux que j'aime passe pour piteuse, sinon calamiteuse ? La gentillesse n'est-elle que l'effet d'un manque de force ou d'énergie, une faiblesse de l'âme chez ceux qui ne savent être ni lucides, ni cyniques, ni sarcastiques, ni désabusés, à défaut d'être cruels ? Maladie de la volonté ou triomphe des vertus qui rapetissent ? Effet d'une santé défaillante ou décadence d'un tempérament sans squelette ? Je ne veux rien de ces diagnostics pour qualifier une vertu que j'estime parmi toutes avec la magnanimité et la longanimité, signes de forces en excès, de puissance en abondance.

Je veux demander à Littré, l'arbitre habituel de mes doutes et le temple des mystères du verbe, ce qu'il me dit de la gentillesse. Sur l'occurrence qui m'intéresse, il est silencieux. Lisons : « Caractère de ce qui est à la fois joli et gracieux. » Non, pas exactement. « Tour de souplesse et saillie agréable. » Pas plus. Ailleurs : « Se disait autrefois de certains petits ouvrages délicats, de certaines petites curiosités. » Rien qui me satisfasse véritablement. Encore qu'à la lumière de ces approches, en m'attardant sur les définitions, il reste un foyer, unique, caractérisé par la miniature d'exception, le minimal quintessencié. Beaucoup d'art ouvragé en un espace réduit, la fulgurance de la virtuosité. Et je songe à la virtù dans l'Italie renaissante qui me permet d'entendre la gen-

tillesse comme une forme de virtuosité à l'endroit
d'autrui, un mode d'être qui place le souci, la prévenance au centre de la relation qui s'installe entre
deux personnes, deux masques.

Pour de plus substantifiques quêtes, je m'enquiers
également de mon Bescherelle de 1857. Je ne le
retrouve jamais sans une petite peine au cœur pour
la raison que, sur les conseils que je croyais avisés
d'un ami, j'ai un jour, pour mon malheur, abandonné mes deux volumes qui ne se tenaient plus aux
mains que j'imaginais expertes de religieuses prétendant s'y connaître en reliure. Las ! C'est péché de
croire que ces femmes peuvent faire autre chose de
leurs mains que de les joindre pour ne pas être tentées d'en user autrement. Car elles défigurèrent mes
deux superbes livres, un jour dérobés par moi dans
le grenier parental où je me demande toujours pour
quelles raisons ils s'y trouvaient. Les nonnes ont
châtré les tranches, avec la plus désinvolte des inso-
lences. Puis, sans aucune autre forme de procès,
sans même un acte de contrition ou, je l'aurais
estimé dans la plus pure des traditions charitables,
un refus d'accepter mon aumône, qu'elles avaient
d'ailleurs chiffrée fort au-dessus de leurs capacités,
elles m'ont rendu les Bescherelle avec, pour certaines typographies proches du bord extérieur, un
manque de deux, trois ou quatre lettres, au choix. Je
les bénis à chaque fois que je sors de ma bibliothèque les deux gros livres estropiés.

Enfin, il fallait que cela fût dit, laissons les bougresses et revenons à la gentillesse qu'elles ne savent
pas pratiquer : lorsque je restaure les lettres qui
manquent, que je rétablis le puzzle, Bescherelle me
dit ce que Littré reprendra plus tard, mais ajoute :
« a signifié noblesse, état, qualité de gentilhomme ».
Suit une référence à Lancelot. J'aime ce détour par
les temps policés et courtois dont je mesure chaque
jour combien s'y référer est suspect tant ont triomphé aujourd'hui les vertus du gros bourgeois né
dans les langes du siècle dernier. Puis il y a égale-

ment, contre Lancelot, le fait qu'il n'est presque plus cité que par d'authentiques hystériques, hurluberlus emplumés et empanachés qui échangent leurs transes sur le Graal, la mystique païenne, les forêts de Brocéliande et les eaux guérisseuses, tout le clinquant plus bruyant encore que les mauvaises armures rouillées de cette époque.

Entre le cynisme hérité de la révolution industrielle et la folie douce des Perceval de banlieue, il reste peu de place pour une lecture sereine des vertus chevaleresques et des pratiques élégantes, racées, courtoises, disons-le en un mot qui répugne au siècle : aristocratiques. Lorsque j'ai voulu, dans *La Sculpture de soi*, dire combien il y avait à chercher par là des lignes de force pour une morale post-chrétienne, hédoniste, libertaire, aristocratique, en son sens exclusivement étymologique, je n'ai reçu que tombereaux de sottises déversés par les donneurs de leçons habituels, ceux qui saturent la critique contemporaine, c'est-à-dire, au choix, un académicien au petit pied, un barbouilleur de revue fielleux en congé de télévision, une plumitive macérant dans un féminisme de petite fille, un chroniqueur qui est seul à croire qu'en noircissant le tabloïd il fait une œuvre, et deux ou trois autres vendeurs de modes, faiseurs de réclame. Lancelot, chez ceux-là, est un étranger, un intrus, un horsain. Je les comprends, on a les valeurs qu'on peut. Mais je m'égare ! Revenons à la gentillesse. Il ne m'étonne pas qu'elle soit vertu chevaleresque, du temps où l'arsenal chrétien n'avait pas encore donné ses fleurs les plus vénéneuses : la culpabilité, le ressentiment, la mauvaise conscience, la macération et la haine de soi.

Laissant Bescherelle et Littré, un peu dans le deuil de trouver plus et mieux, j'avise le *Grand Robert*. Avec bonheur, car j'y lis : « De nos jours : manières douces qui attirent la sympathie et l'indulgence. » Et encore : « Sens moral développé depuis le XIXᵉ siècle. » Et encore, ni dans Littré, ni dans Académie : « Qualité d'une personne qui a de la bonne grâce, de l'empressement à être agréable à autrui (par marques de sympathie ou d'affection, des attentions délicates, des prévenances, etc.), le souci de lui épargner de la peine, du désagrément, de la contrariété. » Et je souscris à cette occurrence en m'étonnant qu'elle n'ait dû son expansion qu'au siècle des maîtres de forges. Vertu de la prévenance et de la grandeur d'âme, geste du désir de proximité intime et réussie, expression de condouloir, volonté de douceur, la gentillesse est invitation à une intersubjectivité pacifiée, heureuse et harmonieuse, un acte de foi, a priori, dans l'autre qu'on ne veut pas voir, déjà, comme inscrit dans la dialectique de la lutte des consciences de soi opposées. Il est bien assez tôt d'avoir un jour à tirer l'épée du fourreau.

Que souhaiter d'autre dans un monde brutal et sans manières ? Que vouloir de plus dans un univers de feu et de sang, d'hypocrisie, de fourberie et de mensonge ? Quelle autre civilité, sinon civilisation, opposer à la barbarie naturelle ? L'empressement à être agréable, c'est l'aspiration, pour deux, à la volonté de jouissance. L'évitement du désagrément, de ce qui peut fâcher, peiner, c'est la conjuration de ce qui trouble l'hédonisme. Election du plaisir, éviction du déplaisir, la gentillesse est l'opérateur hédoniste par excellence, le vecteur de cette perpétuelle dialectique qui conduit de soi aux autres, et vice versa. Elle accélère le contentement, ralentit les raisons du mécontentement. Comment ne pas la désirer ? Ne pas y consentir ? Ne pas la vouloir ?

Le dictionnaire propose, en constellation autour de cette vertu, les mots qui sont parents dans le sens. A savoir : amabilité, aménité, délicatesse, douceur, bonne grâce, obligeance. Puis les antonymes : grossièreté, rudesse, dureté, méchanceté. Mon choix est fait. Faut-il imaginer l'époque réticente à l'endroit de la gentillesse pour la raison que nos temps se distinguent d'abord par la barbarie et l'incivilité ? N'écarte-t-on pas cette vertu cardinale en proportion de l'ardeur avec laquelle on chérit la brutalité, l'épaisseur, la lourdeur et la violence ? Pareille défiance a des raisons ignobles, j'emploie le terme en soulignant son acception étymologique : incapable de noblesse. On ne sait plus voir, ni entendre l'aristocratie et la noblesse autrement que comme des mots ensanglantés par Hébert ou Saint-Just, marqués politiquement, associés au sang bleu et aux colifichets de particules, aux rangs attribués par le gotha. Trêve, cessons, arrêtons. Nos temps sont voués à la peste des goûts médiocres, du milieu : pas de hauts ni de bas, pas de hiérarchie ni de valeurs, pas de noble ni d'ignoble, tout se vaut dans le milieu, le ventre mou. Et allons, communions dans l'épaisse crasse des valeurs libérales et bourgeoises, il sera toujours temps, un jour, de constater que nous allions vers l'abîme, joyeusement et dans l'insouciance.

Pour ma part, je veux me souvenir de la gentillesse des héros qui savent donner sans attendre d'autre gain que la jouissance d'abandonner l'excès dans la profusion. Elle est vertu de riches, apparat des natures abondantes, Je tâche d'y tendre, comme une ascèse quotidienne, un chemin. Car, à préférer les vertus bourgeoises utilitaires, on se condamne à croupir dans la grossièreté de notre époque qui ne sait plus pratiquer ni la gentillesse quand elle s'impose, c'est-à-dire toujours, ni l'insolence quand elle est utile, c'est-à-dire à chaque fois qu'en face la gentillesse fait défaut...

18

LETTRE À PESSOA

C'est au creux tiède de la nuit lisboète, cher Fernando Pessoa, que je vous écris dans l'attente d'un repos qui ne vient pas. Ma chambre d'hôtel est trop étroite pour la vastitude des ombres qui m'accompagnent après minuit quand j'essaie de me reposer des journées passées sur vos traces. L'insomnie m'installe en votre compagnie à peine troublée par les bruits de la ville qui montent. Je sais que demain, quand le jour me réveillera, les cigales du parc Edouard VII, en face de ma chambre, ajouteront aux brûlures du soleil qui avivent mon âme un peu embrumée. En attendant, il est quatre heures du matin, la France est lointaine et vos livres, proches, empilés au milieu de journaux français, d'autres livres, des quatuors opus 33 de Haydn et de papiers divers. La table sur laquelle je vous écris fait face à un miroir, je n'aime guère rencontrer mon visage, ma barbe de quatre jours, mes cheveux dans le désordre et mes traits fatigués lorsque d'aventure je veux ajouter aux mots que je vous envoie.

Je vous ai cherché, d'abord, au restaurant Martinho da Arcada, sur la place du Commerce qui m'a rappelé les couleurs de Saint-Pétersbourg et la magnificence de l'espace autour de l'Ermitage. Lumières hanséatiques, architectures italiennes, parfums de mer et brises venues de l'Océan, là où la terre se fait attendre des milliers de kilomètres, j'ai vécu ce lieu comme un carrefour de sensations et de réminiscences de plusieurs endroits d'Europe parmi les plus contradictoires en apparence. Sous les arcades, votre souvenir était ailleurs, parti, envolé, car les portes du restaurant où vous aviez vos habitudes étaient closes.

Notre premier rendez-vous se faisait sous le signe d'une résistance invitant à chercher ailleurs ce qui, peut-être, ne se trouvait nulle part, ou tellement disséminé, dilué, qu'il faudrait vraisemblablement s'aviser de demander secours aux seuls parfums de la ville, fidèles aux ports, aux rivages, aux côtes et aux gargotes où l'on grille du poisson. Je me suis contenté d'éprouver mon corps dans l'immensité de cet espace ouvert sur le Tage, avec des promesses à

la Vasco de Gama sur l'Océan, et de constater combien elle invitait à l'agoraphobie qui semble tellement vous coller à la peau quand, sur les photographies, on vous voit déambuler avec votre chapeau et
votre éternelle gabardine, l'âme perdue dans les
songes qui nourriront votre prose.

Dans l'Alfama, j'ai goûté les sardines et l'espadon
grillés avec des pommes de terre arrosées d'une
huile d'olive parfumée, en buvant du vinho verde
blanc, frais, pétillant, léger comme alors mon âme
qui se déliait. Le liquide coulait dans mes veines
comme un esprit souffle, pour disperser les nuages
et les fantômes qui nouent la gorge, serrent les
muscles ou travaillent le ventre. Sur cette petite
place encore décorée des guirlandes de papier
défraîchi qui avaient servi à fêter saint Antoine de
Padoue, le patron de Lisbonne, dans la fumée du
gril qui allait au gré des vents tièdes venus des labyrinthes de ruelles, protégé par les murs lépreux de
bâtisses à l'abandon, j'ai vu un simple d'esprit dont
l'âme volait comme les habits étendus aux fenêtres.
Habitué du lieu, aidant au service, parfois, il gro-
gnait, riait, gesticulait, parlait une langue de lui seul
connue et racontait avec des gestes ce qu'il a vu de
l'autre côté du miroir. J'ai pensé à l'innocence et à
vos longues dissertations sur l'identité, questions
que seuls se posent ceux qui ont des blessures à
l'âme avant, parfois, de succomber sous les assauts
de ces interrogations qui minent. Je n'ai pas été sans
penser parfois à Nietzsche et à ses errances de Sils,
de Rapallo, de Portofino. Je me suis dit qu'il aurait
aimé, de Lisbonne, cette conjonction de soleil, de
lumière, de fin d'Europe, d'Océan, de rues pavées et
de palais en décrépitude.

Plus tard, écrivant au bord du Tage, sur une table
presque en à-pic sur le port, j'ai été distrait par le
bruit que faisaient des milliers de gros poissons,
l'échine à la surface, la gueule avide des eaux usées
qui sortaient sous leurs yeux ronds. Leurs mouvements étaient un mélange de lenteur abandonnée

aux courants et de coups vifs consécutifs à la lutte pour la nourriture. J'y ai d'autant vu une métaphore de l'existence que, dans ce banc immense et grouillant, j'ai avisé un poisson albinos qui aurait pu être la forme prise par votre politesse pour me dire qu'absentes du café Martinho da Arcada vos mânes étaient bien présentes dans cette ville étrange sous la forme d'une exception du fleuve. Les gâteaux que j'avais achetés m'ont fâché avec les pâtisseries de Lisbonne : ils ont pris fin dans le bec des mouettes qui s'envolaient vers le large par-dessus les bateaux qui conduisaient à Cacilhas en glissant sur l'eau déjà lumineuse et brillante de la nuit qui tomba rapidement, embrasant la ville comme dans les toiles de Monsu Desiderio.

Ailleurs, dans le quartier du Chiado, j'ai cherché quelques-uns de vos livres en langue française et n'ai rien trouvé dans quatre des grandes librairies où je vous ai demandé. Pas plus chez Bertrand où vous aviez vos habitudes. Rien de vous dans ma langue et rien d'aimable chez ceux qui font commerce dans ces endroits. Nouveaux rendez-vous manqués. En face des azulejos du bâtiment Bertrand, au café O Brasileira, sur la terrasse, un bronze vous représente, figé comme un mime, sinon un clown, attablé dans l'éternité où la sottise des touristes qui s'installent sur la chaise à vos côtés pour se faire photographier ne parvient pas à troubler votre détermination à être d'un autre métal qu'eux. Leur insistance à répéter ces gestes minables a eu raison du bronze qu'ils ont patiné, comme les pieds de saint Pierre par les fidèles du Vatican.

Délaissant les lieux où les plaques vous commémorent, où les pouvoirs vous célèbrent, je suis allé au jardin da Estrela pour y goûter la douceur d'un dimanche sous les feuillages et les arbres, dans la proximité odoriférante de superbes fleurs aux corps étranges, longues comme des trompes, blanches, moussant comme un tissu précieux ou les lèvres qui ourlent l'entrée d'un être aimé. En leur cœur, j'ai vu

la puissance séminale de la nature à l'œuvre mas-
quée par les beautés capiteuses de l'efflorescence —
un raccourci des leçons de Schopenhauer sur la
métaphysique de l'amour. Des enfants jouaient
auprès d'une fontaine, des vieillards somnolaient,
des femmes n'arrêtaient pas de parler — ces fleurs,
comme le reste, persévéraient dans leur être. Sur le
banc où j'avais pris place, je lus votre *Gardeur de
troupeau* : « Bonté divine, quelle bifurcation cette
vie », écrivez-vous. J'ai donné voix à trois ou quatre
dizaines de pages avant que la lecture ne fût épuisée
par la fraîcheur du soir qui tombait sur le parc.

Dans l'immense salle recouverte d'azulejos de la
brasserie Cervejaria da Trindade, j'ai assisté aux derniers feux d'une fleur ramassée au pied d'un buisson
où elle avait fleuri, vécu et trépassé. Elle donnait là,
presque sur ma peau, accrochée au tissu de ma chemise, des éclats de bord de tombe, quand le néant
s'annonce et que triomphent les énergies dernières.
Ensuite, elle s'effondra, morte, sur le bord de la
table où j'ai goûté après, au moment du dîner, des
pousse-pied, arrachés au sac et au ressac des
rochers travaillés par la mer, iodés au point que j'y
ai trouvé la puissance de l'Océan concentrée dans
chacun des effluves qu'ils donnaient. En même
temps, l'oxydation rongeait le bord des pétales de la
fleur, attaquait le blanc cassé pour les ourler de
rouille. La mort œuvrait. Sous la lumière, dans le
bruit des repas servis, une méchante ombre passa.
« Alors les dieux survinrent / Et emportèrent au loin
quelque chose, nul sens ne sait comment, / En
d'invisibles bras de puissance et repos. » La nuit fut
dévolue aux fantômes et à la mélancolie.

Le lendemain, cher Fernando Pessoa, je me suis
inquiété de votre maison. Disons plutôt de l'une de
vos maisons, la dernière, celle de la rue Coelho de
Rocha, au numéro 16 et dans laquelle, pareil à la
fleur du jardin de l'Etoile, vous avez exhalé votre
dernier soupir. Le bâtiment vous est tout entier
consacré. Souvent, en de pareils lieux, il faut

craindre le pire. J'ai vu qu'il était au rendez-vous. L'architecte a voulu redessiner l'immeuble que la ville de Lisbonne a racheté en ruine. Dans le plus pur esprit des correspondances, qui donne le meilleur en cas de réussite, le pire en cas d'échec, le dessein fut de produire une forme, un espace, un lieu en accord avec l'esprit qui règne dans votre œuvre — c'est l'ambition affichée et formulée dans ces termes. Le projet était au-delà de l'imagination et des capacités de l'architecte qui a tout juste réussi à commettre un bâtiment minimal de plus dans lequel, on s'en douterait, rien n'apparaît qui renvoie à ce qui traverse votre œuvre en récurrence.

Rien, en effet, sur la question de l'identité et de la nature du moi, rien sur la facticité du Je. Rien sur votre désir d'abolir les frontières entre le sujet et l'objet, la conscience et la chose, qui vous installe dans un étrange et mystérieux panthéisme. Rien sur la mélancolie, la saudade, le spleen, l'ennui, la douleur d'exister et l'inconvénient d'être né. Rien sur le solipsisme et la solitude à laquelle il condamne. Rien sur votre goût de prédilection pour les labyrinthes, les chemins destinés à Thésée. Rien qui dise votre passion commune avec Kierkegaard pour les pseudonymes, les hétéronymes et les identités rêvées. Rien sur votre aspiration induite pour des existences autres, diverses, des vies multiples, divisées, fractionnées. Rien sur votre métaphysique de l'intranquillité. Rien non plus, enfin, sur votre esthétique des sensations, votre pathétique en acte. « La vie m'écœure comme un remède inutile », écrivez-vous. A quoi peut bien ressembler la maison d'un homme hanté par ce dégoût, si d'aventure on veut qu'elle exprime son être ?

Certainement pas à cette esthétique de bloc opératoire des pièces dans lesquelles se trouvent de petites caisses de bois vitrées où l'on a enfermé, ici, deux ou trois de vos carnets, pas plus gros qu'un jeu de cartes, sur lesquels court votre écriture au crayon à papier, là, l'une de vos célèbres paires de lunettes.

Manquent, sinon votre moustache, du moins votre chapeau dans l'une de ces boîtes misérables. La maigreur des objets fétiches n'est pas compensée par une bibliothèque replète : le classement est étrange et tout côtoie tout en toutes langues. Ailleurs, une commode vous ayant appartenu, puis un meuble de bibliothèque, vide, vous ayant suivi dans tous vos déménagements. Serait-ce cela Fernando Pessoa, en français : Fernand Personne ? Pas sûr...

Taisons le lieu de rencontre, l'espace pour exposition d'œuvres ridicules, opportunément présentées comme inspirées de vous pour figurer ici et trouver, comme par enchantement, lieu d'exposition adéquat pour un vernissage digne d'une sous-préfecture. Taisons également l'empressement, la diligence des gens du lieu qui autorisent une photocopie, mais si l'on prend rendez-vous pour le lendemain, et qui peuvent vous prêter un stylo pour noter une référence, mais après avoir regardé partout et constaté qu'ils ne pouvaient proposer que leur propre crayon bille. En attendant que vous vous soyez exécuté, ils attendent avec résignation. Taisons, enfin, les références de pacotille à l'astrologie, à l'ésotérisme qui permettent aux dilettantes de présenter n'importe quoi sous couvert de discours initié et inspiré, de sorte que le marbre est utilisé avec emphase pour fixer un thème astral sur le seuil. Taisons le reste, aussi.

Dans ce lieu où l'on avait cherché à vous rappeler, facétieux, vous n'avez laissé de trace que dans vos livres. C'est heureux, seuls ils importent, au-delà de toutes les mises en scène. J'ai avisé *Le Chemin du serpent* et, au fil des pages, aimé vos considérations politiques. Elles ont nourri, au cœur de mon après-midi, les réflexions que je porte en moi pour le livre politique que je prévois, un jour : sur la force et la morale qui s'en réclame, sur le libéralisme et ses tares, sur la belle notion de république aristocratique, sur la valeur comme légitimation et fonde-

ment de la fonction représentative, sur la réforme et
la révolution. Votre pensée est libre, loin des dogmes
et des conformismes. J'y ai trouvé le grand souffle
qu'on peut surprendre chez Nietzsche.

Je ne vous ai donc pas trouvé au Café des Arcades,
ni dans les librairies du Chiado, pas plus dans les
cafés où vous aimiez prendre un verre. Je vous ai
plus aisément entr'aperçu en vous lisant dans les jardins, en regardant une fleur mourir, en parcourant
les pages de vos livres ou en rêvant à vous, poisson
albinos dans le Tage, fumée des holocaustes de
l'espadon dans l'Alfama, ombre portée par les murs
décrépits vieux rose ou jaune délavé. Aussi pourquoi
ai-je voulu sacrifier aux formes les plus achevées du
pèlerinage en allant visiter votre premier cimetière,
celui dans lequel vous avez été enterré presque cinquante ans avec les mânes de votre grand-mère
emportée par la mort alors que déjà la folie l'avait
requise plusieurs années auparavant ? Peut-être
pour voir à quoi peut bien ressembler l'extraordinaire nécropole qui a le bon goût de s'appeler
cemiterio dos Prazeres ce qui, en français donne le
cimetière des plaisirs ! Je me demande toujours s'il
y a là un oxymore...

Mais je n'avais pas voulu tout de suite passer des
pages du *Chemin du serpent* au cimetière. Avant, j'ai
souhaité goûter une assiette de *caracois*, ces petits
escargots jaune et noir, ramassés au petit matin sur le
bord des routes, cachés sous leurs opercules, en filets
accrochés aux devantures des épiceries où les fruits
sentent bon. Ils sont cuits je ne sais comment, mais
malgré l'huile d'olive aillée et relevée à la coriandre,
conservent un goût de terre. Cornes dehors, figés dans
la mort par l'eau bouillante, ils nagent dans la sauce
et laissent en bouche un parfum de terreau qu'on peut
bien voir comme métaphysique, propédeutique à la
visite des cimetières. Les escargots m'ont communi-
qué leur lenteur, je suis arrivé au lieu en question, les
portes étaient fermées. Rendez-vous manqué, là
encore. Malgré tout, j'ai aimé comme une réminis-

cence baudelairienne, à l'entrée, les sabliers de pierre aux ailes de chauves-souris.

Frustré de cimetière, j'ai pris le tramway, ligne 28, à son terminus, car il me plaît qu'une épopée dans ces insectes électriques se fasse sous les auspices d'un lieu on ne peut plus terminus. Du cemiterio dos Prazeres au pied du Castelo São Jorge, la ligne traverse Lisbonne et les quartiers du Bairro Alto, de la Baixa et de l'Alfama. Pendant tout ce temps, on peut garder le nez aux fenêtres et frôler les passants, sur les trottoirs, grimper des côtes sévères, rentrer quasiment dans une échoppe de barbier, se faire enfumer par une vieille femme qui fait griller des sardines devant chez elle, saisir la fatigue sur le visage d'un vieil homme usé, regarder le chauffeur jouer des manettes, tourner des roues comme un capitaine de frégate à la barre, taper du pied sur des champignons métalliques régulateurs de je ne sais quoi, arc-bouter son corps sur son siège pour prévoir un virage, une pente, un passage délicat, actionner la cloche, apponter son vaisseau électrique aux arrêts, et lire le nom des stations. Puis rêver que vous apparaissez, cher Pessoa, dans ces labyrinthes de rues, de places, d'étranglements.

Pour persister dans les cimetières, j'ai voulu voir votre tombe, la nouvelle, celle d'aujourd'hui, dans le monastère des Hiéronymites à Belém, que vous partagez depuis peu avec Luis de Camões et Vasco de Gama. Découvreur de terres, vous aussi, les utopies et uchronies familières à tous les écrivains, vous reposez entre le symbole des lettres et celui des explorations. Là encore, je trouvai porte fermée, signe, vraisemblablement, que nous ne devions pas nous rencontrer sur le bord d'un tombeau. Afin de m'en consoler, je m'en fus à Estoril pour me perdre un peu dans l'eau glaciale de l'Océan où j'ai nagé, en pensant à vous et à cette phrase du *Livre de l'intranquillité* : « Changer d'âme, comment ? — A toi de le découvrir. » Mon corps dans la mer m'a conduit vers l'âme de Jules Lequier qui perdit la vie en nageant vers le large après avoir demandé à Dieu de lui prouver Son existence en faisant un geste pour l'épargner. Dieu a parlé, le philosophe est mort, on retrouva son corps échoué plus loin, plus tard. Le mien sécha, salé, cuit par le froid de l'eau et le soleil mélangés.

Un autre jour, l'âme moins inquiète de vous, plus soucieuse de peintures et de repos, de pauses dans mon pèlerinage, je suis allé à la fondation Gulbenkian. Mais c'était pour vous y retrouver au pied d'une étrange toile de Degas, *L'Homme et le Pantin*. Je me suis demandé ce que vous en auriez pensé, si même vous l'aviez vue. Vous avez écrit un jour un texte à la gloire des femmes stériles. Est-ce pour cette raison que j'ai songé à vous devant cette œuvre qui représente un peintre, le regard comme terrifié par la rencontre d'un djinn venu de l'au-delà lui annoncer sa prochaine damnation, adossé à un mur où l'on devine déjà une toile accrochée, à ses pieds, une palette, et surtout, une femme désarticulée, un pantin, mixte de poupée en céramique et de corps véritable, en chair et en os. On ne sait ce qui en elle est mécanique et ce qui est vivant. Il paraît impossible de faire la part de la chose et de la personne. Une femme machinale, n'est-ce pas un analogon idéal pour un homme comme vous qui pensez qu'à l'aube des femmes il vaut mieux plier bagage et se contenter d'aurores qui n'ont pas à luire ? Etrange peinture après les plaisirs que j'eus à Fragonard, Lancret et Watteau, peut-être parce que ceux-là racontent une terre à laquelle je sais ne jamais aborder, des embarquements pour une Cythère dont je vois toujours, en transparence, les ficelles et artifices...

Je ne sais, à cette heure maintenant si tardive de la nuit, le petit matin s'annonçant presque, si j'irai vous saluer près de Vasco de Gama. Certainement je me contenterai de vous lire encore sous les palmiers, dans un jardin botanique, sur une place, au bord du Tage ou dans un café, n'importe où pourvu que n'y soient pas les fâcheux qui vont sur votre tombeau comme on visite une curiosité touristique. Ou encore, comme hier soir, je tâcherai de vous imaginer dans le lieu où je me trouve, pourvu que vous en ayez été contemporain.

Par exemple, le restaurant Tavarès Rico, relique lisboète où je n'aurais pas été étonné de voir apparaître Luchino Visconti au bras de Maria Callas, ou quelque prince héritier au trône dans un pays d'Europe centrale à défaut des dandys affectés et des aristocrates désargentés qu'on semble y trouver aujourd'hui. Avez-vous été de ceux qui hantèrent le lieu plus de deux fois centenaire et dont la splendeur passée fut faite par des artistes, des diplomates, des écrivains ? Dois-je vous imaginer sous les ors et brocarts, dans je ne sais quelle circonstance, séparé de votre chapeau-gabardine, assis à une table devant les immenses miroirs tachés ? J'y ai bu un sublime dão 1988, parent en nez et en bouche des graves bordelais ou des terroirs de Montrachet ; j'y ai goûté une cuisine surannée, bien que bonne, qui aurait été faite par Escoffier ou l'un de ses élèves ; j'y ai été servi comme un dignitaire de maison royale ; j'y ai allumé, enfin, un montecristo qui m'accompagna, ensuite, dans la nuit de Lisbonne qui commençait alors et qui va se terminer à l'instant où je vous écris.

Peut-être vais-je dormir un peu avant de repartir dans les rues pavées, autour des collines où je tâcherai de traquer vos douleurs à l'âme, essayant un peu de calmer les miennes, de les apprivoiser, de les trouver moins exigeantes ou moins extravagantes. Dans mon sommeil, il se peut bien que je vous croiserai, sinon dans le cimetière des plaisirs, du moins près du Tage où j'ai lu qu'un jour une sorte de baleine blanche vint amuser les Lisboètes, quelque temps. Ils la nourrirent tous les jours avec des tonnes de calmars avant qu'elle ne reparte, comme elle était arrivée, discrète, laissant derrière elle cette ville qui perdure entre tremblements de terre et incendies.

Pourquoi n'auriez-vous pas été cet animal facétieux, souvenir du capitaine Achab ? Au bord des eaux, je sais pouvoir, alors, vous sourire sans arrêter ma déambulation. Vous continuerez votre chemin vers les astres et la lumière, moi, vers vos livres et les quartiers de la ville. Nous verrons. En attendant, croyez, cher Monsieur Pessoa, à l'expression de mes sentiments intranquilles.

19

PAUVRE ALCESTE

L'été dernier, en Avignon, j'ai vu l'*Alceste* d'Euripide mis en scène par Jacques Nichet dans un parti pris minimal : dépouillement, jeu avec le vide, espace scénique troué à ses deux extrémités de sorte que le verbe du tragédien se déclamait dans un couloir qui sollicitait successivement le tonnerre, la lumière, le cimetière, le palais, tous lieux par lesquels se manifestaient les figures du destin, de la mort, du père et de la nécessité.

En bon élève, j'avais lu la pièce en amont, puis les chapitres que Nietzsche consacrait à la tragédie chez les Grecs, enfin quelques pages de Vernant et Finley pour me remettre en mémoire les conditions historiques et idéologiques de la production de la tragédie antique. On me demandait d'intervenir sur la question : Que pense le théâtre ? A priori j'avais envie de répondre : à rien. Le théâtre en tant que tel ne pense pas. En revanche, ceux qui le font, les acteurs, l'éclairagiste, le costumier, le décorateur, tous ceux qui contribuent à la tenue de l'œuvre sur scène pensent et donnent leur lecture de l'œuvre en accord avec le chef d'orchestre qu'est l'homme de la mise en scène. Je devais en avoir la preuve avec le travail de Jacques Nichet.

Ma lecture de l'œuvre s'était faite sans doute sur le seul crédit d'une rencontre d'un lecteur, en l'occurrence moi, et d'un texte : Euripide écrit une tragédie, les mots me le montrent, et c'est une œuvre sur le caractère sacré des lois de l'hospitalité. J'aimais l'actualité de cette pièce traitant d'un sujet sur lequel personne ne s'est exprimé en nos temps qui exigeraient réponse efficace à cette question, sauf René Schérer dans un beau livre intitulé *Zeus hospitalier*. Mais même dans ce texte, rien sur l'*Alceste* d'Euripide.

J'allais donc voir une pièce sur ce sujet quand la mise en scène me fit voir qu'on pouvait lire autrement ce texte, en cherchant sous la lettre l'esprit, en trouant la pellicule de l'apparence pour trouver la quintessence. De sorte qu'on pouvait également entendre les mots d'Euripide dans un sens exactement inverse à celui auquel j'étais resté après une première lecture. Et si la pièce, à défaut d'être une tragédie sur l'hospitalité était une comédie sur l'éternel retour de l'inconstance chez les hommes, non pas au sens générique, mais chez les mâles, les porteurs de phallus ? Et si Euripide se faisait moins héraut des dieux et des questions célestes que prophète de l'homme dans toute sa misère et sa faiblesse ? D'où le pessimisme connu de l'homme Euripide, son érémitisme païen, sa distance à l'endroit du monde, ses désenchantements comme mari, tragédien, Grec. Décidément, Jacques Nichet m'apprenait à voir et, surtout, à conclure définitivement qu'on ne doit jamais lire une pièce de théâtre avant de l'avoir vue, qu'il faut pratiquer dans cet ordre : voir d'abord, lire ensuite.

Rappelons l'histoire en deux mots : pour avoir accueilli Apollon comme un dieu alors qu'il se présentait comme un homme, pour l'avoir considéré comme un hôte de marque alors qu'il était condamné par les dieux à ne lui apparaître que tel un esclave, Admète, l'époux d'Alceste, est resté précieux au cœur d'Apollon qui lui rend l'élégance de son geste en lui permettant, un jour, de ne pas mourir quand les Parques l'ont pourtant décidé. A charge pour lui de trouver un être prêt à s'offrir comme victime en équivalence. Ni amis, ni père, ni mère n'acceptent d'être les victimes de substitution. Que chacun se demande en son âme et conscience quel nom lui viendrait à l'esprit si d'aventure pareille question lui était posée, et ne désespère pas trop de constater qu'il pourrait bien n'avoir aucun échange à proposer, sûrement pas, d'ailleurs, celui auquel il aurait a priori pensé.

Or, Euripide montre Alceste dans toute la grandeur dont, à mon goût, seules les femmes sont capables : mourir pour un être aimé, donner sa vie par amour pour lui, accepter d'être privé de soi pour épargner l'autre, transcender le vil égoïsme pour réaliser le don. Vraisemblablement parce qu'elles mettent au monde, parce qu'elles donnent vie et chérissent la vitalité plus que tout, la plupart des femmes sont plus fortes que la mort et lui tiennent tête dans leur détermination à vivre. Et Alceste accepte de mourir pour Admète, son époux. A la condition qu'il ne remplace ni la maîtresse dans le lit nuptial, ni la mère à la tête de la couche de leurs deux enfants. Généreux, Admète admet, promet, s'engage, pleure, mais signe tout de même le pacte.

Héraclès est de passage, toujours entre deux travaux. Son trajet l'amène chez l'homme qui vient de perdre sa femme dans l'échange funeste et qui ne veut pas refuser l'hospitalité pour la raison que sous son toit serait une morte. Plutôt le caractère sacré de la loi qui régit le rapport à l'hôte que la dérogation au nom de la douleur : la Loi contre le Cœur, la Raison contre l'Emotion, nous sommes en pleine tragédie. C'est seulement sur les confidences d'une servante qu'Héraclès, plutôt porté sur l'amphore et le jupon, découvre la situation à deux pas de la couche funèbre. Pour célébrer la capacité d'Admète à honorer l'hôte malgré sa peine, Héraclès propose de défier Thanatos dans un combat pour lui ravir la jeune épouse morte. Il revient avec une femme voilée, prétendant qu'il l'a gagnée à un concours. Comme elle risque de l'encombrer dans les travaux qui lui restent à faire, il propose à Admète, toujours au nom de l'hospitalité, d'accepter de garder, un temps, cette jeune et belle personne cachée par un voile. Admète refuse : il a promis à Alceste qu'aucune femme ne viendrait dans le palais ; de plus, il lui sera difficile de préserver intacte la pureté d'une belle femme dans un endroit où sont tant d'hommes jeunes et fougueux, vigoureux et décidés ; enfin, il veut bien, tout de même, pour l'unique raison qu'il ne souhaite pas froisser Héraclès : « Il le faut, à moins que tu ne doives m'en vouloir. »

L'œuvre bascule sur cette phrase : soit elle est dite avec le sérieux tragique qui installe la pièce du côté de la méditation sur l'hospitalité, soit elle est proférée, comme dans la mise en scène de Nichet, sur un *ton* faux et peu convaincu, avançant un prétexte pour masquer une autre raison, la véritable, celle qui fait qu'Admète accepte seulement pour installer une autre femme dans le palais, sous couvert d'obéir à la seule nécessité des lois de l'hospitalité. D'un côté, la Loi triomphe, Alceste est une tragédie. De l'autre, les passions, c'est une comédie, une tragi-comédie.

En acceptant prétendument de garder cette femme pour faire plaisir à Héraclès, Admète rompt le pacte passé avec Alceste pour prix à payer d'une mort échangée : il se déshonore, trompe son épouse par-delà la tombe, brise les promesses, jette au feu ses engagements les plus sacrés. Car les mots d'Admète cachent l'intention. Sous la lettre trompeuse, qui avance le respect des lois de l'hospitalité, se cache la désespérante motivation véritable : la toute-puissance du désir, son débordement qui rend esclave, incapable de dignité et de grandeur la moitié mâle de l'humanité lorsqu'elle est placée devant un jupon offert, facile et consentant.

Bien sûr, la femme voilée gagnée par Héraclès dans un concours est Alceste arrachée aux mains de la mort. Il fallait qu'il en fût ainsi pour que la pièce grince, se termine dans la damnation éternelle et soit une authentique tragédie. Ceux qui concluent qu'elle s'achève bien, dans la joie — il y en a, mais quelle idée se font-ils donc de la joie ? — oublient qu'Admète est condamné à vivre avec une femme qui est la sienne, certes, mais qui est aussi une autre et qu'il a failli. Epouse à laquelle il n'a pas été fidèle, femme qu'il n'a pas honorée, maîtresse que déjà son désir a trompée, Alceste est bafouée par un époux qui ne fut pas à la hauteur : en acceptant qu'on meure pour lui, en ne refusant pas l'arrivée d'une autre femme que la sienne dans son palais malgré ses promesses contraires, Admète est le prototype du lâche, du fourbe et du vil personnage. Je l'aurais préféré négligeant qu'un autre trépasse à sa place et invitant la femme voilée à passer son chemin, tout entier à sa parole donnée, fidèle à sa douleur. Mais voilà, Euripide met en scène des hommes, il a congédié les dieux, c'est d'ailleurs ce que retiendront tous ceux qui lui feront des reproches.

La leçon, pauvre Alceste qu'on destine à l'éternelle douleur de vivre avec un homme ne vous valant pas pour la seule raison que vous fûtes divine, vous, c'est qu'à défaut de consentir à l'humaine attraction, on peut tâcher d'aspirer, de temps en temps, à un peu de divinité dans sa propre existence. Car il est plus réjouissant d'être grand, difficilement, dans la tragédie que petit, aisément, dans la comédie. La tâche est rude, certes, mais le dessein exaltant. J'aspire à la philosophie tragique qui installe les hommes au carrefour du destin et de la nécessité, là où l'on tente de s'arracher à la terre pour se faire, un peu, semblable aux dieux. Tout cela est difficile, épuisant, certes, et il faut compter avec force douleur !

20

LE PRIX DU PRIX

A partir du moment où les résultats du prix
Médicis ont été connus, la question m'a souvent été
posée : « Alors, ce prix, qu'est-ce que ça change dans
ta vie ? » J'ai d'abord répondu : « Rien », parce que,
véritablement, rien n'avait changé. Toutefois, très
vite, je dus modifier ma réponse et préciser, à ceux
qui persistaient dans la question, que le prix littéraire avait bien transformé quelque chose dans mon
existence, à savoir le regard des autres, le comportement des autres, leur avis, leur perception et leur
jugement à mon endroit : chacun est devenu plus ce
qu'il était déjà. Les fidèles, plus fidèles ; les envieux,
supérieurement envieux ; les fourbes, superbement
fourbes ; les jaloux, les affectueux, les vindicatifs, les
aimants, les rancuneux, les loyaux, plus encore ce
qu'ils étaient déjà. De sorte que j'ai pu apprendre et
conclure que l'obtention d'un prix littéraire est
un formidable instrument de sélection dans les
relations, il simplifie l'intersubjectivité, grossit
l'ensemble des liens et découvre leur nature, comme
en les installant sous un microscope. Ce qui, convenons-en, facilite la vie en permettant de pratiquer
avec un bonheur plus grand les nécessaires évic-
tions, plus nombreuses, et les rares élections, plus
précieuses, consubstantielles à toute existence où
l'on tâche de se préserver un peu.

Aussi l'événement a-t-il révélé la nature profonde
de quelques relations qui, pour moi, restaient dans
l'indécision ou le flou de mon affection, au bénéfice
du doute, mais pour lesquelles, a priori, j'avais parié
pour la confiance. J'ai découvert de vieilles histoires,
que je croyais d'amitié, fissurées comme une bâtisse
menaçant de s'effondrer alors que j'aurais donné ma
main à couper qu'elles étaient sincères, vraies,
authentiques et durables : si d'aventure j'avais dû

m'exécuter, aujourd'hui, je serais manchot et amputé jusqu'aux deux bras. J'ai révélé l'hystérie de collègues de travail dont l'une, profitant de l'occasion, invita ma direction à se séparer de quelqu'un qui donnait de la sorte dans le spectacle en écrivant des livres aussi peu recommandables pour une école soucieuse de moralité — cette superbe porteuse de l'oriflamme catholique est par ailleurs une lesbienne triomphante, la seule vertu pour laquelle je l'estime. J'ai allumé la flamme haineuse d'une jeune vierge, mais il se peut bien que depuis elle ne le soit plus, à laquelle j'avais refusé mes faveurs un jour que je m'étais piqué de fidélité amoureuse, et qui n'a jamais accepté que je ne l'honorasse point comme elle l'aurait sinon mérité, du moins souhaité : elle rédigea et fit circuler une pétition, puis écrivit une supplique protestataire au premier magistrat de la ville, ancien ministre radical socialiste qui avait décidé tout son conseil municipal à débaptiser la rue dans laquelle j'habite pour l'appeler rue Diogène en hommage au *jeune-auteur-récemment-décoré-du-prix-Médicis*. Je n'étais guère chaud pour pareils hommages qui fleurent le posthume de sous-préfecture et annoncent, en procurant des frissons dans le dos, qu'on pourrait bien finir, un jour, quand le cadavre est froid, par donner son nom à un collège, tant le département manque de patronymes pour célébrer ces tristes lieux où l'on apprend surtout à s'ennuyer et à obéir. D'accord pour une fois avec l'ancienne vierge, je demandai au maire de laisser Diogène à son tonneau, ma rue aux fleurs, puisque c'est son nom, et ma tranquillité en repos. Ce qu'il fit, car c'est un homme bienveillant.

Enfin, à plusieurs reprises, j'ai entendu, ou lu, ou vu, des personnes qui m'assuraient qu'elles avaient toujours cru en mon talent, bien sûr, sinon mon génie, certainement, et que, vraisemblablement, après Shakespeare et Proust, elles avanceraient dorénavant mon nom à tous ceux qui leur demanderaient ce qu'est aujourd'hui la littérature. Dieu

que j'aurais aimé de ceux-là juste un mot, un petit
mot de rien du tout, rien d'autre qu'une ridicule et
minuscule parole d'encouragement, une confiance
minimale, étique, maigre à souhait, à l'époque où
tout le monde souriait de ma prétention provinciale
et adolescente à écrire, fabriquer ce que je prenais
pour des livres, dactylographier ce pour quoi, sans
sourciller, on me prédisait un éternel échec. Ils sont
peu nombreux ceux-là, qui m'ont alors soutenu,
dans les moments de mélancolie et de fatigue, dans
les périodes de doute et d'abattement : ils sont
moins nombreux que les doigts d'une main et je me
souviens d'eux, même si, parfois, l'existence nous a
conduits sur des chemins d'où l'on ne se fait plus
signe, par fidélité à nos mauvais caractères respectifs.

A la cohorte des amis de toujours qui, précautionneux et sages, sinon avisés, ont attendu après le prix
pour déclarer leur flamme de toujours, il faut ajouter les demandeurs d'avis, envoyeurs de manuscrits,
spécialistes de la sollicitation d'interventions en tout
genre, quêteurs de rencontres, aspirants à l'amitié
épistolaire, directeurs ou responsables de journaux
que l'on barbouille — car tous, bien sûr, n'ont
jamais eu, ni pris le temps de vous le dire, mais ils
vous lisent depuis le premier livre, bien qu'ils se
trompent presque toujours en oubliant de mention-
ner mon essai sur *Georges Palante* dont le malheur
est qu'il fut publié ailleurs qu'à Paris. Certains m'ont
même interrompu dans une conversation que j'avais
avec d'autres pour me féliciter de l'un de mes
articles dont je donnais des nouvelles à qui m'en
demandait : on l'avait trouvé superbe, sublime, tellement pertinent, mais il n'avait qu'un seul défaut,
celui de n'être pas encore paru... Enfin, ils furent
nombreux ceux que mon prix avait changés au point
que, peut-être, par capillarité en ai-je été moi-même
modifié, transformé quelque peu.

Du moins, il est évident que j'ai dû, un peu pour
survivre, vouloir encore plus de désert, de solitude,

et d'isolement. Ce qui, d'ailleurs, n'empêcha pas tel ou tel de sonner à ma porte pour des visites toutes plus importunes les unes que les autres, des lycéennes en goguette désirant se faire aider pour un devoir de philosophie au mystique convaincu de m'apporter Dieu sur un plateau, mes livres annotés dans la poche, en passant par les voisines venues me faire signer des ouvrages que je n'avais pas écrits, juste pour avoir mon paraphe — tous ayant jugé que mes passages à la télévision autorisaient entre eux et moi une intimité justifiant sans peine leur intrusion dans mon existence. Il m'a fallu suspecter, craindre et mettre à distance de peur que, sans vergogne, on grignote négligemment mon temps et ma liberté. Peut-être qu'à ce moment, dans un mouvement réactif de protection, me suis-je modifié au point de passer pour affecté par ce fameux prix.

Parmi ceux que le prix a modifiés, il y a eu également les critiques, cette étonnante engeance qui n'excelle à distinguer les choses qu'après qu'elles ont eu lieu : leur clairvoyance est seulement limitée à ce qui est accompli. Ils brillent dans l'incapacité à faire l'actualité véritable, soumis à elle, pieds et poings liés, aux marchandises qu'ils promeuvent parce que ne pouvant faire autrement — la place qui leur est impartie, accordée dans l'organe de presse pour lequel ils sont appointés ne leur laisse, en effet, aucune autre liberté que de consentir aux faux événements, faits par d'autres, cathodiques ou marchands, qu'ils se contentent de monter en épingle. L'actualité des prix littéraires les renvoie sinon à l'obligation, du moins à la nécessité d'en parler, de réparer les manques, de faire tardivement les invitations auxquelles ils n'avaient pas pensé au préalable. De sorte que, retardataires et obéissants, ils s'exécutent, serviles, et se souviennent qu'un livre existait, avant le prix, puis qu'il faut en parler, l'actualité faisant la loi.

Ceux-là mettent leur plume au service du spectacle, donnent dans la caporalisation de leur travail et se font les courroies de transmission du système qu'ils prétendent par ailleurs vilipender. Aux yeux de la corporation, le livre n'existera que comme support à une médiatisation dont ils se feront les relais, oubliant qu'ils pourraient résister en conservant à leur travail un peu de la noblesse qui lui reste quand, au-delà du cirque, ils font l'actualité, agissent sur le réel, produisent des effets, permettent aux idées d'avoir un pouvoir. Car il n'y a pas de grandeur à se contenter de donner aux images et aux virtualités produites par le petit écran la puissance d'induire l'ensemble de la vie culturelle.

Mais qu'on n'attende pas de la critique un autre tempérament que celui des chiens de garde. Pour me convaincre du bien-fondé de pareille idée, je relis souvent les pages que Flaubert a consacrées à ce sujet, elles sont toujours d'une désespérante actualité et je crains qu'elles le demeurent longtemps, très longtemps. Par exemple : « Ô critiques ! éternelle médiocrité qui vit sur le génie pour le dénigrer ou pour l'exploiter ! race de hannetons qui déchiquetez les belles feuilles de l'Art ! Si l'Empereur demain supprimerait (*sic*) l'imprimerie, je ferais un voyage à Paris sur les genoux et j'irais lui baiser le cul en signe de reconnaissance, tant je suis las de la typographie et de l'abus qu'on en fait. » J'aime aussi lire régulièrement dans *La Littérature à l'estomac* les pages de Gracq sur le même sujet et sur l'intimité de la relation qui unit l'auteur et ses lecteurs, car la critique n'est jamais que l'institution faite voix par un nom qui s'interpose dans la relation entre celui qui écrit et ceux qui le lisent.

Sur ce sujet du lien entre l'auteur et le lecteur, Julien Gracq écrit une belle phrase que je me redis souvent. La voici : « Combien des plus notables envisageraient aujourd'hui sans une petite angoisse au cœur l'expérience que leur proposait autrefois Paul Morand : convoquer un beau jour leurs fidèles lecteurs, à huit heures du matin, place de la Concorde ? » Que signifie là, en l'occurrence, fidèles ? Ceux qui ont la foi, croient, communient en l'œuvre ? Etranges récurrences religieuses ! Puis je me souviens que l'étymologie de religion est : ce qui lie, relie. Je vois la littérature mêmement : comme une entreprise qui lie, relie, par-delà le temps et l'espace, la voix de quelqu'un qui, un jour, a écrit, et, sinon l'oreille, du moins l'esprit d'un lecteur vivant en un autre lieu, parfois même en un autre temps. Viser autre chose que cette communion est vain. Si mon prix littéraire m'a enseigné une chose, c'est qu'on n'écrit que pour ceux-là, dans l'espoir de les toucher, de les atteindre et de les concerner.

Gracq ajoute qu'un lecteur doit être ébranlé, qu'il doit connaître un déclic intérieur, signe qu'un miracle s'est opéré, que quelque chose de l'ordre du mystère s'est accompli. Par la suite, converti, touché, le lecteur deviendra prosélyte, achètera les livres, les offrira, ne les verra pas revenir, s'en réjouira, les rachètera, les offrira encore à ceux qu'il aime dans le but de faire partager ses émois, ses passions, ses enthousiasmes. De plus, ces affidés en feront d'autres, et l'essaimage constituera une fraternité, une sorte de société secrète unie par les mêmes émotions, troublée et ravie par des sensations identiques, communiant dans une pathétique, une esthétique similaires. Société secrète, certes, aristocratisation de la relation, oui, contre la massification et l'installation des relations dans l'insipide. Contre la quantité et le nombre, il faut viser la qualité et l'élection : rien n'est plus souhaitable que cette amitié par le biais du livre, cette proximité par les textes, cette fraternité établie sur la foi des mots.

Les critiques ne sont pour rien dans cette affaire, pas plus que les ventes de masse ou les diffusions monstrueuses, ni les prix littéraires, ni les apparitions médiatiques, qui sont autre chose et n'augmentent en rien les probabilités de rencontrer les vrais lecteurs dans une relation authentique. Au contraire, car tout cela attire d'autres âmes, plus clinquantes, frivoles et vaines. Dans les bruits que font les livres quand ils paraissent, plus ou moins grands, on n'entend jamais les petites rumeurs, les petits bruissements. Il faut attendre un peu l'apaisement des aboyeurs pour qu'une petite musique se fasse entendre, parfois : celle des âmes complices, celle qui fait qu'on continue et qu'on se sent moins seul sur un trajet pourtant plutôt pourvoyeur de déserts et de géographies arides.

21

ESTHÉTIQUE NOCTURNE

Hermann Nitsch me recevait dans son château à Prinzendorf, aux confins de l'Autriche, là où s'annonce la Hongrie. La nuit était proche et, sur les hautes murailles de la demeure, un paon au plumage mirifique se mit à crier comme un enfant qu'on égorge ou une femme à qui on aurait arraché les cordes vocales. Etranges et brèves plaintes criardes au beau milieu d'une campagne marchant à son rythme, comme ignorant celui des grandes villes et du siècle courant vers l'abîme. La porte s'est ouverte et l'artiste est apparu tel un lutteur romain, râblé, puissant comme un démiurge et souriant comme un bacchus échappé des élysées.

Nous nous étions rencontrés à la galerie Thaddeus Ropac, un lieu où il expose à Paris. Il avait apprécié que je place mon intervention sur le malentendu ayant fait qu'un jour, dans la bibliothèque d'art contemporain où je cherchais des parutions confidentielles sur Frédéric Nietzsche, je me sois arrêté sur son nom, proche dans le classement alphabétique, mais n'entretenant a priori aucun rapport avec celui du philosophe. Croyant d'abord à une erreur, puis curieux, j'ai ainsi fait la découverte d'un trajet esthétique dont je pense, aujourd'hui, qu'il n'est pas sans relation avec celui du père de Zarathoustra.

En quoi Nitsch est nietzschéen ? Voilà ce que je m'étais proposé de montrer ce soir-là à partir de ce que je savais de son travail. Hermann Nitsch, qui fut jadis compère d'Otto Muehl dans l'Actionnisme viennois, peut être considéré comme le versant nocturne du courant artistique autrichien. L'un est sombre et s'éclaire à un étrange soleil noir, l'autre est lumineux et se brûle aux lumières de la jubilation. Pour autant, tous deux sont nécessaires, comme l'avers et le revers de la médaille. Le transfigurateur de nuit est un pur produit du christianisme d'Europe centrale : marqué par le rituel, le cérémonial, le sang, le mystère, il est en même temps fasciné par ce que l'Autriche a produit de génies dans le siècle, de Schönberg à Freud en passant par Kraus. Fin de l'harmonie tonale, fin de la prééminence de la conscience, fin de l'insouciance. D'aucuns parlèrent d'une apocalypse joyeuse.

L'obsession de Nitsch est une œuvre d'art totale sur le mode wagnérien qui prend pour objet, non pas la narration des us et coutumes, heurs et malheurs des dieux du Walhalla, mais la célébration radicale de Dionysos. D'où, en son château, des liturgies païennes impressionnantes construites sur le mode des saturnales, lupercales et autres fêtes bachiques de l'Antiquité gréco-romaine. Son instrument pour ce projet est le *Théâtre d'orgies et de mystères*, un édifice théorique qu'il peaufine depuis 1957. Ses performances essaiment : Prinzendorf, Syracuse, Turin, New York, Munich, Naples, Dusseldorf, Londres. A Séville, lors de l'Exposition universelle, il représentait l'Autriche pendant que son comparse en Actionnisme était dans les geôles nationales. Nuit en plein jour, soleil en prison.

L'obscurité était tombée. Sur l'un des murs de la façade de son château, une plaque commémorait la mémoire de sa femme, inspiratrice, muse et génie financier, disparue dans un accident de voiture. Le paon s'était tu, les bruits de la nuit montaient en douceur et les parfums élargissaient les palettes sonores en bruissements doux et tièdes. Des framboises de son jardin, dans une sorte de cratère de terre, un vin blanc de sa propriété, frais et coulant à flots des grandes bouteilles où il avait été capturé. Et nos mots échangés, traduits par des amis installés en tiers : sur la philosophie de Nietzsche et Dionysos, le rôle de la musique dans l'économie du projet nietzschéen ou l'importance de Wagner dans la généalogie de la *Naissance de la tragédie,* mais aussi sur l'emprisonnement d'Otto Muehl, la vinification des blancs légers, fruités et parfumés du lieu, l'esthétique des futuristes en matière de gastronomie, la charcuterie locale, et mille autres choses qui faisaient comme des lumignons dans les ténèbres.

La fraîcheur tombée, la nuit installée, nous sommes rentrés dans les grandes pièces du château, pour boire encore, parler aussi, puis écouter la musique composée par ses soins pour les performances qui durent plusieurs jours et sont minutées dans la plus exigeante des rigueurs. Les installations musicales sont celles d'un professionnel : le CD est placé sur la platine de lecture, les enceintes sont immenses, le volume de la pièce est en conséquence, la musique suit.

Les premières mesures font songer à celles qui ouvrent *L'Or du Rhin* de Wagner : longue modulation en expansion, une seule option chromatique, mais, au contraire de la généalogie de *La Tétralogie,* la forme met plus de temps à émerger du chaos et la durée étendue fait paradoxalement songer aux options des minimalistes américains. De légers décalages, de microscopiques déplacements de sonorités, des sons qui parodient la musique des sphères, les espaces intersidéraux et annoncent quelque chose qui ne manquera pas d'advenir, un genre de chaos suivi d'une création. Le volume sonore s'amplifie, sature et propose une consonance totale : voix, instruments, chœur.

Pendant que le son emplit la salle, Hermann Nitsch me montre des photographies de performances, puis des partitions sur lesquelles sont minutés les moindres faits et gestes : à la seconde près, les différents intervenants savent ce qu'ils doivent faire pour contribuer à l'œuvre. On apporte des animaux qui sont tués, sacrifiés. Un mouton est égorgé, réactualisation du geste ancestral tragique et fondateur. Le sang coule, les spectateurs sont aspergés, d'aucuns, moins officiants que mystes, sont nus ou vêtus de lin, accrochés à une croix, couverts du liquide ou de viscères encore grouillants, la cervelle animale entre les cuisses, sur le sexe où sont aussi les intestins fumants. Equarrie, la carcasse est posée sur le corps, confondue à celle de l'homme, mélangée dans une communauté symbolique de destin. La musique est devenue vaste et a tout recouvert, puissante, envoûtante, entêtante.

Scénographe, Hermann Nitsch organise l'ensemble des mouvements et, là où on imagine la toute-puissance de Dionysos, il faut savoir l'empire absolu d'Apollon, dieu de l'ordre, de la mesure et du partage en formes équilibrées. Dans un fouloir, des jeunes entièrement nus écrasent le raisin pendant qu'à leurs côtés on boit la récolte de l'année précédente. Du vin, du sang, de la viande et de la musique, le tout sur différentes scènes disséminées dans l'enceinte du château. Après le sacrifice et le foulage, métaphorique, surgit un char de l'armée qui écrase les peaux et viscères autrefois abandonnés aux dieux alors que les hommes se conservaient la chair à braiser, bouillir et cuire. Le véhicule blindé avance, recule, manœuvre, est aspergé de sang et de fleurs. Je songe à Malaparte, à *La Peau* et à cette galette de viande humaine monstrueuse qu'on y met en scène.

Lorsque la pièce musicale culmine en dissonances, rappelant l'*anakrousis* des Grecs, ce bruit de chaos qui préside au silence dont procède la musique, Hermann Nitsch me parle, mais rien n'est audible au-dessus de la violence sonore. Puis le silence qui sépare deux morceaux, et l'apparition d'une fanfare aux accents folkloriques viennois. Schönberg orchestra ce genre de musique au début de sa carrière. Esprit bon enfant, certitudes ancestrales des paysans, points de repère populaires, l'ensemble donne l'impression d'une pause que trouble immédiatement une autre explosion musicale. Catharsis, destruction des formes anciennes, annonce de la dissonance chère à la tragédie telle que Nietzsche l'analyse dans son premier livre.

L'ensemble est éprouvant. La musique est éteinte, le silence revient, il faut aller dîner dans un restaurant campagnard où l'on choisira des charcuteries locales et des vins idoines. Dans la nuit et son silence, en voiture, personne ne parle, tout à la mémoire de ce qui a été vécu, dense, bien qu'en dehors de l'ambiance de la performance elle-même. Nous ne reparlerons pas du travail de Nitsch et la soirée fut occupée par d'autres conversations, jusque tard dans la nuit. Des photos furent faites, puis montrées plus tard à Otto Muehl, en prison, qui les compléta de dessins sur lesquels on voit un squelette copuler avec une femme aux formes généreuses. La mort et le sexe.

Bien sûr, le travail de Nitsch dérange. Les donneurs de leçon viennent de partout : du quidam ayant son avis sur tout aux historiens de l'art qui fustigent violemment. N'importe, les faits sont là. Et assister en plein vingtième siècle à ce que furent vraisemblablement les fêtes païennes racontées par Ovide dans *Les Fastes,* c'est rencontrer un trouble intempestif, mais contemporain des sacrifices de béliers à Janus, d'ânes à Priape, des courses de faunes nus, des flagellations de femmes et des rites fécondants sublimés lors des Lupercales, des fêtes de Vénus, Mars ou Cybèle, des castrations rituelles, des jeux de Cérès, des sacrifices de renards par le feu de torches accrochées au flanc. Temps fastueux des délires dionysiens, des festivités païennes. Flora, les fleurs, Mars et Bellone, la guerre, Vénus, l'amour, Bacchus, le vin, toutes ces divinités païennes sont restaurées dans leur superbe par Hermann Nitsch dans sa scénographie sans concession.

« Théâtre de la cruauté », disait Artaud qui voulait restaurer les spectacles dignes de ce nom : ceux qui réveillent les nerfs et les cœurs, sollicitent les sensibilités et les énergies les plus riches dans un système nerveux. En aucun cas la cruauté ne suppose la souffrance, la peine ou la douleur, puisque est cruelle toute action pourvu qu'elle soit menée jusqu'aux extrémités, aux limites. Dans *Le Théâtre et son double*, on trouve la violence d'une « morsure concrète » : convulsions et secousses brutales visent le ravissement de l'entendement dans le but de l'informer. La sensibilité est plus sûrement sollicitée par la magie et par les rites que par le langage et les discours. Artaud voulait libérer les rêves, les obsessions érotiques, transfigurer les fascinations pour le crime, laisser libre cours aux chimères, il invitait à vouloir l'utopie et soumettre la vie à cet idéal d'un ailleurs situé entre l'imaginaire et les événements. Ce tourbillon appelé à dévorer les ténèbres est révélateur des possibilités d'un corps qui peut ainsi devenir signe. Exorcisme et spectacle total, le théâtre tel que l'entendait Artaud voulait intercéder en faveur de nouvelles combinaisons éthiques et esthétiques. L'Actionnisme viennois est tout entier soucieux de travaux pratiques pour cette logique qui procède d'Héliogabale ou des Tahahumaras.

Aussi, le spectateur de l'œuvre est-il, à Prinzendorf, autre chose qu'un sujet passif seulement concerné intellectuellement ou cérébralement. Il est un fragment de l'œuvre d'art totale, un morceau de cette entreprise cathartique, païenne et dionysienne. Son implication n'est pas distante et distraite, susceptible d'être partagée avec l'endormissement, le bâillement ou l'ennui chers aux bourgeois qui communient dans le spectacle mondain. Emotions, sensations, passions, pulsions, tréfonds, inconscient et parts maudites ou nocturnes, tout ce qui est refoulé dans la civilisation est ici sollicité, sublimé, sculpté, travaillé. Certes, les réactions sont violentes qui vont du dégoût à l'évanouissement, mais toutes montrent ce qu'est un théâtre matérialiste soucieux d'informer les corps joués contre les représentations spiritualistes préoccupées seulement du salut des âmes ou des cervelles flaccides.

Du vin, du sang, de l'œuf, du sperme se partagent la fête : matières hautement symboliques, fluides et substances aux antipodes de l'angélique ectoplasme. Principes germinatifs ou généalogiques, liquides de renaissance ou de conversion, équivalents païens des chrêmes, salive pour d'immanents ondoiements qui décomposent et sont prémisses aux fermentations, aux déstructurations de la matière et à la génération des chyles, toutes ces matières corporelles s'inscrivent sur le mètre carré et demi de peau, cette immense voilure où se formulent les graphismes éphémères du palimpseste. Là, Dieu est mort, mais le grand Pan subsiste.

Le corps est tout entier le matériau de cette conversion esthétique. Tout théâtre de la cruauté vise la quête et la réappropriation des énergies dévoyées pour les recycler dans une chair purifiée, celle des corps psychanalysés, nettoyés par les rituels et processions cathartiques, baignés dans les sources païennes où nagent les esprits des anciens dieux. Prinzendorf, le temps des scènes célébrées, fait songer au phalanstère de Fourier, aux microsociétés générées par les affinités électives appelées de ses vœux par Frédéric Nietzsche, voire aux communautés libertaires et expérimentales des années soixante-dix qui souhaitaient bâtir des propylées pour de nouvelles civilisations.

Plus tard, le lendemain, cheminant à ses côtés dans son atelier, je voyais combien le rituel voulu par Hermann Nitsch supposait de retours, renvois et références à la question du christianisme : étoles, chasubles, autels, ciboires, reliquaires remplis de grains, calices côtoyaient seringues, tubes aseptisés, garrots, gazes, haricots d'acier, cotons, récipients pharmaceutiques, civières. Le sang des sacrifices chrétiens et celui qui transmet l'épidémie de cette fin de siècle : entre le Vatican et le sida, quelle place pour un liquide germinatif et dionysien, parangon de mémoire et de vitalité ?

Je songeais à cette alternative alors que nous entrions dans la petite chapelle de son château. En même temps, j'avais l'impression d'être à Silling, non loin des mânes du marquis de Sade, puis je réalisais que nous étions à deux pas des Carpates, là où Dracula vit le jour. Lorsque la nuit une fois encore s'ajouta à tous ces tourbillons dans mon esprit, je me rappelais Otto Muehl, côté solaire de l'Actionnisme viennois, ses rires et ses mots d'esprit, son délire ludique et libertaire. Dans ces jeux de pile ou face que suppose toujours une existence, il faut immanquablement un avers et un revers à la pièce qui sert à jouer. La nuit et le jour, le nocturne et le solaire, Nitsch et Muehl, Thanatos et Eros. Dissocier, tâcher de couper l'un de l'autre, c'est pratiquer comme ce héros de Perec, je crois, qui dans *La Vie mode d'emploi* coupait les feuilles de papier par leur épaisseur et ne réussissait qu'à doubler la mise : deux fois le recto, deux fois le verso, autant dire deux fois Eros, deux fois Thanatos...

22

TROIS PHOTOS DU GÉNÉRAL

La politique ne m'intéresse que lorsqu'elle est située sur le terrain tragique et qu'elle met aux prises un individu, l'histoire et le destin. Autant dire que, né en 1959, je n'ai jamais eu l'occasion de me passionner pour les péripéties qui ont conduit au pouvoir un banquier matois, un inspecteur des finances arrogant, un avocat véreux et un énarque impulsif, tous complices de ceux qui ont installé l'histoire dans le registre hystérique et décérébré de la comédie de boulevard.

Lorsque le général de Gaulle disparaît, j'ai onze ans et subis la pédagogie de prêtres salésiens dans un orphelinat fonctionnant sur les principes du siècle précédent : perversions, coups, brimades, sadisme à la petite semaine, saleté. Passons. La mort du connétable a signifié, pour moi, une journée de congé, le jour des obsèques. Ceux qui avaient des parents dignes de ce nom sont rentrés chez eux, quittant le pensionnat où nous sommes restés une poignée, une dizaine sur les six cents élèves que comptait l'école.

Dans cette prison où tout était vu, su, encadré dans de rigoureux emplois du temps, décidé par des curés perclus de complexes et de ressentiment à l'endroit de la vie, nous avons été abandonnés à nous-mêmes, laissés-pour-compte, considérés comme absents : le Général était mort, quelque chose d'exceptionnel se passait, et les règlements de l'orphelinat n'existaient plus. Alors que les prêtres devaient suivre les événements à la télévision, nous en avons profité, à deux ou trois, pour visiter la salle des professeurs où nous avons retourné toutes les paperasses possibles et imaginables. Nous avons mangé deux ou trois gâteaux qui traînaient là, volé des cartes postales et des livres, fait bombance et régné comme des rois.

Après cette fête de l'âne, à notre manière, nous avons décidé de dormir à la belle étoile, non loin du Belvédère, un endroit dans un bois proche, qui dominait le cours de l'Orne et les champs alentour. Nous avions des cigarettes, un peu d'alcool et de quoi transformer une bâche en toile de tente : la nuit, froide, les bruits du lieu, les cris d'animaux, les chiens au loin, et d'autres bestioles hululantes ou sifflantes dont nous ignorions tout, ont entamé nos ardeurs. Nous rentrâmes au dortoir sans que personne nous ait vus, ni se soit aperçu de notre escapade car tous les adultes avaient déserté les postes de combat : la guérite de surveillance dans le dortoir aux cent vingts lits, les couloirs habituellement hantés par des cerbères tout de noir vêtus, le bureau du préfet de discipline ou les chambres de surveillants. Tout était mort, la liberté était à nous, je ne savais quoi en faire.

De Gaulle, pour moi, c'était la cause des inscriptions faites en blanc sur les murs de la fromagerie de mon village : non. « Non à quoi ? » Mes parents m'avaient bien répondu : « Non à de Gaulle », mais je n'en comprenais pas plus. J'étais soucieux, à l'époque, des faveurs d'une jeune et jolie Parisienne qui venait en vacances dans le bourg et à qui j'écrivais des lettres enflammées : elle me répondait des inepties, mais je crois bien que j'étais amoureux. En même temps, je tenais scrupuleusement mon journal et remplissais des carnets d'histoires que j'inventais et transformais en romans. La vie paraissait simple, mes parents sur leur planète, moi sur la mienne et de Gaulle au milieu de tout cela. J'ai bien souvenir, vaguement, qu'à la télévision, où je ne comprenais rien des *Perses* d'Eschyle, apparaissait parfois un vieil homme, une fois en costume sombre, une autre en habit militaire, et qu'il parlait après qu'une musique royale l'avait précédé au générique. Mais je n'ai jamais eu souci de ce qu'il disait. Et voilà qu'il était mort.

Par la suite, j'ai compris de manière viscérale que les humiliations supportées par les pauvres devraient interdire à tout jamais qu'ils deviennent de droite, comme on dit. Donc, souscrivant à la vulgate, j'ai cru plusieurs années que de Gaulle était un homme de droite, parce que ceux de gauche le disaient, certes, mais aussi parce que ceux de droite, parfois, s'en réclamaient. C'est en lisant *Les Chênes qu'on abat* que j'ai compris que les choses n'étaient pas aussi simples. Je venais d'avoir vingt ans et j'ai souligné, dans la marge, ces commentaires de Malraux que je retrouve aujourd'hui : « Le Général ne pouvait affronter que des événements historiques — ou la mort — ou le secret. » Puis : « Il n'est évidemment pas un défenseur du capitalisme, mais pas davantage du prolétariat. » Enfin : « Sa pensée ombrageuse ne se confond pas avec un système. » Et, par la suite, je n'ai cessé d'aimer cet homme installé dans l'épique et le mythe, le tragique et la souveraineté, passionné de liberté et d'indépendance. Il me plaisait également qu'il fût lecteur de Bergson et de Nietzsche, homme d'action à la volonté trempée comme un glaive, visionnaire et, parce que j'aime tout particulièrement ce trait, ombrageux. En feuilletant aujourd'hui le livre de Malraux, je redécouvre ces vers de Victor Hugo :

Oh ! Quel farouche bruit font dans le crépuscule
Les chênes qu'on abat pour le bûcher d'Hercule !

Comment puis-je concilier un goût pour de Gaulle l'austère et en même temps aimer Antisthène ou Diogène ? Comment apprécier l'action d'un général quand on est antimilitariste ? Comment soutenir un homme que la gauche honnit, que la droite récupère quand on se sent plutôt chez soi chez Stirner ou Proudhon, Nietzsche ou Baudelaire ? Comment s'enthousiasmer pour un catholique pratiquant quand on est d'un athéisme radical ? Je me suis souvent posé ces questions, craignant pour mon compte les pires contradictions avant de trouver la réponse : j'ai plaisir à cette individualité forte tout simplement parce que j'aime les figures singulières, les destins sans duplication, les monades rebelles et audacieuses qui assument le tragique à l'œuvre dans l'antinomie radicale entre l'individu et la société, les styles à l'œuvre, les visionnaires qui agissent, les solitaires qui s'impliquent dans l'action comme on se jette la tête la première dans un abîme ou un brasier.

Le grand homme n'est pas seulement ce que Hegel en dit, une construction de l'esprit, une ruse de la raison prise par l'Histoire, une incarnation transformant un sujet en objet, il est surtout un sculpteur d'énergie, un démiurge, un artiste ou un poète au sens grec, un producteur de forme et de sens. Il faut lire Carlyle et Scheler, sinon Bergson pour se souvenir de la parenté entre le Saint, le Génie et le Héros, pointes d'une civilisation, éminences d'un ordre au milieu du chaos. Le trait distinctif de ces figures d'exception est la solitude dans l'expression de leur destin, dans le déroulement de l'anankè, la nécessité. Et je comprends soudain pour quelles raisons, dans l'iconographie du général de Gaulle, trois photographies font partie de mon musée imaginaire : toutes elles montrent un homme seul face à son destin, une fois en mer de Manche en 1941, une autre sur la pelouse de Baden-Baden en 1968, une dernière sur les plages d'Irlande en 1970.

Sur ces trois clichés, de Gaulle est un personnage de tragédie, un acteur échappé des pièces de Corneille : confronté au pouvoir, l'homme est une fois rebelle, une autre fois solitaire, une dernière exilé, trois états familiers des héros cornéliens qui évoluent dans le désir de grandeur, et cheminent travaillés par la volonté d'être à la hauteur, debout, majestueux. Le héros cornélien a l'âme fière, le sens de l'honneur et de la gloire, du destin et de la nécessité, il sait la puissance et la force du devoir. En politique, il vise le sublime, catégorie esthétique par excellence, à partir de laquelle il ordonne le réel. Du vieil homme, Malraux écrivait : « Il a toujours dit que son idéologie courrait mal en terrain plat. » Et chez lui comme chez Nietzsche, on trouve souvent des métaphores de cimes, de montagnes, de crêtes et de pics. A la Boisserie, il dira : « Quand tout va mal et que vous cherchez votre décision, regardez

vers les sommets ; il n'y a pas d'encombrements. »
Les géographies gaulliennes sont les déserts et les
pleines mers, les rocs et les embruns, les landes et
les escarpements. D'autres se satisfont de mornes
plaines et de fondrières aux eaux croupissantes.

La pleine mer, donc, avec cette photographie qui
le représente en ciré, képi sur le chef, ganté, dépassant d'une tête ceux des marins qui l'accompagnent.
Derrière lui, la mer, devant, les câbles du navire sur
lequel il croise, filins d'acier qui strient le cliché en
diagonale. Son regard est perdu au loin, fixe sur un
point que personne d'autre ne regarde, le visage
paraît grave, tendu, sinon inquiet, du moins soucieux : il est au large des côtes anglaises à bord d'un
bâtiment des Forces françaises libres. La date est
1941. C'est déjà l'homme qui descendra les Champs-
Elysées, mieux, c'est déjà le rebelle qui dira non aux
Américains et refusera l'Amgot, dont personne
n'aura parlé l'année du cinquantenaire commémo-
rant le Débarquement et la Libération. Et pourtant,
faut-il rappeler qu'après avoir dit non à Vichy et au
fascisme de Pétain, non à Staline et au totalitarisme
soviétique, il lui fallut également dire non au projet
américain de transformer la France en pays sous
tutelle avec monnaie d'occupation US et administration US ? Faut-il rappeler que les Américains
avaient imprimé des billets et formé succinctement
du personnel pour occuper les préfectures et sous-
préfectures françaises de conserve avec les vichystes
qu'outre-Atlantique on entendait ménager ? Faut-il
rappeler que le général Giraud était le Pétain de ce
projet-là et que de Gaulle fut une fois encore le résistant de ce nouveau camouflet néo-vichyste ?

J'aime cet homme qui regarde la mer comme
Hercule les travaux qui l'attendent et dira non aux
totalitarismes d'où qu'ils viennent, antifasciste par
essence, républicain de conviction, démocrate dans
l'âme. Il ne voulait rien d'autre que l'indépendance,
la liberté, l'autonomie : ni une nouvelle Révolution
nationale, ni le bolchevisme, ni l'american way of

life. Qui ne souscrirait à pareil programme ? Nous avons échappé aux deux premiers fléaux, le troisième nous a rattrapés : dès le départ de De Gaulle, avec l'arrivée du banquier de Montboudif au pouvoir, l'Amérique entrait de plain-pied dans les modèles et références explicites de la France. Nous sommes depuis sous ces auspices-là, sacrifiant aux mythologies qu'ils nous font payer en dollars. Au regard des échouages qui caractérisent notre époque grégaire, j'aime la solitude de cet homme-là, convaincu qu'il faut dire non, tenir, résister et s'affranchir des modèles, justement pour être soi-même un modèle. J'ai de la sympathie pour son isolement en mer de Manche quand il lui faut lutter contre tout et tous pour imposer son idée — qui est la bonne.

Dès 1905, il est alors âgé de quinze ans, évidemment encore lycéen, pas encore dans la carrière des armes, il écrit sur un cahier d'écolier un scénario de fiction : en 1930, la France est envahie, les armées allemandes pénètrent sur le territoire national par les Vosges. Mais la riposte ne se fait pas attendre et l'on confie au... général de Gaulle une armée de deux cent mille hommes qui lui permettra de bouter les occupants. Presque quarante ans plus tard, il est dans ce cas de figure et sa fiction a été rattrapée par le réel — ou l'inverse. Oracles ou invocations ? Auspices ou divinations ? Toujours est-il qu'on ne peut guère être mieux antihégélien qu'en manifestant ce nietzschéisme du destin et de la nécessité incarnés dans le réel, l'œuvre, l'action, l'histoire, manifestés par une figure d'exception, habitée, hantée. « La plus grande gloire du monde, celle des hommes qui n'ont pas cédé », confiera-t-il à Malraux.

Je ne suis pas d'âge à appréhender cette période autrement que sur le terrain métaphysique, sinon mystique, mais je veux respecter la mémoire d'un homme qui n'a pas voulu de l'antisémitisme, du collaborationnisme, du défaitisme de Pétain ; je veux honorer la pensée d'un être qui a refusé les camps soviétiques, l'idéologie totalitaire communiste, l'optimisme délirant et religieux des lendemains qui chantent pour l'humanité entière ; je veux célébrer l'action d'une personne qui a décliné l'invitation du mode de vie induit par le dollar, le seul papier imprimé que vénèrent les Américains. Pour autant, je ne me sens pas de droite, car depuis un demi-siècle, soit elle a célébré les vertus pétainistes, soit elle a invité à faire de la France une étoile de plus sur le drapeau US, quand elle n'a pas fait les deux, en même temps.

La solitude du Général en mer de Manche, au large des côtes de Weymouth, me touche autant que celle du souverain de la Vᵉ République qui ne sait pas comment lire les événements de Mai 68, donc comment y réagir, y répondre. Certes, il y a ceux qui en profitent pour avancer leurs pions, utilisent l'histoire comme un marchepied, tentent le tout pour le tout ayant pour dessein leur seule carrière politique. De Gaulle, lui, voulait comprendre, mais n'y parvenait pas. Mai 68, à Paris, c'était l'écho, dans le Quartier latin, des secousses sismiques et ondes de choc venues des Etats-Unis, de Hollande, d'Italie, d'Allemagne, d'Inde, du Japon, de Pologne — Malraux l'a souligné, on l'oublie bien souvent. L'esprit de 68 paraît encore suffisamment indéchiffrable aujourd'hui, quand colloques, dossiers de revue, numéros spéciaux commémoratifs essaient d'en déterminer l'essence, pour qu'on n'en veuille pas à un homme de soixante-dix-sept ans d'avoir eu besoin de quelques heures de réflexion pour décider de ce qu'il convenait de faire en pareil moment.

Acteurs et spectateurs se perdent en conjectures : explosion sociale, brèche poétique, débordement nihiliste, crise de société, ébranlement des valeurs bourgeoises, refus de la société de consommation, embrasement politique, grondements syndicaux, mouvement revendicatif — tout est dit pour culminer dans l'idée que l'esprit de 68 est dans la contestation. Refus du Père, pour le dire en termes freudiens, refus de l'autorité, de la hiérarchie, de la discipline, des modèles, refus des repères bourgeois. Et pour l'ensemble, je souscris à la phase négatrice, encore aujourd'hui, alors que l'esprit de 68 a été sinon étranglé, du moins fort mis à mal, par le recyclage massif auquel ont consenti les anciens combattants de cette époque dans l'appareil d'Etat socialiste mitterrandien à partir de 1981.

N'ayant pas eu à m'impliquer dans cette histoire — mon souci était alors de passer en cours moyen deuxième année ! —, je n'ai pas de complexe à me réclamer maintenant d'un esprit dont j'ai senti les effets au cours des années qui suivirent dans ma vie quotidienne : modification des relations avec l'autorité, qu'elle soit familiale, professionnelle, amoureuse. Cette part de 68 est un héritage que je veux reprendre à mon compte, parce qu'elle fonde un certain type de modernité sur laquelle je veux asseoir mon travail d'écriture aujourd'hui — critique des valeurs bourgeoises, de l'idéologie libérale, de la société spectaculaire, de la société de consommation, de la technicisation au service du capital, éloge de l'hédonisme, de la contestation, de l'esprit libertaire, de l'indépendance, de l'existence esthétique, de la puissance de la critique, de la résistance à l'endroit de tous les pouvoirs.

En revanche, l'autre versant de Mai 68, c'est la tentative de récupération de cette formidable négation par des organisations avançant leurs propositions positives toutes inspirées de la Chine de Mao, de la IVe Internationale de Trotski, de l'expérience soviétique du marxisme-léninisme, de l'optimisme néochrétien des anarchistes ou gauchistes qui visaient le paradis demain, via les conseils ouvriers ou l'abandon de tout le pouvoir aux travailleurs. Je n'ai jamais pensé qu'il y eût vertus dans *Le Petit Livre rouge* ou *Leur morale et la nôtre*, bréviaires de cynisme politique écrits avec le sang des peuples. Jamais je n'ai cru qu'on puisse trouver là autre chose que matière à exploiter, opprimer, dominer :

ceux de Cronstadt avaient payé le prix fort, massa-
crés par l'Armée rouge inventée par Trotski, maniée
par Lénine inspiré par Marx, le tout servant plus ou
moins de modèle au Grand Timonier.

Le versant nihiliste de Mai 68, de Gaulle l'a compris et peut-être le voyage à Baden-Baden lui aura-
t-il servi de temps pour méditer, tâcher de comprendre, tenter de saisir les raisons de l'explosion
sociale, même s'il paraît évident qu'il lui faudra plus
longtemps que ce que l'on dit, mais moins que ce
que l'on croit. La photo qui retient mon attention est
celle du vieil homme un peu las, venant de sortir de
l'une des Alouettes qui lui a permis, avec sa femme,
de survoler la France, en rase-mottes, pour échapper aux radars, en direction du quartier général des
Forces françaises en Allemagne. Certes, les commentaires vont toujours bon train : abandonnait-il
la France pour quelque temps ou pour toujours ?
Echappait-il à ses responsabilités en laissant le pouvoir en vacance ? Etait-ce une nouvelle fuite de
Varennes ? Voulait-il créer un psychodrame, décidant de l'ensemble, ou obéissait-il à des pulsions
dépressives, jouet de son tempérament cyclothy-
mique ? Tous ont leurs hypothèses, des protagonistes aux témoins, des acteurs aux spectateurs de
ce qui allait devenir un coup de force après avoir été
un coup de théâtre.

De Gaulle confiera que dans l'hélicoptère qui lui
fait traverser la France à quelques mètres d'altitude,
dans un appareil dont les pales et la tuyère font un
bruit épouvantable, dont les vibrations sont éprou-
vantes, il aura compris qu'il ne pouvait laisser le
pays à l'abandon, en proie aux forces nihilistes et
destructrices. Sur la pelouse de Baden-Baden, il est
seul. Que se passe-t-il alors dans sa tête ? Tout
lâcher ? Il en eut la tentation. Tout reprendre ?
Certes, mais comment ? Pas de démonstration de
force ou de violence, pas d'autorité militaire, pas de
brutalité. Dans l'action, il sait trouver la solution :
son départ, la mise en scène, l'installation des évé-

nements sur le terrain de la tragédie, tout contribue
à la formulation du problème, donc au début de sa
résolution. Seul, il demande à l'action de lui épargner une méditation trop vaine. On pourrait lui prêter alors la formule de Picasso : je ne cherche pas, je
trouve. Et il trouve la solution : le retour, les mots
qui apaisent la tempête en promettant un combat
singulier. Dissolution de l'Assemblée nationale, élections. On connaît le résultat : la formulation d'une
confiance majoritaire dans les urnes. De Gaulle
retrouve la légitimation du contrat social qu'il veut
pratiquer directement avec le peuple, le contraire
d'une pratique d'affidé du coup d'Etat.

Solitude de l'homme qui est aussi le chef de l'Etat,
solitude de celui qui fut de combats plus lourds
devant un monôme qu'il ne comprend pas, solitude
de qui se voit contesté, vacillant, sur des revendications dont il ne saisit pas la nature symptomatique,
solitude du vieil homme qui n'entend pas la voix des
jeunes et qui surprend l'hostilité plus ou moins tra-
vestie de son entourage politique, solitude, enfin, du
vieillard qui a traversé le siècle entre Première et
Seconde Guerre mondiale, entre guerre d'Algérie et
décolonisation et qui trébuche sur des murs annonçant qu'il faut jouir sans entraves et vivre sans
temps morts. Que reste-t-il à l'homme du 18 Juin
pour rebondir une dernière fois ? Le génie politique.
Et il en manifeste.

Refusant les solutions marxistes aux problèmes
posés par Mai 68, de Gaulle va dire qu'il a bien
entendu un malaise et qu'il entend s'y attaquer, qu'il
a compris la fracture et se propose de la combler.
Soucieux de dire sa prise en compte des revendications, il avance la participation, une idée politique
qui montre à l'envi le bien-fondé de l'idée de
Malraux selon laquelle le général de Gaulle est toujours là où on ne l'attend pas, déjouant les prévisions courtes de la droite et de la gauche. C'est
d'ailleurs la droite et la gauche qui, sur ce sujet, le
feront tomber.

Pompidou et Giscard d'Estaing, également Chirac et Balladur, à l'époque au cabinet du Premier ministre, ne veulent pas d'un soutien franc et massif au projet du chef de l'Etat. On a prétexté que, la date du référendum étant prise, les textes sur la participation ne pouvant être rédigés dans les temps impartis, il fallait maintenir la consultation populaire dans le délai, mais proposer un autre objet de réforme, par exemple le projet Sénat-régions. Pompidou avait dit de la participation qu'elle signalait la sénilité du Général, qu'elle montrait la sénescence du vieil homme : on lui prête d'ailleurs le geste du doigt porté à la tempe qui signifie le déphasage, la folie.

Avec ce projet politique et social, de Gaulle visait l'introduction des salariés et des syndicats dans les conseils de gestion des entreprises, de sorte qu'il se mettait à dos le capital, la bourgeoisie, les patrons et la gauche qui ne voulait pas entendre parler de ce que pas même en son sein elle n'aurait osé proposer — ni ne proposera en quatorze années de pouvoir. Le référendum se fit sur un autre projet, de Gaulle tablait malgré tout sur cette consultation pour réitérer son lien et son contrat avec le peuple afin de savoir s'il pouvait compter une fois encore sur une assise populaire pour ses desseins réformistes. Il avait entendu la demande de 68 et croyait de la sorte y répondre : Giscard appela à voter contre, les pompidoliens soutinrent mollement, la gauche vota contre, le vieil homme fut congédié. Il partit. On porta au pouvoir son antithèse, il fallait bien que la phrase de Marx fût vraie qui disait que l'histoire se manifestait toujours deux fois, la première sous forme de tragédie, la seconde sous forme de bouffonnerie, de comédie. La Ve République commençait avec Corneille, elle se poursuivait avec Labiche : après Andromaque ou Mithridate, l'heure était venue de Champignol et Monsieur Perrichon. Rideau pour la grandeur, la pièce était terminée.

Le Général partit pour l'Irlande afin de ne pas

assister au changement de décors : on emballait les temples romains, les colonnes cannelées, les cellas furent vidées de leurs statues et l'on replia les toges viriles pour apporter les treilles, les chapeaux de paille, les panamas, les chaises longues et les fauteuils confortables. Pompidou pouvait entrer en scène et avec lui les rôles de boulevard tenus par les porteurs d'eau, les seconds couteaux qui avaient perpétré le régicide et allaient essuyer leurs larmes de crocodiles. Avec la participation, ils avaient craint, selon leurs mots, les soviets et les régimes d'assemblée, ils avaient également mal accepté le pouvoir donné aux étudiants et à leurs enseignants dans les universités réformées, ils avaient écarté le péril et allaient pouvoir gérer la France comme une Petite et Moyenne Entreprise.

La dernière photo qui me touche montre l'exilé sur une plage d'Irlande, non loin de Heron's Cove, dans une petite anse. De Gaulle se repose, lit les *Mémoires d'outre-tombe* et le *Mémorial de Sainte-Hélène*. Au sommet des dunes de Derrynane, les journalistes le guettent et photographient ses promenades sur la plage : il est en compagnie de sa femme et de son aide de camp, mais on le sait seul. Les deux proches qui l'accompagnent sont derrière ou devant, à côté, dans son sillage ou dans son ombre, mais ailleurs, sur une autre planète que celle du vieux roi déchu, renié, abandonné. La lande est grillée par l'air venu de l'Océan, le vent souffle, la mer paraît déchaînée, l'écume semble voler sur la crête des vagues. Le Général a ses lunettes, la tête nue, une canne à la main, un grand imperméable sur le dos. Solitude, là encore, sur le sol de ses ancêtres, retour sur des terres de mémoire et de symbole. Sur le sable, il paraît souffrir mentalement l'un des supplices de l'Enfer de Dante. Pour quelles fautes ? Avoir proposé la grandeur à ceux qui ne savent pas ou plus ce que c'est ? Avoir cru que les choix se feraient sur des idées, pour le bien d'une nation dont le tissu s'était déchiré quand tous se sont évertués à en faire une échéance partisane et carriériste ? Avoir imaginé qu'un projet de société plus solidaire puisse être entendu par tous quand la plupart s'étaient déjà transformés en sourds ? Son seul péché fut d'être présomptueux en imaginant que tous étaient comme lui désireux d'un grand projet de rassemblement, au-delà des partis et de la politique de boulevard, pour un destin qui engage la nation et le peuple dans une entreprise valant pour œuvre d'art.

Sur l'exemplaire des *Mémoires de guerre* que lui présentera l'ambassadeur de France en Irlande, de Gaulle écrira une phrase de Nietzsche : « Rien ne vaut rien. Il ne se passe rien, et cependant tout arrive. Mais cela est indifférent. » De retour en France, il accomplira son destin. Sur un livret scolaire datant de l'époque où il était saint-cyrien, l'un de ses maîtres avait écrit : attitude de roi en exil. Il se contentera d'illustrer la prédiction. Déjà mort pour la France, il attendait la fin en écrivant ses Mémoires, en faisant des réussites aux cartes, en recevant deux ou trois fidèles, pas plus. Il succomba, comme on sait : tel un chêne qu'on abat.

J'ai compris depuis que l'art politique français avait perdu son dernier poète et qu'aucun des suivants ne dépassa jamais la figuration dans des pièces de boulevard. Ceux qui, aujourd'hui, se succèdent sur le trône ont tous voulu sa mort politique, ils l'ont eue. L'un des plus fielleux se servit du socialisme pour étancher une volonté de puissance extraordinaire qui, le jour où elle put s'exercer, ne produisit d'excellence que dans la bouffonnerie là où le Général avait sublimé dans la tragédie. Marx avait bien raison. Restent ceux qui, à droite, s'en réclament : les pires, qui ne l'ont jamais lu — savent-ils d'ailleurs qu'on peut le lire ? — , qui oublient qu'ils ont encore dans leurs poches le couteau avec lequel ils ont saigné le vieil homme et sont d'autant nains qu'ils parlent de grandeur. Et puis, à droite, ceux qui déjà le combattaient : ils sont avec les

ennemis de toujours du Général, les néofascistes, les
pétainistes et vichyssois de tous ordres, les anciens
de l'Algérie française, les libéraux qui s'offrent aux
plus offrants des Américains. Tous sont là, fascinés
par l'Elysée. Baudelaire déjà écrivait que les « morts
ont de grandes douleurs ».

23

TOMBEAU POUR SARAH KOFMAN

Pourquoi écrit-on ? Quelle furie pousse habituellement à se passionner pour la confection d'un
livre ? Quelle étrange force condamne l'auteur à
ajouter des volumes aux volumes dans le dessein de
faire une œuvre ? Furie, force ? Certes, car il me
semble que les écrivains authentiques trempent leur
plume dans le sang, qu'ils écrivent avec leur lymphe
et que leur chair mélangée à leur âme est l'athanor
dans lequel se confectionnent les visions du monde,
les sensibilités et les mots pour les dire. Pas de livres
sans ce prix : des blessures, une sensibilité d'écorché, une hyperesthésie, des comptes à régler avec les
fantômes de l'enfance. Chez ceux-là qui font de leurs
émotions un système, il y a confirmation des idées
nietzschéennes qu'on a toujours la philosophie de sa
propre personne, que toute philosophie n'est jamais
que la confession d'un corps, le malentendu d'une
chair. Masquer cette évidence qu'on pense pour
moins souffrir, ou parce qu'on a souffert, c'est manquer de probité. Certains, les plus honnêtes, revendiquent cette filiation, ce trajet : de l'ombre des premières années aux jours d'aveux, en passant par les
livres qui sont autant de tentations, de tentatives
pour dire tout en tournant autour, ils consentent à
écrire pour se déprendre d'eux-mêmes, pour dis-
traire leur âme fatiguée d'un spectacle douloureux.

Pour d'autres, l'écriture est d'occasion, d'actualité, de commande ou de convenance. En matière d'œuvres, les premières font trace comme des météores, les autres, comme des vieillards séniles et incontinents. La philosophie n'échappe pas à cette idée qu'un travail conceptuel, réflexif, rationnel a aussi, et peut-être surtout, des racines biographiques. Autant qu'une œuvre picturale, musicale ou romanesque. « Travaillé pour me soustraire à moi », écrit Barbey d'Aurevilly dans son *Memorandum*. Certes. Mais cette soustraction n'empêche pas qu'on est toujours rattrapé par ses démons, qu'ils nous hantent, nous fouaillent. Si parfois ils nous donnent l'impression de desserrer leur mâchoire en ouvrant le compas de leur gueule, c'est pour mieux reprendre dents.

Sarah Kofman adhérait à ces idées développées théoriquement dans la préface du *Gai Savoir* et poétiquement, comme en un genre d'exercice pratique, dans *Ecce Homo*. Elle l'a montré avec force pages et conviction, puisqu'elle a commenté presque mot à mot le sublime et ultime petit livre autobiographique et philosophique de Nietzsche dans deux volumes qui avaient pour titre *Explosion*. Le second avait même pour sous-titre : *les Enfants de Nietzsche* — dont elle était. Derrière une pensée, donc, des émotions, un pathos, une enfance, des histoires nocturnes. C'est pourquoi, au goût pour Nietzsche elle ajoutait une passion pour Freud, lui aussi, en son genre, un fils du solitaire de Sils.

Dans *Rue Ordener, rue Labat*, Sarah Kofman livre ses blessures, son enfance et toutes les clés pour comprendre les vingt-sept volumes qu'elle a publiés avant ces soixante-dix pages sobres, coupantes, nettes, effilées comme un rasoir. La déportation et l'assassinat de son père, à coups de pioche, par un kapo à Auschwitz ; la traque de l'efficace police de Vichy ; la terreur de la vie quotidienne sous ce régime fasciste français ; les rites juifs pratiqués par le père, l'hystérie perpétuelle de la mère ; l'école,

l'hôpital, les fugues et le corps qui résiste ; les
vomissements, nausées et somatisations multiples ;
la mère de substitution haïe, honnie par la génitrice ; la femme qui donne l'amour et sauve des
camps contre celle qui n'oublie pas de récupérer le
martinet lorsqu'elle revient une demi-heure après le
passage de la gestapo afin de soustraire au chaos
deux ou trois affaires pour continuer de vivre.

Et puis, superbe page qui ouvre le livre, propylée
au tombeau pour le père défunt, ces lignes consacrées au stylo conservé malgré les vicissitudes, la
déportation et la mort, analogon dérisoire. Elle
écrit : « Je le possède toujours, rafistolé avec du
scotch, il est devant mes yeux sur ma table de travail et il me contraint à écrire, écrire. » Des milliers
de pages accumulées entre 1970 et 1994, presque un
quart de siècle d'écriture. Et ce sont ces soixante-dix
pages, uniques, qui donnent tout le sens à ce qui a
précédé. Elles sont de la même encre que les confessions de saint Augustin, celles de Rousseau, ou les
Essais de Montaigne. D'*Ecce Homo*, bien sûr. Rare
densité, étonnante livraison, extraordinaire puissance. Après la parution de ce livre, Sarah Kofman
disait autour d'elle qu'elle avait terminé, bouclé la
boucle, conclu le trajet. Ourobouros.

J'avais plaisir, en octobre 1994, d'assister et de
participer au colloque qui se tenait à l'Institut
Goethe, avenue d'Iéna, et qui se proposait d'examiner la question : faut-il se réjouir de la mort de
Dieu ? J'étais d'autant enthousiasmé de me retrouver, penseur sur scène, comme elle aurait dit, à la
tribune, aux côtés de Maurice de Gandillac qui fut
l'intercesseur, pour moi, du *Zarathoustra* en français, de Sloterdijk, dont j'avais aimé la *Critique de la
raison cynique* et de Béatrice Commengé dont *La
Danse de Nietzsche* m'a accompagné à chacun de
mes voyages sur les traces de Nietzsche, de Gênes à
Rapallo, de Sils-Maria à Venise. Sarah Kofman
devait intervenir le vendredi soir, 14 octobre. C'était
très précisément, jour pour jour, cent cinquante ans

après la naissance de Nietzsche. Elle ne vint pas parler de la mort de Dieu, comme c'était prévu. Ce soir-là, la presse me l'apprit plus tard, fort discrètement d'ailleurs, elle s'était suicidée, passant à l'acte dont elle disait, deux mois en amont, qu'après *Rue Ordener, rue Labat*, il était inéluctable. De la volonté de puissance à la puissance de la volonté, le trajet fut digne. Je crois qu'un jour, je porterai des fleurs sur sa tombe. Des roses, quelques roses.

24

POUR UN LIBERTINAGE SOLAIRE

Dans les limbes de ce *Désir d'être un volcan* que j'ai voulu placer sous le signe du libertinage, j'avais pris soin de préciser que je ne considérais celui de Sade ou de Laclos que comme des figures possibles, pensables, d'une pratique historiquement datée nécessitant une actualisation. Libertin, avais-je dit, le sujet singulier, l'homme libre et l'oiseau du fauconnier éduqué pour revenir et qui ne revient pas ; libertin l'individu solaire, solitaire et radieux visant toujours plus de liberté, fût-ce au détriment d'autres vertus célébrées comme telles ; libertin, enfin, le héraut de valeurs auxquelles il croit malgré son époque, et contre elle, pour la médicamenter, la flétrir ou la dépasser quand elle ne mérite que l'indignation, à défaut de colères homériques.

Pourquoi Sade et Laclos sont-ils encore lus comme s'ils ne devaient pas leurs réflexions et leurs systèmes à l'Ancien Régime qui les a fabriqués ? Leur libertinage est impossible à démarquer, à pratiquer comme tel, deux siècles plus tard, sans revendiquer de facto une éthique réactionnaire, au sens étymologique. Or ne valent, parmi les anciennes pensées, que celles qu'on aura ranimées aux feux et aux souffles de la modernité. Du cyrénaïsme au libertinage en passant par le cynisme, elles ne valent qu'actualisées, pensées pour aujourd'hui et les conditions historiques du moment. Antisthène, Aristippe, Diogène ou Laclos ne sont possibles que comme des figures ayant produit bâtards d'autant fiers de leur ascendance qu'ils auront dépassé leurs ancêtres et tué le père pour s'installer en fils rebelles. La leçon de Nietzsche est toujours d'actualité qui enseigne qu'un bon maître apprend d'abord à ce qu'on se déprenne de lui, d'une part, et, d'autre part, que c'est en se suivant soi-même qu'on est véritablement un disciple.

Le libertinage que j'appellerai féodal s'est manifesté — et peut encore se manifester — sur le terrain d'une cruauté objectivante : mon désir est mon plaisir et autrui n'est jamais qu'un pur objet, pour moi, dans ce processus de réalisation de mes fantasmes. Tout ce qui n'est pas le libertin qui veut est chose parmi les choses, objet parmi les objets. De même nature que la pierre et l'arbre, le ciel et la foudre parmi quoi il vit, l'autre, pour le libertin féodal, est fragment d'un monde qui tout entier lui appartient. Il se contente de réaliser le projet cartésien : se rendre maître et possesseur de la nature dans laquelle les autres gisent comme poissons dans un vivier. Sade formule le projet sans complexe : « La destinée de la femme est d'être comme la chienne, comme la louve : elle doit appartenir à tous ceux qui veulent d'elle. » La femme, certes, mais tout ce qui peut servir d'objet sexuel : les autres hommes, les enfants, les animaux, les parents, les morts. D'ailleurs, si le mort est une proie possible, et si le héros sadien vise aussi souvent la mise à mort dans ses jeux érotiques, c'est parce que le cadavre est métaphoriquement le partenaire idéal, sans conscience, sans état d'âme, sans libre arbitre, sans revendication, sans désir, sans plaisir aussi. Le monde appartient aux seigneurs qui peuvent jouir de lui sous toutes ses formes et dans toutes ses parties. Le corps est une chose qu'on possède, dont on jouit comme d'un bien, d'une propriété.

Dans le catalogue des droits du seigneur sur les serfs et assimilés, ceux qui ne sont pas lui, donc, tout est possible : vampirisme, coprophagie, ondinisme, inceste, matricide, cannibalisme, zoophilie, fratricide, crucifixions, nécrophilie, infanticide et autres douceurs du même genre. Le libertin féodal reprend à son compte les pratiques politiques du temps qui l'autorisent à se comporter comme un individu n'ayant que des droits, aucun devoir, sinon celui de jouir, encore et toujours, malgré les préjudices possibles. D'ailleurs, à ses yeux, il n'est point de préjudices pensables : « Se rendre heureux, n'importe aux dépens de qui », peut-on lire dans *La Philosophie dans le boudoir*.

Bien sûr, il faut dire que, comme souvent chez les penseurs qui portent la réactivité à leur comble, Sade se contente de formuler un système plus riche en idées de la raison, en hypothèses de travail, qu'en véritables invitations à l'incarnation. Je l'ai toujours lu comme une inversion fidèle de Kant qui, dans son registre, se contente lui aussi de formuler des fictions idéales, des cas de figures hypothétiques, des idéaux par définition irréalisables, mais tout juste bons à indiquer une direction, une voie. Casuistique contre casuistique, Kant et Sade disent de la même manière ce que seraient, pour le premier une moralité pure, absolue, quintessenciée dans l'intentionnalité désintéressée, pour le second, une éthique hédoniste radicale, sublimée dans le solipsisme jubilatoire. Mais à l'impossible nul n'est tenu : ni, en kantien, de n'être que pour autrui, ni, en sadien, de n'être que pour soi. Les deux impératifs catégoriques sont d'ailleurs aussi intenables l'un que l'autre et dans la *Critique de la raison pratique* Kant affirme que la perfection n'est pas de ce monde et qu'aucun être raisonnable du monde sensible n'en est capable. Seul un ange, familier du monde intelligible, pourrait l'incarner ! D'où son renvoi, dos à dos, des théories kantienne et sadienne dans le registre de la fiction pure, utiles, l'une et l'autre, pour formuler des morales radicales, l'une de l'idéal ascétique et du renoncement, l'autre de l'idéal hédoniste et de la dépense.

Que faire, en effet, de l'invite libertine d'un Sade qui écrit : « Que m'importe à moi le sort de mes semblables, pourvu que je me délecte », quand on sait pour quels menus délits il a passé l'essentiel de sa vie en prison ? De même pour Genet, d'autant radical dans le verbe qu'il se contente de braver l'Etat et la civilisation judéo-chrétienne en voyageant sans titre de transport dans des trains de province ou en récupérant pour en user quelque enfant démuni qu'il conduit dans sa chambre d'hôtel — avant de finir arborant la légion d'honneur socialiste sur le revers de son veston. Les libertins du verbe sont bien souvent de sages garçons. Seule leur œuvre est dévergondée. Et je veux relire *Les Liaisons dangereuses* dans cette perspective : un idéal de la raison libertine formulé sur un terrain de fiction pure, une géographie romanesque destinée à montrer un théâtre d'opérations potentiellement réelles.

Pour illustrer l'idée que le libertinage féodal démarque sur le terrain des mœurs sexuelles les rapports qui existent sur le terrain historique et politique entre la classe des seigneurs et celle des serfs, on peut lire cette confidence de Valmont à Merteuil : « En vérité, plus je vais, et plus je suis tenté de croire qu'il n'y a que vous et moi dans le monde, qui valions quelque chose. » Le propos est avancé sans ambages et sans tergiversation. De plus, il a le mérite de signaler que, dans leur classe même, les seigneurs que sont les libertins féodaux agissent en solitaires préoccupés par leurs seuls projets, leurs seuls desseins. La race des seigneurs se constitue en affinités électives chez ceux-là qui lisent le monde comme un immense terrain de chasse renvoyant les uns et les autres soit sur le territoire du gibier, soit sur celui des chasseurs. Proie ou tueur, il n'y a pas d'alternative.

Tout a été dit, et à satiété, sur le libertinage comme métaphore du théâtre et plus particulièrement du grand théâtre d'opérations qu'est toujours le champ de bataille. Force récurrences au recours du langage des armées confirment le bien-fondé de cette idée. Les protagonistes ne cessent de parler projet, calcul et choix, jugement, observation et réflexion. Ailleurs, il est nettement question de combats et de défaites, de campagnes et de conquêtes, de manœuvres et d'ennemis, de ressources et de retraites. Stratégie et tactique sont ouvertement revendiquées. D'ailleurs, Valmont formule l'objectif comme un maréchal devant ses cartes : « Pour subjuguer une femme, tout moyen est également bon. » Comment mieux mettre Machiavel au service de la libido ? Voilà pour quelles raisons on peut lire *Les Liaisons dangereuses* et *Le Prince* en regard : tous deux sont mêmement manuels de la conquête. Et l'on pourrait continuer en mettant en parallèle *L'Art de la guerre* de Sun Tzu et *L'Art d'aimer* d'Ovide. L'idée n'est pas originale, arrêtons sur ce sujet.

Objectivation et chosification, théâtralisation et dissimulation, stratégie et polémologie, l'art libertin, quand il vise l'appropriation, la circonscription, la conquête, est absolument cynique. Tous les moyens étant bons pour parvenir à ses fins, on saura recourir au mensonge, à la tromperie. Le verbe est au service d'une rhétorique qui, elle aussi, est machine de guerre. Merteuil l'aguerrie l'enseignera à Cécile Volanges l'oie blanche : si vous voulez emporter les suffrages de quelqu'un, « vous devez moins chercher à lui dire ce que vous pensez, que ce qui lui plaît davantage ». Et ailleurs, la même, à Valmont : « Ma façon de penser fut pour moi seule, et je ne montrai plus que cela qu'il n'était utile de laisser voir. » On sait que Don Juan déjà, avec les paysannes, agissait de la sorte, promettant ici le mariage, là les fiançailles, ailleurs la réputation, ou l'argent, et partout ne tenant jamais. Les mots comme fausse monnaie, le verbe comme assignat démonétisé : parler pour ne rien dire d'autre qu'une parole enjôleuse, une logorrhée hypnotique. Pour emporter les suffrages d'une femme, il faut lui parler d'amour, lui dire des choses tendres car, si l'on en croit Valmont, « femme qui consent à parler d'amour finit bientôt par en prendre, ou au moins par se conduire comme si elle en avait ». Et Sartre le dira lui que ni son physique, ni sa prestance, ni grand-chose relevant de son apparence n'installaient sur le terrain de Don Juan : parler suffit. La leçon de Cyrano n'est pas loin.

Le portrait du libertin féodal tient en quelques traits : il est un grand transformateur d'êtres en choses, de sujets en objets ; il fait de la guerre et du théâtre des métaphores pour un jeu cruel qui désigne un gagnant un perdant, un bourreau une victime ; enfin, il recourt au verbe comme à une arme soporifique, il use de sa faconde tel un magnétiseur spécialiste en narcoses. Je ne veux pas retenir ces lignes de force qui ne m'agréent pas dans la perspective d'un hédonisme bien compris.

En revanche, je me sens libertin et proche de Valmont sur deux terrains qui, finalement, n'en font qu'un seul : la proximité avec la mort et le désir farouche d'éviter une existence *fixée* — le mot apparaît régulièrement dans l'échange entre Valmont et Merteuil. Pour quelles raisons ? Parce que la fixation me rappelle l'état de l'insecte épinglé sur un bouchon de liège, ailes écartées, abdomen perforé, tête relevée vers l'azur malgré les yeux vides et pour la raison qu'il y a de la mort dans cette posture crucifiée. Parce que, aussi, je crois que l'humanité se sépare en parménidiens et en héraclitéens, en amateurs d'immobilité, de fixité, de statisme et en thuriféraires de mouvements, de dynamiques, d'élans, en familiers de lento et en spécialistes de prestissimo. Et qu'il en va de cette bipartition également dans l'ordre de la vie amoureuse : les uns aspirant à la fixité bourgeoise, les autres à la vitalité passionnée.

Valmont écrit : « La froide tranquillité, le sommeil de l'âme, image de la mort, ne mènent point au bonheur ; les passions actives peuvent seules y conduire. » Et, le même, à Merteuil : « L'habitude amène l'indifférence. » Qui n'a expérimenté la vérité de pareil propos après quelques mois de vie amoureuse abandonnés à la négligence ? Passions actives, vie passionnée, incandescence, brûlures contre paix, calme, flegme et tiédeur.

La mort est le génie musagète, la grande ordonnatrice des fureurs libertines : c'est elle qui, sous la forme de l'entropie, de la fatigue, de la négligence, du manque de délicatesse, du défaut de prévenance, fait imploser les sentiments. Gestes que l'on attend et qui ne viennent pas, ou plus ; signes que l'on guette et qui n'apparaissent pas, ou plus ; intentions et délicatesses escomptées et qui se font attendre désespérément ; mots et verbes qui jamais ne connaîtront le jour et demeureront lettres mortes : cadeaux remis, différés, oubliés — cadeaux de gestes, de signes, d'intentions, de mots, de verbes, et de toutes les prévenances qui montrent la toute-puissance du temps qui passe contre la fausse éternité, l'illusion d'un temps fixé, figé, arrêté dans les certitudes fallacieuses que donne l'amour et qui ne sont que pièges et subterfuges pour que triomphe la mort, sous la forme et la métamorphose qu'elle aura choisie. La passion meurt quand l'un des deux sacrifie à Parménide oubliant qu'Héraclite seul est dans le vrai... « La mort est ma maquerelle », écrit Sade dans *La Philosophie dans le boudoir*. Et je veux bien le croire.

Le libertinage féodal se métamorphose, avec la révolution industrielle, en un libertinage que j'appellerai démocratique et bourgeois. Les salons, les boudoirs et les sofas sont remplacés par les chambres d'hôtel borgnes, les portes cochères et les soupentes de garnis meublés. Apparaissent alors Nana ou Emma Bovary, avers et revers de la même médaille. Puis, cette forme particulière de libertinage se déve-

loppe jusqu'à Sartre via Georges Bataille. Celui qui
l'avait précédé, féodal, se définissait par la cruauté
objectivante ; celui-là, bourgeois, met en avant le
principe de consommation accompagné peu ou
prou d'un sentiment de culpabilité qui se manifeste
dans l'association du sexe au sale, au dégoûtant, au
méprisable.

La sexualité y est toujours nocturne, vécue
comme une malédiction, un fardeau, une punition.
La libido est une énergie négative dont il faut se
débarrasser dans des étreintes mercenaires. Sexualité triste, érotisme nul, chairs soumises aux énergies qui les traversent, les corps pourrissent rongés
par la syphilis, la tuberculose, le sida. Sous
Louis XVI, la petite vérole ravageait ; sous l'Empire,
le bacille de Koch, le tréponème ; aujourd'hui, le
HIV. Libertins consuméristes, familiers du bordel
ou des minitels, amateurs de listes et néoféodaux, ils
sont l'exact envers des prêtres auxquels, pour cette
raison, ils ressemblent tant, ce en quoi Georges
Bataille peut paraître leur parangon : un mixte de
curé défroqué et de jouisseur de bidet. Et ils sont
proches les ecclésiastiques castrateurs et les gnostiques modernes du genre de Bataille : tous pratiquent l'épectase, plutôt rue Blondel.

J'ai dit ailleurs, en l'occurrence dans *La Sculpture
de soi*, tout ce que je devais au Bataille de la souveraineté, de la part maudite, de l'économie générale,
de la dépense, de la consumation ; j'ai d'autant
moins de scrupule à lire *Le Bleu du ciel*, par
exemple, comme un ouvrage symptomatique de la
relation malsaine, nocturne et névrotique que son
auteur entretenait avec la sexualité. Familier des
maisons closes, amateur de sensations fortes — du
genre sacrifice humain — sans jamais aller au-delà
de la pure et simple mise en scène, spécialiste de la
masturbation sur le corps de sa mère défunte,
Georges Bataille me semble, sur ce terrain, hanté
par tous les travers qui travaillent ceux pour lesquels la sexualité est un domaine dans lequel ils

macèrent. Loin de moi l'idée d'un diagnostic de type psychiatrique, mais le libertinage de Bataille me paraît trop proche de celui que montrent les édificateurs de conscience, dans l'intimité de la confession auriculaire, pour que j'y trouve mon compte : le sexe est peccamineux, la chair est triste, le désir, une douleur, une damnation, la conséquence d'une quelconque faute — laquelle d'ailleurs ? Celle d'être né.

Lisons donc quelques pages du roman de Georges Bataille, à mes yeux un exercice gnostique chrétien qui montre les corps tels des instruments voués à la cause nocturne. La première ligne, à elle seule, est éloquente : « Dans un bouge du quartier de Londres, dans un lieu hétéroclite des plus sales, au sous-sol, Dirty était ivre. » Oui, oui, Dirty, il a osé, c'est le nom de l'héroïne. Suivent deux ou trois descriptions ; celle d'un homme : mal rasé, cheveux en désordre, pansement sur le corps, front humide de fièvre, l'air fétide ; puis Dirty : mains sales, gémissements, vomissements, parfums à bon marché, odeur surie de fesse et d'aisselles, renvois, sang, urine, bruits d'entrailles relâchées, rots ; enfin l'entourage : rats sur le sol, liftier laid comme un fossoyeur, odeur de bordel de bas étage, rideaux sales — que Dirty mord, car elle gît par terre, bien sûr. Le tout dans les dix premières pages. Inutile de continuer.

Le même exercice peut se pratiquer chez Jean-Paul Sartre, lui aussi pourfendeur de chair, salisseur de corps, théoricien de la haine de soi et des désirs, philosophe du visqueux, du glaireux, du glauque, penseur des mêmes bordels et des mêmes bidets pour Roquentin, petit frère de Dirty, en son genre. Tout ce que l'on peut dire sur ce sujet est magistralement raconté dans un livre que j'avais lu, il y a longtemps, et que j'avais trouvé particulièrement efficace : il est de Suzanne Lilar et s'intitulait *A propos de Sartre et de l'amour*. Elle y montre combien l'œuvre entière de Sartre renvoie le corps des femmes au ténébreux, au louche, au visqueux, aux odeurs sui generis, à la pléthore de chair, à la mollesse des formes, à la duperie du maquillage. Odeurs de rance sur la bouche de Catherine, de vomi sur celle d'Ivich, femelles en désarroi, marécages, cuisses grasses de Marcelle — les figures féminines sont abjectes et l'idée que Sartre se fait de la sexualité paraît bien formulée par Goetz qui affirme : « Si j'assouvis mes désirs, je pèche mais je m'en délivre ; si je refuse de les satisfaire, ils infectent l'âme tout entière. » Dans tous les cas de figure, Sartre et Bataille se rejoignent sur la thématique gnostique et bourgeoise de l'installation de la sexualité dans les culs-de-basse-fosse, les zones nocturnes, les terrains vagues méphitiques et douteux.

Dirty et Roquentin ne sont ni Bataille ni Sartre, certes. Mais ce que les biographes de ces deux-là racontent — voir Michel Surya et Annie Cohen-Solal, par exemple — dit en quoi les figures de fiction qu'ils élaborent peuvent fonctionner comme des personnages conceptuels nourris d'expériences existentielles propres. Bataille familier des maisons closes, Sartre jonglant dans son emploi du temps pour pratiquer un libertinage qui, au dire des proies qui furent siennes, montrait un homme moins habile au lit que devant sa machine à écrire, tous deux ont illustré les vertus prudhommesques du bourgeois au lit, complexé, malhabile, peu inventif, inhibé — nocturne. Des biographies aux correspondances en passant par les mémoires, toutes les publications parues depuis la mort de Sartre sur ce sujet le montrent en libertin emblématique de l'époque bourgeoise qui démarque et décalque les principes du libertinage féodal : transformation de l'autre en objet — ce que son ontologie, d'ailleurs, explicite à longueur de page ; pratique d'une dialectique dont l'alternative est regarder-posséder ou être regardé-être possédé ; installation de l'intersubjectivité amoureuse sur le terrain guerrier de la conquête ; usage du verbe, de la rhétorique et des mots à des fins de soumission, dans le dessein de

subjuguer ; célébration d'une métaphysique du visqueux, de la chair dégoûtante, de la sexualité répugnante. Sartre aurait pu souscrire à la phrase de la
Merteuil : « L'amour que l'on nous vante comme la
cause de nos plaisirs n'en est au plus que le prétexte. » Et à nombre des maîtresses qu'il eut, il a dû
dire, comme Valmont : « Je t'ai prise avec plaisir, je
te quitte sans regret. » Ce libertinage-là, soit féodal,
soit bourgeois, est en fait variation sur le même
thème dont l'idéal a été formulé par Sade dans *La
Nouvelle Justine* : « Ne rien se refuser de tout ce qui
peut augmenter notre bonheur ici-bas, fallût-il
même, pour y réussir, troubler, détruire, absorber
absolument celui des autres. » Le dernier avatar de
cette pratique solipsiste mise en œuvre par ceux qui
taisent un comportement de seigneur pour mieux le
pratiquer : Cyril Collard. Mais sur cet ultime féodal,
je ne souhaite pas m'étendre, car il m'intéresse
moins, à ce point, de dire en quoi le libertinage de
Sade, Laclos, Bataille, Sartre et Collard me répugne
que de formuler les linéaments d'un libertinage que
je veux solaire, rayonnant et irradiant.

L'impératif catégorique de ce libertinage nouveau
est une maxime de Chamfort dont *La Sculpture de
soi* me proposait de dire comment elle pouvait fonctionner pour fonder ou légitimer une morale esthétique. Elle est la suivante : « Jouir et faire jouir sans
faire de mal ni à toi ni à personne, voilà, je crois, le
fondement de toute morale. » Elle est la formule du
contrat hédoniste synallagmatique. Car autrui est
essentiel en vertu du fait que tout un chacun est
autrui pour les autres et que ce que je dis vaut
autant pour moi que pour les autres : pas d'éthique
sans autre, sans réciprocité, sans mouvements
d'aller et retour ; pas de morale sans souci de l'altérité, sans volonté de relation ; pas de jouir sans faire
jouir. Ni Laclos ni Sade, ni Bataille ni Sartre n'ont
développé de théorie autre que solipsiste : pour eux
tous, l'enfer, c'est les autres, comme si, en fait
d'Enfer, la plupart du temps, nous n'étions pas déjà

avec nous-mêmes en mauvaise compagnie... Depuis toujours, qu'il ait été féodal ou bourgeois, cruel ou consumériste, le libertinage a été une rhétorique de transformation des sujets en objets, des personnes en choses — le contraire de la morale. Que pourrait être un libertinage solaire, radieux, véritablement hédoniste ?

D'abord, est solaire tout ce qui s'oppose au nocturne : solaires, la vie, le désir et les plaisirs complices, la jubilation, l'incandescence dans la volonté de jouissance ; solaires le souci radieux, la prévenance exacerbée, la courtoisie ; solaires la douceur et la délicatesse, l'âme chevaleresque et la politesse amoureuse. Nocturnes les bouges et les sanies, les déchets et les nausées, les matières dégoûtantes et les souffrances, les douleurs et les peines. Nocturnes l'indélicatesse, la négligence, l'oubli de l'autre, le mépris, la violence. Nocturne l'incapacité radicale à penser dans les termes de la sensibilité de l'autre. Solaires, donc, l'érotique orientale, les traités de Tong-Hsuan, Jong-Tch'eng, Wou-Tch'eng ; solaires les livres du bouddhisme tantrique, le Kama-Sûtra ; solaires, le Joi, l'asag et l'énamourement dans l'érotique courtoise et provençale. Nocturnes, en revanche, les fustigations de Sade, les mécaniques cruelles de Laclos, les bidets de Bataille, les sexualités hygiéniques de Sartre, les négligences séropositives de Cyril Collard.

Le libertinage solaire exige le contrat, l'accord tacite des deux protagonistes. De sorte que, paradoxalement, il peut aussi bien recycler le libertinage féodal si d'aventure il est de part et d'autre pratiqué en accord. Gilles Deleuze a montré tout ce qui distinguait le sadisme du masochisme et précisé toute la place que prend la notion de contrat dans une érotique placée sous le signe de Masoch. Mais la Présidente de Tourvel n'a choisi ni le vicomte de Valmont ni la marquise de Merteuil ; pas plus Eugénie n'a désiré Dolmancé ni Madame de Saint-Ange. D'aucuns n'ont pas consenti, non plus, à contracter le virus du sida entre les jambes d'un récent archange aux pieds fourchus.

Obtenir l'assentiment de l'autre, donc, est fondateur d'une légitimité dans la relation. Mais pour savoir ce que l'autre veut, il faut aussi dire ce que l'on désire. D'où une fine volonté de communiquer, de lancer des signes, de faire d'imperceptibles gestes permettant une information de qui l'on désire. Ce qui suppose, corrélativement, qu'on soit également averti, soi, de ses propres désirs, conscient de ce que l'on veut, clair sur ce à quoi on aspire, ni en deçà, ni au-delà.

Le libertinage solaire n'est en rien pourvoyeur de ce qui s'abîme dans une relation bourgeoise fixée et figée dans le couple au sens classique du terme, car il vise autant que faire se peut l'éternisation de la passion, sa durée la plus longue sous les auspices les plus denses. Son dessein n'est pas la vie sous le même toit, la maternité ou la paternité, les habitudes, l'ennui, le mariage, puis un jour l'adultère, mais l'entretien de l'incandescence consubstantielle à la relation sinon passionnée, du moins amoureuse, des premiers temps radieux.

Cet hédonisme libertaire n'a d'ennemi que dans le consentement de l'un des deux à l'entropie et à ses formes : facilités, relâchements, abandon aux habitudes, tiédeur, passivité, soumission aux aléas, composition avec le réel, négligences, manque de prévenances, indélicatesses. Une sensibilité écorchée est nécessaire, autant qu'une capacité à découvrir, enregistrer et prévenir l'infinitésimal et ce qui, en germe, se cache d'apocalyptique dans les petites choses, les petites concessions faites au monde. Car la relation amoureuse est fondamentalement antisociale, asociale : elle ignore les convenances, les emplois du temps, les valeurs qui font habituellement la trame des vies quotidiennes, les demi-mesures.

Faut-il un exemple de ce qui se noue dans l'imperceptible et l'infiniment petit ? Eh bien, prenons les premiers moments qui sont tout entiers gorgés de signes et de sens, et considérons notamment ce que disent les yeux, le regard. Là est la généalogie du contrat. Je retiendrai des *Liaisons dangereuses* cette importance capitale des jeux de regard, des échanges visuels. Dans les stratégies libertines, tout commence par un œil posé sur autrui, avant de se poursuivre par des effets de langage, intonations, inflexions et modulations de la voix. De Valmont, Cécile Volanges écrit à Sophie Carnay : « Il est bien facile de s'entendre avec lui, car il a un regard qui dit tout ce qu'il veut. » Et : « Toutes les fois que je cherche ses yeux, je suis sûre de les rencontrer tout de suite. »

Regards passionnés, détournés, accordés, rencontrés, vifs, caressants, prompts, humbles, farouches, égarés ou dociles, la panoplie est développée tout le long du roman de Laclos. Les yeux disent un désir, expriment une inquiétude, signifient une flamme ; ils font un regard froid ou brûlant. De toutes les façons, l'œil dit l'essentiel. Valmont raconte à Merteuil comment il s'y prend avec la Tourvel : « Peu à peu nos yeux, accoutumés à se rencontrer, se fixèrent plus longtemps ; enfin, ils ne se quittèrent plus, et j'aperçus dans les siens cette douce langueur, signal heureux de l'amour et du désir ; mais ce ne fut qu'un moment ; et bientôt revenue à elle-même, elle changea, non sans quelque honte, son maintien et son regard. » Des yeux qui se fixent puis se quittent, de la langueur et du désir aperçus, enfin de la honte et du maintien : il y a dans ce jeu de regards plus de choses signifiées que par un long discours qui, en l'occurrence, ne présente aucun intérêt. La pulsion scopique des freudiens est paroxystique : tout se tramera, se nouera et se dénouera par l'œil. D'ailleurs, lorsque les protagonistes s'effondreront, victimes de leurs machinations, celle qui fut la belle marquise de Merteuil sera dévisagée par la petite vérole qui lui emportera... un œil.

De Laclos, en plus de sa théâtralisation du regard,

je retiens également une étrange et capitale lettre de Madame de Rosemonde, vieille dame fatiguée et tante de Valmont, mais pleine de la sagesse conférée par une longue existence. Certes, je n'oublie pas qu'elle est écrite par un homme et prêtée par lui à une femme, le tout au beau milieu d'une fiction littéraire. Mais qu'importe, je veux lire ce testament épistolaire en imaginant qu'il permet d'essayer une réponse aux questions : qu'est-ce qu'une femme ? Que veulent les femmes ? Quels sont leurs désirs et leurs plaisirs ? L'ancienne revenue de tout écrit à la jeune épousée prude, la Présidente, que plus emportés que les femmes dans leurs désirs, les hommes ignorent la sollicitude délicate, l'empressement inquiet, les soins tendres et continus qui font la quintessence de la féminité. Dans une formule lourde, Madame de Rosemonde affirme : « L'homme jouit du bonheur qu'il ressent, et la femme de celui qu'elle procure. » Et plus loin : « Le plaisir de l'un est de satisfaire des désirs, celui de l'autre est surtout de les faire naître. Plaire n'est pour lui qu'un moyen de succès ; tandis que pour elle, c'est le succès lui-même. Et la coquetterie, si souvent reprochée aux femmes, n'est autre chose que l'abus de cette façon de sentir, et par là même en prouve la réalité. Enfin, ce goût exclusif, qui caractérise particulièrement l'amour, n'est dans l'homme qu'une préférence, qu'un autre objet affaiblirait peut-être, mais ne détruirait pas ; tandis que dans les femmes, c'est un sentiment profond, qui non seulement anéantit tout désir étranger, mais qui, plus fort que la nature, et soustrait à son empire, ne leur laisse éprouver que répugnance et dégoût, là même où semble devoir naître la volupté. » D'où cette étrange conclusion, qu'on n'ose plus depuis la parution du *Deuxième Sexe :* les hommes pratiquent l'inconstance là même où les femmes sont dans l'infidélité...

Faut-il accorder crédit à un Laclos qui écrirait, comme un certain Flaubert, Madame de Rosemonde, c'est moi ? Ou doit-on rester sur cette idée que la vieille dame est seulement le porte-parole d'un homme qui écrit et fait tenir à une femme les propos que les hommes aimeraient entendre de leurs bouches ? Misogyne et phallocrate ce Choderlos de Laclos ? Ou visionnaire et audacieux ? Je ne trancherai pas et veux tout simplement retenir les leçons qui me paraissent élémentaires, bien que fondamentales : les hommes et les femmes ne désirent ni la même chose, ni pareillement ; ces deux planètes sont appelées à se rapprocher, se frôler, se toucher, mais jamais se confondre ; les plaisirs de l'un ne sont pas ceux de l'autre ; et, par conséquent, il est plus que jamais nécessaire de dire, d'exprimer ce à quoi chacun aspire. Pour éviter les malentendus.

Qui, de l'homme ou de la femme, désire le foyer, le couple, l'enfant ? Qui propose et se propose toutes les occasions de fixer, figer, arrêter le cours des choses dans des formes socialement apaisantes, mais déplorables pour l'amour et la passion ? Qui joue Parménide contre Héraclite ? Qui voudrait pouvoir toujours se baigner dans le même fleuve, immobile en son courant ? Qui recherche la paix, le calme, les habitudes, la quiétude, l'installation, fût-ce au prix de la passion, de la brûlure, de l'incandescence et de l'improvisation ? Qui préfère le chien repu, mais le cou entravé par un collier, au loup, affamé, certes, dans l'insécurité du jour et du lendemain, mais souverain, libre ? Qui souhaite faire aboutir la flamme de Tristan pour Iseut, de Roméo pour Juliette, dans la minuscule chaufferette du mariage et du couple à demeure ? Que chacun réponde en son âme et conscience. Il me semble avoir dit sur ce sujet tout ce que l'on pouvait entendre.

Que propose d'autre le libertinage solaire, s'il ne veut ni la relation féodale, ni sa modalité bourgeoise ? Un contrat hédoniste visant la durée maximale des jubilations et des jouissances ; une existence à deux dont le lien soit la passion. Densité, durée, émotions décuplées, sensations exacerbées, il faut comprendre cette volonté d'incandescence pour saisir ce que veut dire Sade dans cette phrase que je trouve la plus belle de toute son œuvre et qui donne son titre à mon livre : « Un jour, examinant l'Etna dont le sein vomissait des flammes, je désirais être ce célèbre volcan. » A quoi peut bien ressembler cette éthique qui veut l'énergie, le mouvement, la vie, la vitalité ? Peut-être à ce que proposaient les Orientaux dans leurs traités érotiques emblématiques qui énonçaient les conditions de possibilité d'un art de la chambre à coucher qui soit aussi art du temps et de sa maîtrise, art de la sculpture de Cronos. Dans ce libertinage solaire, l'autre est un sujet, la métaphore est moins le champ de bataille que la chambre, le verbe n'est pas utilisé comme un argument hypnotique, mais comme un moyen de s'informer des désirs et des plaisirs de l'autre, puis de lier ses destins le temps d'un contrat hédoniste et libertaire. On y congédie la fixité et la mort, tout en ayant souci du regard de l'autre et de la différence radicale des sexes.

Les Chinois de la période ancienne pratiquaient une érotique là où, aujourd'hui, on se contente bien souvent d'une pure et simple sexualité : le supplément d'âme contre les instincts, la culture contre les pulsions, l'artifice contre la nature. Le libertinage solaire est à la pointe de ce qu'une civilisation permet, car il s'appuie sur une conception du monde, une lecture du réel, en l'occurrence celle que permet le taoïsme. Qu'est-ce à dire ? Là où les libertins féodaux ou bourgeois visent la décharge, la satisfaction d'une chair animale sur le terrain de la conquête militaire, guerrière ou consumériste, les libertins chinois veulent le raffinement, l'élégance, la prévenance, la douceur et la délicatesse dans les pratiques érotiques.

Pourquoi libertins chinois ? Puis-je utiliser l'expression ? Avec un peu de distorsion, oui, car ce que visent les taoïstes qui pratiquent l'art de la

chambre à coucher, c'est le maximum de partenaires dans le dessein d'une harmonie réalisée par
une sexualité qui permet la complétude. En effet,
l'homme doit chercher le principe féminin dans
l'union avec les femmes et celui-ci gît dans leur sexe,
leur ventre : en mettant son phallus au contact de
l'utérus, disons-le en termes moins médicaux et plus
taoïstes, en installant le pic vigoureux dans la ravine
dorée, ou la langue de poulet dans la plaine sacrée,
ou encore la tige de jade dans la vallée obscure, c'est
comme on voudra, l'homme acquiert une vitalité
exceptionnelle. C'est moins l'éjaculation qui est
visée, que la mise en contact des organes sexuels qui
doit durer le plus longtemps possible : plus l'expérience est longue, plus elle est pratiquée avec des
partenaires différentes, plus la vitalité acquise est
importante. De sorte que les bienfaits, les bénéfices
acquis permettront la fortification de l'énergie
vitale, certes, mais aussi l'harmonie du corps, l'affi-
nement de l'ouïe et de l'acuité visuelle, la disparition
de toutes les maladies, la pacification de l'âme, la
robustesse des reins, l'augmentation en puissance
des cuisses et des fesses, oui, oui. De même, le corps
de l'impétrant deviendra plus luisant et sa longévité
sera assurée. Le plus sage des érotomanes accédera
à une sorte d'immortalité. Les bonifications sont
telles qu'on ne voit pas pour quelles raisons il faudrait s'en priver...

L'érotique chinoise est pragmatique et ne se
contente pas de promouvoir des intentions, des
déclarations de principe : elle enseigne également
comment il faut s'y prendre pour multiplier les
occasions de jeux sexuels sans éjaculation, car
perdre son sperme, c'est perdre tout le bénéfice des
unions taoïstes, abandonner un morceau de son cerveau, une partie essentielle de cette vitalité qu'il faut
contenir, conserver en soi. Les traités précisent donc
qu'au moment où l'on craint de se répandre, de se
perdre, il faut vivement comprimer, de l'index et du
médius de la main gauche, le point situé entre l'anus

et le scrotum, puis respirer profondément, retenir son souffle, pratiquer un exercice respiratoire avec son abdomen, enfin grincer des dents. Il n'est pas interdit non plus de remuer les deux mains de haut en bas et de redresser son épine dorsale. En deux mots : contenir son plaisir par une respiration appropriée, détourner l'énergie sur des contractions musculaires et des gestes, exercer une pression sur l'urètre — et opposer une volonté aguerrie aux mouvements de la nature. Peu ou prou, on retrouve les mêmes exercices dans les traités associés aux voies tantriques indiennes. Et l'on est loin de Sade qui veut la décharge comme une fin en soi.

Faut-il pratiquer en taoïste ? Certes non, car il faudrait pour ce faire sacrifier à la rhétorique du yin et du yang que soutient cette invitation à pareille pratique. De plus, économiser l'éjaculation fait sens seulement si l'on imagine qu'elle est une perte irréparable, un dommage pour le corps et l'équilibre psychique. A défaut de croire à ces idées-là on peut, du moins, s'inspirer de l'érotisme chinois pour différer le moment de l'éjaculation, sans l'interdire. Ce qui laisse le champ libre pour le temps, le dépliement et le déploiement de jeux amoureux, donc les manifestations variées de prévenance, délicatesse et douceur.

Ainsi l'altérité se développe, le jouir et faire jouir s'illustrent. Les arts de la chambre chinois, tout comme ceux de l'Inde, enseignent les variations dans les plaisirs, congédient et conjurent la répétition, l'ennui, la fadeur, en enseignant une combinatoire qui autorise de multiples probabilités puisqu'il s'agit de jouer avec les trente positions possibles, les neuf manières pensables d'agiter ce qu'il est convenu d'appeler la tige de jade, les six façons d'entrer ladite tige dans la ravine de cinabre, et autres techniques qui, toutes combinées offrent une multiplicité de figures et de réalisations. Dans cet ordre d'idée, et pour des raisons taoïstes majeures, il n'est pas question que la femme n'ait pas de plaisir : sa jouissance est génératrice de substances et de sécrétions qui décuplent les emmagasinements d'énergie de l'homme. La jouissance de l'un est consubstantielle à celle de l'autre. Les deux sexes sont à égalité dans le droit au plaisir.

Retenons donc : la nécessité de soumettre l'érotique à une métaphysique — en l'occurrence, l'hédonisme ; le bien-fondé de techniques corporelles pour signifier dans les faits cette vision du monde ; la réalisation de cette relation corporelle à deux, le plaisir de l'un n'étant pas pensable sans le plaisir de l'autre ; l'installation de l'échange sexuel non plus sur le terrain de la chasse et de la guerre, de la destruction et du négatif, mais sur celui de l'esthétique et de l'éthique ; la sublimation de la nature fruste, des instincts et des pulsions sur le terrain de l'artifice culturel, du raffinement de civilisation et des techniques de soi. Le libertinage solaire et radieux illustre ce que peut être, sur le terrain des corps qui se donnent, se prêtent ou s'échangent, un authentique hédonisme libertaire, une réponse aux malaises de tous ordres qui avancent Thanatos et ses ombres — là où peuvent et doivent triompher Eros et ses lumières.

25

PÈLERINAGES AVEC FANTÔMES

J'aime Caen, la nuit, lorsque la ville est installée dans les langueurs et les douceurs de la vie de province. Les rues sont vidées de leurs flux habituels, les bruits étouffés, les odeurs celles d'une cité fraîche entre la pierre blanche et les pelouses vertes et grasses. De petites lumières jaunes scintillent chez les particuliers cloîtrés, calfeutrés chez eux pour échapper aux artères et aux ruelles désertes.

En cheminant, dehors, l'œil vagabond derrière les fenêtres en hauteur, j'aperçois des poutres, des solives, des colombages et des luminaires qui découpent des ombres au plafond. Depuis vingt ans, maintenant, je connais cette ville sous les rigueurs des hivers glacés, sous les lumières et couleurs mordorées de l'automne, sous le ciel bleu d'été — les ciels de Boudin — quand il fait chaud. J'aime aussi le printemps, là, efflorescence et odeurs de fleurs, pollens qui sont balayés par les brises tièdes. Je sais la ville sous toutes les saisons de mon cœur et de mon âme, aussi.

Avec un peu de détermination sereine, je finirais même, je crois, par goûter les pluies d'ici, celles dont Barbey d'Aurevilly disait qu'elles pouvaient être trombales ou pénétrantes jusqu'à l'os. Dans le *Troisième Memorandum*, il écrit : « Ne sommes-nous pas en Normandie, la belle pluvieuse, qui a de belles larmes froides sur de belles joues fraîches ? — J'ai vu des femmes pleurer ainsi. — Les pluies de Normandie sont froides comme les larmes de ces femmes-là. » Peut-être aussi m'est-elle plus familière depuis que je sais les *Jardins sous la pluie* de Debussy, qui ont été composés à Orbec, en terre normande. Pluie qui isole, installe chacun dans le recroquevillement, le repli sur soi ; pluie qui rétrécit les esprits à la dimension du moi qu'on protège et qu'on veut garder au sec ; pluie qui mouille la peau et les cheveux d'autant qu'on préserve la moelle de son âme.

C'est sous la pluie que j'ai conservé le souvenir de Caen comme d'un lieu où m'est apparu distinctement ce que serait mon existence après avoir rencontré Lucien Jerphagnon, celui qui allait devenir mon maître et qui enseignait à l'université, au cinquième étage, là où il était loisible d'entendre parler de Lucrèce et de Plotin, de saint Augustin et de Porphyre comme vraisemblablement on entendait les rhéteurs, les dialecticiens et les sages sur le forum romain. Je me souviens de la salle — 509 —

dans laquelle il professait et de mon regard sur la ville noire, plongée dans la rentrée d'hiver, zébrée seulement par les feux lumineux et rouges des automobiles qui passaient, silencieuses, au loin, derrière les carreaux qui nous protégeaient d'elles et de leurs bruits liquides sur la chaussée. Dehors, c'était le regard, l'eau normande ; dedans, la méditation sur le soleil méditerranéen. Je me rappelle les sorties de cours, dans la nuit froide et pluvieuse, l'âme conquise par le style, le tempérament et le caractère de mon maître. A dix-sept ans, il est heureux qu'on trouve de la sorte une parole libre et qu'on puisse désirer sa puissance pour soi sans craindre ni risquer l'aliénation.

A deux pas des salles de cours de l'institut de philosophie, oasis verte au milieu de la ville, il y avait un petit cimetière protestant entouré de grillage et presque toujours fermé. Les pierres tombales étaient effondrées, l'herbe poussait, les arbres avaient tout recouvert, il me semblait qu'on devait pouvoir supporter la mort avec plus de sérénité dans cet endroit. Des oiseaux y avaient leur domicile, je les entendais chanter au printemps, leurs gazouillis m'allégeaient l'âme, car nous nous acheminions vers le solstice — ces solstices auxquels nous sommes tellement sensibles aujourd'hui, mon vieux maître et moi.

De l'une des fenêtres de la salle où je suivais un cours d'esthétique, nous voyions le massif de verdure. Je crois que c'est mon professeur dans cette matière, Claude Hermann Lagae, qui nous enseigna la présence, dans ce minuscule cimetière, de la sépulture de George Brummell. Au cœur des heures qu'il nous dispensait, nous écoutions les œuvres musicales qu'avaient suscitées les mythes de Faust, une année, et de Don Juan, l'année suivante. De ce professeur élégant, distant, mais délicat, fin, cultivé et drôle, j'ai appris l'air du catalogue, la damnation, le libertinage, le théâtre lyrique, le romantisme allemand, l'opéra, le lied et beaucoup de générosité.

Nous écoutions, toujours moins de six ou sept personnes, le *Faust* de Busoni, le *Don Juan* de Richard Strauss, l'air du champagne et l'antépénultième scène du *Don Giovanni* de Mozart : toutes musiques destinées à apaiser dans son cercueil les mânes de Brummell. Quand je les entends, aujourd'hui, j'espère aussi qu'elles ravissent celles de mon professeur d'esthétique, trop tôt disparu, auquel je dois de véritables émotions musicales.

Depuis que je connais l'existence du roi des dandies, j'ai constaté que ma vie à Caen s'était toujours faite non loin des lieux qu'il a hantés. Lorsqu'il arrive dans la ville, le mardi 5 octobre 1830, c'est aux rênes de son attelage, son valet étant relégué sur le siège arrière. Il faut imaginer le dandy précédé par sa réputation et conscient de ce fait. Les chevaux, la voiture sont arrêtés près de l'hôtel de la Victoire, un établissement qui, alors, s'adosse au château face à l'église Saint-Pierre. Fringant, enjoué, Brummell saute dans les bras du cuisinier, qu'il prend pour le propriétaire, et lui demande tout de go la meilleure chambre, le meilleur dîner et le meilleur Lafite.

Chaque semaine, lorsque je raccompagne un ami commensal chez lui, après nos dîners complices, nous passons devant le lieu, aujourd'hui une pelouse et une rue entre le château et l'église, entre Guillaume le Conquérant et saint Regnobert. J'y songe à chaque fois, car c'est le point de jonction entre son quartier du Vaugueux (où Maupassant perdit son innocence entre les bras d'une femme dont c'est la profession — c'était un cadeau du père pour fêter le bachot de son fils) et l'artère qui conduit à mon quartier Saint-Martin (où Guillaume a laissé pour seule trace physique un long fémur sous les dalles froides de l'Abbaye aux hommes). C'est aussi dans cet endroit de la ville que George Brummell moisit quatre-vingts jours en prison pour dettes accumulées et plaintes de créanciers. Ce qui ne l'empêcha pas de faire bombance avec truffes,

champagne et vins fins lorsque ses amis lui eurent
permis d'abord de quitter le cul-de-basse-fosse dans
lequel il se trouvait pour, ensuite, rejoindre un
endroit moins sinistre, moins calamiteux, où l'on
installait d'autres prisonniers, les politiques par
exemple.

En rejoignant mon quartier, je passe devant
quelques maisons que la furie meurtrière de la dernière guerre mondiale a épargnées. L'une d'entre
elles, lépreuse, les pierres grises, puis noires à cause
des gaz d'échappement, abritait Malherbe en son
temps. Plus loin, une autre était celle de Remy de
Gourmont. Peut-être que derrière quelques portails
pleins, lourds et menaçants, qui cachent des trésors
ainsi soustraits aux yeux des passants, on trouve
encore des bâtisses bourgeoises qui ont abrité les
frasques de Brummell, spécialiste en vie mondaine,
invitations forcées et gaudrioles verbales. Dans l'une
de ses lettres, il écrivait : « J'ai rencontré, dans de
vieux salons sentant la vieille confiture, de char-
mantes bonnes personnes qui semblent dater d'un
siècle précédent. » Aujourd'hui, quelques bourgeois
s'échappent de ces portes massives, déguisés dans
les vêtements qui les signent, raides dans leur tenue,
sérieux dans leur maintien, glacés dans leurs
mimiques. Ils seraient bien en peine d'inviter d'aussi
drôles et vifs commensaux que le beau George. A
défaut, ils se contentent de faire une place aux ban-
quiers, marchands et commerçants, ceux dont
Barbey d'Aurevilly disait qu'ils avaient en exécration
le Beau sous toutes ses formes. Parfois même, ces
caricatures-là sont flanquées de notaires et d'avo-
cats, d'amateurs d'art et de personnalités du monde
intellectuel échappés de Daumier. Rien n'a vraiment
changé.

Dans ces lieux-là, Brummell buvait un peu, jouait
beaucoup, perdait considérablement. L'écarté, le
whist, le billard, il tarde et rentre tard dans la nuit,
tôt le matin faudrait-il plutôt dire. Lorsque je travaillais rue de la Miséricorde, dans le lycée techno-

logique du centre ville où j'enseignais la philosophie, il m'arrivait souvent, lorsque le petit matin était blanc, froid et brumeux, d'imaginer la silhouette du beau Brummell rentrant chez lui, fatigué, fourbu, transi, cherchant à trouver un peu de paix dans quelques heures de sommeil avant de retrouver son consulat, au 47, rue des Carmes, non loin du port, puisque, alors, son petit bureau poussiéreux et sinistre donnait sur l'eau. Mes songes rattrapaient les siens, du moins ceux de son âme évaporée, et plus d'une fois, j'ai fait le trajet, rue Saint-Pierre, non loin de ses mânes, sinon en leur compagnie.

C'est l'époque où, lassé de l'hôtel dans lequel il ronge des os et passe ses nuits à se gratter pour cause de vermine, ce qui, convenons-en, n'est guère reluisant pour un dandy, il cherche à déménager. Alors il trouve un meublé qu'il partage avec une famille bien vue, deux chats angoras et un perroquet qu'il met en transe avec du sucre. Pour payer son loyer, il donne des leçons d'anglais à la jeune fille de la famille. Elle a quatorze ans, lui plus de cinquante. Bien sûr, il tombe amoureux. Sa correspondance le montre fatigué, déclassé : « Je serre les mains, bavarde avec les pères et mères, tapote la tête de tous leurs affreux moutards en leur disant qu'ils sont superbes. Que puis-je faire de mieux avec mes maigres moyens ? » Dettes, créances, huissiers, attaques de paralysie, déménagement à l'hôtel d'Angleterre. Ses lettres le montrent de plus en plus malheureux : « Mon existence ici est devenue parfaitement misérable, insipide, inutile ; je ne vois pratiquement personne, je suis abattu et distrait, à tel point que je suis incapable de tromper la morosité de ces heures avec ces occupations qui furent autrefois mon secours et ma distraction. » Ses commensaux assistent à sa déchéance : il mange en se salissant, s'oublie, collectionne les attaques de paralysie, prend du laudanum en quantité, délire, développe un superbe complexe de persécution, voit un rhu-

matisme lui gagner la jambe. C'est l'époque où les
gendarmes le cueillent au saut du lit, en chemise de
nuit, sans perruque, pour le conduire en prison.

Près du palais de justice, non loin de l'endroit où
j'habite aujourd'hui quand je suis à Caen, deux ou
trois jours par semaine, Brummell connaît donc les
affres de la prison en même temps que Pierre
Rivière qui a égorgé son père, sa mère et sa sœur,
joli triplé. J'ai aimé que René Allio consacre un film
à cette histoire normande sur laquelle Michel
Foucault a travaillé, car ce fut pour moi l'occasion
de voir le philosophe, avec son crâne rasé, son rire
légendaire et son amusement à répondre aux questions imbéciles qu'un public d'étudiants maoïstes,
féministes et militants — on dirait aujourd'hui politiquement correct — était venu lui poser au cinéma
Lux. Foucault sourit, rit, écarta puis écourta dans la
plus absolue des maîtrises. Il prit congé et tous pas-
sèrent à côté de l'occasion d'entendre l'un des plus
singuliers penseurs de notre époque. Brummell et
Pierre Rivière, la compagnie ne manquait pas d'intérêt pour un Foucault fasciné par les figures du souci
de soi et de l'usage des plaisirs. Lacenaire n'était pas
loin.

Ombres de Brummell, de Malherbe, de
Gourmont, de Foucault, mais aussi de Barbey et de
Trébutien. Car les deux derniers compères sont des
amis dans la plus belle des traditions de la philia
antique. Barbey d'Aurevilly a raconté, dans ses
Memoranda, quelle Normandie et quels lieux il
aimait à Caen, quelles promenades ils firent, son
ami et lui : l'hôtel Lagouelle, les comices agricoles
sur la place royale — aujourd'hui place Saint-Sau-
veur, les portraits dans la bibliothèque municipale,
les toiles qui le séduisent dans la collection Mancel
— Memling, Van Dyck et Guide, mais aussi Le
Pérugin, Coypel et Véronèse —, le canal du Duc-
Robert, la prairie — « ce camp de drap vert » —, le
cours la Reine, le pont de Vaucelles, l'église Saint-
Pierre, le pont Saint-Jacques, le cidre, le Bon Sau-

veur — où il visitera Des Touches, le chouan devenu fou qui lui servira de modèle pour l'un de ses livres —, l'Abbaye aux dames, les églises Saint-Gilles et Saint-Etienne dans laquelle il a tant écouté de vêpres dans sa jeunesse. Tous lieux et souvenirs parfois épargnés par les bombardements de 1944.

Et puis j'aime aussi les ciels et le temps racontés par Barbey, parce qu'ils justifient l'hypothèse de l'éternel retour du même. Ici : « Des nuages, du vent acide comme un citron. » Ailleurs : « Rentré à l'hôtel, sous une nuit qui a des lèvres de morte pour la froideur, de belles lèvres bleues, car le ciel est d'un azur superbe et glacé. » Une autre fois : « Le temps épuré et magnifique de cette beauté triomphale d'automne, qui est la gloire pourprée de la Normandie. » Et partout la rigueur, le froid, la pluie, le vent, la beauté des éléments qui ignorent le calme. Esprits ombrageux, âmes tourmentées, azurs rebelles, ciels aux couleurs des tempéraments qui s'ajustent et s'adaptent aux intempéries, il faut pour les cœurs se soumettre au climat, ou se démettre.

Pour cheminer dans Caen à la recherche d'un restaurant, mon ami et moi empruntons à chaque fois les mêmes rues borgnes, puis les ruelles ventées, les trottoirs qu'il faut disputer aux tristes filles de joie, les artères lumineuses et commerçantes où se vendent de misérables objets, des farces et attrapes aux chaises percées pour valétudinaires, des jouets aux perruques et postiches. Puis ici ou là, de belles vitrines de livres ou de vêtements élégants, de couteaux qui brillent ou de verres qui scintillent, de chocolats éparpillés ou des tissus flamboyants destinés aux découpes, ou encore des devantures d'antiquaires dans lesquelles dort peut-être, au milieu des tabatières exposées, l'une de celles qui firent les beaux jours de Brummell. Barbey et Trébutien hantaient ces lieux, avec leurs peines et leurs joies, leurs souffrances et leurs plaisirs, leurs mélancolies et leurs désirs. Puis ils trouvaient un endroit pour dîner : huîtres et punch, kirsch et tripes. Couchers

tardifs, opium parfois ou éther sur du sucre. Les soi-
rées des deux amis me font songer à celles que
m'offre mon complice chaque semaine à l'issue desquelles, citant cette superbe phrase de Barbey, je
pourrais écrire : « Parlé cœur à cœur, tout en dînant
face à face. » Alors nous nous séparons, chacun
retrouvant ses songes. Je retrouve les rues de Caen,
la nuit et les fantômes à nouveau m'accompagnent.

Non loin du lycée où j'ai rencontré pour la première fois, en classe de philosophie, des élèves qui
allaient devenir les miens, j'ai croisé pendant une
année de fantasques ombres défaites de leur raison
puisque c'est là, au Bon Sauveur, qu'on recueille,
comme au temps de Brummell et Des Touches qui y
finirent leurs jours, les chairs désertées, vidées de
leur santé mentale. Non loin, également, un appartement dans lequel je fus abrita aussi, pour quelques
jours seulement, d'étranges et miennes cohabita-
tions qu'inspiraient vraisemblablement de leur
souffle délétère les fous qui passaient dans la rue.
Mais je ne veux plus m'en souvenir, trop de fantômes...

J'imagine que l'esprit de Brummell, déjà parti
ailleurs ce jour de mars 1840 où il rend son dernier
souffle, est resté dans Caen. Entre le Bon Sauveur et
le cimetière près de l'université, sur les traces de
Barbey cheminant avec Trébutien, sur celles de tous
les amis qui, aujourd'hui, marchent dans les rues de
la ville, partout où se disent des sentiments sincères
et des émotions vraies, l'esprit du dandy veille,
comme celui d'un ange gardien. Ni sous la pierre
tombale, ni derrière le cri et la démarche des insensés de la rue Caponière, ni dans les craquelures des
toiles de la collection Mancel, ni dans le ciel menaçant, ni dans le Vaugueux hanté par les anciens soupirs de femmes vénales, ni dans le quartier Saint-
Martin habité par les mânes de Guillaume on ne
retrouvera ces djinns insolents. Nulle part ailleurs
que partout.

Bien sûr, Brummell a séduit Barbey par son individualité rebelle. Faut-il trouver là trait caractéristique de l'âme normande ? Est-ce la pluie qui recroqueville les âmes sur elles-mêmes, plie les esprits comme de baroques draperies et produit ces tempéraments trempés comme des lames d'estoc ? L'une des *Pensées*, détachée, le précise : « Je ne crois qu'à ce qui est rare : les grands esprits, les grands caractères, les grands hommes. Qu'importe le reste ! Le plus grand éloge qu'on puisse faire d'un diamant, c'est de l'appeler un solitaire. » Faut-il que l'individualité rebelle et la singularité soient douteuses et problématiques au plus grand nombre en général et à ceux qui font l'écume des jours en particulier ! Car lorsqu'il eut écrit *Du dandysme et de George Brummell*, Barbey pensa qu'on accepterait son texte à la *Revue des Deux Mondes* dont il appréciait chaque livraison. On le lui retourna, trop original. C'est du moins la raison qu'on avança. Les feuillets furent alors proposés au *Journal des débats* qui écarta ce que la revue prestigieuse avait refusé. Barbey publia chez Trébutien, à Caen, quelques exemplaires distribués aux amis...

Dans la nuit de Caen, lorsque je rentre chez moi, cherchant le sommeil qui se refusera et ne viendra pas de si vite, je songe à tous ces fantômes et m'en sens d'autant contemporain ou familier que mon siècle me paraît étroit. Restent les trajets solitaires, la compagnie des âmes qui ne reposent pas en paix, l'ombre des églises et l'odeur des pierres qui conservent la mémoire du vent et de la pluie. Restent la tristesse des filles de joie, les éclairages jaunes secoués par le vent et qui filtrent dans leur rai la pluie qui tombe en fin brouillard tenace. Reste aussi l'amitié de mon ami, ce qui est tant.

26

L'USINE À FEU

Les noces de l'homme et du feu se font en d'étranges contrées dont sont bannis les couleurs, l'herbe, les femmes et les enfants. Un monde en dehors du monde où la terre est brûlée, où l'acier domine et où les machines, monstrueuses, vomissent la vapeur et les gaz dans un vacarme perpétuel. Partout, la poussière du minerai en suspension. L'espace de l'usine est clos et fonctionne comme une ville où la virilité serait la règle. La fraternité s'y construirait auprès des cuves du métal en fusion, à proximité des hauts fourneaux, au cœur même de l'œuvre. Le travail est dur, presque partout pénible, mais les ouvriers cultivent la noblesse. Ils sont un peu les démiurges auxquels on a confié l'antique secret des dieux Prométhée et Héphaïstos : fabriquer le métal, le forger, le plier au vouloir. Leur quotidien se déploie en compagnie du magma et des entrailles de la terre. Cette familiarité génère des âmes autrement trempées que celles des mortels, plus hommes de l'air que du feu.

Je me souviens des fins de journée d'hiver sur le campus de l'université de Caen, lorsque je voyais au loin le ciel embrasé par les fourneaux de la Société métallurgique de Normandie. Le ciel était allumé d'une incandescence qui dansait. Les rougeurs faisaient reculer la nuit et convertissaient l'obscurité aux densités infernales. Une fumée blanche montait en d'épais nuages — je ne savais pas, alors, qu'elle se nourrissait de l'épuisement des braises de coke qu'il faut éteindre pour éviter qu'elles se consument. Sous l'inondation, la cargaison pétille, crépite et disparaît dans cette vapeur qui ne tarde pas à envahir le ciel. Le coke est prêt à l'enfournement pour devenir chyle des dieux.

Pour ceux qui n'y vivent pas, c'est-à-dire qui n'y

travaillent pas, la Société métallurgique de
Normandie est une ville dans la ville, une enclave
dans la cité avec ses lois, ses règles, ses coutumes,
ses rites et ses pratiques. Son histoire aussi, sa
mémoire donc. Au milieu de cet espace magique se
joue le destin du feu : on y fabrique le métal, on y
prépare les alliages. Les minerais et les gaz contribuent à de nouvelles matières. Et pour accéder à ces
épousailles magiques, il faut être protégé, couvert de
la tête aux pieds pour conjurer les dangers du métal
en fusion : ses crachats et ses gerbes, ses flux et ses
explosions.

A la coulée continue, les travailleurs sont couverts
d'amiante. Leur casque porte, sur le devant, un
grillage qui protège le visage. Lorsque ce dernier est
relevé, il renvoie, dans son mouvement, au protège-
nuque, lui aussi en tissu ignifugé. Alors, les hommes
qui portent ce couvre-chef font penser à des cheva-
liers échappés des films d'Eisenstein : heaume pour
de nouvelles guerres voulues par l'industrie.
L'ouvrier est une sorte de soldat que protège du feu
ennemi la cotte de mailles tombant presque sur les
pieds. Ainsi vêtus, ils donnent l'impression de géants
en colloque singulier, devisant devant le feu qui irradie, comme transfigurés par l'œuvre qu'ils accom-
plissent et se révèle sous leurs yeux.

Au pied du haut fourneau, les hommes maîtrisent
la coulée. Le monstre est cerclé, à sa base, d'un
anneau refroidisseur sous lequel des jets d'eau
assurent un abaissement de température. La vapeur
et les gaz nocifs fusent en traits et gerbes. Dans la
fournaise, les ouvriers s'activent et vont, silencieux,
comme encombrés par leurs longs manteaux qui
rendent les gestes plus lents, presque hiératiques.
Derrière un œilleton de verre fumé, on peut regarder
les entrailles du four et le magma en fusion. La protection réduit l'image à des bleus, mais on distingue
les bulles qui éclatent, la surface qui frémit, malgré
la densité et l'épaisseur du liquide. On assiste à une
répétition des premiers moments du monde ou à

une contraction des explosions qui ne cessent d'abîmer la surface solaire, tout en produisant l'énergie et la lumière. Feux d'enfer. Derrière les parois du four sont contenues d'incroyables fournaises.

Dans un vacarme de percussions automatiques, un marteau-piqueur s'attaque à la base du four : il s'agit de pratiquer une ouverture pour l'écoulement du mélange liquide. La croûte finit par céder, la coulée apparaît, le feu se répand, blanc vif, rouge, orangé. L'œil ne peut soutenir, les ouvriers baissent la visière de leur casque : ils épient les mouvements de la matière et jugent la qualité du métal qui s'écoule dans les rigoles, à même le sol. Ecarté, le laitier est destiné aux sables et ballast. La densité porte les matières vitreuses à la surface alors que le minerai, plus lourd, continue dans un tracé qui le conduit à la cuve dans laquelle il sera dirigé vers les ateliers pour y être travaillé. Au contact de l'air, la surface vibre de nuances parcourues par des fulgurances : taches brunes qui se font et s'écaillent, débordent ou se fixent sur les parois avant de durcir en concrétions grises. Le regard des ouvriers est exercé. Ils ne peuvent nommer les variations de couleur en rapport avec la température, mais ils savent, d'un coup d'œil, si la coulée est bonne. Pas de verbe entre la sensation, le corps et le geste qui s'impose. L'atmosphère est saturée de soufre, les poumons sont agressés, les yeux également. Les bronches sont brûlantes. Tous, ici, savent qu'à ce poste ils côtoient la mort sous sa forme patiente. L'un d'entre eux me fait savoir que les cancers du pharynx sont importants, puis hausse les épaules. Le visage est perlé de sueur, l'étrange lumière qui baigne ce qu'on appelle le plateau sculpte les orbites, les traits qui descendent du nez vers la bouche, les lèvres, les rides aux côtés des yeux. Tout accuse la fatigue, la dureté. Et les gestes continuent, immuables.

Je n'oublierai pas l'émotion que me firent ces hommes, au beau milieu de la nuit, en m'offrant un cendrier fabriqué sous mes yeux, le métal en fusion coulé dans un petit moule destiné à cet effet. A cet endroit, l'usine gronde et fume, brûle et irradie alors que la ville dort. Au milieu du feu et de la furie, le geste de ces ouvriers me laisse redevable. Refroidi, l'objet m'apparut effrayant de signification, car il ressemblait à un sarcophage ouvert, petit cercueil attendant son hôte. Prélevé dans une rigole à proximité, le métal avait été coulé pour moi comme vraisemblablement on le fait, parfois, en signe de sympathie. Le silence accompagna le travail, l'objet fut simplement donné — seuls de pareils présents sont capables d'aller au-delà des mots. Retournant à leur fournaise, ils me laissèrent à moi-même, étrangement touché. Je sentis, en m'éloignant, que l'extrême pénibilité de la tâche rapproche les âmes et les rend plus aptes à échanger des signes. Au passage, on m'indiqua l'endroit où un ouvrier perdit une partie de son pied en allant nettoyer des bavures qu'il croyait solidifiées et sous lesquelles continuait la fusion. Le feu n'a pas d'ami chez qui ne le craint pas sans cesse.

Pour continuer le chemin, il fallut emprunter de longs couloirs, d'étranges pièces toutes remplies de hurlements de machines, poulies en mouvements, câbles en traction, treillis en oscillation ou cliquetis secs des salles de commande abritant les ordinateurs. Des passerelles, une cinquantaine de mètres au-dessus du sol, enjambent des voies ferrées ou des avenues noires de charbon dans la poussière desquelles s'inscrivent les crans des pneus de camions immenses dont on ne voit pas le chauffeur, et qui sillonnent les hectares du site. Partout de la graisse, de l'huile, du métal froid et des escaliers crasseux. Des panneaux ou des affiches pelliculées de cendres, des courants d'air. Et toujours le bruit : assourdissant, lointain, dans le meilleur des cas. Arrachant les oreilles, dans le pire. Sous les hangars, sur les plates-formes, dans les cabines de pilotage des secteurs, bien qu'amoindri, dans les escaliers qui relient les bâtiments, sur les machines, près des fours. Partout.

Après un labyrinthe dans lequel même le Minotaure périrait à force de fumées nocives, je fus conduit sur le toit du four à coke. L'enfer. Rien de moins que l'enfer. Dante y paraît, ici, un écrivain à l'imagination défaillante. La fournaise est sous les pieds : plusieurs tonnes de charbon se consument dans un immense parallélépipède dont les fours sont de brique réfractaire. Au sommet du volume, quelque quarante mètres au-dessus du sol, d'étranges gueules métalliques laissent échapper des feux précédés d'une explosion sèche dans l'air. On les appelle des têtes-de-cheval. Elles sont alignées comme des naseaux de dragon ou des cheminées de paquebot et projettent des flammes dans la nuit. La consomption dégage une fumée noire, grasse. Les ouvriers sont chaussés de semelles très épaisses, iso-lantes. Le toit est constellé de manière régulière, de couvercles sous lesquels brûle le minerai : ouverts avec des crochets, ils libèrent d'immenses langues claquant dans l'espace, l'appel d'air provoque un enflammement du double de la hauteur d'un homme. Des fumées toxiques, presque vertes, enve-loppent les hommes qui travaillent là, dans l'antre de l'enfer, au milieu du feu, des flammes et de la fumée. Leurs visages sont effrayants de fatigue, de noirceur : les yeux ressortent, blancs, dans cette face salie, couverte de suie. L'œil est hagard, le corps vidé. Entre le feu de l'enfer et le ciel, sur le toit des hectares de l'usine, ils expient on ne sait quel péché. Si, dans l'Antiquité grecque, la fumée des sacrifices était destinée à réjouir les divinités, ici, elle est le prix payé par les hommes aux dieux de la produc-tion. La fumée est coïncidence avec la crémation, l'incinération. Subjugué par la scène, j'eus l'impres-sion que les épaisses volutes noires grimpant dans la densité de la nuit se nourrissaient de l'âme des ouvriers, qu'elles exigeaient leur sang, leur sueur, leurs nerfs et toute l'énergie dont ils sont capables.

La bête se repaît de tout l'homme : sa chair et ses muscles, sa capacité à rêver, à imaginer. Plus rien n'existe ici et la production veut les corps de ces hommes qu'on asphyxie jour après jour. Cet encens destiné aux dieux de l'industrie est ignoble. En même temps, il est la preuve qu'on sait encore, aujourd'hui, asservir les ouvriers comme aux époques les plus glorieuses de l'esclavage.

Je songeai à cette vieille histoire qu'on raconte en Irlande et qui veut qu'un druide d'Ulster ait été doué de la capacité à déterminer le nombre des malades et la nature de leurs affections rien qu'en scrutant la fumée s'échappant de leurs maisons. J'imaginai le druide au pied du four à coke, à côté de l'immense machine sur rail qui avance de four en four pour y fourrager un vérin égalisant les tas de charbon se consumant, le tout dans un perpétuel clignotement sonore annonçant la manœuvre : il y verrait qu'au sommet de l'ouvrage suant les miasmes, ce sont des hommes qu'on calcine petit à petit, lentement, de l'intérieur, sûrement, dans la plus totale indifférence du monde.

Jamais je n'oublierai cette scène et la triste résignation des hommes qui travaillent là. Je me souviendrai toujours, également, de la proximité silencieuse, un peu dépitée, du syndicaliste ami d'un soir déroulant pour moi le fil d'Ariane dans ce dédale capable de recoins infernaux. Ici, les hommes perdent l'usage de la parole et ne sont plus que des machines auxquelles le travail a arraché la cervelle et le système nerveux. Ici, l'homme est bafoué. Ici, on vend sa vie et sa santé pour un salaire dérisoire. La mort triomphera et distribuera les cancers sans parcimonie : elle s'insinue dans les chairs par le vice des fumées pathogènes. Je ne pourrai plus jamais regarder sans dégoût ceux des patrons et des politiciens qui se satisfont de ces misères-là.

Hors cette œuvre du diable, tout paraît acceptable. Aussi, à l'extrémité de ce pôle préhistorique, on traverse des salles remplies d'ordinateurs. Les

pieds protégés par des couvre-chaussures, on évolue
dans un espace dévolu aux génies de l'informatique :
claviers, consoles, écrans, haute technologie pour
connaître, à tout moment, l'état des points névral-
giques, les tonnages, les températures, l'avancement
des opérations — remplissages, mélanges, fusions,
coulées... Les hommes associent leur intelligence à
celles des machines, soumettent les éléments, les
matériaux, les métaux, les minerais, les gaz et les
vents. Démiurges d'un *nouveau style*.

Partout circulent la fraternité et l'intérêt pour
l'outil de production. L'usine produit une cohésion,
une famille. Elle est d'autant plus manifeste que les
tâches sont pénibles. La dureté solidifie les solidari-
tés. Et l'on s'aperçoit, au fur et à mesure de la suc-
cession des ateliers et des travaux, que plus on
s'éloigne du feu, du métal en fusion, plus les tempéraments se modifient. A croire que seul l'enfer est
capable de générer des âmes trempées. Loin du haut
fourneau, du côté du train à fil, là où se font fils de
fer et poutrelles, l'incandescence s'épuise au profit
d'une plus simple camaraderie, plus habituelle. Là
où l'usine paraît plus classique, les sentiments
qu'elle suscite le sont aussi. En quittant le creuset,
on s'éloigne des mystères. Pour autant, les hommes
n'en sont pas moins habités par une autre poétique.
Ainsi, dans le parc où sont entreposées les billettes,
un ouvrier me fit visiter en commentant. Enjambant
les poutrelles, il fit l'éloge des aciers durs, virils, destinés aux usages nobles — ainsi des carcasses
radiales de pneumatiques. Ensuite, avec un peu de
mépris, il me signala le métal mou, féminin, utilisé
à des fins viles — le béton. Dans cet enchevêtrement
de fers à mes yeux identiques, il savait, à l'œil, déterminer l'âme de la matière. Leçon de regard.

Tard dans la nuit, sorti de l'usine, sous le froid et
le brouillard de l'hiver, je vis les chantiers de destruction car on commençait la mise à mort du
monstre : carcasses et ferrailles entassées, brisées,
tordues. Ces grands vaisseaux échoués, lumineux et

ombrés sous l'éclairage nocturne, offraient leurs entrailles aux halogènes. Demain, ils subiraient le soleil, le vent, la pluie. Les misères de l'échouage. Fours à chaux et usines à brique destinés au néant ; trépas pour les souffleries et les mécanismes ; silences dans les ateliers ; chaos de matières mortes. Il y avait là comme un grand cimetière sous la lune, appelant de plus grandes hécatombes. Près de moi, le complice, métallurgiste depuis l'âge de dix-sept ans, syndicaliste, fier de sa médaille du travail — vingt ans de labeur alors qu'il n'a pas la quarantaine — fils et petit-fils d'ouvrier à la Société métallurgique de Normandie : il lui restait à finir sa nuit. Dans sa démarche, j'ai cru lire un mélange de solitude et d'effroi — comme lorsqu'on traverse le village de son enfance transformé en champ de ruines. Lors de son embauche, adolescent, il y avait six mille cinq cents salariés dans l'entreprise : des Russes blancs, des Polonais, des Italiens, des Algériens, des Marocains. Jamais de racisme. Les panneaux de sécurité étaient trilingues, dont un en caractères cyrilliques. A cette heure noire de la nuit, il n'y avait plus que quelques centaines d'ouvriers, avant de plus radicales compressions. Je sentais une partie de sa désolation et voulus lui dire quelques mots, pour lui exprimer ma sympathie. Je n'ai rien trouvé d'autre que le silence.

Depuis ma visite, le temps a passé. Plusieurs mois. L'animal terrassé a été allongé sur le sol, puis dépecé, mis en morceaux, découpé par des charognards qui cisaillent, coupent, taillent dans le vif du cadavre. D'immenses machines pulvérisent le léviathan froid : plus de fumées sortant de naseaux dissimulés, plus de vapeurs suintant des flancs ouverts, plus de souffle, même indigent. Plus rien, sinon des tonnes de métal, squelette de monstre qui se décompose sous la pluie, la neige, le vent, la lune. A la terre se mélangent les rouilles et les oxydations. Il semble que, sur le plateau où se dressait la bête, quand elle était fière, il n'y ait plus qu'un immense champ de bataille, nourri et infusé pendant des années de sang, de sueur et de larmes. Parfois, aujourd'hui, ceux qui en furent les serviteurs viennent hanter le lieu, accablés, la démarche lourde et lente. Je pense que s'ils le pouvaient, à l'instant, ils se dilueraient, se fondraient pour se mélanger aux carcasses éventrées, car ils sont las et désespérés d'avoir été rendus à une vie dans laquelle il n'y a plus de feu.

27

AUTOPORTRAIT AU TONNEAU

Pourquoi ai-je autant de sympathie pour la figure de Diogène, le philosophe au tonneau, quand il est possible, dans le panthéon des figures de sages, d'opter pour tels ou tels qui s'illustrèrent dans le poêle hollandais, le divan viennois ou le vilain bidon métallique de Billancourt ? Quelles sont les raisons qui me conduisent devant le tonneau défoncé, ouvert et béant du philosophe cynique ? Bien sûr, il me plaît, cet homme, parce qu'il se masturbe sur la place publique, traîne derrière lui un hareng attaché à une ficelle, déplume un coq qu'il envoie dans les jambes de Platon, hante les rues avec une lanterne éclairée en plein jour, circule en marche arrière dans la palestre et pratique l'existence comme une perpétuelle occasion de subvertir les valeurs traditionnelles, en l'occurrence la fausse pudeur, l'honorabilité, le verbiage, le conformisme et autres billevesées sociales. J'aime Diogène, enfin, pour ce tonneau montrant à l'envi qu'on peut préférer l'être à l'avoir, la sagesse austère bien que drôle à la possession qui fait des savetiers d'aussi tristes sires que les financiers.

Faut-il, afin d'expliquer mon goût pour Diogène,

fouiller les relations que j'entretiens avec les poulets ou les harengs, les lanternes ou la masturbation ? A moins qu'il faille chercher quels tonneaux il y eut dans mon enfance pour expliquer pareil engouement. Alors, et pour réjouir les freudiens, je retrouverai la cave de mon enfance, la maison dans laquelle j'ai passé mes dix-sept premières années. Et je lirai, en regard, les pages de *La Poétique de l'espace* que Gaston Bachelard consacre aux sous-sols des maisons pour montrer qu'ils sont les racines d'un étrange arbre dans lequel grimpent les souvenirs d'enfance et se cachent les mémoires les plus intimes. Car la cave au sol de terre battue est le lieu sombre et toujours enténébré de l'inconscient. C'est aussi l'endroit où songent, reposent, pensent et respirent les tonneaux. Souterrains des châteaux forts de légendes et ultra-caves de la littérature — c'est l'expression de Bachelard —, en passant par grottes préhistoriques et autres maisons troglodytes, les références ne manquent pas qui font de la cave un ventre primitif, un antre où se trament des mystères, se nouent des idylles, se fomentent des épousailles entre l'eau et le feu, la terre et l'air, le tout grâce à des tonneaux.

Faut-il préciser qu'on monte toujours au grenier, comme on descend toujours à la cave ? De sorte qu'on pourrait imaginer qu'on ne descend jamais des étages secrets tout comme on ne remonte jamais des sous-sols nocturnes. Ce qui nous condamnerait à ne jamais descendre des greniers, à ne jamais remonter des caves, ou alors, à ne jamais en revenir les mêmes, identiques. Car la fréquentation de ces lieux transfigure, transforme un enfant en sujet initié. J'ai l'impression, pour ma part, de n'être jamais revenu de ces deux endroits sans une provision homérique de sensations, d'émotions et de perceptions. Dans la cave, des toiles d'araignée et des odeurs de bois sec, des bouteilles de vin, peu, c'était coûteux, des bocaux de conserve, beaucoup, c'était facile : des pêches, des poires au sirop, des haricots verts ou des champignons, des petits pois avec des lardons et des feuilles de salade, des objets antiques, le tablier de cuir de mon grand-père maréchal-ferrant et sa boîte à outils, de la poussière, un billot de bois et la hache fichée en lui. Et des tonneaux. Un pour le cidre, un pour l'eau-de-vie.

Le petit, pour le calvados, était recouvert de tissus poussiéreux, de papiers, de cartons et autres chiffons destinés à faire oublier le trésor. On n'y touchait jamais, et mon père, dont la consommation était dérisoire, ne vérifiait jamais l'état du fût, son niveau, son évolution. Les douelles étaient râpeuses et sèches, le cerclage était froid et granuleux de rouilles en pellicules. Nul doute que le contenu était catastrophique, comme souvent en Normandie où les alcools sont plus fréquemment des carburants d'engins agricoles que des nectars pour palais précieux. Un jour, voulant tout de même voir ce qu'il en était, mon père ouvrit le tonneau qui ne contenait plus que des souvenirs. Evaporé le calvados, part des anges. Je trouvai l'opération un peu magique, mais plutôt frustrante.

Plus tard, je devais apprendre les mystères et les raisons de cette opération. L'évaporation montre que le tonneau est la peau par laquelle se font les échanges entre les quatre éléments : l'eau du liquide, l'air de l'atmosphère, le feu de l'alcool, la terre de la cave. Et tout est mélangé : l'eau à l'air pour l'humidité, le feu à l'eau pour l'alcool, la terre et l'air ou l'eau pour le sol damé. Chaque proportion ici en une matière induit là un équilibre, et le tonneau est la forme qui contient puis permet ces alchimies singulières. Ainsi, y a-t-il beaucoup d'eau dans l'air de la cave ? Alors le tonneau laisse passer l'alcool de son contenu, comme pour assécher l'air ou humidifier le liquide. Y a-t-il, en revanche, beaucoup d'air sec dans l'atmosphère ? Alors le tonneau laisse s'évaporer l'humidité de son contenu. Dans le premier cas de figure, l'alcool est rond, souple ; dans le second, il est puissant, robuste. A chaque fois s'équilibrent les proportions : trop ici, pas assez ailleurs, excès ici, défaut là, le but étant de réaliser l'équilibre, l'harmonie, la juste mesure. Ni trop d'alcool, ni pas assez. Le tonneau est au centre de ces opérations. Il laisse passer, il libère, mais passif, comme obéissant à la nécessité philosophique. Pour parler de cet épiderme du tonneau, bien sûr il faudrait un dermatologue en son genre, un médecin racontant ce qu'est cette peau à la surface de laquelle s'inscrivent les émotions, les passions et les perturbations qui secouent l'âme du liquide.

Le plus gros tonneau était réservé au cidre. Et l'on ne risquait pas, avec ce liquide moins volubile, moins volatile, plus fruste, les mêmes désagréments qu'avec les alcools. Les spiritueux, parce que spirituels, connaissent une part des anges qui épargne les boissons plus courantes, sinon plus sommaires, comme le cidre ou le poiré. J'ai souvenir de mon père nettoyant, secouant la barrique après avoir coulé en son ventre, par le trou, des litres d'une eau bouillante qui fumait au contact de la fraîcheur de la cave. Mon père donnait au tonneau des mouvements singuliers, réguliers, gîtes et tangages infligés par des marins d'eau douce qui faisaient aller et venir l'eau de nettoyage dans le volume du tonneau. J'entendais, lointain, le bruit du liquide qui allait et venait, léchait les parois, montait et descendait le long des douelles, sac et ressac, rivière souterraine, flux liquides venus des entrailles et toutes émotions destinées à ma mémoire d'enfant. L'ondulation, la danse infligées par mon père produisaient une musique par moi seul entendue aujourd'hui. Puis, lavé, le tonneau était penché et vomissait l'eau sale qui avait servi au nettoyage dans le caniveau où, grinçant, crissant sous les graviers de la rue, il avait été conduit pour se vider. Ce qu'il fit entre hoquets et éructations car le tonneau est un animal dyspeptique souffrant d'aérophagie.

Lorsqu'il était vidé, propre, prêt à accueillir le cidre, il patientait, comme endimanché. Puis, une fois empli, il embaumait la pomme et les pépins. Le cidre sucré chantait en pétillant à la surface, mais je n'apercevais que la profonde noirceur, car l'œil qui s'aventurait dans la béance pratiquée au sommet du tonneau ne voyait que l'obscurité mélangée à la nuit de la cave. Je faisais silence pour écouter crever les millions de bulles qui éclataient comme des étoiles dans la voûte céleste. Et le parfum saturait la cave. Alors commençait pour mon frère et moi le ballet des allées et venues qui nous conduisaient alternativement de la cuisine, dont nous partions avec la carafe vide, à la cave, dont nous revenions la carafe pleine. Je me souviens des bruits que faisait la quenelle lorsque j'ouvrais le petit robinet de bois patiné et gorgé de cidre, puis de la chanson du liquide qui descendait dans le verre, modulant au fur et à mesure du remplissage un souffle qui se précipitait jusqu'à l'étouffement menaçant débordement lorsque, rêvassant, je n'avais pas veillé à fermer le robinet à temps. Parfois, c'était parce que je me perdais dans l'étoupe qui sertissait la quenelle dans le bois du tonneau, ou parce que je guettais les bulles qui crevaient à la surface de la carafe. Je sentais dans mes bras, mon poignet, le poids se modifier au fur et à mesure que la carafe se remplissait. Puis, je sortais, après avoir éteint la petite lumière jaune vacillante de la cave.

Aujourd'hui, les tonneaux sont vides et mon père ne boit plus ni cidre ni calvados. Mais j'ai appris d'eux qu'ils doivent être vides ou pleins, comme on dit des portes qu'elles doivent être ouvertes ou fermées. Cette dialectique du plein et du vide est typiquement occidentale. Les Japonais, par exemple, pensent moins le problème en termes de vide et de plein, qu'en termes de vide tout court. Le vide n'existe pas par défaut, négativement, comme manque de plein, mais comme une catégorie à part entière. Vraisemblablement parce qu'ils ne boivent pas de cidre. Mais pour ceux qui boivent, du cidre et du poiré, des vins de Champagne, de Bordeaux, de

Bourgogne ou d'ailleurs, des cognacs, des armagnacs ou des calvados, le tonneau est l'instrument des dialectiques entre le dehors et le dedans, le vide et le plein, l'intérieur et l'extérieur, le contenu et le contenant aussi. D'où mon désir, au-delà du tonneau de calvados vide et du tonneau de cidre plein, d'aller quêter ce que, jadis et naguère, ils avaient pu porter en leur panse, dans leurs flancs qui ne fut pas seulement liquide, mais aussi symbole.

Diogène n'est pas en de mauvaises compagnies, car il trône au milieu de Zeus, d'Esope et des Danaïdes, ce qui n'est pas peu. Le philosophe au tonneau avait donc élu son domicile en pareil lieu parce qu'il souhaitait dire de manière efficace, rapide, sinon brutale ce que pouvait signifier la priorité de l'être sur l'avoir. C'est réussi. Mais il a également utilisé le tonneau en d'autres occasions : par exemple au moment où les Corinthiens s'apprêtaient à tenir un siège et en effectuaient les préparatifs, Diogène roulait sa barrique, ajoutant à la débâcle, sans faire quoi que ce soit d'utile, mais singeant la précipitation et le sérieux des hommes affairés. On imagine qu'une fois de plus il donnait dans l'ironie et la provocation, appelant les uns et les autres à délaisser les idoles de toujours, Mars en l'occurrence, pour leur préférer Héraclès, Eros et quelques autres fictions.

Plein de philosophie, le tonneau peut également se remplir de vices et de vertus, de bien et de mal. En effet, là où réside Zeus, à l'entrée, et à portée de main du dieu des dieux, sont fichés dans le sol — car le ciel a un sol — deux tonneaux. C'est Achille qui le précise dans l'*Iliade* : l'un est rempli de bienfaits, l'autre de malédictions. Et, semant sans souci, Zeus envoie sur terre une fois ce qu'il aura puisé dans l'un, une autre fois ce qu'il aura récupéré dans l'autre. Les sujets lucides s'écrieront : le tonneau plein de malédictions paraît sinon mieux pourvu que l'autre, du moins il semble jouir de plus de faveurs de la part de Zeus.

Bien sûr j'ai songé à Pandore en lisant cette histoire car sa boîte aurait bien pu être un tonneau de cet acabit. Esope devait, plus tard m'en fournir la preuve : on peut effectivement imaginer pareil glissement car, dans une fable qui s'intitule *Zeus et le tonneau des biens,* le fabuliste nous apprend que le récipient plein de bénédictions avait été donné en garde à un homme curieux — pour le coup, les femmes sont épargnées, point d'Eve ni de Pandore dans le viseur. Et cet homme a ouvert le tonneau pour voir ce qui se passait à l'intérieur. Las ! Mal lui en prit, tout s'envola vers les dieux qui, depuis, vivent dans l'allégresse. Les hommes, quant à eux, sont condamnés au tonneau des misères. Reste l'espoir, sauvé par la rapidité du curieux qui a refermé le récipient au bon moment et à temps. Il permet d'imaginer qu'un jour les hommes retrouveront leurs biens évanouis. Est-ce pour cette raison qu'on puise si souvent au fond des tonneaux de quoi connaître un peu d'ivresse, afin d'oublier que les bienfaits sont allés aux dieux et qu'il ne nous reste que de piètres consolations ? Peut-être...

Diogène, Zeus et Esope auraient pu faire des époux idéaux pour les cinquante Danaïdes, filles de l'Egyptien Danaos, roi de Libye, qui voulait autant que son frère, père quant à lui de cinquante garçons, le pouvoir suprême dans son pays. Mais de sombres histoires obligèrent les Danaïdes et leur père à s'exiler. En forme de réconciliation, plus tard, le père des mâles proposa à celui des femelles un mariage en bonne et due forme. Danaos accepta, mais en dotant chacune de ses filles d'une dague et d'une invitation à trucider tous ses neveux. Toutes obtempérèrent, sauf une qui épargna l'un d'entre eux qui n'avait pas abusé d'elle. Carnage... Pour les punir, Zeus les condamna à remplir perpétuellement des tonneaux sans fond.

Les spécialistes en mythologie, qui ne le sont pas forcément en tonneaux, conclurent que ce châtiment avait des formes allégoriques car, en effet, les princesses d'Egypte avaient apporté dans leurs bagages l'art de la canalisation des fontaines et des rivières. D'où, après leur arrivée en Argolide, la floraison de puits et de citernes qui leur auraient valu cette association à l'eau éternelle et à l'abondance de liquide. D'autres, qui ne partagent pas cette hypothèse de Strabon, avancent que le mythe signifie l'impossibilité dans laquelle se sont trouvées les femmes ayant occis leurs cinquante maris potentiels d'en trouver une autre livraison. Le tonneau des Danaïdes signifierait alors l'éternité du travail de quête, la répétition, l'éternel retour du manque, le mouvement réitéré de la recherche de complétude. En fait, le mythe serait une variation sur le thème de l'incomplétude impossible à combler. Dieu, que les tonneaux pleins nous conduisent loin...

Pleins de bienfaits ou de malheurs, remplis de philosophes et de vapeurs envoyées aux anges, destinés à un remplissage qui jamais n'aboutira, habités par des souvenirs d'enfance, hantés par des boissons séculaires, protégeant les alchimies qui permettront l'élevage et l'aristocratisation de certains vins, sinon la conservation de l'esprit du vin, prétextes des dieux et des femmes vindicatives, partenaires des caves et des humidités génitrices, confisqués par les sages qui s'en servent pour avancer leur dialectique du plein et du vide, du dehors diurne et du dedans nocturne, du contenant et du contenu, les tonneaux sont prisonniers des mythes qu'ils supportent. Et c'est tant mieux.

Aussi, à ceux qui dissertent sur les tonneaux de Diogène, Zeus, Esope et les Danaïdes, il faudra éviter de dire qu'on peut aussi lire Pline qui nous apprend que le tonneau, avec ses bonnes douelles et l'aspect bien ventru qu'il a gardé depuis son origine, est une invention des Gaulois, donc bien postérieure aux frasques de nos Grecs. De sorte que, pour des raisons chronologiques évidentes, à chaque fois que dans le texte grec apparaît le terme pithos, que l'on traduit par tonneau, on fait une erreur magistrale, car il s'agit de jarres. Mais taisons l'information, car elle renverrait nos tonneaux à la rivière. Or l'eau est le plus déconseillé des liquides pour emplir la trouvaille gauloise.

28

BOUDDHA, LE CHIEN ET LA FLÛTE

Le pessimisme est-il tenable au-delà d'un certain âge sans qu'on songe pour ceux qui s'en réclament à la posture et à l'affectation ? Certes, aux époques de l'existence où le monde nous refuse, il est de bonne guerre qu'on refuse le monde et l'adolescence est une période faste, propice et heureuse pour lire, s'enthousiasmer, voire vénérer Leopardi, Schopenhauer ou Cioran. Contempteurs du monde, familiers d'apocalypses au quotidien, pourfendeurs du réel, toujours au bord du suicide, les penseurs pessimistes se contentent d'expédients qui, entre le sorbet de l'Italien et les randonnées cyclistes du Roumain, permettent d'attendre sagement que Thanatos vienne les chercher. Parfois même, chez ceux qui disaient leur familiarité avec la mort, leur complicité de tous les jours avec elle, on s'amuse à constater combien ils rechignent à quitter un monde qu'ils se sont pourtant évertués à repeindre en noir tout le temps qu'ils ont vécu prétendument sous le signe de Saturne.

Et Schopenhauer n'échappe pas à la règle lui qui pensa en pessimiste une existence qu'il se contenta de vivre en banal misanthrope, misogyne, amateur de politiques réactionnaires, névrosé reportant sur son chien toute l'affection qu'il n'a jamais su mettre ailleurs, oscillant du lit des prostituées à celui des actrices, ruminant un perpétuel ressentiment à l'endroit de tout et de tous, ravagé par le succès des autres, envieux et jaloux. D'où vient, pourtant, qu'on puisse l'aimer, s'y attacher ? Vraisemblablement du fait qu'il a pensé pour tâcher de se déprendre de lui, qu'il a écrit pour tenter de vivre, de mieux vivre, qu'il a philosophé pour essayer de moins souffrir. En un mot, qu'il n'a pas réfléchi en dilettante, en professeur de philosophie, mais comme un être tout entier requis et impliqué qui a transfiguré son mal de vivre en œuvre. Rien n'est plus respectable qu'une pensée véritable nourrie aux sources de l'authenticité d'un corps qui souffre, qui plus est lorsqu'elle est construite comme un opéra baroque. En ce sens, Schopenhauer est du côté de Sénèque contre Platon, de Montaigne et de Pascal contre Leibniz et Malebranche. Dans cet ordre d'idées, il n'est pas étonnant que Nietzsche ait commencé son œuvre sous le signe d'une pareille pensée, car elle propose un art de vivre, de mieux vivre, là où l'existence ne cesse de se poser comme un problème.

L'idée développée par Nietzsche dans les pages inaugurales du *Gai Savoir* et en vertu de laquelle une pensée philosophique est la confession du penseur qui l'énonce, trouve déjà sa formule chez Schopenhauer qui affirme dans *Le Monde comme volonté et comme représentation* : « Toute biographie est une pathographie. » Croyait-il si bien écrire ? En effet, l'œuvre du penseur pessimiste est une tentative de formuler une sotériologie, un art de vivre qui propose un salut, une eschatologie susceptible de faite le pendant à ce que la raison permet de constater : la nature désespérément tragique du réel. Schopenhauer est un pessimiste de conviction et de raison, c'est pourquoi il est un optimiste d'aspiration et de volonté, si l'on peut utiliser un mot autant explosif que maudit sous sa plume. Ce que la déduction intellectuelle offre en matière de conclusion doit pouvoir être dépassé, réduit, par ce que la décision philosophique permet.

Donc, la vie est une entreprise dont les recettes ne couvrent pas les dépenses, c'est une affaire enten-

due : on y souffre, connaît les affres et les tourments
du désir, on y vieillit, on y est trompé, floué, bafoué,
on meurt, aussi, et l'on doit supporter les autres qui
sont un enfer, ce qui, parfois, est pire que mourir. La
vie, dit-il en une métaphore explicite, connaît les
mouvements d'oscillation d'un balancier : soit
l'ennui, soit la souffrance, nous n'avons pas le choix.
Et une volonté sans objet se trouve immédiatement
remplacée par une multitude d'objets pour ladite
volonté. Ennui, souffrance. Malin, et d'une redoutable lucidité, Schopenhauer ajoute que « l'ennui a
dans la vie sociale sa représentation le dimanche ; et
la souffrance, les six jours de la semaine ». Qui se
propose de le démentir, aujourd'hui encore ? Le
Wille allemand, c'est la volonté, le vouloir, le vouloir-
vivre, mais ce peut être également l'énergie sexuelle,
la libido, l'appétit, le *conatus* ou quelque chose qui
dirait explicitement une force qui possède le monde
pour la raison qu'elle est consubstantielle à ce réel
qu'elle fait. Le monde est volonté, il est aussi incarnation de celle-ci dans des formes, de la matière, des
volumes, des individualités, des représentations,
mais tout cela n'est que variation sur le même
thème : vouloir, vouloir, encore et toujours vouloir. Il
est nouménal en tant qu'essence du réel, mais phénoménal dans la mesure où ce réel est incarné,
objectivé. On n'y échappe pas, il est partout,
aveugle, tyrannique, obsessionnel, il soumet chacun
et chacune, les animaux, les plantes, les minéraux,
les éruptions volcaniques et les attractions entre les
sexes, ce qui est la même chose, d'ailleurs. Vouloir :
la chute d'eau, le vent et les montagnes ; vouloir :
l'instinct sexuel et l'amour ou ce que l'on prend pour
tel ; vouloir : les sensations, les émotions, les perceptions ; vouloir : les pluies torrentielles et les
vibrations d'une voix amoureuse soumise aux
caprices de l'espèce ; vouloir encore l'égoïsme et la
méchanceté des hommes, leur cruauté, leur souffrance, leurs douleurs. Enfin, cessons là, puisqu'il

est tout et partout, l'inventaire ne prendrait pas fin :
là où il n'est pas, c'est le rien. Et tout est dit.

Le monde est donc un théâtre sur lequel se
dévorent les acteurs avant de succomber emportés
par la mort. C'est aussi, au milieu de ces singularités jetées sur scène de la folie et de l'imbécillité, de
la naïveté et de l'infamie : tant de sottise, si peu de
noblesse, autant de cruauté, et la grandeur faisant
tellement défaut ! A quoi ressemble l'univers, dans
ces conditions ? Une planète froide et moisie, dure,
perdue dans une hystérie qui meut les galaxies et
envoie les sphères valser dans un abîme où l'on
risque en permanence la déflagration, la désintégra-
tion. Et des homoncules s'excitant, en délire, sur
cette surface inhospitalière. Que faire ? comme
dirait Oulianov.

Réponse : mettre en œuvre une philosophie
conséquente, en rapport avec ce que l'on sait, et qui
soit susceptible de passer outre, d'aller au-delà de
ces misères éternelles, de ces apocalypses sans nom.
Et *Le Monde comme volonté et comme représentation*
propose des recettes, trois en l'occurrence, dans lesquelles se découvre l'optimisme du philosophe. Première possibilité, c'est la plus simple : la contemplation esthétique. Dans la relation qu'entretiennent le
spectateur et l'objet apprécié, regardé, écouté, la
volonté s'abolit, elle est mise à distance de manière
désintéressée : l'acteur devient un spectateur. Ecou-
ter une symphonie, regarder une toile de maître, lire
un roman, assister à la représentation d'une pièce
de théâtre, voilà comment se défaire, en partie, de la
tyrannie de la volonté.

La deuxième solution permet un passage du stade
esthétique au stade éthique : filons la métaphore, le
spectateur se contente de considérer la salle, il
constate que tout le monde est embarqué sur le
même navire que lui, soumis aux mêmes aléas, aux
mêmes risques et qu'il n'y a de vérité que dans le
traitement identique de tous, mêmement concernés
par la tyrannie de la volonté. D'où la pratique d'une

morale de la pitié, d'une éthique de la sympathie et du condouloir, forme métaphysique de l'amour du prochain et de la compassion universelle. Ainsi déchargé de son calvaire propre, en partie du moins, on peut se concentrer sur le travail universel de la volonté, on en oubliera d'autant les ravages qu'elle effectue sur le terrain individuel.

Enfin, stade ultime et métaphysique, on peut s'affranchir totalement du vouloir : alors le spectateur quitte la salle. Il ne consent plus aux demi-mesures, éteint ses désirs, opte pour l'ascèse, le refus des désirs et des plaisirs, renonce au monde et à la sexualité, aux biens et aux richesses matérielles, se dépouille et atteint le nirvana. D'où, à brève échéance, en comptant sur l'universalisation de la maxime renonçante, la fin de l'espèce, donc du monde. Bouddha est là, avec son sourire, en petit buste, dans l'appartement de Schopenhauer. Il enseigne, par ce visage radieux, combien il faut préférer cette solution à toute autre, alors le balancier s'arrête, et la mort meurt, la souffrance et l'ennui disparaissent à tout jamais. Joli programme...

Qu'en est-il chez notre philosophe de la contemplation esthétique, de la morale de la pitié, et du renoncement aux biens de ce monde ? On connaît l'éternelle invite des maîtres de vérité à ce que l'on fasse plutôt ce qu'ils disent que ce qu'ils font, et l'adage se vérifie, là aussi. Car Schopenhauer se contente d'un Bouddha pour décorer le manteau de sa cheminée, pas plus. Dédaigner l'argent, les richesses, les biens de ce monde ? Mais comment pourrait-il vivre, lui qui calcule scrupuleusement cent fois par jour ses thalers de rentier et d'héritier ? Car il vit de ses rentes et connaît en même temps que les joies du propriétaire les tourments du savetier devenu financier. Ses comptes ? Il les fait en signes cabalistiques et les cache, au cas où quelqu'un entrerait dans sa maison et découvrirait l'état de sa fortune. Refuser les plaisirs du corps et de la chair, la sexualité ? Mais comment le pourrait-il, lui qui lutine les domestiques, entretient des demi-mondaines, s'amourache de prostituées et sème les enfants naturels çà et là ? Lui qui engrosse ici, part là, laisse sa sœur réparer les dégâts, avant de se réjouir d'apprendre que le fruit de ses amours ancillaires est mort-né. Affaire classée.

Bien. Mais peut-être que ne pouvant pas le plus difficile, Schopenhauer se contente du plus facile : le degré inférieur, le stade éthique ? Alors ni pauvre, ni ascète, mais peut-être pratiquant la pitié ? Non, guère plus. Car en guise de sympathie, notre philosophe est plutôt maladroit. Jugez-en : un jour de colère, parce qu'il en a assez de voir sa voisine s'attarder dans le vestibule commun de l'immeuble, elle pourrait bien en profiter pour l'espionner, Schopenhauer la roue de coups et la précipite dans l'escalier. Certes, il a bien écrit, dans les *Aphorismes sur la sagesse dans la vie*, que « l'homme est un animal frappeur », mais tout de même... Abîmée, et trouvant un médecin complaisant — déjà —, la femme aux hématomes obtient gain de cause dans un procès, et le philosophe est condamné à lui verser une pension. Ce qu'il fera pendant vingt ans, puisque c'est le temps qu'elle mettra à succomber, vraisemblablement à d'autres blessures.

Bien, c'est entendu, il ne pratique pas la pitié avec ses voisins. Mais peut-être, alors, avec l'homme de la rue ? Voyons. Par exemple, en 1848 ? Le peuple se révolte, il y a des barricades, des émeutiers. L'armée entre chez lui pour profiter de son appartement, les fenêtres sont idéales pour tirer sur le peuple : Schopenhauer, zélé, offre ses lunettes de théâtre, elles permettront de mieux ajuster le tir. Fidèle à ses idées politiques, il laissera sur son testament une somme d'argent pour les familles des soldats qui ont maté les révoltes. Et l'on prétend que sur le même papier olographe, il y avait des dispositions pour que de l'argent soit aussi légué à son chien au cas où le quadrupède lui survivrait. Où l'on s'aperçoit que, vérité de toujours, chiens et militaires sont frères.

La preuve est faite qu'en matière de pitié, il vaut mieux n'être ni une servante enceinte, ni une voisine indélicate, ni un ouvrier révolté, mais plutôt un animal. Car, en effet, Schopenhauer pratique la pitié avec les animaux pour lesquels il ne tarit pas de compassion. Inaugurant la passion des nazis pour les bêtes — ils interdisaient le gavage des oies en même temps qu'ils construisaient les camps de concentration —, le penseur ronchon critique la vivisection, l'asservissement des animaux, les pratiques carnivores, les mauvais traitements infligés par leurs cochers aux chevaux et justifie sa pitié active parce que, dit-il, chez les animaux, le vouloir apparaît franchement, sans les travestissements qu'on peut constater chez les humains.

N'imaginons pas de condouloir plus actif pour les hommes, Schopenhauer n'en attendait rien de bon. La preuve, il dormait toujours avec un pistolet chargé sous son oreiller, en cas de besoin, on ne sait jamais : si la négation du vouloir vivre et la morale de la pitié font défaut, il reste toujours les bons vieux moyens pragmatiques, même si la philosophie est de la sorte quelque peu malmenée. Peut-être finira-t-on, avec le premier temps, la contemplation esthétique, par trouver un Schopenhauer schopenhauérien ? Pourquoi pas, c'est plus facile de commencer par le plus simple.

Et en effet, sur ce terrain le philosophe a été à la hauteur de son enseignement en pratiquant régulièrement les beaux-arts, musées et musique, lecture et littérature, écriture et peinture. On ne peut nier la quantité de pages imprimées et la qualité d'écriture de celles-ci : drôlerie et efficacité du registre des *Parerga et Paralipomena*, puissance et beauté de la langue dans *Le Monde comme volonté et comme représentation*, intérêt pour la manière de l'autoportrait dans le *Journal de voyage*, composition de ses ouvrages comme s'il s'agissait d'œuvres musicales baroques avec un art consommé du pli, de la variation et du développement de thème, Schopenhauer

trempe sa plume dans les encres les plus contemporaines de Caspar David Friedrich et de Schubert. Et
il réussit son œuvre philosophique en artiste.

De même, sur le terrain de la musique, on lui
connaît une pratique régulière de la flûte. Ses après-
midi y étaient consacrés et il jouait ses musiciens de
prédilection, des spécialistes en joie, allégresse et
jubilation : Mozart et Rossini dont il possédait les
partitions en réduction pour son instrument. Et si la
leçon de Schopenhauer était là ? Dans cette idée que
le monde n'est justifiable et souhaitable, praticable
et aimable que sur le terrain des beaux-arts, transfiguré par l'esthétique ? Impossible religion du renoncement, improbable éthique de la compassion universelle, mais délectation artistique, bonheur
véritable dans, par et pour la beauté quand elle se
fait écriture et littérature, musique et esthétique.
Entre Bouddha, trop lointain, et les chiens, ces animaux qu'on humanise pour la raison qu'on anima-
lise les hommes, il y a place pour la flûte — celle de
Pan, par exemple, dont on sait qu'il était une divinité lubrique à l'appétit sexuel jamais satisfait. Décidément, on n'en finit jamais avec le vouloir...

29

LE CORPS DE MON PÈRE

D'abord, l'odeur grimpait l'escalier, et c'est elle qui
me réveillait dans mon lit : le café noir, cuit et
recuit, aux effluves de caramel brûlé pour la raison
qu'il chauffait en permanence sur la fonte de la cui-
sinière à bois. Mon père nourrissait le fourneau avec
des bûchettes et des rondins qu'il fendait dans la
cave, le soir. J'entendais les coups sourds qui
venaient de derrière les murs, étouffés, réguliers,
cadencés. Le fer de la hache séparait en deux mor-

ceaux les billes de bois posées sur une vieille racine marquée, cicatrisée de traits et destinée à accueillir les pièces sacrifiées. Je n'avais guère le droit de stationner à proximité, car les coups assenés étaient suffisamment violents pour faire dangereusement voler les éclats dans le petit espace de la cave. L'odeur était humide, la terre battue. Les bras de mon père étaient puissants, sa force m'impressionnait, elle contrastait avec son calme et sa douceur.

Paradoxalement, sa sérénité était manifeste jusque dans ce geste puissant : économie de mouvements, efficacité du tombé de l'instrument, régularité des reprises. Lorsque les morceaux étaient allés ici ou là, autour du billot, mon père les ramassait, les entassait dans ses bras, en un petit tas régulier — une brassée. Puis il fermait la porte de la cave, revenait à la cuisine, et déposait son tribut aux pieds du fourneau incandescent. La chaleur saturait la petite pièce, elle semblait faire danser l'air de l'atmosphère. Dans cette cuisine, nous vivions en permanence : pour les petits déjeuners, les déjeuners et les soupers, les bains pris dans une bassine métallique, les leçons et les devoirs, les fêtes et le tout-venant, les jours de bonheur et ceux de tristesse, les étés chauds et les hivers glacés, les nuits d'insomnie et les journées banales. Moins de vingt mètres carrés pour une existence à quatre.

Mon père, c'est d'abord ce fumet de café, sécurisant et doux, un peu fade, qui me disait, au fond de mon lit, la demi-heure qui me restait avant le lever à proprement parler. Je consacrais ce temps à laisser vagabonder mon esprit, à penser à tout et à rien, à réfléchir à de minuscules problèmes, à imaginer, rêver. A savourer la quintessence du temps mesuré, heureux dans la chaleur des draps, avant celui du dehors, plus froid, plus rigoureux — car la chambre où nous dormions tous n'était pas chauffée. A quelques mètres de la maison, sise ruelle des Soupirs, il y avait l'église et son clocher qui racontait toutes les quinze minutes où nous en étions du temps. La nuit, j'y mesurais déjà mes insomnies et les ponctuations de mes pérégrinations nyctalopes.

Si le café racontait mon père, la nuit, les petits matins et le sommeil qu'on n'en finit pas de tirer, comme les Parques leurs longs fils, d'autres odeurs restent également associées à lui. Moins socialement acceptables, mais tout aussi logées dans mon âme, du côté des souvenirs et des mémoires ancestrales, c'étaient les effluves sales du purin, cette épouvantable rémanence d'excréments de porc qui imprégnait le tissu de ses vêtements de travail, malgré l'immense propreté qui était la sienne. Lavé, rincé, décapé, mais vêtu de ses bleus, le midi, il portait avec lui les mauvaises senteurs des sanies animales : elles pénétraient tout, la trame des tissus, les cheveux, la peau, malgré les lavages.

D'autres fois, quand l'épandage avait pris fin, c'était l'odeur tout aussi infecte de l'ensilage, du maïs pourri, cette infection donnée en pâture au bétail. A d'autres moments, les traces nauséabondes étaient produites par les engrais, fabriqués avec les cadavres d'animaux, charognes asséchées et pulvérisées recyclées par les équarrisseurs. Enfin, ce pouvait être, aussi, les bouses de vache qui séchaient, collaient aux vêtements pendant plusieurs jours quand, les séances de vaccinations vétérinaires venues, il fallait enclore les bêtes, les parquer, les déplacer, gérer leurs mouvements de l'herbage aux cages métalliques dans lesquelles elles déféquaient, effrayées, avant qu'on ne les rende à leur liberté. Avec le temps, toutes ces odeurs finissaient par disparaître. Elles saturaient l'espace, dès que mon père entrait dans la cuisine, puis plus rien, une olfaction décérébrée, une zone blanche et neutre. Je ne voyais plus que sa figure propre et sereine, son corps lent et silencieux : l'œil qui mangeait tout ne laissait plus de place au nez.

Dans la maison, aussi petite qu'un modèle réduit pour poupées, il n'y avait ni salle de bain ni douches. Les toilettes étaient dans la cave, et, pour y parvenir, il fallait sortir, faire quelques mètres dehors. La nuit, la sortie s'effectuait dans l'intimité des pleines lunes, de leurs quartiers, des croissants, des mouvements de nuages et des traînées laissées dans le ciel par les étoiles filantes. L'été, elle était saturée des parfums venus des champs, les grains moissonnés dans la poussière, les herbes fraîches dans lesquelles chantaient grenouilles et crapauds. L'hiver, on entendait un chat-huant souffler dans les hautes tours du château médiéval qui domine le village et les pas craquaient dans la neige gelée où l'on s'enfonçait. Quitter la chaleur du lit supposait qu'on se fasse transpercer la chair et l'âme par le froid. Aussi, dans la chambre, un seau en émail permettait qu'on n'ait pas à sortir pour les seules urgences liquides... Je me souviens du jet d'urine de mon père, au beau milieu de la nuit. Il faisait un bruit dont je connaissais le rythme et qui, dans ma mémoire, se trouve aujourd'hui par-delà la pudeur, du côté des nécessités et des promiscuités qui n'étaient que la proximité des pauvres démunis d'espace et de temps.

Les corps étaient donc lavés dans une immense bassine en zinc. Les paillettes de l'alliage produisaient brillances et scintillements, suivant qu'on les regardait d'une manière ou d'une autre, dans la lumière drue, rasante ou effleurante. Ma mère faisait chauffer l'eau qui bruissait, chantait en bulles qui venaient crever à la surface. La vapeur, épaisse, enveloppante, s'étendait dans toute la pièce. Elle versait le liquide brûlant et le bruit se modifiait en fonction du remplissage : du jet sec au bouillon généreux. Mon père y ajoutait de l'eau froide pour obtenir une température ad hoc. Il attendait pieds nus sur une serviette dépliée à même les pavés en terre. Ses orteils me paraissaient démesurément longs, et d'autant plus étonnants qu'ils étaient tous surmontés de quelques poils clairs.

Dès la bonne température, mon frère et moi étions conviés à quitter la pièce pour un ailleurs où il serait impossible de voir le corps du père : la chambre ou le garage. Le temps du bain, il nous fallait nous occuper et ne pas mettre le nez dans la cuisine transformée en salle de bain. Pourtant, pour l'avoir entr'aperçu lorsqu'il se déshabillait, le soir, je savais le corps de mon père étonnamment blanc, sauf sur les avant-bras et le visage que le soleil cuisait, brûlait, tannait. Les rayons dessinaient dans l'encolure un angle net, une forme de V et, sur le front, une ligne droite, horizontale : la démarcation entre ce que la casquette protégeait et le reste. La nudité de mon père longtemps fut pour moi cette double géographie : ces terres blanches et ces zones arides, cette carnation lactée et ce cuir brun, cette ombre douce et cette lumière crue. Le jour et la nuit, la vie et la mort. D'un côté, ce que le tissu des vêtements cachait, de l'autre, ce qui était exposé à l'air, au vent, au froid et à la morsure solaire.

Dans le monde où mon enfance se déplia, la tendresse ne se disait pas. Ni par les mots ni par les gestes. De sorte qu'il m'est facile de me souvenir de l'une des deux ou trois reprises où mon père dérogea. C'était fin juin 1976, je venais d'avoir mon baccalauréat, j'avais dix-sept ans. L'été donnait sa meilleure lumière, sa chaleur qui me ravit toujours autant. Je n'avais guère travaillé cette année-là. En dilettante, d'ailleurs, je souhaitais plutôt échouer pour me donner une année de battement, non loin de celle qui préoccupait, sinon tourmentait alors mon esprit. Contre toute attente, le rattrapage me fut favorable et j'empochai de justesse un diplôme qui, pour mes parents, signifiait quelque chose : le baccalauréat, un sésame, une couronne de laurier, une médaille olympique, de toute façon plus que toute autre chose, car, par exemple, plus tard, mon doctorat fit moins impression. Toujours est-il que, le soleil aidant, j'avais décroché l'occasion de véritables vacances, dans le genre repos du guerrier.

Apprenant mon succès, mon père sourit, posa sa main, comme en une onction, sur ma tête, sur mes

cheveux. Je sentis son poids, son épaisseur, les
doigts dans leur détail, la paume, sa surface, le
presque abandon mais la retenue, toutefois, dans le
poignet. L'immobilité lourde de son geste trahissait
à la fois une peur de mal dire, mal faire, de briser
ou de casser quelque chose, et une vérité sans
détour, sans ambages. Aucun mot n'accompagna le
geste, aucune durée, non plus dans celui-ci qui, malgré tout, devint pour moi de la matière dont on fait
l'éternité. Mon corps fut ému et traversé par l'influx
de mon père, sa paix, sa joie secrète, silencieuse et
profonde. Le temps d'un instant, je suis devenu sa
fierté. Eloquent dans son mutisme, il sourit, laissa
sa main, là, presque sur mon front, le temps que
d'autres auraient mis à faire une phrase brève. Lorsqu'il reprit son geste, parce que l'éternité ne peut
durer plus que de raison, je sentis dans mes cheveux
sa peau rêche et calleuse qui en arrachait quelques-
uns. Depuis, dans chacune des mains de Picasso ou
de Fernand Léger, je vois les siennes, même si je sais
que mon père n'a plus d'auriculaire gauche, car il le
perdit dans un accident qui aurait pu lui être fatal
en tâchant de retenir le cheval emballé qui l'emportait dans le tombereau attelé, lequel s'écrasa sur un
mur, broyant le doigt. Parfois, je me dis qu'en un
endroit du monde, des os de mon père sont séparés
de lui, partie de lui déjà morte.

Souvent je me demande si mon goût pour les
mots ne vient pas, de manière réactive, de mon
attente toujours déçue d'entendre mon père me parler, me dire, me raconter. Bavarder n'est pas son
fort, ni parler pour ne rien dire. Ni d'ailleurs parler
pour dire quoi que ce soit. Taciturne, il aime être
dans la nature comme les minéraux ou les plantes :
à leur place, sans gémissement ni contentement,
sans récrimination ni satisfaction. Ici et là, obéissant à une sorte de nécessité qui est pour lui fatalité.
C'est d'ailleurs l'un de ses mots de prédilection :
fatalement. Le mutisme, chez lui, était porté à son
incandescence. Au point, d'ailleurs, qu'il me semble

que je pourrais presque me souvenir de la totalité de ce qu'il m'a dit dans mon enfance.

Lorsque je l'aidais, dans le petit champ qu'il cultivait, notamment à l'époque où il fallait planter les pommes de terre ou les arracher avec une binette et un lourd panier en fil de fer que je traînais derrière moi, je ne cessais de lui poser des questions. Il ne cessait de me demander d'être un peu silencieux, avec une gamme qui allait de la gentillesse bienveillante, au début, à l'énervement malgré tout contenu, à la fin. Je l'interrogeais sur ses parents, que je n'ai pas connus, sur son enfance, sur la raison pour laquelle les alouettes montaient dans le ciel en s'époumonant avant de se laisser tomber comme des pierres, pourquoi l'on entendait si distinctement les cloches qui sonnaient dans le village à quelques kilomètres. Je lui demandais ce qu'il aurait aimé comme métier s'il n'avait pas été ouvrier agricole, si son travail lui plaisait, dans quel endroit du monde il aurait aimé se rendre si on lui avait offert une destination à son choix, quelle était la ville la plus éloignée de notre village qu'il eût visitée. Et il répondait, évasif, bref, concis, précis, économe. C'est ainsi que j'appris qu'en guise de pays magique, à connaître grâce à une baguette d'enchanteur, il avait choisi le pôle Nord... Ce qui, pour moi, est un mystère, encore aujourd'hui. Pendant que je le pressais de questions et qu'il éludait au mieux, je regardais ses gestes, ses mains, ses bras, ses doigts, le détail des mouvements de chaque partie de son corps. J'admirais, moi qui étais tout tordu avec mon panier, qu'il fût cassé en deux, comme à l'équerre, les jambes raides et tendues, droites, le buste penché, faisant un angle parfait, les bras effectuant leur geste, précis et efficace : un coup de binette, de la terre enlevée ici, faisant un petit tas là, juste le temps, pour moi, de lancer ma petite pomme de terre au milieu du petit cratère, dans le rythme et avec la cadence, de sorte que le coup suivant permette un nouveau trou, dont la terre servait à combler le précédent. Et ainsi de suite. Il avançait, ses pas étaient réguliers, sa progression aussi ; je titubais, mes pas étaient désordonnés, ne parlons pas de progression. Lui, silencieux, moi, étourdissant de paroles.

Chacune des occasions qui me fut donnée de planter des pommes de terre, ou de travailler avec lui dans le champ, me permit de constater que, s'il parlait peu, mon père disait ce qu'il faisait et faisait ce qu'il disait. Ainsi promettait-il quelque chose pour mon aide au travail de la terre : « Toute peine mérite salaire », disait-il. Et j'avais toujours le loisir de constater que le geste était joint à la parole. Presque rien, peu de chose, mais une preuve que les mots doivent énoncer et annoncer ce que l'on va faire, et qu'il s'agit de respecter la parole donnée. Mon père ne me fit pas beaucoup de promesses dans mon existence d'enfant, mais il les a toutes tenues. Ce n'est que plus tard, sans lui, que j'appris que les mots peuvent aussi servir pour de moins honorables causes.

Parfois, en guise de récompense, mon frère et moi lui demandions qu'il fasse bouger son biceps. Il levait la manche de sa chemise et je voyais la ligne de démarcation entre le bronzage des mains, de l'avant-bras et la carnation blanche de son bras. Puis il le pliait doucement. Avec puissance et force, il ramenait son poing vers son épaule. Alors nous étions impressionnés et fiers, car la boule de muscle faisait saillie, ronde, dure. J'aimais toucher, d'abord avec un doigt, comme on touche un objet dont on ignore la consistance, puis, parce que le muscle résistait, dur comme de la pierre, avec toute ma main, ainsi qu'on essaie en vain d'éclater un ballon de baudruche. Et je constatais, une fois de plus, que la force de mon père n'avait qu'à être sollicitée pour apparaître. Fierté de petit enfant...

Bien souvent, ces muscles-là avaient travaillé une journée durant à des mouvements répétitifs et aliénants : charger et décharger des sacs de grain ou d'engrais pendant plus de huit heures. Le soir, il calculait que deux ou trois tonnes lui avaient brisé le dos, arraché l'échine, torturé la colonne vertébrale. Exténuée, au bout de la table, la force demandait réparation, en silence, comme une évidence. Il mangeait sans un mot, telle une mécanique. Je sentais, dans ma propre chair, sa fatigue, son épuisement, sa carcasse fourbue. Parfois, me découvrant tétanisé, blessé, j'imaginai pouvoir prendre en charge un peu de sa douleur et de sa peine. C'est à cette époque que j'ai mesuré l'impossible communication entre les chairs. Dans les meilleures hypothèses, seules les âmes s'effleurent, car le solipsisme est la règle. On n'a jamais supprimé un gramme de souffrance à qui que ce soit en se couvrant de douleur : avec ce mauvais calcul, on ne parvient qu'à la macération, à l'ajout de négatif au négatif.

Les tâches pénibles avaient fabriqué son corps à leur mesure : petit, râblé, sa musculature, développée quand il était jeune, avait stoppé la croissance osseuse. A vingt ans, il portait cent soixante-cinq kilos sur les épaules : deux sacs de cinquante et un copain de soixante-cinq. Autant dire qu'il sculpta sa silhouette, je dirai, à son corps défendant. Aujourd'hui, lorsque je le vois marcher, un peu en dodelinant, comme chaloupé par un poids qui n'est plus sur ses épaules, mais dont sa chair a vraisemblablement conservé la mémoire, je sens un pincement au cœur, une émotion, une petite peine.

Lorsque je le surprends, dans le village où j'arrive sans m'être annoncé, et qu'il traverse le bourg, la tête penchée, le visage vers le sol, le regard perdu sur les trottoirs où il marche, je me demande toujours à quoi il peut bien penser, ce qu'il a dans l'esprit au moment précis où je le regarde, quelles idées le préoccupent, le soucient, le distraient. Quelles images et quels souvenirs, quelles vitesses, quelles cadences, quelles émotions, quelles réflexions. Je ne sais. Je ne saurai pas, je ne saurai jamais. Sa démarche est lourde, comme s'il devait encore et toujours se défaire d'une terre de labour, marchant dans des sillons gras, la glèbe collant à ses pieds. Ses épaules oscillent, comme en un roulis, gîte, tangage, mouvements qui conduisent son corps sur une onde imaginaire, improbable.

Sa silhouette est figée ainsi, comme elle l'était, à l'époque où il se rendait à son travail en mobylette, d'une autre étrange manière : étonnant cavalier sur une monture singulière, il ne variait pas dans sa façon d'enfourcher l'engin ni de le conduire. Sa posture ne changeait jamais, une jambe tendue, l'autre repliée, le torse droit, la tête légèrement inclinée, sa casquette avec la sempiternelle visière relevée et son visage impassible, quelles que soient les circonstances. En hiver, je souffrais de le voir partir, même emmitouflé de vêtements qui finissaient par être troués, puis rapiécés et enfilés les uns sur les autres. Debout dans l'embrasure de la porte, j'avais froid et je le regardais partir dans l'air glacial et le vent coupant : il allait passer sa journée dehors dans des températures polaires.

Le soir, quand il rentrait, son nez était glacé, rouge. Deux grosses gouttes d'eau claire perlaient. Il enlevait ses gants en peau de mouton, ses bottes en caoutchouc, ses grosses chaussettes de laine, posait tout cela sur un journal déplié, grand ouvert sur le carrelage. Puis il plaçait une chaise devant le fourneau, ouvrait la porte et rentrait ses pieds dans le four en attendant de les dégourdir, puis de leur redonner une température décente. Il lui fallait longtemps avant de retrouver une circulation sanguine qui ne soit pas douloureuse. Dans le cadre du four, ses deux pieds nus, blancs, faisaient comme des marionnettes. Il remuait tous ses orteils, dans le désordre, comme Guignol les têtes de ses figures de théâtre.

Au moment de la moisson, l'été, parce que la saison l'exigeait, mon père travaillait presque nuit et jour, puis il terminait ses journées au bord de l'épuisement. Ses nuits n'étaient guère longues, trois ou

quatre heures, parce qu'il fallait repartir prendre sa
place dans le ballet des moissonneuses-batteuses,
des tracteurs, des allées et venues dans la poussière
de balle et de paille. Dans la nuit, le matériel agricole qui allait en procession livrer les grains à la
coopérative illuminait la campagne : feux jaune et
blanc, luminosités brutales, dans les champs, sur le
bord des routes, dans le vacarme des moteurs
d'engins et dans le tourbillon de particules en suspension. Dans cette violence fuligineuse, on voyait
les rais de lumière comme des coups de sabre, des
zébrures d'acier. Et la moissonneuse apparaissait,
jaune dans le nuage et le bruit, elle allait et venait
dans un ballet gracile, manœuvrait en bout de pièce,
partait et vrombissait dans la nuit, laissant derrière
elle le souvenir d'un monstre avalant les champs, les
étendues de blé, les tonnes de paille et de grain
qu'elle vomissait, ou crachait plutôt dans une trémie
bruissante des grains qui s'ajoutaient en tas ondu-
lants et gracieux. Moloch aux yeux percés dans
l'obscurité comme à l'arme blanche, elle emportait
mon père ou son collègue qui aliénaient leurs corps
dans cette noria de décibels et de poussières. Quand
ils descendaient de l'engin, c'était pour marcher à la
limite du déséquilibre, la chair encore travaillée des
vibrations, des secousses, des cahots engrangés pendant des heures. Leurs visages étaient noirs, pel-
liculés, recouverts d'une croûte brune dans laquelle
les yeux saillaient, hagards et fatigués. L'iris bleu de
mon père, le blanc faisaient tache de mer et d'azur
dans l'étendue tellurique du restant du visage : oasis
de paix, malgré la fatigue, dans cet océan de crasse
et de saleté.

De mon côté, englouti dans les ténèbres, caché,
évitant de me faire voir, le laissant tout entier à son
travail, je le regardais, pleurant parfois d'amour et
de rage mélangés. J'ai passé des heures, ainsi, à le
regarder, embusqué derrière une haie, au creux d'un
fossé, dans les fondrières d'un chemin, derrière le
tronc d'un arbre, en haut d'une pièce de terre d'où il

ne pouvait me voir. Impuissant, révolté, malheureux
de le voir ainsi sacrifié, utilisé, commandé, impliqué
dans le travail de la ferme comme un matériel parmi
du matériel, j'ai serré les dents plus d'une fois, à
m'en faire mal à la mâchoire, retenu des sanglots
dans le fond de ma gorge, à m'en tétaniser les cordes
vocales, contenu ma colère et ma violence, à la sentir me travailler la poitrine, me déchirer le sternum.

C'est là, dans ces champs, dans cette campagne
normande, cette plaine d'Argentan, que j'ai appris le
monde du travail, la misère des ouvriers, la pauvreté
de leur existence, leurs déplorables conditions de
vie, au quotidien. J'ai découvert le cynisme des chefs
de culture, des contremaîtres — qui parfois devaient
leur promotion à l'usage que leurs femmes faisaient
de leurs charmes auprès du patron propriétaire —
en respirant l'odeur des saisons dans les pièces de
terre retournées, cultivées, ensemencées, travaillées
par mon père. Je venais juste d'avoir dix ans, je
devais m'emplir, en même temps que les poumons
des parfums de la nature, l'âme d'une pleine cargaison de révolte. Je ne crains plus d'en manquer,
jusqu'au bord de ma tombe.

Cette rage au cœur, je l'ai expérimentée tout particulièrement un dimanche matin, toujours pendant
la saison de la moisson. Mon père était rentré tard
dans la nuit du samedi, le corps fatigué, perclus. Il
avait passé son visage sous l'eau : j'en avais entendu
les signes, le robinet de la cuisine qui coulait. Puis,
il s'était allongé sur le lit, à peine déshabillé. J'avais
regardé les aiguilles phosphorescentes du réveil : il
était tard dans la nuit. Je voyais l'ombre de sa silhouette et j'entendais le tic-tac bruyant du réveille-
matin à bon marché. Malgré les rideaux, l'enseigne
lumineuse d'un café en vis-à-vis de la maison de mes
parents apportait de la lumière dans la pièce. Là
fenêtre était ouverte sur les bruits et les odeurs de
l'été. Lorsqu'il se préparait à aller au lit, mon père
défaisait ses vêtements en préservant sa pudeur. Il
les posait les uns après les autres sur le rebord d'un

vieux fauteuil de coiffeur qu'on lui avait donné — et dans lequel j'ai depuis écrit tous mes livres. A peine allongé, il s'endormait — comme une masse, disait-il.

Le lendemain matin, après sa nuit, je l'ai trouvé dans la cuisine, se rasant. Mon père se rasait trois fois par semaine, c'était un rituel conservé des habitudes anciennes, celles de son père en l'occurrence, où le barbier accomplissait ce qui, depuis, est devenu une charge en propre pour chacun. Le jour de congé était de ceux au cours desquels il faisait mousser le savon à barbe dans un petit bol doré, avec son blaireau. J'aimais le bruit qu'il faisait lorsque mon père l'appliquait sur son visage, en le faisant tourner régulièrement, dans le sens des aiguilles d'une montre, puis à l'envers, de haut en bas, puis l'inverse. L'odeur était douce. Il plaçait ensuite une lame, extraite d'un petit emballage jaune et la fixait à l'extrémité de son rasoir mécanique. Commençait alors l'opération proprement dite de rasage : crissement, grattage, je me souviens des bruits, les mêmes que ceux qu'aurait fait le passage d'un doigt ou d'un ongle sur du papier de verre. Son poil dur, coupé, rincé, faisait des dessins mystérieux sur la céramique de l'évier. Le brise-jet du robinet envoyait tout cela dans le précipice des canalisations après l'avoir contraint à épouser les mouvements en spirale de l'eau ainsi dispensée. Après le rasage, sa peau douce comme celle d'un enfant, il se rinçait longuement, puis s'essuyait avant de passer de l'eau-de-cologne — du sent-bon selon les usages à la maison.

Ce dimanche matin de moisson, donc, alors qu'il se rasait, est arrivé l'un des chefs de culture qui a garé sa méhari, le moteur tournant, devant la porte de la maison. Il a frappé, est entré. Puis, tutoyant mon père, qui le vouvoyait, il lui a enjoint, parce que le temps l'exigeait, de rejoindre le théâtre des opérations bien qu'il eût été convenu précédemment que ce jour devait être de repos. La moisson le voulait,

le travail était impératif, le dimanche volait en
éclats, pulvérisé. Bien sûr, comme toutes les autres
heures supplémentaires, elles ne furent pas payées :
c'était le métier, du moins c'étaient les usages. Le
savon à barbe sur les joues, mon père obtempéra,
devant ma mère et mon frère, n'ayant pas le choix.
Alors, il essuya son visage, remballa tout son nécessaire à rasage, mit ses habits de travail, partit aux
champs, passa la journée à la tâche. Ma mère pesta
contre les patrons, se rebella, cria certainement un
peu, fustigeant mon père d'avoir accepté, de s'être
laissé faire, d'avoir consenti sans piper mot en laissant le champ libre aux gros, comme elle disait.
Refuser est un mot ignoré de mon père, il me
semble que, pour ma part, je n'ai connu longtemps
que celui-là. Encore aujourd'hui...

Parfois, mais certainement pas ce jour maudit —
j'ai encore en tête l'odeur du parfum que mon père
ne mit pas ce dimanche-là —, nous allions dans les
champs lui porter à boire. Car les chefs de culture
se faisaient rafraîchir par leurs épouses — revenues
de leurs cabrioles avec le patron — qui ne dai-
gnaient pas abreuver les ouvriers. J'ai compris dès
cette époque que la lutte des classes était une création des patrons et des bourgeois, de leurs sous-
fifres et hommes de main. Sur le chaume, adossés à
des balles de paille, à l'ombre si possible, près d'une
haie, nous ouvrions les bouteilles de cidre, de bière
et d'eau. Les vêtements de mon père et de ses compagnons de travail étaient trempés, salis de sueur et
de poussière, les muscles saillissaient, les forces
étaient insolentes. Mon père ne buvait pas, là où
l'alcoolisme était si facile, là où tant de ceux de son
équipe se sont laissé engloutir dans le vin rouge. Il
préférait le café glacé, abondamment coupé d'eau.
J'ai toujours vénéré sa sobriété silencieuse : là
comme ailleurs, elle m'a donné un père digne.

Au moment des labours, à l'époque où les cor-
beaux envahissaient la campagne, lorsque les ciels
sont plombés, pesants comme doivent l'être les

portes de l'enfer, j'allais le surprendre dans les immenses pièces qu'il retournait à longueur de journée. L'humus était puissant. Des hectares de terre grasse fouillée et de sol renversé parfumaient l'atmosphère. La surface plane était ouverte par les huit socs de la charrue, comme un scalpel découpe la peau pour atteindre les entrailles. Après le passage de l'acier, des pierres remontaient à la surface, puis des vers de terre qui grouillaient, dont certains sectionnés par le fil de l'instrument, des débris de la dernière guerre, aussi, morceaux de fuselage d'avion, d'obus éclatés, de matériel militaire, de chenilles et autres engins. Au bout du trait, mon père faisait la manœuvre pour le retour et de nouveaux sillons. Parfois, lorsqu'il me voyait, il me faisait un geste de la main, ample mais unique, puis il reprenait la posture. De temps en temps, je courais vers lui, il arrêtait son tracteur, je grimpais dans l'habitacle, et je faisais un aller et retour. Silencieux, secoués, ballottés, étouffés parfois par les gaz d'échappement qui revenaient dans la cabine refoulés par le vent, dans un vacarme de moteur, nous étions côte à côte. Mutisme de part et d'autre : de toute façon, on n'aurait pu s'entendre. Que partageait-on, alors ? Moi, je sais ce que j'appris et compris dans ces moments-là. Mais lui ? Jamais il ne m'a dit. Jamais, peut-être, ne me le dira-t-il. Le sait-il, d'ailleurs ?

De retour, sur les petites routes de campagne, j'étais certain qu'un jour je tâcherais de rembourser cette dette, ces heures de labeur pénible pour me payer des études, ce temps donné pour mon éducation, en pension. Comment ? Du moins, peut-être, en n'oubliant pas, en me souvenant, en témoignant, en racontant, partout, ici, là, ailleurs, ce qu'est le travail de ceux qui peinent, le labeur de ceux qu'on paie des misères et qu'on exploite sans vergogne, l'aliénation de ceux qui n'ont ni la conscience, ni les mots, ni les moyens, ni l'occasion, ni le temps de dire, car ils sont démunis de tout. En ne cessant

d'être le fils de mon père, un fils de pauvre, dans les
châteaux et les palais, les universités et les salles de
conférences, les livres et les colonnes des journaux,
chez les éditeurs ou les bourgeois, les nantis et les
sûrs d'eux. Car ce sont les patrons de mon père —
un temps très court ils furent aussi les miens — qui
m'ont fait rebelle autant que les prêtres de mon
enfance chez les Salésiens m'ont converti à l'anticlé-
ricalisme. Je leur dois au moins ça. Et ceux qui,
aujourd'hui, m'enjoignent d'oublier, de tirer un trait,
de tourner la page, m'invitent à mieux me souvenir,
à refuser de passer au feuillet suivant et à m'interdire toute forme de rature.

J'ai découvert que le corps de mon père n'était pas
éternel une nuit que ma mère était absente et que
mon frère et moi étions seuls avec lui. Avant que
nous sachions qu'il s'agissait d'une indigestion, il
nous a fallu regarder un père vomir, nous qui ne
l'avions jamais vu malade, ni atteint de quelque
manière que ce soit. Je tenais la cuvette dans
laquelle il se vidait de liquides et de bile. Haut-
le-cœur, hoquets, entrailles arrachées, râles, il était
là, devant moi, comme un malade qu'il n'avait
jamais été. En vidant les matières piquantes du récipient, hagard, les yeux fixés sur son contenu, je prenais conscience que sous la peau blanche, sous les
muscles durs, sous la charpente puissante, sous
l'assurance tranquille de la machine, il y avait la fragilité et la précarité d'une existence, la ténuité d'un
souffle. Quand les odeurs d'acétone ravagèrent mes
narines, je sus que mon père était mortel. Ce que
j'avais toujours craint, redouté, refoulé, caché, me
surgissait en pleine face, comme un boulet de canon
arrache une partie du visage. Les déchets du corps,
les fragments renvoyés du corps montraient les
limites d'une chair et d'un mécanisme. Devant la
cuvette, le temps s'est écoulé comme les sanies
d'une plaie. J'ai senti dans mes jambes, dans les tendons et le jarret, la froideur d'une lame d'acier prête
à me sectionner les tendons.

Plus tard, il me fallut retrouver l'épouvantable lame, derrière mes jambes, lorsque j'appris que mon père était gravement atteint d'angine de poitrine et qu'il lui fallait, séance tenante, partir à la retraite, déposer les bleus de travail, ne pas retourner à la ferme, le lendemain, et arrêter toute activité physique. Au plus tôt, il était urgent de pratiquer une opération, un triple pontage coronarien. A défaut, les médecins ne répondaient plus de rien : on m'apprit qu'il avait les artères épaisses comme du papier à cigarette et qu'il était important de faire vite.

A l'hôpital, où il attendait l'intervention chirurgicale, je suis venu le voir. Le silence me donne toujours l'impression qu'il doit être conjuré. Pas mon père qui reçoit mes questions comme à l'époque où j'étais enfant. Lui, toujours taciturne, moi, toujours bavard. Je lui ai demandé s'il avait peur de la mort, car l'idée de la sienne m'accompagnait comme une mauvaise ombre. Il me parut moins soucieux de cette question que moi. Etonné, il me répondit qu'il n'y avait pas pensé. Non, il n'y avait songé à aucun moment. J'ai souvenir de la qualité et de la quantité du silence qui suivit : la diversion fut facile, et dans l'instant nous fûmes sur un autre terrain.

Il partit, confiant, abandonnant son destin entre les mains des chirurgiens qui l'opérèrent. On scia son thorax qu'on ouvrit comme un fruit gorgé de sang, on accéda au cœur pour l'isoler, battant la chamade à vide, ne pulsant plus rien du tout, le sang transitant par la machine d'un cœur artificiel, on coupa les morceaux d'artère en mauvais état pour les remplacer par les tubulures veineuses prélevées dans le mollet, on abouta comme en plomberie, on agrafa les os de la poitrine au sternum, on cousit, on referma. Et je retrouvai mon père, dans sa chambre de réanimation. Dans le sas, avant d'accéder à l'espace aseptisé, on m'invita à passer un vêtement de couleur verte qui se boutonnait dans le dos, à recouvrir mes chaussures d'une espèce de sac en

plastique, à me couvrir la tête d'un bonnet, vert lui
aussi. Sur le seuil, je ne vis que ses pieds blancs
dépasser, puis ses jambes, puis une blouse déposée
sur son bassin, couvrant son sexe et son ventre. Son
tronc était traversé verticalement par une cicatrice
de chair boursouflée, tuméfiée, rouge par la chair,
orangée par le liquide antiseptique, brune par le
sang coagulé. Des fils noirs débordaient, noués dans
le vif. Son visage était défait, comme un souvenir
qu'on ne reconnaîtrait pas à cause du désordre installé dans la répartition : les yeux vitrés, perdus et
injectés de sang, la bouche vidée de son dentier, les
cheveux en bataille, gris et fins, tombant sur son
front en mèches folles, une barbe drue. Abattu, le
corps sondé, les veines perforées, les tubes courant
sous la peau comme des serpents agiles et déterminés, il était branché sur des instruments auxquels il
devait la vie. Conscient, mais épuisé, il reposait,
paquet de viande réduit à la douleur.

Devant sa souffrance, son corps sauvé mais misérable, je me suis trouvé interdit, muet. Le temps que
les émotions fassent leur trajet, que sa peine infuse
la mienne et que je retrouve l'usage de la parole, me
parut long, d'une insondable profondeur. Le premier mot que j'ai retrouvé fut papa, un papa viscéral, venu du ventre et de plus loin que le ventre. Un
mot chargé du sang et du placenta de ma mère, un
mot nourri de la parturition dont il fut le géniteur.
Les premières syllabes dites par un enfant, celles des
limbes et qu'on sait cachées dans les pliures de
l'âme, de la chair, de la moindre parcelle de corps.
J'ai assisté à ce mot sortant de ma bouche comme à
une nouvelle naissance de moi-même : un accouche-
ment de ma personne auquel j'aurais assisté.
Détruit, ravagé par l'intonation mise dans ce terme,
j'ai étouffé un sanglot, avant de sentir les larmes
brûler mes joues, comme chargées d'un feu venu de
l'intérieur. J'ai pris sa main dans la mienne et j'ai
retrouvé sa peau, ses doigts, leur épaisseur. Je lui ai
demandé s'il avait mal. Lui, si pudique, silencieux

sur ses émotions, ses affects, me confia qu'il n'aurait jamais cru devoir souffrir ainsi. Puis n'ajouta rien, retournant à sa douleur. La naissance de son cou était maculée de croûtes de sang, ses joues aussi. Ses poumons étaient comprimés, serrés comme dans une tenaille infernale. La mort n'était pas passée loin.

Au cours des quelques semaines de réadaptation, de rééducation, il réapprit à respirer, à vivre avec son nouveau corps, à retrouver confiance, à reprendre goût à tout, à écouter les signes venus de sa chair, à se défaire de l'attention extrême portée aux battements de son cœur, à conjurer la peur, l'inquiétude, l'angoisse, anciens fantômes. Il retrouva la vie, je retrouvai mon père. Aujourd'hui, il a la solidité d'un beau vieil homme à qui je ne sais toujours pas comment il faut dire mon amour. Le silence est encore le tiers qui accompagne nos rencontres. Nos trajets nous ont conduits, lui et moi, sur deux planètes étrangères l'une à l'autre : l'une d'immanence, de silence, de mutisme, de simplicité, de paix, de sérénité, l'autre de mots, d'idées, de paroles, de verbes, de mouvement, d'inquiétudes. D'un côté la Terre, de l'autre Saturne, et un cours des planètes appelant les deux mondes à toujours évoluer dans le même rapport, la même distance, le même intervalle calculé. Pourtant, je sais qu'une partie de ma chair disparaîtra le jour maudit où il quittera ce monde.

30

PORTRAIT DU PHILOSOPHE EN LIBERTIN

Philosophie des Lumières, dit la vulgate, soit. Mais il est de prétendues clartés qui sont fictives. Trous noirs, plutôt vastes mouvements planétaires dans lesquels se perdent jusqu'aux lueurs infinitésimales. Abîmes et abysses, fossés dans lesquels gisent plus de cadavres que de véritables luminosités. Siècle des Lumières celui de la guillotine et de la Terreur ? Celui, aussi, qui porte en son sein un Rousseau appelant à brûler les livres, fustigeant l'imprimerie, ce funeste moyen de propager des idées nocives, méprisant le théâtre, ce lieu de débauche, célébrant la peine de mort, cette raison radicale ? Siècle des Lumières celui de Saint-Just pour qui l'amitié est un devoir, une obligation, sous peine de bannissement ? Siècle des Lumières, enfin, celui qui voit les églises pillées, les prêtres pourchassés, le christianisme vilipendé dans le désespérant dessein de remplir les temples de la Raison des grotesques mascarades qui les accompagnent et montrent qu'on était loin d'en finir avec la religion du Nazaréen ? Tant de Lumières finit par obscurcir...

Raison célébrée ? Optimisme magnifié ? Paradis promis ? Eschatologies radieuses ? Tout cela ressemble étrangement, et à s'y méprendre, à une variation supplémentaire sur le thème du christianisme. En quoi ils furent encore pieux... Platon, le Christ et Robespierre, une sainte trinité pour une même religion : celle de l'idéal ascétique, de la haine de l'individu et du corps, des désirs et des plaisirs. Et au-delà de ce trio, on pourrait citer tous ceux qui ont fait la Révolution française, amateurs de virilités spartiates, de citoyennetés abrutissantes pour l'individu, de religions nouvelles. Dès cette époque, on inaugure une idée qui fera florès : l'association du politique et du sociologique au mystique. L'éloge du corps politique est inversement proportionnel à la libération politique des corps. Le Léviathan social veut les individus, leurs volontés et leurs passions, leurs instincts et leurs pulsions, leurs aspirations et leurs affects. Leurs désirs et leurs plaisirs aussi, leurs corps donc. Si d'aventure ceux-là, ces chairs réticentes, manifestent une volonté de réappropriation de soi, si elles montrent trop d'ardeur à signifier leur désir d'être à elles-mêmes leurs propres normes, alors il y a l'invention du docteur Guillotin, appelée à raccourcir les récalcitrants. Avec de pareils arguments, il fallait bien que le bonheur fût une idée neuve en Europe, pour le dire comme Saint-Just.

Ce siècle-là ne me paraît pas bien éclairé : affûter la lame de la guillotine pour argumenter avec le *Contrat social* dans l'autre main, voilà des occupations bien loin de celles qui conduisent aux îles des Délices, aux embarquements pour Cythère, aux cabinets éloignés et isolés dans les bois, aux après-midi d'escarpolette ou de libertinage. Faut-il pour autant regretter l'Ancien Régime ? Bien sûr que non. Le refus de la Révolution française n'induit pas, de facto, une célébration du petit Roi, ni une proximité avec la Contrerévolution. Alors, diront les amateurs de clichés, si vous ne voulez pas de Louis XVI ni de Robespierre, qui a votre faveur ? Que sauvez-vous ? Eh bien, les choses sont simples : je sauve La Mettrie, Julien Onfray de La Mettrie, médecin spécialiste en vérole, noceur et bambocheur, mangeur et buveur, pamphlétaire et amateur de filles de joie. Mais aussi, et avec tout cela, philosophe et écrivain, penseur et scientifique, matérialiste convaincu, moniste intégral, athée radical. Car j'aime que le matin il lise, écrive, le midi déjeune avec allégresse, l'après-midi lutine une femme facile, le soir noce puis écrive *L'Homme Machine* ou *L'Art de jouir*, enfin qu'il aille à l'Opéra ou regarde les étoiles, un verre de champagne à la main. J'aime que le philosophe n'oublie pas qu'il est aussi un homme et que l'homme sache être en permanence un philosophe. Le siècle est celui de l'égalité, La Mettrie, en ce siècle, est le penseur de la liberté, de l'intégrale liberté, celle qui fait le libertin.

Libertin, le mot est lâché. Un philosophe libertin, comment est-ce possible ? A mon avis, il n'est de pensée que libertine, c'est-à-dire affranchie, autonome, indépendante, peu soucieuse des mots d'ordre d'une époque et des modes qui font de presque tous des domestiques et des valets. Le libertin est le contraire du serf, il est sans Dieu et sans préjugés, sans crainte et sans peur, car il n'a rien ni personne à ménager. Sans maître, donc. L'œuvre de La Mettrie est la tentative la plus réussie de proposition d'une pensée libertine et libertaire, cohérente et conséquente, équilibrée et harmonieuse, authentique et existentielle. S'il écrit, avance une idée, une pensée, c'est parce qu'il l'a vécue ou s'apprête à la vivre. Chez lui, le livre annonce la vie, et vice versa. Le contraire de ce qui se passe chez le Voltaire négrier ou le Rousseau pédagogue familier de l'assistance publique.

Autant dire qu'à cette aune, le libertin se reconnaît d'un simple coup d'œil : il a des ennemis partout, y compris chez ceux qui, pourtant, paraissent eux-mêmes déchirés, tenant des positions contradictoires sur des planètes apparemment appelées à ne jamais se rencontrer. Question d'optique. Ainsi, le Roi et Voltaire, les Prêtres et Diderot, les piliers de faculté et d'Holbach, tous méprisent, critiquent ou stigmatisent La Mettrie. Où l'on s'aperçoit que la philosophie hédoniste et le libertinage qui n'est pas que de mœurs liguent contre eux tous les partisans de l'idéal ascétique et, surtout, de l'ordre. Maîtresse obsession de tous les donneurs de leçon. Car le libertin n'aime ni ne veut les liens, il avance sans relâche la toute-puissance de l'individu contre celle des groupes, des masses, des castes. Il ne veut ni les sociétés médiocres d'aujourd'hui ni celles de demain, même quand on les montre radieuses. Il veut, hic et nunc, le plaisir, la volupté, la jubilation, ce qui, sous toutes les latitudes, et de tout temps, a toujours été véritablement révolutionnaire. Et ne cessera de l'être. La Mettrie avance le sujet qui jouit contre le citoyen qui pâtit, le plaisir individuel tout de suite contre un hypothétique bonheur collectif toujours à venir. Il dit tout

haut ce que chacun pratique tout bas, ou souhaiterait pratiquer.

Quels reproches a-t-on faits à La Mettrie ? Voltaire, Diderot et d'Holbach confondus parlent de
folie et de crime, d'immoralité et d'incohérence, de
méchants livres et de sottises, ce sont leurs mots.
Dans une lettre de Voltaire, on peut même lire que
La Mettrie « n'a pas plus de rapport avec la philosophie et l'Encyclopédie que le portier des Chartreux
n'en a avec l'histoire de l'Eglise ». Sourions plutôt de
constater combien ces hommes qui passent pour
des parangons de vertu éclairée se retrouvent à l'aise
et, finalement, parmi les leurs, en stigmatisant le
seul libertin qui soit à leur portée. Dans la compagnie des puissants de ce monde, des porteurs de
toge et de chasuble, de pourpre et de bure, ils
mêlent leurs voix à l'habituel concert moralisateur.

La Mettrie surpasse tous ceux-là dans son œuvre :
plus hédoniste et joyeux que Voltaire, plus matérialiste que Diderot, plus athée que d'Holbach, il porte
au paroxysme les valeurs libertines et formule
comme personne avant lui, une théorie singulière
qu'on pourrait appeler un matérialisme hédoniste.
Philosophe libertin, il fournit au marquis de Sade
nombre d'emprunts qu'on pourrait pointer ici ou là,
jamais présentés comme tels, mais toujours inclus
aux passages les plus philosophiquement denses de
l'œuvre sadienne. Et puis, pour des raisons de chronologie qu'on oublie la plupart du temps, La Mettrie
est leur père à tous : le matérialisme français se
nourrit de ses écrits contrairement à ce que j'ai pu
lire parfois — par exemple que les thèses de
L'Homme-machine s'inspiraient des travaux de
d'Holbach qui publia tous ses livres après la mort du
philosophe libertin.

La pensée de La Mettrie est originale parce qu'elle
formule un hédonisme sans ambages et qu'elle
enseigne qu'on le réalise individuellement. Ni
Ethocratie ou Système social à la d'Holbach qui proposent des réformes visant l'universel, mais des

textes qui ont pour titres *Anti-Sénèque* ou *Discours
sur le bonheur* (1748), *La Volupté* (1745) ou *L'Art de
jouir* (1751), des ouvrages qui se moquent de l'esprit
de sérieux et sont écrits librement dans le souci
d'intéresser le lecteur et non de l'assommer avec une
prose indigeste, comme c'est souvent le cas chez les
matérialistes de cette époque. La Mettrie propose
une voie subjective et singulière, il n'entend pas
réformer le monde, inverser le cours de la planète,
il ne communie pas dans l'eschatologie optimiste et
grégaire du moment. Non, en revanche, il met en
avant le corps et la chair, les désirs et les plaisirs, le
tout dans une perspective existentielle.

La pensée de La Mettrie est enracinée dans sa vie,
ses expériences propres. Il a pris soin, pour sa part,
de raconter dans quel hapax existentiel il a eu la
confirmation de ses intuitions philosophiques, en
l'occurrence le monisme philosophique, avec ses
conséquences : le matérialisme, l'athéisme et l'hédonisme. L'histoire se passe sur un champ de bataille
en 1742, La Mettrie est médecin aux gardes françaises auprès du duc de Grammont pendant la
guerre des Flandres. C'est là qu'il contracte une
mauvaise fièvre qui lui vaut de perdre connaissance,
puis, en philosophe et médecin qu'il était, d'assister
sur lui-même à l'éprouvante démonstration que
l'âme, la pensée, c'est du corps, car lorsque la chair
fait défaut, la pensée n'a pas lieu. Confirmé dans ses
intuitions, il passe le reste de son temps à écrire la
vision du monde qui en découle. D'où l'hédonisme
libertin.

La leçon apprise de ce malaise inscrit dans la
chair est qu'il n'existe qu'une seule substance diversement modifiée, à savoir la matière. Le corps ?
Matière. L'âme, l'esprit ? Matière aussi. Les fluides,
les flux animaux, l'énergie, la vitalité, la vie ?
Matière, matière encore et toujours. De sorte que
désirs et plaisirs, jubilation et hédonisme, tout cela
est, une fois de plus, affaire de matière, de modulation de la matière. Et cela n'est ni bien ni mal, mais

par-delà le bien et le mal. C'est la Nature. Qu'est-ce donc, dans cette perspective, que l'art de jouir ? C'est la sapience qui permet de donner à la matière corporelle le maximum d'occasions de connaître les transports qui ravissent. Or, il n'est pas besoin de grandes théories, ni d'importantes démonstrations pour dire ce qui est plaisir et ce qui est déplaisir. Le corps le sait tout seul, et vite. Mais dans cet ordre d'idées, tous les plaisirs se valent-ils ? Sade répondra oui : tuer ou déchiqueter un corps, violer, torturer ou supplicier, si tout cela est pour moi occasion de plaisir, alors allons-y, jouissons, car autrui n'existe pas dans la métaphysique tragique du marquis. En revanche, pour La Mettrie, qui propose une version solaire du libertinage, là où Sade en défend une modalité nocturne, autrui existe tellement qu'il n'est pas possible, pour moi, d'avoir du plaisir sans l'autre. Il est partie prenante de ma jubilation.

Dans *L'Art de jouir*, on peut lire : « La volupté a son échelle. » Et c'est faire un mauvais procès à La Mettrie que de l'accuser, comme Voltaire et consorts, d'immoralité ou d'amoralité. Le philosophe libertin, certes, ne sacrifie pas à la morale de l'idéal ascétique promue et défendue par le christianisme — et Voltaire ou d'Holbach... Pour autant, il ne refuse pas la morale, au contraire. Et il énonce une éthique de substitution, matérialiste et hédoniste. Dans la hiérarchie des plaisirs qu'il propose, à la base, on trouve les débauchés, au sommet, les voluptueux. Qu'est-ce qui les distingue ? L'usage qu'ils font de leur conscience, cette modalité subtile d'une partie matérielle d'eux-mêmes et la distinction qu'ils opèrent, dans l'usage des plaisirs, entre la quantité et la qualité. L'hédoniste vulgaire donne dans l'abondance sans conscience, l'hédoniste philosophe dans la qualité avec conscience. Pour parodier Rabelais, on pourrait avancer que, pour La Mettrie, jouissance sans conscience n'est que ruine de l'âme. Eloge de la volupté, donc.

Le voluptueux ne jouit jamais seul, malgré l'autre

ou contre lui. Pas de solipsisme ou de métaphysique désespérée de l'incommunicabilité, mais une intersubjectivité radieuse. Ainsi, lorsqu'il fait l'éloge de l'amour, La Mettrie ne vise pas la pure décharge d'une énergie et sa réitération, comme Sade. En revanche, il fait l'éloge de ce qui précède, ce qui suit, ce qui est. Sur le mode baroque, il effectue des variations contournées, chantournées, sur le thème amoureux : attendre le désir, le désirer, vouloir le plaisir, le solliciter, s'en souvenir, le convoquer, le réaliser, le sculpter en quelque sorte. « La jouissance nous enlève hors de nous-mêmes », écrit-il, elle nous arrache à notre triste condition de mortels, et nous élève jusqu'aux sommets de la volupté. Jubiler, c'est oublier qu'on doit mourir, qu'on va mourir. Et voilà l'essence baroque de la philosophie libertine : elle est construite sur l'ombre de cette nécessité qu'est la mort et la lumière qu'est la possibilité de la volupté. Nocturne le néant, solaire la jouissance. Lisons-le : « Jouissons du peu de moments qui nous restent ; buvons, chantons, aimons qui nous aime ; que les jeux et les ris suivent nos pas ; que toutes les voluptés viennent tour à tour, tantôt amuser, tantôt enchanter nos âmes ; et quelque courte que soit la vie, nous aurons vécu. »

Que peuvent les corps, en dehors de l'amour ? Ils peuvent jubiler par tous les sens. Ainsi, La Mettrie fait l'éloge de la musique, de l'opéra, de ceux qui dansent et chantent sur scène. Puis, des plaisirs de la table pourvu qu'ils permettent de rencontrer de joyeux amphitryons, cultivés, fins, dont la conversation est agréable et la proximité charmeuse. De même, le spectacle du monde est proposé comme une occasion de volupté : la nature qui s'éveille, la beauté des paysages, les transformations de la lumière dans la journée, la variation des saisons, le spectacle de la voûte étoilée. Dans tous les cas de figure, vivre, c'est chercher des occasions de se réjouir, c'est vouloir jubiler. Voilà de quoi fâcher ceux que La Mettrie lui-même appelait les thuriféraires de « la froide philosophie » et de « la race dévote ». Ni Dieu, ni maître, ni dieux ni maîtres. Une seule tension éthique, celle qui mène à la volupté. La leçon est toujours d'actualité.

31

MAÎTRE KANT ERRE

Raymond Hains entre le coq et l'âne

Qu'on se méfie de la proximité et de la fréquentation de Raymond Hains, il est contagieux. Sa méthode et ses façons, ses dépliages et ses logorrhées, son lyrisme et ses errances de sage matois entre le coq et l'âne font de quiconque l'approche un témoin rapidement converti au bien-fondé de sa quête antikantienne. Car Hains tue Kant. Et le procès-verbal de la mise à mort m'en fut montré, par l'artiste lui-même, un soir que nous descendions le boulevard Raspail, laissant derrière nous la fondation Cartier où l'œil se repaît pour trouver un restaurant où le ventre se réjouit. Au creux de la nuit même — j'aurais préféré, pour ma démonstration, entre chien et loup —, Raymond Hains parlait, comme un augure, un devin ou un prophète, jubilant de se faire l'intermédiaire entre le monde insensé et l'antique logos qui fait surgir le sens. En aruspice que ne quitterait jamais le sourire de Bouddha, Raymond Hains sonde le réel comme ses grands ancêtres qui pratiquaient la mantique fouillaient les zébrures de l'éclair, les peaux tendues du tonnerre en vacarme, les arabesques d'oiseaux volant et coupant le ciel, dessinant dans l'azur des géographies, des espaces, des zones dans lesquels on pouvait lire le sens. Il inquiète le monde comme les vieux préposés au sacré les entrailles des oiseaux, viscères sensés, tripes métaphysiques et boyaux philosophiques.

Ce soir de mantique, sur le boulevard abandonné à la nuit, Raymond Hains laissait parler son démon, celui qui inspirait Socrate et qui, plus tard, fit des farces à une pucelle d'Orléans. Autant dire que le verbe se fait cher, car mille idées surgissent au milieu de mille images que perturbent mille fulgurances en assonances, le tout agité dans un maelström de références où se percutent des figures historiques, des personnages littéraires, des fragments autobiographiques, des pirouettes rhétoriques, des envolées jaculatoires. Pour arrêter ce flux héraclitéen, il faut se faire parménidien et fixer une ou deux sentes dans lesquelles l'artiste se faufile, avant de forcer le passage et d'arriver sur le grand boulevard d'une idée qui deviendra une œuvre. Les pérégrinations de Raymond Hains sont une odyssée qui toujours permet à Ulysse de retrouver Pénélope : car il faut attendre, certes, mais on finit toujours par toucher terre, aborder et jeter l'ancre, là où s'installent plus longuement les images qui mûrissent et finiront par faire un événement esthétique fixé, éventuellement exposé. L'odyssée est un labyrinthe, bien sûr. Et le fil d'Ariane est nécessaire. A défaut d'un dévidement et d'un cheminement accompagné, on se perd et l'on reste devant l'œuvre Gros-Jean comme devant. Alors le Minotaure peut dévorer quiconque se sera aventuré dans pareil dédale sans avoir pris la précaution d'interroger le devin lui-même.

Interroger, d'ailleurs, n'est pas le mot. Car Raymond Hains répond moins à une question qu'on pourrait lui poser, et qu'il n'entend jamais, qu'à celles que lui proposent, ce qui ma foi est bien plus intéressant, les démons qui l'habitent. Errant en compagnie des anges païens qui sont ses pairs, l'artiste tutoie les Séraphins et les Archontes, les Chérubins et les Trônes, les Seigneuries et les Archanges. Tous sont inspirés, connaissent par

intuition, directement, sans médiation. Et Raymond
Hains côtoie plus volontiers Gabriel, Michel,
Raphaël, Azraël que Spinoza, Kant et Hegel. C'est
d'ailleurs pour cette raison qu'il dépasse si preste-
ment, et avec tant d'allégresse, un certain Kant
auquel il est aujourd'hui de bon ton de revenir — si
tant est qu'on l'ait jamais quitté.

Kant attriste, c'est certain — les mélomanes le
savent. Mais également Kant erre. C'est du moins
l'hypothèse angélique de Raymond Hains qui m'en
fit la confidence, toujours boulevard Raspail. D'où
Kanter, bien évidemment. Mieux : Maître Kanter. Et
si Maître Kant erre, il s'agit d'en chercher les
preuves. Puis de les trouver. Pour forcer le destin,
tordre le cou au hasard objectif afin qu'il devienne
une nécessité subjective, Raymond Hains est allé
boire une bière dans l'une des tavernes kantiennes.
Las, le ticket qui faisait foi de l'aventure critique de
la raison impure fut d'abord déchiré par le garçon,
puis fourré dans sa poche. De sorte que rien ne put
témoigner que Kant erre. Une autre fois, réitérant
son entreprise transcendantale, donc toujours dans
les limites de la simple raison, Raymond Hains
sacrifia à Gambrinus. Toujours le mythe de la
taverne. Hélas une fois encore, car l'addition fut portée sur un papier banal. A croire que, sartriens en
diable et corporatistes au dernier degré, les garçons
de café se prenaient au sérieux et défendaient qu'on
enseigne que Kant erre. Les preuves faisant défaut,
il fallut bien se faire plus kantien que Kant lui-
même. Et comment mieux attaquer le monument
qu'en allant directement soumettre à la question le
sujet même de la Vérité ?

Que puis-je savoir ? Que m'est-il permis d'espérer,
demande Kant ? Et, drôle comme d'habitude, il
s'interroge sur la fonction logique de l'entendement
dans les jugements. Autant dire que Raymond Hains
pratique à l'inverse. Certes, lui aussi se demande ce
que l'on peut savoir et, donc, à quoi peut bien ressembler la vérité. Mais il n'entend rien aux détours

laborieux par les catégories, la quantité, la qualité et les modalités, et ne se soucie guère des formes a priori de la sensibilité. Pas plus il ne se demande comment des jugements synthétiques a priori sont possibles. Non, non. Trop triste. Pas assez direct, trop contourné, chantourné. Trop d'arabesques et de détours, de rhizomes et de ramifications secondaires qui empêchent qu'on aille directement au but : car les vérités sont de La Palice. Evidemment. En dehors de ces prémices, point de salut. Laissons donc de côté l'esthétique transcendantale, l'analytique des concepts ou l'architectonique de la raison pure. Et vive Monsieur de La Palice.

Si Kant erre, donc, c'est bien évidemment parce qu'il n'a pas pris le temps de questionner les lapalissades. Moins le mot, qu'on doit aux frères Goncourt soixante-huit ans après le trépas du Prussien, que l'idée, contemporaine du seigneur de La Palice, maréchal de France qui, comme chacun sait, connut le privilège, un quart d'heure avant sa mort, d'être encore vivant. Si Kant avait jeté aux orties la discipline de la raison pure pour lui préférer les lapalissades, nul doute qu'on aurait obtenu d'autres vérités que ces ridicules postulats de la raison pure pratique qui nous servent, telle une mauvaise choucroute tiède, Dieu, la Liberté et l'Immortalité de l'âme comme s'il s'agissait de trouvailles magnifiques.

Or que disent les lapalissades ? D'abord que, comme toujours, il faut interroger le voisinage. Car dis-moi ce que sont tes voisins et je te dirai qui tu es. Chez Robert, le grand, lapalissade est entouré par lanturlu et laparatomie. Entre une chose qui ne veut rien dire et une ouverture qu'on pratique dans la chair pour aller fouiller en son intérieur. Autant dire que chez Raymond Hains, on verrait immédiatement qu'en ouvrant la chair, on trouve quelque chose qui ne veut rien dire. Il importe donc de ne pas se fourvoyer dans l'intimité d'une critique de la raison pure. Truismes, tautologies, évidences, puis principe de non-contradiction, d'équivalence, de tiers-exclus, l'ensemble du matériel conceptuel est bon à la remise. S'il faut mobiliser tant d'outils et de méthodes philosophiques pour parvenir à de si maigres résultats, autant condamner tout de suite. La science, le scalpel analytique et les aspirations à creuser sur place, comme un sanglier, sont à négliger. De sorte qu'au groin de l'animal qui fouille on préférera le museau de celui qui furète, à savoir le renard.

D'abord pour la renardie, la ruse et la vélocité, ensuite pour faire une compagnie au coq et à l'âne. Car en fait de dépassement du Prussien, Raymond Hains propose cette méthode : le coq-à-l'âne, le saut entre le gallinacé qui pourrait s'appeler Charybde et l'aliboron qui pourrait être Scylla. Entre les deux animaux : la ruse du renard, la malignité de la fouine, la perspicacité de la chouette, les sauts de la puce, le mystère du chat, la vélocité de la souris, la volubilité du mainate, les poudres chatoyantes du papillon et la durée de l'éphémère. Zoo au service de la mantique — l'âme antique ?

La méthode de Raymond Hains est donc une antiméthode, un procédé efficace et redoutable, une invite à doubler, en de plus grandes fulgurances, le réel et sa perpétuelle façon de se faire et se défaire autour d'une occasion, d'un accident. Ce qu'elle vise ? Mettre à nu, découvrir et livrer à l'œil les liens, le réseau de fils qui relient les fragments multiples et éparpillés du réel pour en faire un tout qui se tienne. Débrouiller l'écheveau, déployer le sens et, surtout, déplier. Ce en vertu de quoi, si l'on se souvient que Deleuze fait du pli le signe distinctif du baroque, on pourra avancer que le monde est baroque, et que l'artiste est celui qui a pour tâche d'en révéler les plis, de mettre à plat, de dénouer les nœuds qui se font dans la trame du monde.

A l'œil du commun, ces liaisons sont invisibles. Tout juste si ce qui est lié est vu, alors ce qui lie... Entre les éléments, ou les événements les plus apparemment éloignés, dispersés, éclatés, isolés, Raymond Hains distingue les flux de conséquences et de relations. Association libre, diraient les psychanalystes qui verraient dans son art des digressions une autoanalyse, une thérapie ; hasard objectif, proposeraient les surréalistes quêteurs de magie dans le moindre interstice de réel ; variations mentales et conceptuelles jouées à partir d'une même substance, à savoir le monde, soutiendraient les monistes — dont La Mettrie, de Saint-Malo. Tous tâcheraient d'expliciter comment Raymond Hains vise la subsomption du divers sous l'un, comment il se propose de réduire la diversité et la multiplicité fragmentée et fragmentaire à une entité : le réel identifié au logos.

Faut-il rappeler là qu'une probable étymologie de religion met en avant religare, relier, mettre au jour des liens ? Ce qui invite à considérer la négligence comme le contraire de la religion. Négliger, c'est ignorer les liens, ce qui lie, relie et associe. Le commun des mortels serait négligent là où Raymond Hains porterait à son paroxysme la religion, l'art de révéler les liaisons, la science des trajets qui désignent et montrent avec évidence les réseaux et les géographies. L'artiste déroule le fil d'Ariane permettant que, dans le dédale du monde, on puisse élire un chemin qui conduise d'un lieu à un autre, autorisant une odyssée singulière, ludique et pourvoyeuse de sens.

En héritier des anges gnostiques qu'il est, Raymond Hains sait que l'Un est à l'origine, et le Multiple à l'arrivée. Entre deux, il y a la déperdition, l'entropie dues à l'incarnation, à la transfiguration de l'idée en matière, de la forme en substance. D'où sa quête religieuse d'un trajet à montrer du doigt entre le réel et ce dont il participe : un perpétuel enchevêtrement de signes, de sens. L'œuvre est, chez lui, le moment figé et fixé pris par une combinaison d'occasions qui font sens, si l'on sait les déchiffrer.

Tout signe exposé est un rébus dont les clés sont entre les mains du démiurge qu'est l'artiste.

L'autobiographie et l'œuvre ont donc entre elles un rapport étroit, voire extrêmement intime. L'enfance, les lieux de séjour, les rencontres, les lectures, la terre natale, tout se mêle pour donner matière à porter à l'incandescence dans l'athanor où Raymond Hains entretient la lave. L'écouter, c'est entendre crépiter le feu, crever les bulles à la surface du métal en fusion, bouillir les particules et les atomes. Des fumerolles naîtront des arabesques dans lesquelles s'accrocheront des trouvailles et des perles. Lui seul séparera le grain de l'ivraie, les pépites de la fange, à l'heure et au moment où se fera une œuvre appelée à être exposée. Assister à l'élaboration de ce travail, c'est se faire le spectateur, mais surtout l'auditeur, d'une pensée qui se met sous les rais de la lumière. Raymond Hains s'expose, comme on peut aussi le dire de ses œuvres, lorsqu'à haute voix, donc à claire-voie, il pense, associe, délire, parle, verbalise, joue. Et quiconque assiste à ce work in progress, avant cristallisation dans une forme qui fera l'œuvre, a l'impression, comme les vieillards embusqués, d'assister au bain de Suzanne.

Du coq à l'âne s'effectuent des trajets identiques à ceux qui séparent la carpe et le lapin. Et toutes les stations, toutes les pérégrinations auront été nécessaires pour tâcher de saisir pourquoi telle ou telle œuvre, in fine, se trouve montrée, proposée au public. Pour quelles raisons ce télescopage entre des objets et des signes, entre les mots et les choses, les géographies et les biographies. Pourquoi ce mariage, cette religion entre un pot bleu, un pot doré, un pot Klein, un pot rouge et un pot vert, par exemple. Pour quelles raisons, ceci expliquant cela, on retrouve dans le panthéon de Raymond Hains le marquis de Bièvre, Monsieur de La Palice, Chateaubriand, Georges Palante, Jean-Jacques Pauvert, Yves Klein, Jacques Cartier, Isodore Isou et tant d'autres. Pourquoi Saint-Malo, Nice, Paris, Illion, Coblence,

Saint-Brieuc ou Pomeiock. Pourquoi la Vallée-aux-Loups, les plage du Sillon et de l'Ecluse, le château de la Fondation Cartier à Jouy-en-Josas ou, maintenant, boulevard Raspail. Pourquoi est ainsi ce qui est, et pas autrement.

Autant préciser qu'une œuvre de Raymond Hains, comme les charades tractocapillaires, les rébus extravagants, les coq-à-l'âne excentriques ne peuvent se déplier qu'avec l'aide de l'artiste, son concours. Fulgurances, associations, digressions, délires et jeux, lyrisme et dépliages, et, parfois, on assiste en direct, à la fixation d'un hapax, comme l'entomologiste perfore un insecte, pareil à saint Georges transperçant le dragon. Naissance d'une œuvre. Elle est alors contemporaine de l'aveu fait par l'artiste du cheminement qui l'a conduit là, et nulle part ailleurs. De Kant à Kanter, de la caverne des platoniciens à la taverne des plasticiens, de la vérité de La Palice à la palissade des vérités, du divers éclaté à l'un, la pérégrination est singulière, sinon solipsiste. Encore que, parfois, elle sectionne une autre pérégrination, celle de l'auditeur ou du spectateur, par exemple. Alors, les points de jonction relient et l'on communie dans la religion initiée par Raymond Hains.

Pour donner suite aux errances de Kant et aux vérités affichées sur les palissades, il me faut conter deux de ces points de jonction, deux de ces histoires qui montrent que, tout étant relié, on finit toujours par faire se superposer des trajets, des blocs de sens et des émotions communes. Ainsi, lorsque rentré chez moi, en province, je voulus envoyer un petit mot à Raymond Hains pour le remercier de la soirée passée en sa compagnie, je me mis en quête, dans un fatras de papiers, courriers, notes et autres, du feuillet sur lequel j'avais noté son adresse. En effeuillant le monceau de paperasses, je suis tombé en arrêt devant une note de restaurant, moi qui ne les garde jamais : elle venait de la Taverne de Maître Kanter, à Caen, où j'étais allé avec un ami pour des huîtres et une vendange tardive de Gewürstraminer. Bien sûr, la pièce à conviction partit rue d'Odessa retrouver l'athanor de Raymond Hains.

De même, alors que je travaillais sur l'édition française du catalogue de la fondation Cartier, en fin d'année dernière, un courrier m'est arrivé d'un ami artiste qui était allé passer les fêtes de fin d'année chez sa mère à... La Palisse. La flamme de l'enveloppe témoigne et montre, auprès d'un dessin du château Renaissance, un court texte qui associe le bâtiment à la cité des vérités. Tant et si bien que mon nom et mon prénom s'y trouvent écrits d'une encre et mon adresse d'une autre. Faut-il aller chercher bien loin le sens de cette vérité de La Palice ? A l'évidence, la proximité de Raymond Hains est dangereuse, car il enseigne, en authentique maître de l'art divinatoire, qu'on ne saurait tourner le dos à la Nécessité, et que toujours elle se manifeste, quels qu'en soient les trajets et les odyssées. Cette science panthéiste, cette religion jubilatoire installent leur grand prêtre là où toujours l'artiste devrait camper : entre l'enfant et le fou, le coq et l'âne, là où parfois les vérités et les idées se laissent capturer comme de ridicules oiseaux sans cervelle.

32

CRITIQUE DE LA RAISON MOLÉCULAIRE

Faut-il, en philosophie, craindre le retour d'une sorte de positivisme, avec ses outrances, son ridicule et sa façon péremptoire aussi sommaire que celle des métaphysiques qu'il entendait naguère dépasser ? Doit-on redouter l'arrivée de nouveaux Auguste Comte au petit pied, soucieux d'éradiquer tout ce qui n'est pas susceptible d'une réduction à des formules simplificatrices quand elles ne sont pas sim-

plistes ? Est-il à appréhender ce nouveau philosophe
confiant en la science comme d'autres en Dieu,
arborant en sautoir ses méthodes et sa raison
comme celui qu'il veut supplanter sa foi et ses
encensoirs ? Peut-on frémir aux prétentions philosophiques de scientifiques qui ne parviennent pas à
s'arracher à leurs rats de laboratoire mais qui osent
toutefois inférer de leurs cages les certitudes qu'ils
publient sans vergogne ? Je crois en effet que
pareilles infortunes sont à déplorer. Déjà quelques-
uns se sont engouffrés dans le domaine de la critique d'art ou de la morale, bientôt, il faudra les
attendre sur le terrain de la politique. La sociobiolo-
gie n'est pas morte.

Pourtant, j'avais imaginé qu'un pont pourrait être
jeté entre les neurosciences et la philosophie, car il
y a toujours bénéfice à ouvrir des passages, à forcer
des citadelles pour installer les disciplines au cœur
de territoires qui, habituellement, ne sont pas les
leurs. L'esthétique et la politique, l'éthique et la
métaphysique, l'histoire et la géographie, la littérature et l'ontologie, mais aussi la philosophie et les
sciences, toutes les disciplines ont intérêt à fonctionner en relation, curieuses les unes des autres,
soucieuses des trouvailles de chacune, des inquiétudes et des erreurs, des mouvements, des avancées
et des échecs de toutes. C'est pourquoi le philosophe
ne peut plus, aujourd'hui, penser sans savoir, en pré-
ambule à toute investigation, ce qu'est un homme
neuronal, à quoi ressemble une opération cognitive
d'un point de vue chimique et moléculaire, réfléchir
en ignorant les modalités des processus d'imprégna-
tion ou de dressage. Bref, j'ai imaginé, un peu vite,
que ce domaine scientifique et épistémologique en
expansion permettrait vraisemblablement de faire
s'effondrer de vieux monuments et contribuerait à
l'avènement d'une pensée moins gratuite, plus soucieuse du réel, moins perdue dans les nuages.

D'abord, il n'en est rien. Ensuite, il faut craindre
qu'avec les incursions des scientifiques dans des

domaines où ils avancent sans précautions et sûrs d'eux, pleins d'une morgue qu'on croyait réservée aux seuls barbons du siècle dernier, la philosophie ait plus à perdre qu'à gagner. Et les sciences avec elles. Bien sûr, il faut éviter la généralisation. Mais je sens un frémissement et des convergences qui me permettent d'avancer que les hommes de science, forts de leur savoir en molécules, n'ont aucune crainte lorsqu'ils abordent des domaines où la prudence et une autre culture, moins sectorielle et sectaire, seraient de rigueur. Leur obsession à vouloir localiser, matérialiser de manière sommaire, avancer que le tout n'est jamais que la somme des parties qui le composent, leur soumission pleine et entière à ce que j'appelle la pure raison moléculaire, tout cela est primaire, dans le fonctionnement et dans la croyance, dans les résultats et les effets, dans la portée et les conséquences.

Laissons de côté les ardeurs de Jean-Pierre Changeux à vouloir absolument que Freud ait matérialisé son concept d'inconscient et qu'il ait formulé presque chimiquement son existence. C'est mal lire, ou vouloir absolument pervertir les textes que d'imaginer pareille billevesée car dans *Métapsychologie* Freud écrit sans ambages : « Toutes les tentatives pour deviner une localisation des processus psychiques, tous les efforts pour penser les représentations comme emmagasinées dans les cellules nerveuses (...) ont radicalement échoué. Le même destin s'offrirait à une théorie qui envisagerait de reconnaître le lieu anatomique du système conscient, de l'activité psychique consciente, dans le cortex et de placer les processus inconscients dans les parties subconscientes du cerveau. » Le Freud qui travaille dans sa jeunesse sur la sexualité des anguilles n'est pas celui de la maturité qui s'occupe de la sexualité des bourgeois viennois. Car la bête rampante n'est pas absolument et toujours identique à celle qui s'allonge sur le divan. Réduire la psychanalyse à un biologisme est mal servir les

sciences et passer à côté d'un formidable instrument
d'investigation théorique. C'est aussi se priver des
moyens d'une analyse plus fine et, quoi qu'en disent
les scientifiques, tout aussi expérimentale que leurs
travaux de laboratoire, et parfois plus performante.

Laissons de côté, également, les analyses d'un
Roger Vigouroux qui, pour étudier ce qu'il appelle
de façon programmatique « *La Fabrique du beau* »,
se propose de répondre à la question de la généalogie du don et du génie artistique en expliquant ce
que sont réception et création d'un pur point de vue
mécanique, argumentant en chimiste, en neurophysiologiste, en psychiatre, en thérapeute, certes, sans
aucune des convictions qu'emporterait un artiste ou
un philosophe. Prétendre démonter les mécanismes
et les structures qui permettent l'art est d'une
incroyable prétention. Et la réponse est aussi sommaire que celles des amateurs de la collection dirigée par Camille Flammarion au siècle dernier.
Jugeons-en, voilà les foudres et les lumières de
Vigouroux : il existe des neurones artistes qui font
notre âme. Voilà pourquoi les ciels de Van Gogh, les
structures modales des quatuors de Mozart, les
intrigues et les personnages de Dostoïevski, les
volumes et les formes des sculptures de Michel-
Ange. Au passage, pour bien argumenter et montrer
en quoi l'artiste est un genre de malade qui se soigne
presque tout seul, et pour lequel la création n'est
qu'une thérapie, on aura droit à de longues dissertations sur les aphasies et les amusies, ce qui, convenons-en, explique à merveille pourquoi et comment
Haydn composait. Suivent des considérations sur
l'hémiplégie, la maladie d'Alzheimer et l'épilepsie, ce
qui, là encore, éclairera, on s'en doute, le mystère du
Flaubert de *La Tentation de saint Antoine*.

Laissons de côté cette façon réductrice et sommaire de rendre compte du don, du talent, du génie,
de la création. Un amateur d'anatomie perdit un
jour le bénéfice de ses œufs d'or à imaginer sotte-
ment qu'il trouverait le mystère de cette heureuse

alchimie au bout de son couteau. Il perdit la poule
et les œufs, sans parler de sa crédibilité. Roger
Vigouroux, lorsqu'il fouille la chair des génies, de
Mozart par exemple, en quête de provenance pour
les œufs d'or du Viennois, conclut : « Son don était
inné. » Belle idée, forte intuition, très riche proposition, bouleversante et radicale, révolutionnaire,
même, si l'on veut, soyons audacieux. Puis poursui-
vant son analyse du cas Mozart, il ajoute qu'« à travers les vicissitudes, les triomphes, et les tragédies
de sa vie, il sut approfondir son génie ». Bien, bien,
toujours autant stupéfiant d'intelligence, aussi sai-
sissant de pertinence. Il était naturellement doué et
son éducation, son milieu, lui ont permis de mieux
faire que le voisin : un peu court pour un livre qui
se propose de révéler les secrets de la création artistique, mais la caution scientifique cache la misère.
Tout cela est dit et montré avec force concepts,
notions et références ressortissant au registre
neurophysiologiste : un morceau limbique, une pin-
cée moléculaire, un bout de néocortex et voilà,
madame Mozart, pourquoi votre fils a composé *Don
Giovanni*. Dans les laboratoires du Centre national
de la recherche scientifique, les montagnes clonées
accouchent toujours d'autant de souris blanches...

Laissons de côté, enfin, la tentative assez
pitoyable d'aborder Casanova par ses glandes.
Chacun se doute que le libertin était pourvu d'hypo-
physe, de surrénales, d'épiphyse et autre thymus. Et
puis de testicules, aussi, car sans cela la panoplie ne
serait pas complète. Glandes ouvertes ou closes,
pinéales ou pituitaires, mixtes ou génitales, on se
doute que, chez le charmant homme, les gonades
menaient la danse. Mais pour autant, trouverait-on
le mystère des *Mémoires* en incisant les deux bijoux
de famille ? Jean-Didier Vincent le croit. Pas moi.
Les véroles du chevalier, ses soins au mercure, ses
glandes, tout cela met « au premier plan, chez lui, la
dimension temporelle de l'état central fluctuant ».
Bon, c'est-à-dire ? Qu'est-ce qu'un état central fluc-

tuant ? Réponse : l'état central fluctuant est la résultante des recherches d'équilibre entre les trois instances que sont le corps, l'extérieur du corps et le temps. D'accord, mais tout cela n'est guère révolutionnaire, on se doute qu'un individu dans un milieu et dans une époque subit des influences qui le structurent plus ou moins. Pas besoin d'état central fluctuant pour autant. Pareille évidence n'a pas même besoin d'être dite par quiconque entame un travail quelque peu biographique sur une figure singulière : elle est immanquablement la résultante de l'entrecroisement d'une histoire personnelle et d'une autre, plus générale, sinon universelle. Prévoyant les critiques des philosophes, Jean-Didier Vincent écrit même qu'il s'amuse à jouer avec leur jargon. Il se trompe, pareilles formules relèvent des membres de la compagnie de Diafoirus, pas de celle de Socrate — bien que non exempte de pareilles critiques, par ailleurs. Si dans le système nerveux central de Casanova « les cytokines sont présentes, colocalisées dans les neurones avec les neurotransmetteurs », alors le séducteur est bon pour la couette et une coquine avec lui. De même, si notre libertin ne parvient pas à « oxyder la phénylanine », ou si la « sécrétion de son hormone thyroïdienne est insuffisante », alors point de *Mémoires* écrits, point de prose et d'histoires narrées, point d'œuvre ni de livre. Qu'on se le dise : les testicules écrivent, pas directement, certes, ce serait trop inconfortable, mais ils s'arrangent pour obtenir le concours d'une main, d'un bras et d'un peu de matière grise. L'érection, c'est le début de la création.

Je veux laisser là les approches scientifiques radicales et moléculaires de l'œuvre d'art ou du génie de l'artiste, et toute phénoménologie exclusivement neurophysiologiste. Dans la mesure où les scientifiques se contentent de gloser en tâchant d'expliquer que des causes neurophysiologiques produisent des effets esthétiques, et qu'ainsi on a tout dit de ce qui pouvait être explicité sur le sujet, ils ne présentent aucun danger, hormis celui de mourir tués par le ridicule. Le risque est facile à courir. Peu importent ces prises de positions théoriques, elles valent autant que tous les réductionnismes en la matière, ceux qui, orthodoxes, s'appuient sur une vulgate et fonctionnent de manière intégriste. Mais il y a plus grave. En l'occurrence, lorsque les adeptes du laboratoire et de la blouse blanche délaissent l'hypothalamus des rats pour porter des jugements de valeur sur des artistes et leurs productions, éclairés sur Michel-Ange par la drosophile velue. Tant qu'on aborde Van Gogh avec d'éventuelles molécules de la schizophrénie, tant qu'on évite de voir Flaubert ou Dostoïevski autrement que comme des épileptiques, tant qu'on se contente de faire le médecin devant l'œuvre d'art pour dire qu'on va la comprendre, il n'y a pas péril en la demeure. Les marxistes, les sociologues, les phénoménologues, les freudiens, les idéalistes font tout cela très bien, comme tous ceux qui sacrifient pieusement à un culte. Les matérialistes orthodoxes et scientistes ne font qu'ajouter leur contribution à l'édifice.

Mais là où ils sont insupportables, même dangereux, c'est lorsqu'il leur vient à l'esprit, oui, oui, l'esprit, qu'ils peuvent inférer de leur laboratoire des jugements de valeur, des critiques prétendument esthétiques, des appréciations moralisatrices en matière d'art. Qu'ils peuvent, au nom de l'hypothalamus, renvoyer un artiste, une œuvre, voire une époque tout entière, dans les culs-de-basse-fosse où croupissent les malades mentaux, les inadaptés, les marginaux, enfin tous ceux qui, d'une manière ou d'une autre, ne sont pas politiquement ou idéologiquement corrects. Et je voudrais prendre deux exemples récents de cette façon de faire qui n'est pas sans donner l'impression qu'on inaugure une manière policière de faire servir la science à des fins politiques, éthiques, idéologiques.

Mon premier exemple me vient d'un texte que Jean-Didier Vincent a consacré au travail de Pierre

Molinier. Je ne goûte guère personnellement les productions esthétiques de ce dernier. Vraisemblablement, elles renvoient trop en moi à un malaise face
au travestissement, au mélange des genres masculin
et féminin, à la confusion des sexes, pour que je
puisse trouver mon compte en jubilation intellectuelle aux photos prises par l'artiste. Ceci étant dit,
je n'inférerais pas un jugement de valeur moralisateur, voire une condamnation en bonne et due
forme, sous prétexte que je ne saurais regarder ces
photographies avec plaisir. Encore moins il ne me
viendrait à l'idée de renvoyer, comme le fait Jean-
Didier Vincent, l'ensemble du travail de Pierre
Molinier du côté des productions de psychopathe ou
de névropathe en leur déniant toute valeur esthétique. Dire d'un homme que son œuvre d'artiste
relève moins de l'art que de la thérapie de malade
mental rappelle les pratiques les mieux rodées des
nazis et des staliniens. Les étiquettes d'art dégénéré
ou d'art bourgeois valent bien celles qui qualifient
l'art dit des malades mentaux : nationaux-socia-
listes, bolcheviques et médecins compagnons de
ceux-là se retrouvent dans la même configuration,
ils pratiquent avec les mêmes méthodes,
condamnent avec d'identiques procès et procédés.
Le système est dangereux, ces scientifiques qui
s'essaient à penser l'art devraient se méfier des voisi-
nages dans lesquels ils opèrent — je ne trouve pas
d'autre mot.

Revenons à Molinier. En effet, je n'aime guère ces
hommes sanglés dans une guêpière ou moulés dans
des tissus précieux et féminins. A tout prendre, je
préfère une femme à queue de poisson, les oiseaux
à têtes de femme, sinon la jolie poitrine d'une
sphinge, à ces bas résilles, ces hauts talons, ces
longs gants noirs, ces écharpes de soie, ces jarretelles et ces bijoux sur la peau épaisse et rasée d'un
homme. Qu'on excuse mon hétérosexualité intégriste et militante, orthodoxe et pointilleuse : je suis
un banal obsédé de femmes et je préfère toutes ces

douceurs sur le corps de la première dame venue. De Pierre Molinier à Urs Luti en passant par Michel Journiac, le procédé est le même, et les effets sur moi identiques : malaise du travestissement, indisposition à l'endroit du mélange des genres, je n'aime pas plus les hommes grimés en femmes que les femmes déguisées en hommes. Nombre des photographies de Marguerite Yourcenar, quelques-unes de la compagne de Colette m'indisposent mêmement. Les bas noirs et fins, les jarretelles et l'ensemble des objets fétiches de l'érotisation occidentale me comblent quand ils sont associés aux variations sur le thème féminin, de Salomé à Lulu, de Carmen à Dalila, de Vénus à Omphale. J'aime la ligne qui parcourt le galbe de la jambe d'une femme, du talon au haut des cuisses, en passant par le mollet et l'arrière du genou, géographies subtiles, et ne me réjouis jamais de voir ce trait courir sur la jambe d'un homme, plus musclée, plus agressive, dessinée avec moins de bonheur.

Cependant, je ne suis pas de ceux qui associent la garde-robe érotique et sensuelle au registre de la perversion telle que l'entendent les hommes en blouse blanche ou en soutane : elle est partie prenante de toute armoire féminine, le dessous n'ayant pas moins de sens que le dessus, le montré ne devant pas plus dire que le caché. Soie, fourrure, cuir valent ici ce que sont là lin, laine et cachemire. Trouver qu'il y a dommage psychiatrique à désirer, vouloir et souhaiter d'intimes sensations visuelles et tactiles, sinon olfactives, oblige à renvoyer tout érotisme, sans précision aucune, du côté de la maladie mentale. Or, loin de caractériser l'anormal, le fétiche est signe de civilisation exacerbée, son caractère propre : pas de talon aiguille chez les éléphants, pas de bas et jarretelles chez les mille-pattes, pas de bas chez les araignées, plutôt poilues.

L'érotisme est à l'amour ce que la gastronomie est à la nourriture : un supplément d'âme, un dépassement, au sens dialectique, de la nécessité et des obligations naturelles. Sexualité n'est pas seulement copulation, nutrition n'est pas uniquement ingestion, sauf chez les animaux et les neurophysiologistes. C'est pourquoi, il ne saurait y avoir d'amour sans art qui l'accompagne, sans technique et apprêts, sans conscience ni cérébralité, donc sans jeux et maîtrise du temps, du corps et de l'espace. De même, le jeu amoureux naturel comporte des variantes qui permettent transversalement l'émergence d'œuvres culturelles : pas de bel canto ni de théâtre sans réminiscence des roucoulades et parades nuptiales, pas de peinture ni de rhétorique sans mémoire de jabots gonflés et de plumes déployées, pas de danse sans souvenance des transes. De la forme primitive à la forme sublimée, il y a tout le trajet d'humanisation, de conceptualisation, de socialisation. L'histoire de cette métamorphose du besoin en esthétique ne fait pas, pour autant, de la nécessité biologique l'unique raison de toute production artistique. L'érotisme est un art, tout comme l'art a des racines communes avec lui. D'où les trajets sous-jacents et perpétuels, en art, de tout ce qui fait sens vers les énergies libidinales : esthétique a d'ailleurs conservé dans son étymologie ce précieux renseignement en fonction duquel on sait, de toute éternité, la parenté et la proximité de sentir et de produire.

En vertu de ces associations qui font sens, on pourrait établir l'importance de l'érotisme dans l'économie des productions artistiques : du poème à l'opéra, du dessin à la sculpture, du roman à l'élégie, du thrène à la danse, de la photographie à la vidéo, il n'y a que sexe et corps, désir et plaisirs, peaux et envies, séduction et jubilation, sensualité et volupté, fabulation et frustration. La voix de Lulu qui séduit le docteur Schön, les sonnets de Michel-Ange qui vantent les beaux corps graciles, l'élégance de Solal qui séduit Ariane, en belle du seigneur, les verrous que l'on tire dans les chambres de Fragonard, les baisers de Rodin ou les nudités de Maillol, les prostituées qui gardent leurs bijoux dans les chambres mansardées où l'on cultive les fleurs du mal, les sauts vers la lumière en direction des étoiles et dont on revient fou comme Nijinski, les ombres et la lumière d'un après-midi d'été en Provence quand Willy Ronis photographie une beauté sans nom, les membres qui s'emmêlent sur l'écran où se montrent les images de Jef Koons. Corps, corps et corps encore. Et puis les travestissements de Pierre Molinier, entre les peintures de Clovis Trouille et les romans de Georges Bataille, entre onze mille verges ici braquées et le con d'Irène là embusqué.

Du pape et de l'Académie française, des moralisateurs en tout genre et des philosophes qui réactualisent le vieux monde chrétien, j'aurais attendu sans surprise une condamnation de cette géographie-là : monde de pervers et de maniaque, univers de frustré et de malade. Je connais le discours : un peu de psychanalyse sommairement détournée, un zeste de psychiatrie infestée de moraline, un soupçon de jugement de valeur et d'autorité factice bien distillés, puis le jugement : « Ceci n'est pas de l'art. » Comme d'autres affirmaient : ceci n'est pas une pipe. Bourgeois de sous-préfecture et cinéastes pétainistes, restaurateurs de valeurs et médiocres bien-pensants peuvent tenir ce discours, c'est leur fonds de commerce. Mais pas Jean-Didier Vincent dont on peut savoir, en outre, le goût pour les beaux vins et les femmes, l'art et l'écriture, la vie et le plaisir sous toutes ses formes. Comment un homme qui, écrivant sur Casanova, peut-il présenter le Vénitien comme son frère — c'est son mot — et renvoyer le travail de Pierre Molinier aux égouts de la morale dominante ?

Car s'il excelle en hédonisme pratique, Jean-Didier Vincent est médiocre, très médiocre, en matière de critique d'art. L'article qu'il consacre à Molinier suffirait à en apporter les preuves, et lui seul. La stigmatisation pure et simple de l'œuvre vaut comme emblème de ce que font les intégristes de tous ordres. A refuser de faire de quelqu'un un artiste, on se dispense d'avoir à tenir un discours de critique esthétique informé et digne de ce nom. Reste le propos badin, sinon moralisateur. La condamnation n'est pas loin : celui qui se prend pour un artiste et n'en est pas un est, bien sûr, un malade mental, comme ceux qui, derrière le rideau de fer quand il existait encore, avaient le front de revendiquer la force et le statut de sujets rebelles. Des fous, évidemment, rien que des fous. Vouloir avoir raison seul contre le monde, c'est montrer un talent spécial pour l'inadaptation. Seuls méritent d'être normaux ceux qui savent composer avec le réel, entre rosette et Académie française. Ceux qui pensent que le monde a tort et que l'art seul sauve cette désespérante entreprise qu'est l'existence sont des psychopathes. Et dangereux si on les laisse faire. Les arguments sont éculés, la pensée réactionnaire s'en sert depuis toujours. Exit l'art, exit la politique : quand on doit soigner des psychopathes, il n'est qu'une compétence, le médecin, l'homme en blouse blanche, le donneur d'ordre, au sens qu'on voudra conférer à cette expression.

Que dit le docteur Jean-Didier Vincent ? Qu'il a connu Molinier, qu'il a même été, un temps, l'héritier putatif des godemichets et autres articles ou accessoires nécessaires aux jeux érotiques du personnage — avant d'en être dépossédé pour n'avoir pas été jugé assez digne d'hériter un pareil capital dont il n'aurait su que faire. Je crains que la suite, et l'article du médecin-prêtre, donnent raison à Molinier par-delà la tombe. Vincent ajoute qu'il était même chargé de veiller à ce que le corps de Molinier, abandonné par lui à la science, soit bien destiné aux tables de dissection et aux leçons d'anatomie, comme c'était son souhait le plus vif. Et l'on sait également que le neurophysiologiste ne se soucia guère des conditions dans lesquelles le désir de l'artiste fut satisfait et honoré.

Pour quelles raisons Molinier n'est-il pas un

artiste ? Réponse du docteur : parce que c'est un pervers polymorphe, un idiot de village, un petit mesquin narcissiste, « un bourgeois étriqué, poujadiste, conservateur, raciste, ne supportant pas les délinquants, les voyous, les Arabes ». On connaît les méthodes : discréditer l'homme pour se dispenser d'avoir à rencontrer de face le créateur. Le nazi cache le philosophe ici, l'antisémite masque l'écrivain là, le bolchevique anéantit le compositeur ailleurs, et c'est tout bénéfice pour celui qui croit en avoir fini avec une œuvre quand il a seulement moralisé des morceaux de biographie, puis distillé un commentaire lénifiant à partir de périodes d'existence moins analysées que jugées. Non, vraiment, on ne peut être artiste, non plus, quand on respecte comme Molinier le faisait, l'argent et la propriété, les valeurs de sous-préfecture et autres billevesées sociales. Jean-Didier Vincent en est intimement persuadé, lui dont on croit savoir qu'il aimerait pouvoir professer pareilles idées en de prestigieuses institutions françaises brillant plus par les dorures que par le goût de la nouveauté et qui ne se départit jamais de son insigne de chevalier de la Légion d'honneur. On est chevalier de ce qu'on peut, certain l'était de Seingalt.

Tout le détour médical permet, on s'en doute, l'évitement des photographies qui, convenons-en, sont malgré tout le sujet. L'artiste est condamné, en dehors même de ses œuvres et travaux, à n'être qu'une personne défaillante, y compris dans son rapport aux beaux-arts. En effet, Jean-Didier Vincent épingle ailleurs et autrement les productions de Pierre Molinier : en plus d'être un pervers polymorphe, c'était un mauvais dessinateur, un peintre du dimanche ignorant tout des techniques du trait et pour cette raison condamné à recourir à la photographie. Qu'on se le dise, les non-figuratifs, les photographes et autres artistes qui choisissent leur mode d'expression dans ces contrées-là, le font contraints et forcés, parce qu'ils ne savent pas, d'autres disent parce qu'ils ne savent plus, dessiner. Voilà pourquoi Duchamp n'est pas Poussin, et pourquoi vraisemblablement le second seul est véritablement un artiste. De plus, lorsque Molinier se piquait de retoucher une photographie, c'était, précise Vincent, pour enlaidir le résultat. Le beau trait, la beauté, on commence à voir à quoi ressemble l'esthétique du docteur. Jean-Didier Vincent écrit : « Il y a plus d'art dans la moindre photo de Paris-Hollywood que dans toutes les photos de Molinier. » Quels arguments pour pareille hypothèse ? Aucun. Quelles justifications ou démonstrations pour une telle conjecture ? Aucune. Du jugement de valeur, et rien d'autre. De la morale, pas plus. De l'arbitraire, rien moins.

Que vienne alors le diagnostic, il dispense définitivement de tout jugement esthétique, pas plus réfléchissant que déterminant, nous n'en sommes même plus là. Molinier n'est pas un artiste, car c'est un malade. Son œuvre n'a rien d'artistique, car elle relève du psychiatrique. Ses photos sont des symptômes, des traces de névrose, des preuves de l'affection mentale. D'ailleurs, d'anciennes frasques pointées dans sa jeunesse montrent que de toute éternité il était détraqué : en effet, il avait mimé sa mort avec une mise au tombeau théâtralisée dans le jardin d'une clinique où il effectuait des travaux de peinture. Au fou, au fou ! Qu'on juge de l'impossibilité radicale d'admettre ce cas pathologique dans la galerie d'un panthéon artistique ! Sa place est du côté des patients du docteur, face à la blouse blanche. Avec une camisole chimique, on parvient sans difficulté à avoir raison d'un tel sujet.

Que dit Diafoirus quand il requiert au tribunal esthétique ? « Petit pervers pas très intelligent. » Reste à faire figurer la condamnation, sans appel, sur la fiche signalétique. Et son cas est réglé. Enfermé, le fou, arrêté, hors d'état de nuire, privé de godemichets et d'appareil photo. Puis, on ajoutera, entre deux distributions de Prozac : grand masturbateur, inventeur d'une machine célibataire destinée à permettre l'autofellation, onaniste vivant au milieu de la saleté — « yaourt, urine de chat et foutre », dit Vincent qui s'y connaît —, exhibitionniste spécialisé dans le monologue. Dans tous les cas de figure, Molinier est stigmatisé comme un enfant, une créature dont le développement a été stoppé et qui en est resté à de mesquines pratiques fétichistes.

Voilà donc une autre raison : après le malade, l'enfant, décidément, on ne saurait être artiste quand on relève prioritairement de l'asile ou de la garderie. Les malades mentaux et les enfants : Jean-Didier Vincent devrait se méfier, ce sont les références que pratiquaient les nazis quand ils voulaient stigmatiser l'art qu'ils disaient dégénéré : George Grosz, Otto Dix, Emil Nolde, Max Beckmann et les expressionnistes dans leur ensemble ne savaient pas dessiner, ils exposaient des œuvres à mi-chemin de la maladie mentale et de l'enfance ; d'ailleurs, dans les expositions consacrées à en faire prétendument la démonstration, les œuvres d'artistes étaient mises en perspective avec des dessins de fous et d'enfants. Sur Molinier, Jean-Didier Vincent écrit : « En tant que psychiatre je ne peux qu'être réservé et ne peux considérer tout ceci que sur un plan pathologique. » On peut avoir froid dans le dos... Comment mieux célébrer la moralisation psychiatrique en lieu et place de la critique d'art ? De quelle façon mieux signifier que le docteur en blouse blanche est plus et mieux habilité à dire ce qu'est l'art, et ce qu'il n'est pas, au lieu de l'historien d'art, du critique ou de tout autre amateur qui ne se drape pas dans l'autorité scientifique et morale pour juger ?

A cette aune, les choses peuvent se simplifier outrageusement : Van Gogh artiste ? Non, schizophrène au rasoir. Dostoïevski romancier ? Non, épileptique aux commissures des lèvres pleines de bave. Beethoven musicien ? Non, névrosé caractériel et sourd. Et Maupassant, et Nerval, et Bataille ?

Syphilitiques, suicidaires, nécrophiles. De toute façon, moralement incorrects, perdus pour la vie normale, destinés aux couloirs blancs de l'asile, de l'hospice. Clients pour les anxiolythiques, les antidépresseurs et les somnifères. Molinier, artiste ? Non, polymorphe pervers. Voilà, tout est dit. Et bien dit, de sorte que les bourgeois, que pourtant Vincent prétend tellement détester, mais finalement j'en doute de plus en plus, peuvent puiser dans le vivier : ils ont la caution scientifique et idéologique des médecins, ils peuvent s'appuyer sur des conclusions médico-légales et institutionnelles. La science au service de la morale dominante, une fois de plus et sans surprise. Le professeur Jean-Didier Vincent, rosette au revers, peut bien ranger son arme qui fume encore, le cadavre de Molinier bouge toujours. Mais les bourgeois n'ont rien à craindre, ils ne fréquentent pas les mêmes mondes, trop préoccupés de salons et d'institutions, d'académies et de cénacles où se font et s'entretiennent les positions dominantes. Pas d'odeurs de sperme, de pisse de chat ou de laitages tournés : des parfums griffés, des liqueurs fines et des conversations mondaines.

Le bourgeois, les choses sont claires depuis qu'ils n'avancent plus masqués, est celui qui, sur le terrain esthétique, ne digère pas l'art depuis Duchamp. Certains, plus audacieux encore, diraient depuis Cézanne ou Picasso. De revues en journaux, de papiers glacés en livres accumulés, ils décident ce qui est art et ce qui ne l'est pas : ils sont dans la ridicule position de ceux qui, devant des idéogrammes chinois, diraient qu'il s'agit de gribouillis plutôt que de se mettre en mal d'apprendre leur signification. L'art contemporain, comme celui qui l'a précédé, est un monde codé. Il est autant conceptuel chez Mario Merz que chez Nicolas Poussin, mais le bourgeois croit comprendre le peintre des Andelys parce qu'il saisit partiellement ce que la narration fournit en guise d'information primaire et qu'il s'en contente. En ayant dit d'un paysage qu'il était beau, il croit avoir épuisé le sens et peut s'en aller satisfait, plein de lui-même, heureux d'avoir fait deux heures la queue au Grand Palais et d'avoir reconnu de ses propres yeux la couverture du Lagarde et Michard qu'il a supporté pendant sa scolarité. Mais Poussin va plus loin, tellement plus loin. Le lieu n'est pas d'en faire la démonstration. Le codage de Poussin et celui de Merz est le même : l'abord de l'œuvre et sa compréhension supposent des données qui, la plupart du temps, font défaut à ceux qui stigmatisent et jugent, toute morale en avant. Dans toutes les hypothèses, le jugement normatif vaut comme cache-misère de l'inscience de celui qui le profère.

Si Molinier « n'a aucune importance dans l'histoire de l'art en général », comme l'écrit Jean-Didier Vincent, royal et sûr de lui, c'est parce qu'il est un malade, puis un enfant, enfin qu'il ne plaît qu'à des malades. La boucle se referme, et avec brio : Vincent dénie même aux autres le droit d'aimer le travail de l'artiste sans être de facto eux-mêmes des pervers, une clientèle désaxée, des clients pour son éventuelle clinique. Dans le brasier de l'autodafé allumé par le scientifique, on jettera pêle-mêle, la mémoire de Molinier, ses photos, ses objets, toutes ses traces, et avec tout cela, ceux qui aiment son travail, pire, ceux mêmes qui ne font que s'y intéresser. Point final. Car on ne peut aimer ces déjections que si l'on est un bourgeois, écrit Vincent, pris aux pièges des marchands bordelais qui ne sont habiles qu'en l'art de gruger les petits-bourgeois snobs et immatures, perdus dans leur province. Diable, le docteur est bien sûr de lui et de sa morale portée en ruban !

Le danger n'est pas dans la parole d'un homme seul, mais dans le fait qu'il fasse école ou soit d'une école. Et je crains que les fanatiques de l'homme neuronal, en lieu et place de l'homo aestheticus, fassent des émules. J'en veux pour preuve la congruence des méthodes, des avis, des jugements et des condamnations entre l'œuvre de Jean-Didier

Vincent et celle de Jean-Pierre Changeux. Tous deux sont dans la logique d'une sorte de politiquement correct, disons plutôt, ce qui revient au même, de l'esthétiquement correct. Si les photographies de Molinier ne relèvent pas de l'esthétique, pourquoi ne pas associer, dans cet ordre d'idées, l'œuvre de Robert Mappelthorpe dont les bien-pensants américains crient sur tous les toits qu'elle n'est qu'un dévergondage pornographique ? Pourquoi ne pas fustiger Jef Koons ou Robert Gober, Roland Fischer ou Matthew Barney, Didier Bay ou Matthew Weinstein, pourquoi ne pas brûler, non plus, les clichés d'Ariane Lopez-Huici qui réussit à photographier dans la délicatesse et le respect un homme qui se masturbe ? Malades ceux qui posent ? Détraqués ceux qui photographient ? Désaxés ceux qui exposent ? Névrosés ceux qui visitent les expositions en question ? Perturbés ceux qui écrivent sur ces travaux ? Dégénérés, corrompus, ennemis de l'art, fossoyeurs du beau, on connaît les anathèmes et les arguments, ce sont toujours les mêmes.

Emboîtant le pas à Jean-Didier Vincent, ou disons plutôt marchant à ses côtés, Jean-Pierre Changeux vient de fournir avec *Raison et Plaisir* une sorte de manifeste pour la critique esthétique réactionnaire et moralisatrice. L'ouvrage semble un bréviaire pour les scientistes et vaut comme un plaidoyer pour l'art d'hier doublé d'une condamnation de celui d'aujourd'hui, l'art qu'on peut dire vivant. Les thèses plairont aux réactionnaires si l'on sait se souvenir de l'étymologie : le réactionnaire est celui qui déplore un état présent pour appeler à la restauration d'un état passé. Aujourd'hui est décadent, hier était si beau : ô le temps béni où l'on savait encore dessiner et peindre ! L'époque heureuse où l'on pouvait se contenter d'une distance minimale entre le réel et l'œuvre qui la représentait, où les pommes peintes ressemblaient à s'y méprendre à celles avec lesquelles on fait une compote ! Bienheureux Chardin, douteux Cézanne, méchant Picasso...

Et vive le XVIIe siècle français, dira Changeux. Non pas celui de Poussin, du Lorrain ou de La Tour, trop connus, trop immédiatement repérables, pas assez amateur éclairé. On préférera François Lemoyne, Jacques de Bellange, Toussaint Dubreuil ou Jean-Louis-François Lagrenée. Et on les aimera pour la raison qu'ils sont peintres narratifs, disent et racontent quelque chose et illustrent des histoires provenant du fonds classique de la mythologie gréco-romaine ou des Ecritures. Une sainte Suzanne, une Madeleine en extase, un songe de saint Jérôme, le sacrifice de Gédéon, un Narcisse ou une déposition du Christ, voilà des anecdotes culturelles repérables, facilement susceptibles de réunir les amateurs et de fédérer en caste les bourgeois qui communient dans la référence classique. Foin des jarretelles, des bas, des talons aiguilles de Molinier, exit, comme l'écrit deux fois fautivement Vincent, la barbarie germanique (sic) d'un Nitche (sic).

Si le révisionnisme esthétique s'appuie sur une célébration des classiques doublée d'un refus des artistes engagés, ceux qui mettent leur corps en jeu, en scène, c'est pour mieux pointer l'antihumanisme de l'art contemporain, vieille scie déjà chez les académiciens qui sévissent dans l'histoire de l'art de Maurice Rheims à René Huyghe. L'art contemporain se distinguerait par un refus de l'homme, une haine de l'esprit, un nihilisme éthique, un antiplatonisme radical : plus de Vrai, de Beau, de Juste dans l'absolu, mais des perspectives et des subjectivités éclatées. Concert des pleureuses... Arrivée du chœur des docteurs en blouse blanche, reprise des lamentations. Changeux entre en scène : « Certaines œuvres contemporaines ne sollicitent guère mes méninges. » Dommage, mais c'est moins une affirmation qui renseigne sur la pauvreté de ce qu'offre l'art d'aujourd'hui que sur celle desdites méninges. Car s'il est un reproche qu'on ne peut faire à l'art vivant, c'est bien d'épargner la réflexion. Peut-être même n'a-t-on jamais atteint autant qu'actuellement ce degré de conceptualisation et de cérébralité, d'où le divorce avec le grand public et la plupart de ceux qui refusent l'initiation en exigeant de comprendre une langue étrangère sans jamais avoir pris la peine du moindre apprentissage. Pas de compréhension de Duchamp, justement, sans méninges. Pas de saisie de ce qui fait l'art depuis ce grand embrayeur sans capital culturel accumulé, sans matière grise puissamment sollicitée. Pas de jugement de goût sans propédeutique intellectuelle. Enfin, laissons là ce sujet... Le savoir est tellement un préalable à tout regard qu'on n'a guère envie d'aller plus loin avec ceux qui voudraient se contenter d'un œil naïf et simple.

Revenons à l'antihumanisme prétendument pointé. Comment dépasser ce refus de l'humain ? De quelle façon renouer avec un art nouveau qui ferait sens ? Quelles stratégies pour réconcilier l'art vivant et le grand public cultivé ? Changeux l'écrit sans ambages : il faut retrouver le visage, le sens du visage, cette surface sur laquelle s'inscrivent les états mentaux, les effets d'intériorité. Peut-on mieux dire le désir de revenir au sujet, à la figuration, au sens étymologique ? A-t-on mieux formulé l'envie d'en finir avec l'abstraction, la conceptualisation et toutes les révolutions induites par Cézanne et le cubisme ? Pourtant, faut-il rappeler que, formulé par Léonard de Vinci lui-même, l'œuvre d'art qui se respecte a toujours été cosa mentale, depuis les œuvres pariétales jusqu'aux installations contemporaines ? On ne doit pas jouer La Hyre contre Nitsch, La Tour contre Molinier, Giotto contre Gina Pane, mais prendre en considération, c'est la leçon d'Héraclite, que l'art d'aujourd'hui, dans sa spécificité historique, est celui d'après Auschwitz et Hiroshima, le Goulag et Pol-Pot, Hitler et Staline, Sarajevo et Kigali. C'est celui de l'ère industrielle, des mégapoles, du libéralisme planétaire, de la violence généralisée, du spectaculaire intégré. Faut-il rappeler qu'on a marché sur la Lune et qu'on a formulé de la sorte les prémices d'un désir flou et incomplètement signifié de quitter la planète ou d'en finir avec le vieux monde ? Les temps de Poussin ne sont plus, ni ceux de la Vénus de Lespugue.

L'art d'aujourd'hui vit de son temps, avec lui et contre lui, malgré lui ou à cause de lui. D'où le foisonnement et l'inventivité, le meilleur et le pire, ce qui restera et ce qui disparaîtra, les pépites et les scories : car il se fait, il est en train de se faire sous nos yeux. Et dans sa diversité, la multiplicité de ses formulations, il exige patience et travail, attention et précaution. D'où l'importance d'une pensée avisée et d'un regard défait de toute prévenance moralisatrice, sinon d'un œil libéré des taies que sont toujours les tentations réactionnaires. Jamais peut-être l'art n'a autant dit et dans un tel maelström. Mais pour certains, ce trop est générateur d'un refus global pur et simple.

« Toiles blanches, empilement de toiles vierges, réfrigérateurs plastifiés », voilà, par exemple, ce qui caractérise l'art contemporain pour Jean-Pierre Changeux. Ce sont les œuvres qui ne sollicitent pas assez les méninges du docteur. Et pourtant, elles ne sont compréhensibles qu'avec lesdites méninges. Sans elles, justement, rien d'autre, effectivement, que du non-sens ou de l'insensé. Mais entre l'art et l'artiste, il y a toujours le regardeur qui, on le sait depuis Duchamp, fait le tableau. Quiconque est incapable, par son regard, de faire le tableau est plus coupable, et lui seul, que l'époque et ses artistes. Changeux est plus à mettre en doute que son temps. Et Vincent que son époque.

Regarder pour comprendre, savoir pour pouvoir, c'est aller au-delà de l'impression immédiate, de la pure et simple satisfaction sommaire. On ne peut se contenter de l'hédonisme primitif et primaire, qui fait confiance aux seules capacités de séduction d'une œuvre et à la charge de plaisir qu'elle offre dans l'instant, pour l'appréhender et la juger. Le sens est au-delà de la satisfaction qu'on obtient illico, il faut aller le chercher, il ne se donne pas, ne s'offre pas comme une femme facile. Il faut le tempérament et la volonté, l'esprit de conquête et la détermination, la patience et la compétence. Et l'humilité, la capacité d'accepter qu'on puisse ne pas comprendre, d'abord, a priori, puis qu'on puisse défricher grandement avant de déchiffrer finement. Nicolas Poussin aussi bien que Raymond Hains exigent d'être décodés, compris, mêmement apprivoisés. Mais l'illusion, trompeuse, laisse croire que Poussin a plus à donner que les contemporains. C'est faux. Tous les artistes ne sont compréhensibles qu'avec des clés, différentes d'une époque à une autre, mais dans chaque cas nécessaires. Une œuvre est un labyrinthe, plus ou moins compliqué, dans lequel on se perd sûrement si l'on n'a pas, dans un dévidoir conceptuel en permanence à sa portée, la longue traînée d'un fil d'Ariane. Quelle misère qu'il faille sans cesse le dire surtout en des endroits où l'on pourrait imaginer au moins ce préalable acquis !

Contre le support à concept, le prétexte à sapience, Jean-Pierre Changeux veut « des images poignantes », autant dire des cadavres sur un radeau, un soldat qui tombe sous les balles ennemies, un cimeterre qui coupe en deux une femme vénale, un kriss malais qui va chercher la jugulaire d'un khalife, une scène de cannibalisme, une vieille édentée aux seins qui pendent comme d'inutiles gants de toilette, un révolutionnaire assassiné dans sa baignoire. Allons-y, donc, pour une Médée furieuse, une Judith triomphante, un Marat suriné, un Mazeppa châtié, un Astyanax éviscéré, un Barra trucidé. Et l'on reconnaîtra Géricault, Goya, Delacroix, David, et, finalement, à bien chercher, tous les pompiers du siècle dernier feront superbement l'affaire. Car l'esthétique de l'image poignante, c'est l'éloge du chromo, de l'image, du cliché qui servait jadis aux bons points.

Faut-il rappeler que, dans le paroxysme du projet

de retour au sujet, à la figure, le réalisme socialiste autant que l'art nazi répondaient à ces critères ? Des images poignantes qui célébraient la Famille, le Travail et la Patrie, des images poignantes qui racontaient la guerre et les labours, l'allaitement et la mort du père, la maternité et la moisson, le laminoir et la charrue, la race et la nation, celle des aryens ou des bolcheviques. Révolution soviétique et collectivisation des terres, front russe et célébration du soldat, de la mère, de l'enfant, du travailleur, les images poignantes, à cette époque ne manquaient pas, ni les visages. Pour autant, peut-on parler d'humanisme ? Je ne poursuis pas...

L'art est trop déconnecté de la vie et du monde actuel, déplore Changeux : à quand les peintures qui montreront les sans-abri, les files d'attente aux agences nationales pour l'emploi ? A quand les sculptures qui célébreront la grandeur des clochards sous leurs abris en carton ? A quand les gravures fixant les clients des soupes populaires dans leurs gestes miséreux ? Pour quelles raisons imaginer que l'art a oublié le monde actuel ? C'est ignorer d'autant ce qui se fait aujourd'hui en dehors des académies et des lieux officiels, du côté de la jeune génération. Car nombre d'artistes travaillent sur le corps et le sida, la violence et la guerre, la marchandise et ses trajets, le réel et sa représentation, l'imaginaire et le virtuel, la société de consommation et ses fétiches, la matière et la relation, et tant d'autres points fixes on ne peut plus en phase avec l'actualité. Ou alors, la réalité appelée de ses vœux par Changeux est tout autre ?

Vraisemblablement, car le réel qui intéresse l'homme à la blouse blanche est celui de Platon, autant dire un réel imaginaire, imaginé. « Nos neurones manquent de l'air frais qu'apporterait un renouveau du beau », peut-on lire dans *Raison et Plaisir*. Quel est ce Beau qui apparaît dans toute la grâce d'une distinction typographique ? Le Beau ? Quelle idée, comme s'il existait en soi, dans un ciel d'idées intelligibles qu'on aurait fini par localiser... dans les neurones. Car là est l'idée, là est la vérité, là est le Beau aussi, bien sûr. Voilà pourquoi il n'est pas étonnant de pointer, sous la plume du docteur, des références, qui sont aussi des révérences, à Ernst Gombrich, celui que Guy Sorman présente comme l'un des véritables penseurs de notre temps, ce qui devrait du moins inquiéter, sinon dissuader...

Que dit Gombrich pour mériter la faveur des réactionnaires ? Qu'il existe une physiologie de la perception esthétique, une biologie du plaisir esthétique, que le relativisme en art est une imposture et qu'il existe bel et bien des absolus, qu'on ne peut faire d'histoire de l'art et que seule une forme de darwinisme peut rendre compte du passage d'une époque à une autre, d'un style à un autre par la sélection des formes les mieux adaptées au temps. Dans une conversation avec Didier Eribon, Gombrich énonce les valeurs qu'il défend : « La civilisation traditionnelle de l'Europe occidentale. » Le mot traditionnel pèse de tout son poids, je ne souhaite guère le commenter. Toutefois, on imagine qu'il vaut au Viennois de l'institut de Warbourg plus d'amis chez les réactionnaires et les conservateurs, que chez les progressistes. Choisir Gombrich contre Panofsky, c'est toujours se dévoiler plus qu'on l'imagine.

Donc le Beau absolu, le Vrai, le Juste et le Bien absolus. Soit, mais où ? Dans quel paradis gisent ces formes quasi-platoniciennes ? La réponse est simple : elles sont des figures issues de combinaisons neuronales. Pas de jugement de goût sans fonctions cognitives et pas de fonctions cognitives sans les sens, d'où ce goût qu'ont les médecins qui sévissent en matière d'esthétique pour les objets, les couleurs, les formes, la composition et l'attirail classique de l'historien d'art. Suivent les descriptions mécanistes où sont convoqués synapses et neurotransmetteurs, aires visuelles occipitales et régions temporales ou pariétales, cellules gnostiques et système limbique, neurones du cortex frontal et zone sensori-motrices, noyaux gris centraux et niveaux d'organisation de l'encéphale. C'est simple : cerveau plus influx nerveux, plus moelle épinière, plus muscle égalent *Le Philosophe sous l'escalier*. Et voilà pourquoi et comment le clair-obscur chez Rembrandt. Jean-Pierre Changeux parle d'une esthétique physiologique, peut-on être plus clair ? Est-on moins manifestement l'émule de Gombrich ?

Tout ce qui fait problème est réduit à des mécanismes physiologiques, biologiques, chimiques : les processus de perception, du plaisir esthétique, de la création, de l'évolution en art, tout est réductible, et réduit à des combinaisons, à un jeu entre des aperceptions et des formes (la scolastique moyenâgeuse n'est pas loin), des fonctions cognitives et des bases neurales. Regarder une toile ? C'est convertir des indices physiques d'une surface colorée, des radiations lumineuses, en impulsions électriques se propageant jusqu'au cerveau et au cortex afin de produire un objet mental. Mais n'importe quelle grenouille jouissant encore de son système nerveux en est là avant qu'on lui fasse sauter le cerveau sur la paillasse. Le mystère Rembrandt ? « Les aires visuelles de la partie postérieure (occipitale) de notre cerveau » d'abord, ensuite, une mise en perspective avec d'autres zones proches.

Et l'on décodera ainsi les fameuses formes, les dispositions dans l'espace, le mouvement. On localisera, isolera, identifiera. Si d'aventure tout ce système reconnaît un symbole, recrée le sens par la contemplation, alors surgira le plaisir esthétique. Surcodage écrit Changeux, multiplicité de niveaux d'interprétation symbolique, complexité, connexions entre des figures déjà stabilisées dans la connectivité cérébrale grâce à un processus singulier d'épigénèse, sélection des synapses subjectives. Certes, certes. Bien sûr. Trop d'hormones, trop de déséquilibres endocriniens, trop de dysfonctionnement dans la régulation des substances générées par

l'hypothalamus, trop de flux émis par la thyroïde. Et
voilà une forme plutôt qu'une autre.

Jean-Pierre Changeux poursuit sur ce terrain : la
vie de ces formes, leur survie, est conditionnée par
des lois de la nature et l'on peut même faire appel
au darwinisme pour comprendre à quelles logiques
elles obéissent. En effet, parmi les formes, certaines
sont mieux adaptées que d'autres. Les plus douées
de vitalité (!) subsistent et l'artiste n'est jamais que
le prétexte à la manifestation et au surgissement de
celles-ci. Une sélection naturelle conserve certaines
formes et anéantit celles qui n'auront pas été en
phase avec l'époque, l'esprit du temps. Préexistant à
toutes créations, elles sont plus ou moins en adéquation avec le temps dans lequel elles apparaissent : l'artiste n'est jamais qu'une occasion aléatoire, un vecteur soumis aux lois de la nécessité
naturelle. Mais que peut bien signifier cette notion
d'adaptation ? Qu'est-ce qu'une forme qui coïncide
avec le temps dans lequel elle apparaît ? Quelle vitalité ? Pourquoi faudrait-il que les formes mises en
jeu dans une toile de La Hyre soient plus et mieux
adaptées au XVIIᵉ siècle que celles qui apparaissent
dans une performance d'Hermann Nitsch ? Mieux
adaptées pour notre temps les formes permettant le
décodage de Poussin en lieu et place de celles qui
autorisent la lecture de Daniel Buren ou Richard
Long ? Il me semble que les neurophysiologistes
réinvestissent un néoplatonisme travesti, ce qui ne
manque pas de sel pour ces matérialistes sommaires
que sont les adeptes de la raison purement
moléculaire. Retrouver Platon quand on se propose
d'être le Félix Le Dantec de son temps, c'est emprunter d'étranges chemins où l'entrée et la sortie sont au
même endroit...

Et l'œuvre dans tout cela ? Et ce qui enveloppe le
tout pour produire une subjectivité en acte, une
singularité agissante ? Il est plus facile de négliger,
oublier, discréditer, minimiser le créateur, pur fantasme, illusion romantique, que de consentir à

conclure qu'une œuvre résiste encore, et superbement, aux positivismes de toutes les époques, aux scientismes de tous les temps, fussent-ils réactualisés ou redorés par un semblant de crédit offert par les découvertes scientifiques, réelles et fondamentales, qu'on peut constater depuis cinquante ans. Mais l'augmentation des pouvoirs de la science ne doit pas permettre de conclure à la toute-puissance desdits pouvoirs. Là où les neurobiologistes s'aventurent, sur le terrain de l'art, ils sont mis en présence d'une alternative dont les deux termes sont une impasse : soit négliger la subjectivité du créateur en la réduisant à n'être qu'une résultante mécaniste de processus physiologiques ; soit faire l'économie du sujet qui crée en le renvoyant dans des domaines qui ne sont plus l'art, la psychiatrie, par exemple. Dans les deux cas, le scientifique se distingue toujours par son incapacité radicale à circonscrire l'impérialisme de son savoir et à rencontrer de front la question de la subjectivité. L'illusion aidant, il imagine pouvoir réduire le complexe au simple, le divers à l'un — Molinier l'artiste à la névrose d'un pervers polymorphe.

En un temps plus faste et plus réceptif à ses désirs de grandeur, le scientifique pensait même pouvoir réorganiser l'humanité selon les lois, les principes et la méthode de sa discipline. Quand le matérialisme était dialectique et scientifique, quand le positivisme se faisait politique, le genre humain pouvait craindre le pire. Aujourd'hui, les prétentions ont fondu. Reste, toutefois, ce vieux fantasme : démonter, ouvrir un corps, pratiquer la leçon d'anatomie, fouiller, découper, isoler une glande pinéale ou quelque chose d'approchant et, enfin, pierre philosophale, localiser l'âme, lieu du génie, réduire l'individualité solaire à un misérable petit tas de cellules connectées. Ce qu'il est aussi, certes, mais sa puissance est au-delà d'un démontage mécaniste. A ce jeu, les plus hardis n'ont réussi qu'à tuer la poule et à se priver de ses œufs d'or...

33

JOUIR ET FAIRE JOUIR

Où est le bonheur ?

Deux femmes sont la cause de notre malheur à nous tous, les hommes. Et c'est bien assez pour que, curieux et empressés, nous commencions à nous demander ce qu'il en était du bonheur avant le temps, avant que commence le monde tel qu'il est dans sa désespérante allure. Dans cette époque de toutes les béatitudes, ce sont Eve et Pandore qui préparent et fomentent toutes les apocalypses. Elles sont les deux catastrophes par lesquelles le bonheur devint, un jour, affaire de vieille lune. Ainsi, tout commence au paradis céleste, en Eden comme il est dit, là où Dieu a planté un jardin pour y mettre l'homme qu'il avait façonné. Puis la femme, de manière participative, puisque chacun sait qu'à défaut d'être notre moitié, elle est avant tout un morceau de côte, un os qui aurait eu de la promotion.

En vertu de l'étymologie hébraïque, Eden signifie plaisirs ou délices. Les traductions du grec des Ecritures rendront jardin par paradeisos — parc riche en verdure, généralement garni d'arbres et peuplé d'animaux. Et si la question du lieu nous préoccupe, si l'on peut se demander où était le bonheur à cette époque, on peut répondre sur le mode géographique, car le paradis était localisé, sur terre, bien que céleste. Les géographes l'ont situé entre le Tigre et l'Euphrate, entre le Gange et le Nil. Certains pensent que ces lieux sont ceux de l'actuel Irak et que le paradis est une ancienne propriété de Saddam Hussein.

Comment y vivait-on, dans ce lieu, puisqu'il n'y est question que de bonheur ? Eh bien, on évolue dans un jardin où coule l'eau de la vie et pousse l'arbre dont le fruit nourrit les immortels. C'est donc d'abord un endroit où l'on ignore la mort. De même, on y vit en toute familiarité avec Dieu, qui ne fait pas de manières et n'est pas encore coutumier de colères, disons homériques. Pour le formuler à la façon de Feuerbach, les hommes n'ont pas encore hypostasié leur essence ; ils disposent d'une identité que définit la coïncidence de leur nature et de leur projet. Aussi peuvent-ils user librement des fruits du jardin, maîtriser les animaux, aller en toute innocence, car ils ignorent encore le sentiment de honte. On n'y souffre pas, on n'y meurt pas. Et s'il fallait quelque détail plus déterminant pour savoir qu'on est véritablement au paradis, sachez que le couple primitif connaît l'unité la plus harmonieuse qui soit. Faut-il preuve plus manifeste pour consentir qu'alors on est bien au jardin des délices ? Pour être complet, tout de même, il faut dire, ceci expliquant cela, qu'en de pareils temps idéaux, les hommes ignorent tout du désir. Quel mérite, diront les fâcheux, y a-t-il à filer le parfait amour conjugal dans ces conditions ?

Récapitulons : pas de souffrance, pas de mort, pas de désir, pas de manque, pas de guerre. Le corps ignore le trouble, il connaît la parfaite innocence, et n'a pas à subir les effets de l'entropie. Le paradis est le lieu de l'harmonie, de la paix, de l'équilibre et du contentement qu'on voudrait voir se répéter sans cesse. Et si le bonheur définissait l'état dans lequel se trouve quiconque désire l'éternité de cette forme, sa durée indéfinie ? Les casuistes diraient qu'à désirer la durée du plaisir, on est déjà dans le mécontentement, l'incomplétude et l'insatisfaction. Et ils auraient raison, car le bonheur fait mauvais ménage avec le temps. Il est en un lieu sans espace, dans un temps avant le temps. Comment mieux définir l'utopie et l'uchronie ?

Eve, cette désespérante mégère, a sa correspondance hellénistique. De même, le paradis dans lequel elle fit ses premières armes et commit ses pre-

mières sottises a aussi son équivalent chez les Grecs.
Dans *Les Travaux et les Jours*, Hésiode a raconté
dans le détail comment, à l'origine, les hommes
ignoraient la souffrance, la peine, la fatigue, les
maladies douloureuses et la mort. On songe aux
temps de la race d'or pendant lesquels ils vivaient
comme des dieux, ignorant la résistance et l'hostilité
de la nature, la vieillesse et le travail.

Après la géographie du paradis, que peut-on dire
de celle du savoir ? Quelle place a la science dans la
généalogie mythique du mal ? Pourquoi la sapience
est-elle mortifère à l'endroit du paradis ? Eve pour
les chrétiens et Pandore pour les Grecs sont causes
de la disparition du bonheur, de l'état d'innocence et
de l'émergence du malheur. Comment s'y sont-elles
prises ? La côte d'Adam devenue indépendante a, en
effet, succombé à la tentation, précisément à un serpent qui invitait à consommer du fruit défendu, à
pratiquer la transgression, à ne pas obéir à la loi
divine. Il a soufflé, sifflé dirons-nous, à l'oreille de la
première des femmes qu'il était possible de se déterminer librement, de manière indépendante, en laissant de côté les injonctions divines pour leur préférer celles du désir. En l'occurrence de la raison.

Car le fruit défendu est loin d'être une vulgaire
pomme, puisqu'il s'agit du fruit de la connaissance,
qu'on trouve sur l'arbre du même nom. En tâchant
de suborner la femme, le serpent précise qu'on ne
meurt pas de goûter du fruit défendu et qu'en
revanche, la consommation du premier des pri-
meurs donne le savoir avec lequel les yeux se des-
sillent. Manger le fruit interdit, c'est refuser la loi de
Dieu pour lui préférer le vouloir des hommes, c'est,
avec insolence et fierté, pratiquer l'autonomie, au
sens étymologique : la capacité à se déterminer soi-
même, sans l'aide ni le secours de qui que ce soit
au-dessus de soi. La Genèse dit de l'arbre qu'il est
« désirable pour acquérir l'intelligence ».

De là datent toutes nos misères : savoir, c'est aller
au-devant de la douleur. Vouloir connaître, c'est

s'éloigner du bonheur. On n'ignore rien de cette histoire, c'est la nôtre : le prix de l'intelligence, c'est l'innocence perdue. Savoir distinguer le bien du mal, c'est commettre un péché et pulvériser le bonheur. Alors s'ensuivent les fléaux dont nous subissons toujours les effets : souffrir et avoir à mourir, enfanter dans la douleur et devoir travailler. Les versets de la Bible disent même qu'à partir de ce moment, punition spécifique pour la femme, elle dut supporter la domination de l'homme. Qu'on ne s'étonne donc pas si, aujourd'hui, je rappelle que nous devons aux femmes d'avoir perdu les avantages du paradis terrestre...

S'il fallait une autre démonstration au bien-fondé de la misogynie théorique, c'est Pandore qui nous la fournirait. Sœur en sottise d'Eve la téméraire, la première femme grecque est, elle aussi, coupable d'avoir succombé à la tentation. Rappelons les faits : Prométhée avait déplu aux dieux, en leur volant le feu et, pour se venger, Zeus avait créé Pandore. Etymologiquement, elle signifie « parée de tous les dons ». Elle est également la révolte de l'esprit qui veut égaler l'intelligence divine, ou du moins lui ravir quelques étincelles de lumière. En cela, elle est aussi rappel de la concubine d'Adam qui ne s'en laisse pas conter et veut le savoir en lieu et place de l'obéissance.

Comment a-t-elle procédé ? Les dieux avaient laissé à la garde de Pandore une jarre qui contenait, ce qu'elle ignorait, toutes les passions et misères du monde. Plutôt que de se contenter d'obéir et de s'acquitter de sa tâche, sans histoire, elle souleva le couvercle pour prendre connaissance du contenu : elle eut juste le temps de recouvrir le récipient. Tout se répandit sur la terre, sauf l'espoir. Les hommes, à ce jour, furent punis et, comme après le geste d'Eve, connurent la douleur, la souffrance, le vieillissement, la mort, les maladies. Fin du bonheur, début des histoires...

Faut-il vraiment en vouloir aux femmes ? Car, à

bien y réfléchir, Eve et Pandore nous ont peut-être infligé la fin du bonheur, mais, en même temps, elles ont préféré l'intelligence et le savoir à l'obéissance, la curiosité et le désir à la soumission. Elles sont rebelles et révoltées, archanges déchus en quelque sorte. Leur faute n'est jamais que le refus d'être soumises, doublé d'une formidable volonté de savoir. Avec elles, on apprend que la fin du bonheur, c'est-à-dire l'achèvement du paradis et de l'âge d'or, a pour généalogie la volonté d'intelligence.

Dans cette hypothèse, loin d'être détestables, ces femmes sont exceptionnelles : on leur doit la naissance du savoir, l'impulsion de connaissance, ce qui constitue des inventions de génie. Le prix fut cher payé, certes, mais qui préférerait l'innocence ? Là encore, les rhéteurs diront que l'innocence vraie n'est pas douloureuse puisque manque à l'innocent la conscience qui lui permettrait de connaître son état, d'abord, et d'en souffrir, ensuite. Selon ces principes, le véritable innocent est interdit de bonheur pour la raison que l'imbécillité lui tient lieu de fonds de commerce. S'il faut choisir, autant prendre l'intelligence, fût-ce au prix d'un bonheur perdu, car elle seule peut permettre de le retrouver. Sinon, elle n'est pas intelligence...

Le savoir, c'est donc la douleur, dans un premier temps. En forme d'illustration je songe à une lettre que Descartes a envoyée le 6 octobre 1645 à Elisabeth de Suède. Le philosophe enseigne à la tête couronnée que l'augmentation du savoir, c'est aussi l'augmentation de la tristesse, de la douleur et de la mélancolie. Il écrit : « J'avoue qu'il vaut mieux être moins gai et avoir plus de connaissance. » Précisons : le savoir, c'est la conscience et la conscience est toujours dirigée vers un objet. Or, tout converge vers le tragique, si tant est qu'on définit celui-ci comme ce qui caractérise la nécessité, ce qui ne peut pas ne pas avoir lieu et confine tout un chacun dans l'obéissance à des forces qui le dépassent. En effet, savoir, c'est d'abord prendre conscience qu'on est inscrit dans le temps, et qu'on doit en subir les effets : souffrances et douleurs, deuils et mélancolies, tristesses et malheurs. Parce que le temps passe, le corps trépasse ; parce que les jours s'écoulent, la mort triomphe ; parce que l'entropie fonctionne de façon inéluctable, tout s'use, même l'usure. Un savoir qui ignorerait ces évidences n'en serait pas un. Et il faut partir de celles-ci : nous avons à mourir. Dominés par cette ombre sinistre, qu'en est-il du bonheur ? Comment peut-on être heureux puisqu'il faut se diriger vers le trépas et le néant ?

La première tentation, c'est de croire qu'il faut restaurer l'innocence : savoir le moins possible pour souffrir le moins possible. Or, pour ce projet funeste, il faudrait cultiver l'ignorance, ce qui suppose qu'on en sache déjà trop, car savoir qu'on le devrait induit qu'on est déjà dans la pensée tragique. Le bonheur serait dans l'inscience ou la nescience. Pas même dans le savoir socratique, car savoir qu'on ne sait rien, c'est déjà en savoir beaucoup. Trop peut-être, déjà, pour approcher cette félicité qui nous préoccupe. Le bonheur serait alors dans l'innocence animale, consubstantielle à l'absence de conscience évoluée, voire, plus efficace, dans celle des végétaux ou des minéraux...

C'est forte de ces positions que la tradition occidentale dominante s'est construite sur la promotion de l'idéal ascétique dont le mot d'ordre pourrait être : perinde ac cadaver. Se faire cadavre, chair morte, débarrassée de ce qui fait la vie — le désir, les plaisirs, les passions, le corps. En vertu de cette étrange éthique, le bonheur consisterait dans le mimétisme de la mort. Le christianisme a excellé dans cette rhétorique — et avec lui le stoïcisme, l'épicurisme et nombre de philosophies afférentes, la plupart de celles qu'enseigne et que transmet l'Occident. Le principe en est : puisqu'il faut mourir un jour, autant mourir tout de suite, c'est la seule façon de bien s'y préparer.

Je ne fais pas mienne cette hypothèse qui accélère le négatif et veut l'apocalypse avant l'heure, puisqu'elle ne manquera pas d'arriver. Je n'aime pas ceux qui s'en réclament et qui, peu ou prou, sont tous des prêtres travestis. A l'opposé de ceux qui veulent la mort dès la vie, je combats pour que la vie soit digne de ce nom, qu'on y consente et qu'on l'aime, qu'on en fasse une belle œuvre. Je ne crois pas à l'innocence retrouvée ou restaurée, soit sur le mode individuel et sotériologique, soit sur le mode collectif et eschatologique. Dans les deux cas, il s'agit de réponses religieuses à la question du bonheur. Et dans les religions, j'inclus les monothéismes transcendants tout autant que les différentes formes immanentes de communautarisme social (socialismes, fouriérisme, marxisme, saint-simonisme, comtisme, etc.). Tous ont en commun de voir le bonheur non plus dans le temps avant le temps, mais dans un temps futur, presque d'après le temps. C'est au nom de cette étoile du berger fictive qu'on sacrifie l'instant, le présent, l'immédiat — qui seuls importent en matière de jubilation. Un bonheur hypothétique, à venir, demain, c'est presque toujours l'assurance d'un malheur dans son attente, ou de malheurs entendus comme prix à payer et dettes nécessaires pour parvenir aux fins visées. Le mot d'ordre, en l'occurrence, est que la fin heureuse justifie les moyens, même contradictoires, pourvoyeurs de malheurs.

Uchronies et utopies se partagent le terrain des fictions éthiques et politiques : Atlantide, Terre Promise, cités de Dieu millénaristes, cités du soleil à la Campanella, voyages dans la lune à la Cyrano, phalanstères à la Fourier, icaries à la Cabet et soviétismes à la Lénine. Toutes ces vues de l'esprit visent la restauration d'un paradis perdu, l'instauration d'un Eden sociologique. Or les lendemains qui chantent hypothèquent les aujourd'hui qui durent et ne cessent de déchanter. Le temps d'après le temps sombre dans l'empire du temps d'aujourd'hui, toujours. Aussi, le bonheur n'est ni dans l'innocence d'avant le savoir, ni dans celle d'après la révolution. Il est dans l'usage du temps ici et maintenant.

Que serait un bonheur qui permettrait au plus grand nombre de se retrouver sur une définition commune ? Vraisemblablement l'état, fugace, furtif, fugitif, dans lequel on se trouve parfois, toujours a posteriori, en aval de ce qui l'aura produit. Car le savoir d'un état, d'un fait, d'une histoire, suppose l'accomplissement, le déroulement dans son entier de ceux-ci. Pour connaître cet état, il faut avoir conjuré le négatif, dans un premier temps, puis réalisé le positif, dans un second temps. Le négatif, c'est la douleur sous toutes ses formes : le malaise, la souffrance, le trouble, la peine, l'inquiétude, la maladie, la mort. Personne n'aime la douleur, sauf les masochistes et les sadiques qui supposent un autre type de contrat éthique. Convenons seulement, ici, de ce qu'il est pensable d'élaborer dans le cadre d'une intersubjectivité excluant ces distorsions et qu'on pourrait définir comme celle qui vise prioritairement la fuite du déplaisir et la quête du plaisir. La haine du négatif est signe de santé ; le goût pour le positif également. Le positif c'est, bien sûr, ce qui inverse le négatif, le contraire de celui-ci : la quiétude, la paix, l'équilibre, l'harmonie, la jubilation, le contentement, la santé, la force, l'abondance et la surabondance de vie. Il est dans l'hédonisme dont Chamfort a posé le principe dans l'une de ses maximes à laquelle je reviens sans cesse. La voici : « Jouir et faire jouir, sans faire de mal, ni à toi, ni à personne, voilà, je crois, le fondement de toute morale. » Le bonheur, dans le cadre de cette arithmétique des plaisirs, est la résultante d'une volonté de jouissance et d'une aspiration radicalement hédoniste.

Deux mots, donc, sur cet hédonisme dont on flétrit si souvent le sens pour l'associer à la plus vulgaire des satisfactions : celle des bêtes et de ceux qui entendent le plaisir comme ce qui soulage l'animal, hors la conscience, le plus loin possible de l'intelligence, de la culture et de la réflexion. Que n'a-t-on parlé, au Grand Siècle, des pourceaux d'Épicure avant de faire du cochon l'emblème de l'hédoniste au petit pied... Je définirai l'hédonisme, sur le mode classique, comme la philosophie qui fait du plaisir le souverain bien et invite à l'évitement du déplaisir. Contre le kantisme qui veut une morale du devoir pur, l'hédonisme propose un utilitarisme jubilatoire.

La première tâche, dans cette recherche des lieux du bonheur, consiste, on s'en doutera, à définir le plaisir. Est-il dans la grossière satisfaction des sens ? Dans l'obéissance aux impulsions naturelles et sauvages ? Dans le consentement à ce qui nous apparente à la bête ? Bien sûr que non. Pas seulement pour des raisons de morale moralisatrice, en vertu desquelles il faut aimer son prochain, ne pas être égoïste, partager, avoir le souci d'autrui, mais, déjà, dans le cadre d'une logique hédoniste : parce que la loi de la jungle est dispensatrice de perpétuelles souffrances. La violence, la ruse, l'hypocrisie, la force se partagent le réel et induisent le stress, la frustration, l'angoisse. Dans l'état de guerre de tous contre tous, l'intersubjectivité est placée sous le règne de la peur toujours recommencée. Et rien n'est plus générateur de déplaisir.

Que dit l'étymologie ? Elle enseigne la parenté de plaisir et de placide — qui plaît — puis placebo, dans le sens de flatterie, avant que ce dernier mot signifie le leurre médical et pharmaceutique qu'on sait. Dans l'éclairage généalogique, le plaisir est dans le leurre et la flatterie, disons, la séduction. Plus tard, le plaisir se structure contre la rigueur, la rectitude, car séduire, c'est s'écarter du chemin. Et ici, le chemin, c'est la voie de l'idéal ascétique enseignée par la chair, les désirs. De sorte qu'ainsi instruit, je dirais de l'hédonisme qu'il est la philosophie du plaisir entendu comme le consentement d'un corps à l'eudémonisme qui le requiert. L'eudémonisme est l'état qu'on doit au démon bienfaisant et qui suppose la sérénité, la coïncidence avec le réel du moment. Dans la translation grecque, eu-démo-nisme signifierait bon-heur.

Déjà Démocrite, en généalogiste matérialiste, avait précisé que le démon en question était dans l'âme. On sait qu'en vertu de ses principes, l'âme est l'une des modalités de la matière : elle est un lieu précis de la chair, un endroit particulier, mais dont les limites sont la peau. Le bonheur est dans le corps, plus particulièrement, dans un certain type d'agencement du corps avec le réel qui permet l'harmonie, le contentement, la jubilation, le plaisir, toutes fantaisies en forme de variations possibles sur le thème de la matière. A la question : où est le bonheur ? je répondrai : en puissance, dans un corps qui jouit.

Sait-on comment réaliser ce bonheur, comment faire de telle sorte que le plaisir puisse passer de la puissance à l'acte ? Oui, si l'on se souvient du principe sélectif nietzschéen enseignant qu'on doit vouloir essentiellement ce qu'on aimerait voir sans cesse se reproduire, indéfiniment, éternellement. Est bon ce dont on souhaite l'éternel retour. Toute volonté de jouissance veut la répétition de ce qui permet un plaisir, de ce qui le rend puissant, fort, réel, concret. Il s'agit de vouloir ce qui donne le maximum de satisfaction, à soi et à autrui, pour réaliser une éthique digne de ce nom.

« Jouir et faire jouir », écrit Chamfort. Certes. Mais que signifie jouir seul ? Sade formule une réponse que je ne suis pas loin d'imaginer comme la réponse emblématique à pareille question : n'écouter que soi, fût-ce au détriment d'autrui. Pire, si c'est au détriment d'autrui, c'est encore mieux. Une anthropologie sommaire permet de savoir ce qu'il en est des hommes avec lesquels il faut faire cette éthique : chacun veut l'empire, et nous sommes tous naturellement portés à la négation d'autrui, ce qui est le prix à payer pour le plaisir solipsiste. Or, sachant que nous sommes tous autrui pour autrui, et que nous ne sommes pas prêts, en vertu du principe hédoniste, à payer notre plaisir hypothétique d'un déplaisir perpétuel et réel venu de tous les côtés, il n'est pas pensable de jouir sans la corrélation, précisée par Chamfort : faire jouir, en même temps qu'on jouit. Et c'est peut-être là que s'articule toute intersubjectivité éthique, toute possibilité d'une morale entre les hommes et non plus, sur le mode que j'ai dit féodal, pour soi seul.

La volonté de jouissance pour autrui n'est pas légitimable par altruisme ou par amour du prochain, mais tout simplement par utilitarisme éthique : faire jouir, c'est donner de la jouissance, mais c'est aussi en recevoir, du moins être impliqué, dans le projet d'autrui, pour une obtention de plaisir. Il faut vouloir l'hédonisme non par moralité, mais par intérêt. Qui peut refuser de recevoir du plaisir, sinon par idéal ascétique, macération ou autre volonté oblique procédant de l'idéal chrétien ? Dans cette logique des plaisirs donnés et reçus, celui que je donne n'a de sens que dans, par et pour celui que je reçois. Hors ce mouvement d'aller et retour, il ne saurait y avoir de morale. Et dans ce cas, il faut refuser la relation. Dès que la douleur est là, ou le manque, ou la souffrance, ou la peine, il faut cesser d'entretenir le contact. L'hédonisme suppose la protection de soi, la garantie qu'on ne s'expose pas dangereusement et qu'on ne mette pas en péril son équilibre.

Or faire jouir n'est pas simple. Car le désir de l'autre n'est pas toujours clair, loin s'en faut. Est-il si facile, parfois, de le connaître quand on est, soi-même, aveugle sur son propre compte ? Le langage permet de s'informer du désir de l'autre, dans une certaine limite. Puis un grand nombre d'autres signes : gestes, silences, inflexions de la voix, intonations, précisions infinitésimales. C'est fort de cette rhétorique de communication qu'on peut envisager l'hédonisme dans des perspectives que d'autres appellent l'« agir communicationnel »...

Dans ce registre de l'agir hédoniste, l'intersubjectivité suppose ce que j'appelle une petite théorie des cercles éthiques. Le bonheur est dans le mouvement qui permet la circulation d'un cercle à l'autre, des bords au centre, des mondes extérieurs, externes, aux noyaux. Or, que sont ces cercles éthiques ? Comment fonctionnent-ils ? Au centre de cet appareil, un panoptique en son genre, il y a soi, tout un chacun. A partir de ce point architectonique, de façon concentrique, et presque sur le mode acoustique, on trouve des cercles qui en contiennent d'autres. Les plus proches du centre sont ceux de l'intensité, de l'authenticité les plus grandes ; les plus éloignés sont ceux de la moindre communication, de la moindre qualité — mais aussi de la plus grande quantité d'individus. L'hédonisme suppose qu'en lieu et place de la vieille théorie chrétienne de l'amour du prochain, on installe une pratique des affinités électives à partir de quoi on pourra pratiquer l'élection ou l'éviction, modes centripètes ou centrifuges de l'intersubjectivité. Et le bonheur, le plaisir dans tout cela ? Les élus seront ceux qui produiront du plaisir, m'en donneront et à qui j'en donnerai. Les évincés, ceux auxquels je ne donnerai rien, ni occasions de souffrir, ni occasions de se réjouir. Le plaisir est le principe sélectif qui décide de la place de chacun dans cet appareil. Et chaque situation est sujette à engendrer des modifications. En vertu de la qualité de la relation, donc de la quantité de plaisir, tout un chacun peut être plus ou moins proche du centre. Dans la plus grande proximité, il y a l'ami ; dans le lointain, ceux qui nous sont indifférents. Entre ces deux extrêmes se conjuguent les modalités de la relation hédoniste à autrui : sympathie, camaraderie, condouloir, prévenance, politesse, délicatesse, gentillesse, tendresse, etc.

Le bonheur est dans l'obtention d'un plaisir et dans l'évitement d'une douleur. Il est la résultante de l'opération utilitariste éthique hédoniste. Plaisirs pour soi et pour autrui ; plaisirs pris à autrui, avec autrui, pour autrui. Cette arithmétique est la réponse culturelle à ce que l'anthropologie nous enseigne : les hommes sont naturellement violents, avides, impérieux, dominateurs, égoïstes. Le triomphe de leur vouloir est payé du prix le plus fort : la négation d'autrui. L'homme naturel est solipsiste par vocation, non point sur le mode métaphysique, mais sur le plan social. Partant de cette image de l'homme, contre laquelle on ne peut pas grand-chose, mais avec laquelle il faut compter, l'hédonisme s'appuie sur le pouvoir de l'amour de soi, ou de l'amour-propre qu'au contraire de Rousseau je ne distinguerai pas. C'est parce qu'il veut et vise son intérêt que l'homme est immoral ; il faut le rendre moral en voulant et en visant son intérêt. Il s'agit de produire du bonheur avec l'homme tel qu'il est et non avec l'homme tel qu'il pourrait être, sur le mode utopique, demain, transformé par une révolution quelconque. Les affinités électives, l'hédonisme, la volonté de jouissance, la pratique du principe formulé par Chamfort conduisent au bonheur. Encore un peu de patience...

Le bonheur est-il dans la pure et simple coïncidence avec le plaisir ? Est-il identifiable à la jouissance, à la jubilation ? Le processus jubilatoire n'est pas sans confiner au paradoxe : ainsi peut-on constater, a posteriori, que le plaisir requiert l'ensemble du corps dans lequel il se manifeste. Il absorbe l'ensemble de la chair et mobilise toutes les facultés dans une émotion qui prouve l'existence physiologique du corps : la preuve de l'existence du plaisir, c'est le corps qui jubile — peau, sang, cœur, rythme cardiaque, transpiration... Et dans cette apocalypse, la conscience périt, disons corps et biens. Quand je jouis, je ne sais pas que je jouis, je suis tout entier à ma jouissance. En revanche, pour que celle-ci soit pleine et entière, il lui faut l'aide, le recours et la médiation de la conscience, de cet ins-

trument qui requiert une partie du corps, celle qui
sait, ou du moins en a l'illusion, mais cela suffit.

Le sensualisme est la philosophie qui s'impose en
matière hédoniste : le corps sait d'abord par les sens
qui l'informent. Moins dans la simplicité fruste des
cinq sens séparés que dans d'étranges opérations
qui font penser aux synesthésies. La combinaison
des sens et des informations qu'ils transmettent permet une émotion, une sensation, une passion, un
ébranlement du système nerveux. Disons, les prémisses d'une connaissance qui, elle, se fera à l'aide
de la raison.

Il y a donc un décalage entre la sensation et la
connaissance qu'on en a, de même pour le plaisir :
là où est la conscience n'est pas le plaisir, là où est
le plaisir n'est pas la conscience. La sensation
éclipse la raison à laquelle il faut un répit, un temps
léger, mais effectif, à partir duquel l'appréhension
mentale est pensable, puis possible. Le bonheur est
toujours situé en deçà ou au-delà du plaisir, mais
immanquablement en relation avec lui : dans le
pressentiment ou l'attente d'un plaisir certain, tout
autant que dans le souvenir de celui ou ceux qui
furent.

Le bonheur entretient donc une relation avec
l'hédonisme, il en est l'écho, la conséquence en rapport avec le passé ou le futur. Il est dans la
conscience qu'on ajoute à l'émotion ; dans la raison
qu'on utilise pour amplifier une passion qui donne
du plaisir. De même le malheur, qui fonctionne sur
le même principe, dans son rapport avec une passion qui entraîne le déplaisir. A ce point, il est possible d'oser une réponse à la question : où est le bonheur ? Pour ma part, je dirai que le bonheur, c'est ce
que la conscience fait d'un plaisir passé ou à venir.
En conséquence, son lieu est partout où opère cette
conscience, dans des lieux géographiques, imagi-
naires, rêvés, vécus sur le mode onirique ou jubilatoire, le tout en relation avec une histoire singulière,
ses forces, ses richesses, ses grandeurs, ses frac-

tures, ses densités, ses moments intimes et infimes qui produisent des échos durant toute une existence.

Le bonheur est donc une affaire propre, singulière, qui procède d'une décision, d'un jeu, d'une volonté. Pas de bonheur sans volonté de jouissance relayée par le travail de la conscience. De sorte qu'en le produisant, en y contribuant, on obtient des fragments, des morceaux de bonheur. Car il n'apparaît que sous une forme morcelée. Tout autant que le plaisir, le bonheur est fugace, toujours fragile et à reconstruire. Il apparaît sur le mode qu'en une métaphore picturale on pourrait dire divisionniste, tachiste ou impressionniste : par petites touches juxtaposées.

De ces éclats multiples, il y a matière à inventaire sur le mode de Prévert. Chaque histoire singulière est construite de ces instants qui convoquent l'enfance, les périodes amoureuses ou d'insouciance, ce qui est la même chose, et le corps, lieu de toutes ces traces, forme pour toutes ces mémoires. Tâchons d'arrêter là cette quête théorique du bonheur, cet essai pour circonscrire une lumière toujours rebelle. Car il me faudrait dire les fraises cueillies dans le jardin de mon père, sous un soleil brûlant, après qu'elles avaient été rafraîchies sous le filet d'une eau de source glaciale ; le premier baiser d'une jeune fille, très jeune fille, dans un champ de blé inondé par la lumière et la crainte de commettre l'irréparable ; le premier émoi devant mon premier Vermeer, mon premier Chardin ou le premier corps d'une femme nue ; les frissons qui parcouraient le corps, l'échine, la peau lorsque j'ai entendu les mouvements lents du *Trio opus 100* et du *Quintette pour deux violoncelles* D. 956 de Schubert ; le bouquet d'un reuilly blanc, frais, bu dehors un soir d'été où plus rien n'existait, hors la table, l'hôte et la nuit ; le fumet d'un aïoli accompagné d'un bourgogne blanc ; le regard d'un ami complice et ses confidences au cœur de la nuit, les vapeurs d'alcool ajoutant aux larmes bordant juste les paupières ; la peau d'un enfant qu'on aime ; l'inflexion d'une voix qui nous est chère. Et tant d'autres choses dont le souvenir ou l'accomplissement, un jour, me donneront d'abord du plaisir, puis, quand j'y ajouterai la conscience et son travail, du bonheur.

34

LA LEÇON DE PÉTRUS

A qui sait l'écouter, le vin parle. Mais n'importe qui ne sait pas se mettre à son service comme un musicien, naguère, le fit avec les oiseaux, ou Zeuxis à l'époque hellénistique avec le réel. Car le vin murmure parfois, assène de temps en temps, suggère ici, impose là une évidence, masque ailleurs un parfum, une fragrance, sollicite d'anciennes mémoires, enfouies sous les plis nombreux que l'âme a générés après un certain temps d'existence. Puis, dans le mouvement de cette souvenance éveillée comme une princesse après d'épiques péripéties, la conscience et l'intelligence se font démiurgiques : elles nomment. Et nommer, c'est créer, participer à l'émergence d'une forme, donc d'une force.

Le ventre de lièvre et les agrumes confits, le chèvrefeuille et la pierre à fusil, la réglisse et le musc, le lilas et le pain grillé, la levure et la truffe, ces parfums sont un monde qui renvoie à l'enfance sollicitée par celui qui goûte. La campagne à son lever, le printemps dans ses odeurs, les saisons dans leurs spécificités, la terre trempée par la pluie, l'animal ensanglanté par le chasseur, le gibier dans la forêt, les treilles avec leurs grappes de fleurs saturées de soleil, les confitures de pamplemousse et d'écorce d'orange, les fumets de petits déjeuners servis le matin au lit, dans les draps chauds, tous ces instants de bonheur se retrouvent magnifiés, quintessenciés dans l'expérience œnologique. Goûter un vin, c'est réveiller l'enfant en soi. Et tous ne savent ni ne peuvent demander à leur chair qu'elle fasse surgir à nouveau le petit garçon ou la petite fille qu'ils ont été, eux qui, plus tard, se retrouvent le nez dans le col d'un verre à dégustation.

Le vin est un art du temps. D'abord, chez ceux qui le conçoivent, le font, l'élaborent, l'élèvent comme on le dit d'un enfant. On attend les effets du temps sur les raisins, puis sur les moûts, enfin sur les bouteilles. Dans le geste de celui qui goûte se retrouve tout ce qui permet de se mettre à la recherche du temps perdu. Temps de la conception, temps de la naissance, temps de l'évolution. Jeunesse, enfance et verdeur, adolescence et indécision, maturité et plénitude, vieillesse et majesté, ou pitoyables restes : il en va de la vie d'un vin comme de celle de qui le met en bouche. Goûter est une leçon métaphysique et ontologique qui enseigne de manière esthétique comme le font les natures mortes en peinture, les tombeaux en poésie, les mémoires en littérature.

Dans une bouteille qui repose en cave se font les alchimies singulières avec lesquelles se distinguera, un jour, le tempérament d'un vin. Lunes et nuits, saisons et apocalypses, températures et humidités, variations de lumières et vibrations, tout instruira le liquide, l'informera et s'inscrira dans sa mémoire. Dans le corps du vin se liront, pour les plus avisés de ces déchiffrages infinitésimaux, des blessures et des plaies, des béances et des abîmes. Une trace légère, comme une cicatrice, une entaille sévère, telle une déchirure par laquelle s'écoule l'âme. Tout sera enregistré de ce qui magnifie ou massacre, célèbre ou brise le vin. Plus le temps passe en cave, plus la matière du liquide est susceptible de souffrir. Fragile, elle est une structure qui se délite ou se cristallise, se déchire ou se solidifie.

Le corps du vin n'est pas seulement ce qu'il dit dans ses formes extérieures, son allure, sa silhouette. C'est aussi la nature de son intérieur, l'état de sa chair et de ses muscles, de son système nerveux et de son squelette. Charpente et vigueur, nervosité et densité disent autant la carcasse de celui qui boit que le caractère de ce qui est bu. Y a-t-il place pour un inconscient du vin ? Pour une part mystérieuse qui échapperait à la raison et aux explications rationnelles et sécurisantes ? L'âme du vin peut-elle être aussi magique que l'inconscient du docteur viennois ? Si d'aventure dans les molécules qui font le breuvage, ou entre elles, comme ce qui mystérieusement lie, fait forme, on peut trouver trace volatile, mais bien présente, d'une mémoire inconsciente, alors le vin est vivant à la façon animale des hommes.

Voilà pourquoi il faut lire et connaître l'histoire des années dans lesquelles se font ou se sont faits les vins qu'on goûte. Le temps passant, l'histoire décante. Ce qui semblait dominer le siècle est renvoyé vers la périphérie, et ce qui donnait l'impression d'une anecdote devient un événement majeur, inducteur et embrayeur de sens pour les événements qui suivent. Le sens n'apparaît que bien plus tard. Goûter un champagne contemporain de la déclaration de la Première Guerre mondiale, un romanée-conti dont les vendanges se sont faites l'année où Hitler arrive au pouvoir, un yquem mis en bouteille quelques mois après qu'ont débarqué les Alliés sur les plages normandes, c'est immanquablement accéder à un morceau contemporain de cette histoire.

De même il faut pratiquer l'histoire mêlée et associer celle qui concerne les grands événements d'une époque, ceux qui, entre tragédie et épopée, permettent l'expression du génie d'une nation, de ses souffrances et de ses bonheurs, avec celle qui caractérise un trajet singulier, celui d'une famille, d'un individu qu'on aime plus particulièrement. De sorte qu'on pourra ainsi boire un champagne contemporain de la date de naissance d'une personne chère, un calvados aussi âgé qu'un père aimé, un vin qui est entré dans l'existence la même année que soi. L'histoire du monde ajoutée à la nôtre se fixe en des dates qui font sens et le vin, lui-même mémoire du temps dans lequel il s'est fait, est messager d'une époque révolue mais conservée, sublimée bien qu'écoulée. L'année est morte mais encore là, autre, différente. Le liquide est fort du temps qui s'est écoulé depuis, car lui aussi a vécu, des peines et des joies, des moments heureux, d'autres malheureux. Il est là, dans son intégrité, comme un être.

Chaque année correspond pour chacun à une référence : des occupations, un âge, une jeunesse ou une adolescence, un deuil ou une paternité, une passion amoureuse ou une mélancolie affective, une rencontre ou une disparition, une éviction ou une élection dans le registre des affinités. Tout est là, dans la bouteille, emprisonné et mystérieux, car on ne sait à quoi ressemble le liquide protégé par le verre. A-t-il vieilli avec bonheur ou au contraire les ans l'ont-ils épuisé ? Les promesses annoncées dans la jeunesse ont-elles été tenues ou faut-il déplorer des potentialités non exploitées, perdues en chemin ? L'insolence et la fraîcheur du départ ont-elles disparu, se sont-elles métamorphosées ou l'ancien tempérament de feu est-il devenu un caractère insipide ? Ces questions valent mêmement pour un alcool et un individu. Combien, en effet, ont laissé l'ingratitude des années de jeunesse pour l'épanouissement, quelques décennies plus tard, en même temps que d'autres, jubilatoires et enthousiastes, devenaient d'austères et imbuvables personnages...

La vie est la même pour tout ce qui est impliqué dans notre système solaire : entropie partout, usure et fatigue, il n'y a pas de mouvement perpétuel, le temps passe et laisse des traces, améliore, bonifie ou achève sans pitié, massacre, anéantit, pulvérise. La force du destin est là, tout entière dans ces trajets fulgurants qui conduisent le ver de terre aux étoiles ou l'astre à la fange des caniveaux. Des hommes et des vins, il en va pareillement. D'où l'intérêt, la curiosité pour les métamorphoses qui désignent ici des comètes aux chevelures lumineuses, là des ruisseaux charriant des boues, une fois le sublime, une autre le ridicule, immensité là, mesquinerie ailleurs. Ne tiennent pas toujours leurs promesses ceux qui, dès le départ, paraissaient avoir course gagnée par leur réputation ou les mythes qui les précédaient. Des vins consommés, vendus, circulant en toutes circonstances comme des institutions se sont effondrés quand d'autres, plus modestes et moins nimbés d'une réputation qui finit par être encombrante, ont mûri, évolué dans la superbe d'une singularité dépassant le commentaire. Le temps fait tout, mais selon un ordre et une logique qui ne deviennent évidents qu'après coup.

La chouette de Minerve qui ne prend son envol qu'à la nuit tombée est emblématique du bestiaire qui permet de dire l'évolution d'un vin, sa situation dans le temps. D'autant que le même vin, dans le même millésime, mystérieusement, ne vieillira pas de la même manière. Les effets des ans ne seront pas identiques et seul le résultat donnera parfois assez d'information pour qu'on puisse enfin juger. De la maturité à la sénilité, quelles distances ? De la jeunesse à la plénitude, quel écart ? Du tanin, tellement puissant qu'il interdit une dégustation, au même, mais fondu, quel intervalle ? De la fleur qui magnifie un vin blanc au fruit confit qui trahit son vieil âge en passant par la baie qui désigne sa majorité, il y a autant de glissements qu'il est nécessaire pour adapter la question posée par le Sphinx. Car le vin, en effet, commence à quatre pattes, informe, exigeant et nécessitant un trajet de la barbarie à la civilisation, de la nature à la culture ; il continue sur ses deux jambes, élégant et raffiné, racé et stylé, plein d'une sveltesse qui lui donne sa silhouette gracile et gracieuse ; enfin, il finit parfois avec une canne, claudicant, traînant, confiné à de vieux restes. Dans tous les cas de figure, du berceau au tombeau, il aura vieilli comme tout ce qui vit sur terre, de l'éphémère aux chênes millénaires, lentement mais de plus en plus sûrement concerné par la mort.

Le temps et l'espace, Kant a tout dit sur ce sujet, sont des formes a priori de la sensibilité, c'est-à-dire des nécessités avec lesquelles il faut faire, qui obligent tout un chacun et le forcent à être en un lieu et en une époque sans aucune possibilité pour l'éternité et l'ubiquité. L'espace renvoie aux terres, aux sols, aux configurations du terrain, à la géologie : marnes, graves, schistes, argile, sable, craie, limon, toutes les variations sur le thème de l'espace contribueront à la singularité des vins, bien sûr. Mais autant que le temps. La leçon me fut donnée par un pétrus...

Lorsqu'il sut que 1959 était mon année de naissance, un amphitryon complice me fit savoir qu'il avait dans sa cave un pétrus de ce millésime parmi d'autres superbes bouteilles. Dès nos premières conversations, nous convînmes que l'ouverture de pareils flacons nécessitait d'authentiques affinités électives, un réel goût pour les vins et le désir d'augmenter le plaisir de la dégustation par celui des mots que nous pourrions associer à cette bouteille prestigieuse. Je connaissais ce pomerol en plusieurs occurrences, peu, toutefois, dont une en présence de Christian Moueix, l'homme de pétrus. En son domicile privé, avec deux complices bordelais, il avait ouvert les portes de sa maison et, entre une toile de Dubuffet et une œuvre de Picabia, une compression de César et une sculpture monumentale de Richard Serra, nous avons parlé musique et littérature, peinture et philosophie. Et vins. Certes, pétrus est avec quelques autres parmi les œuvres d'art incontestables en la matière. L'homme qui me parlait de ce vin sublime était un portrait de son vin, ou l'inverse : austère et rigoureux, élégant et raffiné, entier et énergique, retenu et délicat.

Dans l'œuvre de Baudelaire, il me plaît de relire régulièrement les pages consacrées à la théorie des correspondances. J'aime qu'on puisse parler d'un musicien, d'un peintre, d'un écrivain, d'un poète avec les mots qui paraissent à contre-emploi : la couleur d'une musique, la mélodie d'une peinture, la polychromie d'un poème, l'architecture d'un roman. De même, j'ai toujours envie de mettre en perspective les artistes qui me semblent d'une même famille malgré leurs registres dissemblables : Fragonard, Domenico Scarlatti et Crébillon fils, ou bien Gustave Moreau, Wagner et Baudelaire, ou encore Soulages, Boulez et Claude Simon.

Aussi, dans ce jeu des correspondances, il me plaît surtout d'aborder un vin sur le mode poétique, loin des dissertations scientifiques. Par exemple, le temps m'est moins abordable sur le mode scientifique, via Einstein, que sur le mode subjectif, via Debussy. Plutôt le chromatisme de *La Cathédrale engloutie* que les équations de la théorie de la relativité. Et pour dire un vin, délaissant la rétro-olfaction, les esters volatils, et les courbes d'acidité, je préfère me demander ce qu'il serait s'il était un peintre ou un musicien, un architecte ou un écrivain.

La conversation avec Christian Moueix roulait sur ce sujet. Et le sublime pétrus 1982 qu'il avait ouvert pour nous fit les frais de ce jeu. Après confrontations, explications, justifications, nous sommes convenus qu'il était Beethoven, et plus particulièrement la trente-deuxième et dernière sonate pour piano opus 111 en son premier mouvement. Fougue et puissance, retenue et mélodie, énergie et efficacité, refus de séduire, mais charme immense, style et tenue, caractère et tempérament sans masques, contrastes et goût de l'oxymore, le contenu de ce flacon était une œuvre d'art, une illustration des degrés possibles entre le beau et le sublime, catégorie romantique à souhait définie par l'émotion qui interdit et rend silencieux.

Pour consentir à l'idée qu'un vin relève des beaux-arts, il faut un commerce évident avec les pratiques esthétiques contemporaines telles qu'elles ont été

rendues possibles par Marcel Duchamp. En l'occurrence, il faut retenir que la révolution induite par ce
grand embrayeur s'est faite sur les supports et la
relation de l'œuvre au temps. Fin des matériaux
nobles inscrits dans l'éternité, fin du marbre, du
bronze ou de l'or destinés à traverser les millénaires.
Duchamp est sans appel, son porte-bouteilles en fer
et son urinoir de faïence témoignent. Et si l'éternité
n'est plus la dimension privilégiée de l'art, c'est que,
laïcisé, installé sur le pur et simple terrain de
l'immanence perspectiviste, il relève dorénavant
purement et simplement du temps présent. Une
œuvre est en un temps et en un lieu, elle ne vaut que
par ces deux paramètres explicités. Du vin, il en va
de la même manière.

Art du temps, parce que inscrit en lui, le vin l'est
aussi parce qu'il est sculpté par lui. Autant que
l'œuvre d'art voulue comme un happening, une
émergence datée, fugace, fugitive, le vin est goûté
dans l'immanence et l'imminence d'un instant qui
disparaîtra formellement pour ne durer ou subsister
que sous la forme du souvenir et du commentaire
synesthésique. Ainsi, le liquide est mis en perspective avec des mots ou des couleurs, des sons aussi,
de sorte qu'on peut contrarier un peu le temps du
vin en l'inscrivant dans un autre registre, moins évanescent, plus durable parce qu'éternisant en des
formes esthétiques et conceptuelles parallèles, le
temps que durent les éternités ici-bas.

Pétrus 1959 avait capté la magie du sol de
Pomerol et quintessencié le terrain, la géologie, le
sol, en même temps que l'époque. D'un point de vue
purement vinicole, l'année 1959 avait connu un
printemps précoce. La floraison avait commencé
début juin et les deux mois qui suivirent avaient été
variables. La vendange fut commencée le 25 septembre avec une vigne qu'on avait conservée, malgré
le gel monstrueux de 1956, en préférant le recépage
à l'arrachage. Ceps meurtris et brûlés, soignés et
préservés, puis doucement sollicités en une terre

magique et située en Bordelais à une hauteur qui lui donne une partie de son style et de son caractère, les nœuds de bois mariés aux glèbes engendrèrent un sang moins abondant que d'habitude, le liquide fut plus rare et d'autant plus précieux. Seule la vigne transforme l'eau en vin, seule elle est divine, à l'exception de tout autre vecteur thaumaturgique. Pétrus, dont merlot est le cépage quasi unique, est presque une exception là où l'assemblage fait souvent la règle. L'expression du tempérament en est d'autant périlleuse.

Le vin de Pétrus millésimé 1959 a été jugé ample et généreux, moelleux et charnu, comme en un délicieux oxymore. Le bouquet a été dit somptueux, mûr et parfumé. Des nez avisés confirmés par des bouches expérimentées lui avaient trouvé des notes de réglisse et de menthe, beaucoup de fruit et de saveurs, d'extraits et de tanins. On lui reprocha trop d'évidence, comme parfois lorsqu'un artiste montre trop de génie et qu'il écœure ceux qui n'ont pas même de talent. L'absence de nuance fut une remarque qu'on fit au seigneur. Quel audacieux exigerait de Michel-Ange ou de Picasso qu'ils fassent dans la retenue ?

Si les dégustateurs avaient parlé de ce vin comme s'il était en dehors du temps, comme on discute des idées platoniciennes épargnées par l'entropie, il me semblait que nous ne pouvions ouvrir cette bouteille sans nous souvenir de ce qu'avait été cette année-là. Outre qu'elle a donné à mes parents l'occasion de m'infliger l'existence, ce qui n'est jamais une bonne idée car il y a nombre d'inconvénients à passer du néant à l'être, elle fut aussi, chez Truffaut et Godard, la date de naissance des *Quatre Cents Coups* et d'*A bout de souffle*, celle de l'arrivée au pouvoir, conjointement, de Castro à La Havane et de De Gaulle à la tête de la Cinquième République, de *Pli selon pli* signé Boulez et de *Zyklus* par Stockhausen. En même temps, Carl André et Tinguely officiaient dans leurs ateliers et dans les expositions en vue. Par ailleurs, Klossowski, Blanchot, Sarraute et Genet publiaient des ouvrages qui entraient de plain-pied dans l'histoire de la littérature. Et Pétrus mit en bouteille sa récolte...

Le temps de ce vin était donc un mixte d'histoire universelle et d'histoire particulière, un composé, un assemblage pour le dire avec un terme relevant de l'œnologie. Un concentré de l'époque parvenu jusqu'à nous et transfiguré par plus de trente-cinq années de vieillissement en bouteille, dans la nuit secrète et discrète des caves qui sont à l'écart du monde mais n'en subissent pas moins ses effets. Tragédies dans l'histoire, comédies dans le réel, péripéties dans les existences singulières, trajets initiatiques et formations placées sous le signe du développement, de l'épanouissement, tout devait se trouver, magnifié, dans cette sublime bouteille. La conversation en prépara les plaisirs, entretint les mystères, sollicita les curiosités. D'autres beaux vins furent convoqués à table pour l'encadrer, l'annoncer comme une ouverture d'opéra ou fermer en beauté la marche initiée par lui.

Vint l'heure de l'ouverture. Le liège ne résista pas, décomposé, pulvérisé par l'hélice du tire-bouchon. Réduit en copeaux, en poudre, en fragments, le cylindre laissait voir un cratère en son centre et se refusait à partir d'un seul coup. Tout annonçait le pire. Et le pire fut au rendez-vous : après le passage en carafe, le filtrage, un filet du liquide fut servi dans un verre. Au nez, il annonçait des truffes et une étrange odeur de fruits confits sans qu'on sache dire s'il s'agissait d'un abricot ou d'une prune, d'un pruneau ou d'un raisin. Plutôt une confiture trop cuite, un peu vieillie, ayant couvert le fruit pour ne laisser que le parfum d'un sucre avant le caramel. En bouche, ce fut la catastrophe. Indicible. Abrasif, râpant la langue, sévère pour l'intérieur des joues sans que pour autant on rende responsable les tanins. Sinon du vinaigre, du moins une impossible piquette. Voilà.

1959 s'effondrait et avec l'année décomposée, les promesses de bonheur. Mon ami n'avait pas suivi le trajet de son flacon depuis sa naissance car il n'en était le propriétaire que depuis quelques années, pas assez pour témoigner des bons ou mauvais traitements qu'on lui avait infligés. Avant ses soins précautionneux, avant lui, et son intelligence de la cave, il y avait eu, vraisemblablement, de pitoyables intermédiaires qui n'avaient pas pris le temps de veiller le trésor : la température, les conditions de conservation, les vibrations, la lumière, les transports. A lui refuser du temps et du souci, ses anciens propriétaires certainement l'avaient tué. Il aurait fallu, outre ces attentions réitérées, procéder à un rebouchage. La négligence, le bouchon perméable, l'abandon de la bouteille, comme on le ferait d'un enfant, l'avaient empêché de croître, d'évoluer, de parvenir à la maturité. Ne pas lui donner de temps l'avait contraint à mourir, fatigué, épuisé. Car tout ce qui vit se nourrit de temps offert, donné. A défaut, aucune évolution n'est pensable ou possible.

Le silence suivit notre expérience malheureuse. Puis d'autres flacons pour tâcher d'oublier. Mais je ne pouvais me faire à l'idée que ce vin sublime et prestigieux, racé et de tempérament, ait ainsi rendu l'âme, sans plus de manières. Au cours du repas, l'œil parfois posé sur la carafe, je regardais ce liquide noir comme le Styx, sombre et profond. Je ne pouvais croire que dans les limbes de cette robe nocturne il n'y ait rien eu d'autre que l'absence. On ne peut avoir un passé riche sans que le présent n'en conserve quelques traces. Je voulais partir à la recherche de ces mémoires fragiles, de ces traits quelque peu oubliés, en formes de paysages fantastiques, certes, mais qui ne pouvaient pas ne pas être dans le flacon. Plus d'une heure après l'ouverture, je demandais à le goûter de nouveau. Mon complice y vit un geste élégant à son endroit, mais avait déjà fait son deuil des effets.

Il avait tort, car ce pétrus, avec le temps, avait fini

par consentir à dire quelque chose, à se confier, avec
la délicatesse et la préciosité d'un convalescent qui
revient de loin et pour lequel il est difficile d'être
cohérent, conséquent. Bien sûr, il était impossible
qu'il fût brillant. Charmé par nos sollicitations,
notre patience, il s'était ouvert, déplié, avait lâché
quelques bribes pour une ébauche de conversation,
comme en regrettant de ne pouvoir plus et mieux.
Réveillé de trente-six années qui ne furent certainement pas parmi les plus délicates à son endroit, il
avait fini par se manifester, à la façon de qui a connu
les fastes et doit se contenter de moindres feux, mais
toujours dans l'élégance, la politesse et le raffinement. Le temps, une fois encore, avait été nécessaire
pour qu'il se laisse apprivoiser. Une longue heure,
c'était peu pour passer outre des années de négligence. Malheureusement, ce qui avait été tué l'avait
été, sans rémission ni miracle possibles.

Fébrile, susurrant ce qu'en d'autres conditions et
circonstances il aurait certainement modulé sur le
mode jubilatoire et opératique, il musiquait dans la
délicatesse, la légèreté, l'ancienneté qui faisait songer à de vieilles dentelles et à des parfums surannés
fondus dans une ambiance nettement d'hier. Le
liquide avait presque succombé sous les effets du
temps parce qu'on l'avait exposé en de pitoyables
conditions, mal protégé, mal accompagné dans son
trajet de vieillissement. Lent et nonchalant, il était
tout de même encore architecturé, structuré,
construit autour d'une colonne vertébrale fragile,
presque vacillante. Au nez, il promettait plus qu'il ne
tenait en bouche, toujours truffe et fruits confits,
pas d'évolution. En bouche, cet ultime souffle per-
sistait comme une politesse à notre endroit, en un
dernier sursaut d'énergie destiné à dire avant trépas
qu'il avait été un grand seigneur, un prince.

Si dans la vaillance et le plein épanouissement
pétrus m'avait fait songer au monde des dernières
sonates de Beethoven, dans cet état, il me conduisait
du côté de la musique française fin de siècle. D'Indy

ou Franck ? Fauré ou Chausson ? Roussel ou Dukas ? Je songeais à un univers partagé entre la mélancolie et l'abandon, l'irréversible et la nostalgie, un monde qui parle d'un temps n'ayant plus cours, une durée proposée comme une monnaie dévaluée, une époque d'avant les guerres et les grandes apocalypses du siècle, un moment de l'histoire qui prépare l'explosion dodécaphonique et l'annonce à qui sait entendre entre les notes.

En le goûtant à nouveau, je savourais une ombre, une trace, un souvenir. Les impressions me faisaient songer à celles que Proust détaille dans *A la recherche du temps perdu*, lorsqu'il décortique un monde qui s'effrite avant de s'effondrer définitivement, lorsqu'il démonte un univers qui meurt pour énoncer et annoncer une époque nouvelle. Fin d'une aristocratie qui fut flamboyante, baroque et majestueuse, naissance d'un temps dévolu à l'épaisseur bourgeoise et à ses extravagances sans manières. Pétrus 1959, dans ce flacon qui avait eu à souffrir de négligences domestiques, n'était plus que l'ombre de lui-même.

Loin des effets romantiques du compositeur viennois et de ses sonates, loin de pétrus 1982 en provenance directe des caves de Christian Moueix, cette bouteille avait tenu ses promesses, malgré tout, car elle avait dit qu'un fragment, un morceau, un éclat suffisaient parfois pour témoigner de ce qu'avaient été les édifices entiers. Le temps perdu ne l'est jamais tout à fait, car il est ce qui rend possible le temps retrouvé.

L'instant est la condition de possibilité de la nostalgie et de la futurition, hier et demain ne sont possibles et pensables qu'ici et maintenant. Le vin goûté autorise cette magie : remonter les années, essayer une époque, partir en quête d'une émotion ancienne, très ancienne. Parfois, la mémoire travaillant comme elle opère, il ne reste plus rien, les souvenirs sont à demi enfouis, totalement, ou disparus dans la boue de l'inconscient. Et lorsque l'on

quête l'ombre d'une ombre, quelques occasions permettent d'aller récupérer ces bribes là où elles sont,
de les remettre à la lumière. Le temps qu'elles se
fassent à la brutalité du jour, après des années de
nuit, et elles livrent leurs secrets avec plus ou moins
de parcimonie, avec plus ou moins de bonne
volonté.

Entre *Gnossiennes* et *Gymnopédies*, j'ai pensé à
Eric Satie, atypique compositeur ayant donné une
partie de John Cage tout en ayant réussi à ne ressembler à rien, étymologiquement. Souvenir iro-
nique et aquarellé de ce que furent les virtuoses, de
ce qu'étaient les coloristes et les orchestrateurs, les
mélodistes et les harmonistes, Satie a célébré le
minimal, l'économie, la pauvreté volontaire, le
dénuement. Ses *Avant-dernières pensées*, pour piano
seul, proposent en un temps bref — un tout petit
peu plus de trois minutes — une idylle, une aubade
et une méditation. La partition mentionne des
arbres ressemblant à de grands peignes mal faits,
des poètes amoureux de la Belle au Bois dormant,
un rimeur enfermé dans sa vieille tour. Emotions
d'hier, onirisme et singularité exacerbée, temps sus-
pendu, la pièce musicale ne ressemble à rien, sinon
à ce que pourrait être un témoignage, un de plus,
sur le fait que toute musique, comme un vin qui se
respecte, est toujours une sculpture du temps, un
art d'ouvrager selon ses volontés les heures, les
secondes, les minutes, sinon les siècles. Le temps du
vin est celui de la musique, évanescent et destiné à
creuser l'âme pour laisser des traces, des souvenirs,
des témoignages. Aussitôt écoutée, la mélodie
déserte l'espace dans lequel elle s'est développée ;
aussitôt bu, un vin s'évanouit dans le corps où il disparaît. Dans les deux cas, ces quintessences tempo-
relles de temps ne survivent que par les émotions
produites, les impressions suggérées. Toute existence est dépliée sur ce modèle, toute mémoire agit
mêmement sur une musique, un vin, une vie, et
chacune de ces variations sur le thème du temps est

une leçon de ténèbres à mettre en perspective avec le vieil enseignement qu'en peinture donnent toutes les vanités : *Omnia vanitas...*

35

LE DÉSIR D'ÊTRE VÉSUVIEN

Flammes et feux, odeur de soufre et pluies de cendre, rivières de lave et nuits congédiées, fondations ébranlées et maisons qui chancellent, rougeoiements dans le ciel et secousses telluriques, fumées épaisses et bâtiments lézardés, immeubles qui s'effondrent et mer en allée au large, poissons qui se débattent à vif sur le sable et nuée rouge déchirée par des zigzags rapides et scintillants, brouillards noirs et épais, gémissements de femmes et vagissements de bébés, cris d'hommes et hurlements d'animaux — Pline le Jeune a tout dit des ravages du Vésuve ce début d'après-midi du 24 août 79 de notre ère. Sa lettre sublime à Tacite se conclut étrangement en s'interrogeant sur la pertinence et le bien-fondé de sa narration : est-elle digne de laisser trace dans l'histoire ? Faut-il accorder à cet événement autant d'importance qu'on en fasse le sujet d'une correspondance ? Drôle de remarque sous la plume de celui qui, sur ce sujet, fournira le seul document dont on dispose aujourd'hui...

J'ai lu cette lettre pour la première fois il y a longtemps alors que je faisais des études d'histoire de l'art et d'archéologie antique à l'université, car je souhaitais mieux lire Epicure et Lucrèce. Aussi, afin de savoir comment on vivait à l'époque où le philosophe écrivait le *De rerum natura*, j'avais planché de longues heures sur l'urbanisme romain, avalé et digéré le plan hippodamique, rêvé de cardo et de decumanus, cauchemardé sur l'opus incertum, l'opus reticulatum, mais aussi le mixtum et le quadratum, appris le système de mesure des grains, désiré essayer les thermes, froids, tièdes et chauds, compris le système de chauffage par brique réfractaire dans la maison typique et autres douceurs du même nom.

J'avais en tête les crachats de feux et les vapeurs de mort, les coulées d'entrailles telluriques et les grondements du sol ; j'imaginais la lave et le brasier vomi, le magma et les gerbes, les fumerolles et les explosions. En attendant, je tâchais de mériter Vulcain en sacrifiant aux dieux universitaires. J'étais incollable sur Pompéi et les voies d'accès au bordel tout autant que sur la répartition des ateliers de foulons ou le réseau de distribution d'eau. Mais je m'étais promis, un jour, de venir voir le Vésuve en personne, de pied en cap, de me faire toiser par ce pourvoyeur d'apocalypse, ce distributeur de mort. Je voulais le voir, l'entendre, le regarder, l'apprivoiser, le toucher, lui parcourir les flancs, grimper jusqu'au bord de son cratère. Gueule dangereuse, exigeant parfois brutalement son tribut, gorge brûlante demandant de temps en temps satisfaction en remugles et borborygmes incandescents, le volcan m'a séduit dès que j'en sus les puissances, les forces et les énergies. Depuis toujours, il me fascine comme une métaphore et j'aime me souvenir d'Alexandre de Villars cité par Jünger dans *Le Contemplateur solitaire*, et qui souhaitait « une tige d'aloès pour plume et le Vésuve pour encrier ». Projet sublime...

Vint donc le jour où la rencontre se fit. Dans la chaîne des Apennins, j'ai d'abord cherché le monstre. Puis, incertain d'en reconnaître la silhouette, guetté ce qui me semblait le plus ou le mieux correspondre à l'idée que je m'en faisais. Arrogant ? Effondré ? Lourd et épais ? Massif et puissant ? Elégant ? Elancé ? Quelles lignes pour quelles formes ? Quelles courbes pour quelles voluptés ? A quoi pouvait bien ressembler cet allié d'Hadès et des entrailles les plus sombres de la planète ? Les peintres néoclassiques, romantiques et pompiers ont montré un Vésuve aux formes à chaque fois différentes et adaptées aux besoins de leur cause : tracés furieux ici, mélancoliques là, apaisés ailleurs suivant qu'il s'agissait de Pierre Henri de Valenciennes, Paul-Alfred de Curzon ou Edouard Sain. Travaillant le terrain comme le volcan l'a lui-même travaillé, ces œuvres racontent un Vésuve vivant, en rapport avec son état : le calme, la paix, le frémissement, la colère.

La ville s'étale à ses pieds, lascive et sale, abandonnée et soumise aux caprices de son tempérament. Sur elle flotte une nappe de fumée grise et de poussières en suspension, souvenir de l'époque où les cendres saturaient l'éther et l'azur. Polluée et grouillante, elle paraît indifférente aux souffles infernaux de l'animal à peine endormi qui veille non loin. Pourtant, il me semblera, à chaque pas fait dans Naples, qu'on ne peut saisir la nature de cette mégapole en furie qu'en se souvenant de la présence massive du volcan, si proche à vol d'oiseau qu'il semble à un jet de pierre. Montagne bifide depuis que le bouchon qui la couvrait a été pulvérisé en l'air, milliards de particules en fusion, pierre et cendre, roches volcaniques et feux, le Vésuve étale son indolence feinte en prenant ses aises à sa base. Il faut imaginer l'espace entre les deux monts plein de ce qui a été déversé sur Pompéi et Herculanum en pluie fuligineuse et fleuves de lave.

Le cratère est une étonnante bouche un peu insolente aux lèvres ourlées de roches grumeleuses et tourmentées, pleines des contractions et des douleurs sculptées par le feu. Effets mousseux d'une crème fouettée par les abîmes et les enfers, le minéral est encore habité par les efflorescences poreuses. Déjections infernales solidifiées et paysages lunaires, leçons de choses géologiques et sables qui recouvrent l'épicentre énergique du monde, la vision est magnifique. Les variations sur le thème tellurique laissent dans le cratère des stries, des strates, des lignes sombres, d'autres, plus claires, mais aussi des granulations, des effondrements sableux, des rochers en équilibre, des concrétions brique, rougeâtres, ferreuses. Au fond du trou, dans le cœur de cette béance, j'imagine un bouchon retenant le feu et la lave, comprimant les décharges potentielles, les furies possibles.

Et puis le feu, d'abord sous forme visuelle, avec les fumées et fumerolles, les échappées de vapeur venues des entrailles du volcan, comme des giclées sous les essieux d'une ancestrale locomotive. Jets continus et vaporisations occasionnelles, longues fusions pareilles à des exhalaisons épuisées ou légères respirations témoignant d'un repos du magma apparemment endormi. Absence de gaz, puis apparition de brumes soufrées, disparition et réapparition ailleurs. Une faille, de la fumée, une anfractuosité, encore de la fumée. L'ensemble du volcan est poreux comme les pierres qui le constituent. Les masses de pierre et les plaques minérales se frottent, se superposent, font jouer leurs volumes. Les blocs de fusion s'appuient sur les blocs gazeux. De même on entend aussi le feu, comme une viande qui crépite sur une plaque de fonte, grésillements, fritures. Je ne vois pas de lave, mais je sais la vigueur de l'animal par les volutes et les bruits inquiétants.

Dans ses *Souvenirs*, Louise Vigée-Lebrun raconte ses voyages sur le Vésuve, orages et pluies de déluge, lave en fusion et brasier qui suffoque, pluies de cendre et tonnerre venu en même temps du ciel et de la terre, éclairs et nuées. Puis elle écrit : « Pour peu je me ferais vésuvienne, tant j'aime ce superbe volcan. » Elle aussi, comme Sade, eut le désir d'être un volcan, désir d'être feu et braises, désir d'être une furie de la nature, un élément incontrôlable. Etre vésuvien ou vésuvienne, sublime expression pour dire qu'on est habitant du volcan, qu'on loge dans ses entrailles, qu'on est ces entrailles. L'air de Naples enivre et rend plus libertin, écrit Sade, et il donne les raisons : « Rempli de particules nitreuses, sulfureuses et bitumeuses, il doit nécessairement agacer les nerfs, et mettre les esprits dans une beaucoup plus grande agitation. » Et plus loin, Juliette précise à Clairwill : « Je sens, comme toi, que je ferais des horreurs dans ce pays-ci. » Ce qui ne manquera pas d'advenir, car les deux précipiteront Olympe dans le cratère du Vésuve, souhaitant s'accoupler à lui et le défiant de cracher sa lave si d'aventure il devait manifester colère, vengeance ou cruauté. Sade aime Naples et la Campanie, le volcan et les Champs Phlégréens car « les désordres, les volcans de cette nature toujours criminelle plongent l'âme dans un trouble qui la rend capable des grandes actions et des passions tumultueuses ». D'où le désir d'être vésuvien, comme Encelade et Héphaistos, les Cyclopes et Pélé, comme Empédocle et le baron de Münchhausen, Louise Vigée-Lebrun ou Nietzsche.

Ou Spartacus, leur modèle à tous, car l'emblématique gladiateur révolté contre le pouvoir de Rome fit un jour du Vésuve un allié à sa dimension. En effet, alors qu'il est à la tête de l'une des rébellions les plus fameuses de l'histoire, puisqu'elle faillit faire s'effondrer un pouvoir qu'on croyait immortel, Spartacus combat en Campanie les armées impériales avec un succès grandissant. A Capoue, il a réduit les milices avec ses soixante-dix hommes aguerris, déterminés, agissant avec l'énergie des désespérés qui n'ont rien à perdre, fors l'existence qu'ils ne veulent pas vivre, de toute façon, comme des domestiques ou des esclaves.

Soldats romains, gaulois ou germains, guerriers d'élite, entraînés dans les gymnases de la cité éternelle, familiers des amphithéâtres et des combats avec les animaux les plus féroces, ils attendent de pied ferme les armées régulières pour un combat singulier. On veut les arrêter, les enchaîner, les supplicier, les crucifier pour l'exemple. Spartacus, un géant thrace avec des manières de roi et l'élégance

d'un chef de tribu refusant la soumission et préférant la mort, conduit ses hommes avec respect et
efficacité. Il veut rejoindre une terre où on le laissera, lui et ses compagnons, vivre en toute tranquillité. Peut-être sa province natale. C'est pourquoi
il est à Naples.

Glaber mobilise trois mille soldats de la République pour anéantir les soixante-dix hommes de
Spartacus qui rôdent aux alentours de Pompéi et
Herculanum. Lorsque les légionnaires en nombre
font face à la poignée de gladiateurs révoltés,
Spartacus décide de faire retraite dans la fortification naturelle qu'offre le Vésuve, et il s'installe avec
son armée rebelle au creux du cratère. Feux de la
révolte et feux de la terre mélangés, épousailles de
l'énergie d'hommes révoltés et de celle d'un volcan
qui ne tardera pas à se déchaîner. Spartacus est
vésuvien, l'emblème même des vésuviens : il habite
le ventre de la terre et s'expose aux brûlures, puis se
nourrit de magma et de brasiers, bref retrouve sa
nature dans ce que d'aucuns appellent parfois une
catastrophe naturelle. Glaber, en bon stratège, opte
pour une tactique évidente : le siège. Il faudra bien
que les gladiateurs sortent des entrailles du monde,
pour boire et pour manger, car ils sont là-dedans, en
ce trou désert, comme des hommes perdus sur une
île, sans vivres et sans moyens de survivre. La sub-
sistance faisant défaut, il suffira d'attendre. Mais
Glaber calcule sans l'intelligence de Spartacus.

Certes, l'époque est l'alliée du légionnaire : c'est
juillet, avec ses longues journées ensoleillées, ses
nuits brèves qui ne laissent pas le temps de se
remettre des feux diurnes. Pas d'eau, pas de fruits
ou de légumes, pas de végétation : dans le cratère,
c'est un paysage lunaire, désolé, austère, inhospita-
lier. Spartacus utilisera la faiblesse de Glaber, ce
sera sa force : en effet, l'homme de Rome n'a pas fait
garder une face du volcan qu'il estime inaccessible,
trop escarpée, trop abrupte, impossible à franchir.
C'est cette négligence stratégique que les gladiateurs

exploiteront : il suffira de franchir l'escarpement, puis de descendre par le flanc libre d'occupation romaine.

Spartacus invite ses hommes à récupérer, sur le bord du cratère, des sarments de la vigne qui pousse à flanc de coteaux — ce sont les ceps qui donnent aujourd'hui le lacryma christi. Les légionnaires, en bas, se moquent des allées et venues dans les vignes, là-haut. Erreur on ne peut plus funeste pour la République, car tressés et noués, imbriqués et enchevêtrés, les sarments font une échelle avec laquelle les révoltés s'échappent. Nourris de l'énergie du volcan, de sa force et de sa puissance, ils quittent le cratère, sauvés par lui, du moins pour cette fois. Spartacus contourne le Vésuve, vient vers les légionnaires et massacre ce qu'il peut, les autres prennent la fuite. La légende est construite, comme une épée forgée dans l'antre vésuvien par Vulcain. Jamais la force du volcan ne s'est mieux manifestée : cristallisée en Spartacus, elle se fera révolte grondante dans les campagnes où, partout sur le passage des gladiateurs révoltés, la troupe fera des émules.

Au sommet du Vésuve, au-dessus du volcan, à mille deux cents mètres au-dessus du niveau de la mer, je songe à Spartacus et à Sade, à Nietzsche, là-bas, à l'ouest, en Sorrente. Mer bruissant des feux qui scintillent sur les vagues, au loin, dans la baie, vent froid venu du lointain, souffle des dieux et peut-être même souvenir de la déesse thrace qui inspirait le révolté emblématique, le lieu me plonge dans la méditation et le silence, accompagné par les seuls souffles d'Eole, de Neptune et de Vulcain. Naples qui s'étend au pied du Vésuve et les villes englouties, Pompéi, Herculanum, puis le golfe et la mer Tyrrhénienne, Ischia et Capri dans le prolongement des pinces de la baie, Torre del Greco et Torre Annunziata, puis Sorrente, le village dans lequel Nietzsche vint chercher, comme en de nombreux autres endroits d'Europe, le climat, l'air, la tempéra-

ture, la lumière, l'ensoleillement qui lui conve-
naient.

A Sorrente, le philosophe séjourne en compagnie
de Malvida von Meysenbug et Paul Rée villa
Rubanicci, dans un environnement caractéristique
du style des lieux de séjour nietzschéens : une terrasse permet une vue sur la mer, une sur un jardin
d'orangers, une autre sur la montagne. Des
murailles, des cyprès, des figuiers, des vignes, des
pins parasols, des oliviers, mais aussi des amis
proches, une conversation agréable, une santé relativement épargnée, le carnaval de Naples, le musée,
les huîtres avec l'asti spumante, les balades à pied, à
cheval ou à dos d'âne, comme un certain Nazaréen.
C'est là, sous les fumées du Vésuve, qu'il pense à ce
projet qui ne le quittera jamais d'une communauté
intellectuelle, d'un genre de couvent laïque permettant à quelques artistes, auteurs, écrivains, philosophes, savants, de vivre ensemble, de mettre en
pratique le cher vœu du philosophe : « Inventer de
nouvelles possibilités d'existence. » Lectures : La
Rochefoucauld et Burckhardt, Platon et les Evan-
giles, Thucydide et Hérodote, Voltaire et Diderot,
Rémusat et Ranke. Puis rédaction de *Humain, trop
humain*, à l'ombre du volcan. Et plus tard il écrira
dans le *Gai Savoir :* « Le secret pour moissonner
l'existence la plus féconde et la plus grande jouissance de la vie, c'est de vivre dangereusement !
Construisez vos villes au pied du Vésuve ! Envoyez
vos vaisseaux dans les mers inexplorées ! Vivez en
guerre avec vos semblables et avec vous-même. »

A quoi ressemblent les villes construites au pied
des volcans ? Sont-elles comme n'importe quelle
autre cité, banales et sans qualité ? Ou participent-
elles du tragique consubstantiel à la bête de feu qui
veille non loin d'elles ? Villes d'enfer et cités tératologiques, mégapoles hystériques et agglomérations
folles ? Peut-être, car je ne crois pas Naples une ville
comme les autres cités italiennes. J'aime Milan et
Florence, Bergame et Rapallo, Gênes et Rome,

Venise par-dessus tout, les fontaines fraîches et les places pleines d'enfants, les rues ombrées et les odeurs méditerranéennes, la côte ligure et les paysages toscans. Mais Naples m'a semblé une ville ayant épousé la mort.

Pompéi illustre le destin des cités aux alentours de la capitale campanienne : ravagée et pillée, détruite et exploitée, saccagée et anéantie. Le volcan qui avait détruit toute vie humaine, avait paradoxalement conservé toutes les formes ou presque : les habitations et le mobilier, la vaisselle et les peintures, les vases et les statues, les objets d'art et les ustensiles du quotidien, les bronzes et les cratères, les verreries et l'orfèvrerie, les céramiques et les stèles funéraires, les mosaïques et les amphores, la trace, même, des corps surpris par la mort le jour de l'éruption funeste. Et ce qui avait été préservé par le volcan a été détruit par les hommes.

Déjà Sade en son temps avait rapporté de son voyage en Campanie des caisses pleines d'objets arrachés au lieu, emportés sans autre forme de procès. Le pillage a été poursuivi pendant plus de deux siècles. Quand Taine visite le musée archéologique de Naples, au milieu du siècle dernier, c'est pour constater, déjà, que tout ce qui faisait la richesse de Pompéi a été déplacé, transporté et exposé dans la ville voleuse. Pompéi est devenue un squelette, une charpente décharnée dans laquelle ne sont plus que des reliefs sans grand intérêt, dénués de toute importance. Ce qui, d'ailleurs, a été laissé là, pour la raison qu'on n'a pu l'emporter, est tout simplement la pierre qui fait les constructions. Les murs lézardés et fendus sous la pluie, le gel et les intempéries sont bétonnés, cimentés, reconstruits au plus grossier. Archéologues et touristes, de conserve, ont achevé la cité comme on achève une bête déjà vidée de la presque totalité de son sang. Pompéi a nourri Naples la succube.

Vidées les maisons, dépouillées les habitations, arrachés les pavements, décollées les mosaïques, transportés les objets : Pompéi n'est plus dans Pompéi depuis que Naples a décidé de s'en repaître. Erreurs archéologiques magistrales, contresens artistiques absolus. Le musée n'a de sens et de justification que dans la mesure où les conditions naturelles et habituelles d'exposition ou de présentation d'un objet ne sont pas ou plus requises : la statuette dogon vit dans le village africain d'où elle vient, le harpon esquimau sur la banquise où on l'a prélevé, le ciboire chrétien dans l'église d'où il provient, la mosaïque romaine dans la villa où elle a été pensée. Le musée est un funérarium pour ce qui ne peut plus être montré dans son lieu de naissance ou d'existence. Les pièces exposées sous vitrine, sur socle, derrière cordons sanitaires sécuritaires, sont mortes deux fois.

Dans les salles, quand elles sont ouvertes, quand elles sont accessibles, quand on les mérite moyennant pourboire et dessous de table, quand on y entre après avoir soudoyé le gardien, dans ces salles, donc, les objets présentés sont en état d'abandon : sales, brisés, poussiéreux, abîmés, mal éclairés, mal exposés, dans les courants d'air, les miasmes ou les vibrations venues de la ville envahissant le musée par les fenêtres laissées grandes ouvertes. Tesselles éparpillées à terre, mosaïques replacées, juxtaposées, sur le sol où l'on peut les fouler, radiateurs portatifs de confort personnel des gardiens placés sous les peintures cirées généreusement, le vandalisme continue, doucement, à la façon du Sud, indolente et sûre.

Mortes deux fois Pompéi et Herculanum, cités presque deux fois millénaires anéanties par les hommes et leur éternelle vulgarité, leur perpétuelle grossièreté à l'endroit de ce qui, pourtant, est seul à justifier l'existence de la race humaine : l'art. Dépouilles empaillées, naturalisées, nécrophiles en goguette, le musée est un lieu qui sent la mort dans les temps où elle se manifeste plus par la poussière des squelettes que par la pourriture des cadavres. Le goût napolitain pour les ossements et les reliques est tout entier là, dans cet abandon du réel à la cendre. Honte aux archéologues et aux conservateurs de musée, aux directeurs du patrimoine et aux hommes de l'art, car ils ont réalisé ce que ni le temps ni le volcan n'avaient réussi : un vandalisme radical.

Naples est la cité que j'ai vue la plus abandonnée à Thanatos, comme on le dit d'une femme. Abandonnée, alanguie, offerte, donnée, sans complexes et sans doutes, sans hésitations et sans regrets. Mort dans les catacombes et dans la rue, dans l'art baroque et les édicules qui poursuivent la tradition du sacrifice aux dieux lares. Mort dans le sang supposé de saint Janvier, dans les ossements des mille et un saints qui croupissent en châsse dans les églises. Mort dans la récurrence esthétique ou pieuse des crânes et des tibias, des fémurs et des squelettes. Mort dans les cercueils de verre et les boîtes funèbres partout dans les chapelles. Mort dans les bouquets de seringues maculées de sang et fichées dans la terre d'un jardin public. Mort dans la rue, sur une place, quand s'échange au vu et au su de tout le monde, les paquets de poudre blanche pour de piteuses et minables extases.

Les voilà vraisemblablement les villes construites au pied des volcans, leur nature et leur style : un incroyable pacte avec les enfers, des cités faustiennes tout entières en intimité avec Méphisto, les vapeurs et les fumées de la géhenne, les espaces et les terres chevauchées par Vortex et Giaour lors de la course à l'abîme. Obsédées inconsciemment par le feu du volcan, habitées dans le creux de leur âme par les tremblements de terre, hantées dans le pli de leurs chairs par le flux et le reflux des mers en cas de séisme, ces cités-là ont presque déjà fait le deuil de leur existence, elles semblent prêtes à être rayées de la planète à chaque instant, sans jamais vraiment le savoir, mais sans jamais vraiment l'ignorer.

D'où les murs lépreux, comme après de longues ripailles faites par des réprouvés dans les restes d'une ville abandonnée aux rats et à la désespérance, puis les catacombes dégorgeant de squelettes, les tombeaux précieux éventrés, les cénotaphes toujours arrogants, les braseros rappelant que la ville est placée sous le signe du feu, les pitoyables petits marchés et les reventes d'objets dérisoires procédant de combines et d'arnaques, l'étourdissante et perpétuelle noria de scooters avec un, deux ou trois passagers occupés à monter et descendre sans fin les ruelles saturées de balcons, de fils à linge, de moiteurs moisies. D'où ces vêtements qui sèchent et claquent au vent, déployant leurs voilures comme des galions qui n'appareilleront jamais pour des pays miraculeux, ces voitures qui ignorent les règles du jeu et les lois qui président aux échanges policés, ces policiers occupés à rien, sinon à ajouter au désordre, du moins à ne rien troubler de ce qui manifeste le chaos. Cris et vociférations, hurlements et hystéries...

Dans ce paysage à la Jérôme Bosch surgit de nulle part un motard qui fait hurler le moteur de son engin. Tête nue, cheveux au vent, conduisant d'une main, il se met en demeure de piloter sa moto avec la dextérité et le brio d'un aurige officiant dans le cirque devant des milliers de regards. Le véhicule se lève, puis s'envole et lui avec. En un fracas de métal raclant les pavés, l'emballement du moteur ajoutant à la furie du projectile, l'homme glisse sur la chaussée, comme un vulgaire objet projeté sur sa surface lisse. A toute allure, son corps vient percuter la voiture qui roulait devant lui, à allure normale. Il s'encastre sous l'automobile. Le choc est violent, d'une extrême brutalité. Mon regard a croisé le sien lorsqu'en une fraction de seconde, il a effectué un mouvement qui apparaissait être un ultime réflexe : levant une partie de son buste, sa tête dirigée dans ma direction, j'ai vu ses yeux fixer un point qui n'était déjà plus là pour lui. Puis, le crâne ouvert, fracassé, fendu, un flot de sang est descendu de son cuir chevelu, dégoulinant sur son visage. Il s'est affaissé, lourd comme du plomb — peut-être mort. En moins de dix secondes, une multitude de passants accourait vers lui. Sur la chaussée, c'était une marée humaine. Je me suis éloigné.

Sur mon trajet, rue des Tribunaux, comme en écho au spectacle qui avait mis aux prises Eros la vitesse et Thanatos la punition, j'ai vu quatre bornes qui portaient en leurs sommets des crânes mêlés à des fémurs en bronze, le tout agrémenté d'œillets déposés là par les amoureux : dans les orbites vides, sous la mâchoire ou n'importe où, pourvu que les interstices permettent de donner l'impression qu'on peut conjurer la mort par des fleurs. Derrière ce cordon macabre, dans l'église des Ames du Purgatoire, sous le plus récent édifice, on peut découvrir un autre lieu de culte, plus ancien celui-là : à l'étage supérieur, la lumière, en dessous, l'obscurité. Métaphore baroque à souhait.

De cette église souterraine, on peut rejoindre, par un couloir éclairé brutalement au néon, couleurs froides et lumières glacées, une autre chapelle entièrement dévolue au culte de sainte Lucie. Céramiques blanches et édicules en carrelages jointés, le tout protégé ici ou là par une vitre sale, tout permet l'exposition d'ossements, crânes édentés, fémurs et tibias brisés, fragments de colonne vertébrale ou de cage thoracique, reliques multiples, cimetière d'occasion où se mélangent quelques tombes fraîches, des chapelets en plastique, des images pieuses, un portrait du pape, un crâne d'enfant, des ex-voto, des crucifix, des chromos usagés, de petites lampes fragiles à l'éclairage précaire, des chaises défoncées, des prie-Dieu branlants, des vignettes représentant des vierges éplorées. Odeurs de mort, salpêtre et terre humide, poussière des cadavres décomposés. Je songe aux œillets des amoureux, là-haut, dans la rue, à ces fleurs qui vont se flétrir, faner, pourrir. Et je me dis que les Napolitains pratiquent les vanités à l'excès et avec une orgueilleuse componction.

Remonté du tréfonds des Enfers, je poursuis ma déambulation, traversant des places dévolues aux drogues dures, songeant à la proximité des œillets et des fémurs, des seringues et des cercueils. Dans les rues, des niches remplies de photos de défunts épuisées par la lumière du jour, de personnages issus de la mythologie chrétienne, des Jésus blonds qu'on ne s'étonnerait pas d'entendre interpréter une chanson napolitaine, des vierges aux larmes grosses comme des perles artificielles, des chapelets aux grains jaunes, des lumières rouges et vacillantes, témoignages précaires de la présence de l'esprit saint ou de la plus païenne mémoire, pièces de monnaie, objets fétiches. Mânes de Heidegger, voyez ces niches qui témoignent qu'elles ne sont pas désertées, vous qui désespériez de ces édicules vides en vous interrogeant sur le sens de la mort de Dieu. En quoi nous sommes encore pieux, vieille Europe intraitable...

Descendant une rue, je croise une procession : des hommes portent avec force piété la photographie kitsch d'une vierge et de son enfant couronnés, le tout dans une débauche de fleurs naturelles et artificielles de papier crépon et de guirlandes misérables. Des jeunes filles bien pures, bien chastes, les vestales des temps chrétiens, arborent sur leurs vêtements blancs immaculés un sacré-cœur cousu sur le revers de leurs poitrines plates. Chanson, fanfare réduite au minimum, oriflamme aux couleurs virginales, angelots fessus et mafflus, sérieux de pape. Le petit groupe passe. Je songe une fois de plus aux crânes et aux fleurs qui fanent sous les mâchoires de bronze, au mort sous la voiture, à son sang, aux seringues et à la cocaïne, aux catacombes et aux squelettes vénérés, et à la puberté de ces transporteuses de Vierge.

J'ai voulu voir, dans la chapelle Sansevero, le visage du Christ voilé de Sanmartino. Le cadavre donne l'impression de se décomposer sous le crêpe, or tout est pierre, magie du ciseau de l'artiste. Le corps et la chair, les muscles et les volumes sous le voile, drapés dans les effets d'un suaire, sont sculptés dans une austérité démonstrative comme une leçon de ténèbres. Tout repose sur un coussin, mais de pierre là encore. Grande démonstration esthétique baroque : la viande, le tissu, le velours, le voile, le cadavre et le linge, tout est pétrifié, tout est transformé dans l'éternité minérale. A moins que l'éternité ne soit célébrée par d'autres méthodes, ainsi, au sous-sol, ces deux cadavres qui ne trahissent plus de leurs formes que ce que le système circulatoire laisse voir enchevêtré au squelette : veines, artères, vaisseaux, fibres injectées d'une substance dont on ignore tout, encore aujourd'hui, et qui vaut à deux écorchés, un mâle une femelle, d'avoir traversé les âges dans cet état. On dit que le prince Don Raimondo, qui a réalisé cette œuvre inaugurant l'art corporel, avait opéré sur des cadavres qui n'en avaient pas encore absolument terminé avec l'existence. Il fallait bien que le mélange circule...

Construire ses villes au pied du Vésuve ? Pourquoi pas. Mais le prix à payer est celui-là : vivre sans cesse avec la mort pour compagne, ne pas craindre les raz-de-marée et les éruptions volcaniques, les tremblements de terre et les pluies de cendre. Il faut vouloir s'abandonner au caprice de la tectonique des plaques, avancer dans la plus totale des insouciances à l'endroit de l'avenir, ne rien envisager de durable et d'éternel, car seule la mort peut prétendre à pareil empire. Prier la Vierge, fréquenter les églises et ne rien respecter d'autre que ce qui permet, au jour le jour, d'avoir pu ajouter vingt-quatre heures à son actif. Pour le reste, il sera toujours temps demain...

36

LE SYNDROME DE GÊNES

Physique de la métaphysique

Un rendez-vous m'avait été donné non loin de Rapallo et de Portofino, dans un village piémontais au bord de la côte du golfe de Gênes où je devais recevoir un prix littéraire qu'on me décernait pour la traduction italienne du *Ventre des philosophes*. L'idée me plaisait pour le voyage dans les lieux nietzschéens qui, dans ma tête, résonnaient aux côtés de Sils ou de Venise, de Pforta ou de Röcken, puis pour les promesses d'agapes qu'on me laissait entrevoir... J'avais emporté dans mes bagages les lettres de Nietzsche à Peter Gast, lues et relues, mais reprises sur les lieux, dans le petit village de pêcheurs ou assis sur des rochers qui surplombaient la mer. Je m'attendais aux alcyons à défaut d'un aigle qui aurait accompagné le souvenir et l'ombre de Zarathoustra. Le ciel et la mer, la couleur de la terre, le souffle et la brise douce, les parfums de cordages mouillés, l'odeur de bitume des bateaux couchés sur le côté, le silence aussi, tout me donnait l'impression d'être dans un instant inactuel et intempestif, contemporain de Nietzsche et de ses séjours dans les pensions de famille dont je recherchais et parfois trouvais les traces.

Pour parvenir à Chiavari, l'endroit où l'on devait me remettre ce prix, il me fallait prendre l'avion jusqu'à Gênes. Je manquais le départ à cause de pitoyables petites tragédies domestiques... Derrière les baies vitrées de l'aéroport, le bagage en bandoulière, je vis l'avion s'envoler. Des journalistes attendaient mon arrivée, puis le jury, et ceux qui célébraient l'événement sur place, écrivains et critiques, amphitryons et hédonistes. Et les cuisiniers, bien plus grave dommage. Pour arriver dans les délais impartis, je fus obligé de prendre un vol pour Turin et de me charger du reste du trajet en louant une voiture : dans l'obligation de transiter par cette cité plutôt qu'une autre, je vis un signe nietzschéen.

Survolant la ville, avant l'atterrissage, je me souvins de Nietzsche s'y effondrant aux pieds d'un cheval, mettant fin à des années d'errance intellectuelle et géographique, sentimentale et existentielle. Là périt l'âme du philosophe. La ville me paraissait si petite pour une folie d'une telle dimension. Des images me traversaient l'esprit : un cheval, le cuir de son harnachement, le licol pendant, le pavé que j'imaginai mouillé, je ne sais pour quelle raison, et la démarche vacillante de Nietzsche vers la bête. Puis le baiser de l'hébétude, de la mort contemporaine de l'âme envolée, quittant le corps du philosophe épuisé par des siècles de solitude mentale.

Je traversais le Turin d'aujourd'hui, puis roulais vers Gênes dans la nuit et sur des routes encore enneigées. Des fragments de Nietzsche, relus pour l'occasion, me venaient en tête : Turin, la « calme et aristocratique », la cité du *Crépuscule des idoles* et du philosophe. Pourquoi écrivait-il qu'elle était sa ville éprouvée ? Puis je songeais à sa chambre, face au palais Carignan, via Carlo Alberto, 6, III, et aux fenêtres qui donnent sur la place Charles-Albert. C'est là, confie-t-il dans *Ecce Homo*, qu'une marchande des quatre-saisons lui offrit son meilleur raisin, j'allais écrire, sa meilleure raison... Et j'approchais de Gênes, cité des conquérants et des marins, ville de l'Orient et des mystères dans laquelle Nietzsche disait échanger des secrets avec la mer.

J'avais recopié sur un papier froissé dans ma poche, un aphorisme de l'époque de *Humain, trop humain*. Le titre était : *Sérieux dans le jeu*. En voici le texte : « A Gênes, j'entendis, un soir, au moment du crépuscule, les cloches carillonnant longuement du haut d'une tour : ce carillon ne voulait pas finir et résonnait, comme insatiable de lui-même, par-dessus le murmure des rues, dans le ciel du soir et

la brise marine, si lugubre, si puéril en même temps,
si mélancolique. Alors je pensai aux paroles de
Platon et je les sentis tout à coup au fond du cœur :
Rien de ce qui est humain n'est digne du grand
sérieux ; et pourtant... » Je le connaissais presque
par cœur, sa présence enfouie dans mon vêtement
me dispensait de m'y reporter. Gênes était pleine
pour moi des promesses de tous les enchantements
possibles.

Défigurée par le béton et les rubans de bitume qui
l'enserrent comme des tentacules, la ville bouillon-
nait de lumières jaunes et rouges venues des voitures qui circulaient avec désinvolture sur les péri-
phériques ceinturant aussi la côte. La nuit générait
des labyrinthes comme la mer ses géographies
glauques. La neige avait fondu au fur et à mesure
que je m'étais approché de la Méditerranée. J'avais
rendez-vous avec les ombres, la nuit et quelques
douleurs. Les promenades du philosophe, la baie, le
port, les lumières orangées, les façades lépreuses,
les ocres fatigués, les bruns passés, tout était variation sur le thème de la mémoire pétrifiée. Tout
vibrait dans une étrange douceur. Mes errances
furent à cette mesure, loin du monde et de ce qui,
alors, en faisait l'essentiel.

Séparé d'autrui par la langue, je me sentais pourtant chez moi, comme toujours en Italie. Parfums
tièdes et souvenirs d'une journée brûlée par le soleil
d'hiver, montagnes russes dans le dédale des rues
sombres et sales, silhouettes mélancoliques dégin-
gandées en partance pour de misérables destins,
lumignons luttant dans les ruelles étroites avec
l'obscurité triomphante, Gênes me semblait une
entaille d'éternité dans le flux du temps qui coule. Je
me sentais complice des songes de Nietzsche. Et je
savais que la cité avait aussi donné le jour à
Christophe Colomb, découvreur de continents, for-
ceur d'abîmes : Yorick réunissait le philosophe de
Zarathoustra et le navigateur.

Un Français installé depuis longtemps à Gênes,

professeur d'italien, m'attendait en ces lieux : il devait dérouler pour moi le fil d'Ariane qui conduisait de la cité au village non loin duquel ont été écrites les préfaces d'*Aurore* et du *Gai Savoir*, « là-bas où la baie de Gênes finit de chanter sa mélodie ». Entre deux âges, sage et doux, il me raconta la ville. Nos regards ne se croisaient guère, mais nos âmes étaient unies, ici pour évoquer d'Annunzio et Svevo, là pour parler de Joyce et toujours lorsqu'il était question du père de Zarathoustra. Ombres géantes et fascinantes, démesures intempestives, panthéon pour de funèbres cortèges bachiques, le fil se détendait, comme au contact des Parques qui savent le tendre, lui donner du mou, l'éprouver dangereusement, lui faire épouser les mailles et les dessins pareils à ceux, sacrés, des mandalas indiens.

Rapallo, Portofino, Coire, nous allions vers Chiavari et les indications qui, sur le trajet, surgissaient dans la lumière des phares de la voiture, éclairaient mon âme comme un brasier entr'aperçu derrière les portes de l'enfer. Géographies fantastiques, onomastique séculaire et jubilatoire. Je me souvenais, en compagnie des trouvailles de la nuit qui dessine autrement le monde, de cette phrase dans *Ecce Homo* : « Les mille recoins de ce chaos de roches qui avoisine Gênes, et où je vivais tout seul, échangeant des secrets avec la mer. » J'étais au cœur de cet objet fractal, les côtes ligures. Je n'avais pas imaginé, adolescent, quand j'ai fait ma première lecture de Nietzsche, que ces lieux sur et dans lesquels il écrivait me deviendraient familiers dans ces conditions.

Chiavari était une jolie cité que parcouraient des arcades anciennes. Attendu et pris en charge par une dizaine de personnes, nous traversâmes la ville, une petite place du marché, des rues pleines d'une douceur apaisante, parfums d'hiver doux et de femmes qui déambulaient à mes côtés, lumières oscillantes, venues de lampadaires qu'agitait une légère brise, mouvements de clartés jaunes, j'étais un peu ivre du voyage, la province, Paris, Turin, Gênes, puis Chiavari, bout du monde mental atteint dans la journée. Je redoutais les cérémonies officielles, craignais la pompe et l'ennui comme toujours en pareil cas. Mon interlocuteur gênois entreprit avec moi une conversation sur Paul Valéry. Je ne connaissais pas les pages du penseur écrites dans la braise et l'incandescence d'une nuit passée à Gênes. Cheminant dans les rues de la petite cité endormie, il me raconta. *L'Art de jouir,* que je venais de terminer, comportait un chapitre tout entier nourri de cette idée développée par Valéry et en vertu de laquelle chaque individu qui crée a été une fois dans son existence bouleversé par une expérience de type mystique, bien que païenne, à partir de laquelle l'ensemble de son œuvre a pris consistance, ne serait-ce que virtuellement. En écoutant la narration de la fameuse nuit de Gênes, je voyais la confirmation de mon intuition. Dans mon livre, j'avais appelé cette violence métaphysique un hapax existentiel, une luminescence d'une nature exceptionnellement généalogique.

Depuis, je n'ai cessé de relever, dans l'histoire des idées, mentions de ces fameux hapax existentiels dont chacun est un kaïros à partir duquel se structurent des œuvres : une existence suffit à peine pour épuiser cette quintessence expérimentale. Tout juste permettra-t-elle aux plus talentueux d'en quêter les conséquences, d'en exprimer les premiers sucs. Au milieu de ces apocalypses et de ces épouvantes dont, bien souvent, l'acteur est le seul spectateur, il y a un corps, la singularité d'une viande parcourue par des éclairs de sens, zébrée par des traits de feu. Tendu comme un arc, bandé comme un jonc peut l'être, aux limites de la brisure, de l'éclat, prêt à se détendre et à fouetter l'air, il est prêt aussi, dans la pire des hypothèses, à casser dans un bruit sec et définitif.

Parfois, un écoulement de peu de temps suffit pour que ce craquement se fasse entendre au beau milieu d'un corps, c'est-à-dire dans l'épicentre d'une âme. Le creuset de cette alchimie est une chair habitée, hantée et travaillée par les émotions, les souvenirs, toute une pathétique dans laquelle gisent les sanies et les pépites, la boue et les paillettes d'or. Toute métaphysique est précédée par une physique : la lymphe, le sang et la peau sont les instruments à partir desquels se diront, plus tard, les mots, les idées et les pensées, sinon les mondes colorés ou mélodiques, volumineux ou poétiques. Avant la forme, il y a le trouble, un formidable trouble.

L'expérience de Paul Valéry est consignée dans un petit carnet, au beau milieu d'une page. On peut y voir un phare et sa lanterne vers lequel s'avance un tourbillon de fumée d'un noir profond. Déjà dans les rêves de Descartes, le tourbillon avait fait sinon carrière, du moins bonne figure. Il avait annoncé les intuitions du philosophe de la méthode et montré combien les melons des rêves précèdent la raison des ouvrages, autant que les tourbillons, donc, et les pages de livre qui s'ouvrent et sont feuilletées par la grâce de l'air, tous mystères qui hantent le songe. Valéry connaissait, bien sûr, ces pages du père des idées claires et distinctes dans lesquelles la lumière tient un rôle majeur. Qu'on prenne garde au vortex métaphysique et aux maelströms oniriques, car la plupart du temps ils cachent en leur milieu des puissances qui permettent la résolution de nombre d'énigmes.

Dans les contrées nocturnes de Valéry, le phare est porteur d'une lumière qui permet d'éviter les échouages et l'éventration des coques marines. Il est également métaphore des corps glorieux et triomphants au lendemain des jugements magnifiques qui font se lever les chairs compromises par la mort. Lumière du salut et du dépassement des ténèbres, lumière des marins dévorés par la mer noire et glacée, lumière des pérégrins et des nomades oublieux du Nord dans les déserts. Point de repère, aussi, du penseur qui, pareil à l'homme de Descartes, sans visage et sans nom, cherche à sortir de la forêt où il a perdu le sens de l'orientation. Le phare est phallique pour ceux qui croient aux extrémités lumineuses, mais je veux plutôt voir en lui le photophore qui autorise les retrouvailles avec les points cardinaux et rend possibles les issues dans une géographie où l'on a perdu le sens de la mesure pour cause de tempête, d'apocalypse, de brouillard, de séisme, de vents de sable ou de trombes d'eau.

A Gênes, port d'où part Colomb et havre où rentrent ceux qui ont tutoyé l'Orient, Valéry connaît une nuit sans fond, sombre et soumise aux noirs les plus lourds. Le bouleversement a lieu entre le 4 et le 5 octobre 1892, soit quatre siècles après la découverte des Amériques par le marin déterminé. Sur la page de son carnet, il a noté : « Nuit effroyable. Passée assis sur mon lit. Orage partout. Ma chambre éblouissante par chaque éclair. Et tout mon sort se jouait dans ma tête. Je suis entre moi et moi. Nuit infinie. CRITIQUE. Peut-être effet de cette tension de l'air et de l'esprit. Et ces crevaisons violentes redoublées du ciel, ces illuminations brusques saccadées entre les murs purs de chaux nue. Je me sens AUTRE ce matin. Mais — se sentir autre — cela ne peut durer — soit que l'on redevienne ; et que le premier l'emporte ; soit que ce nouvel homme absorbe et annule le premier. » Sublime prose, éclatée comme en gerbes de feux, typographies mélangées, entre traits de soulignage et capitales d'imprimerie, registres confondus, ici la narration brutale de stigmates, là une ébauche d'analyse : le flux d'images et d'affections court sans s'y confondre aux côtés d'un torrent d'intuitions et de pensées. La réflexion se fait, s'ébauche, comme la vie au début de l'humanité : un ver qui se tortille, blanc de clarté et torsadé de vitalité, un animal plein de sève et en puissance, une forme en devenir. Le philosophe assiste en lui à cette germination comme à un parasitage, à une opération s'effectuant en lui, malgré lui, par lui. En ces pages, Valéry parle comme Pascal, du moins celui du *Mémorial* qui convoque les pleurs et les tremblements, les soubresauts de l'âme et les ravages de la chair.

Toutes les pages qui racontent l'épreuve de ces hapax existentiels sont chargées des mêmes références : une matière parcourue de feu, une viande énervée, une hyperesthésie portée à l'incandescence, un trouble maximal secouant la carcasse du penseur, de l'artiste. Feuillets tragiques et troublants, écritures dictées de l'au-delà, graphismes inspirés par une force à laquelle on n'échappe pas, tous ceux qui ont connu cette expérience ont raconté avec les mêmes moyens, de petits mots, pour de petites images, avec de petites audaces, dans le dessein d'exprimer l'immensité d'une épreuve.

Faut-il citer, montrer l'abondance de ce type d'émotions superlatives ? Alors, qu'on se souvienne, dans la seule histoire des idées : saint Augustin et les *Confessions* dans lesquelles il rapporte sa conversion en mentionnant troubles, symptômes, souffrances physiques, somatisations, extases et illuminations ; puis Lulle connaissant les mêmes affres au point qu'on parle de lui comme du Docteur Illuminé ; Descartes, dont j'ai déjà dit les trois songes architectoniques de sa pensée et leur rôle dans la résolution des tensions en système ; La Mettrie expérimentant par une syncope, sur un champ de bataille, la validité de ses intuitions philosophiques monistes, matérialistes et vitalistes ; Rousseau narrant à plusieurs reprises l'ébranlement qu'il connaît sur le chemin de Vincennes et qui le conduira dans les contrées théoriques que l'on sait ; lui aussi donnera abondance de références sur les sueurs et tremblements, les claquements de dents et autres manifestations physiologiques qui accompagnèrent son hapax ; Kierkegaard écrivant dans son Journal qu'il a connu un « grand tremblement de terre », un « affreux bouleversement » qui induiront sa pensée et initialiseront ce qu'il appelait énigmatiquement son « écharde dans la chair » ; Nietzsche, bien sûr, foudroyé à Sils-Maria, en Haute Engadine, à Portofino dans le golfe de Gênes, et rempli soudain par la double idée de l'Eternel Retour et de Zarathoustra ; Jules Lequier, lui aussi, structurera l'ensemble de son œuvre à partir d'une expérience effectuée enfant, dans le jardin familial. Et il faudrait également parler de Wittgenstein ou de Jean Grenier, de Jean Bernard et de Poincaré, des pages que Gilles Deleuze consacre à l'origine du concept dans *Le Pli*. Cessons là l'énumération, j'ai raconté dans *L'Art de jouir* quelles formes avaient prises ces expériences existentielles radicales et tâché de souligner leur importance dans l'économie des pensées et des systèmes élaborés après, ensuite, a posteriori...

Il me plaît d'imaginer que d'autres philosophes auront tu leurs troubles, caché l'origine éminemment passionnelle de leurs constructions rationnelles pour éviter de paraître en contradiction avec leurs éloges des parements que sont toujours, en matière d'architecture philosophique, les concepts, les notions, les argumentations, les effets de rhétorique, les structures célébrées, les monuments équilibrés, les formes harmonieuses. Car le chaos est premier, le désordre est inaugural, et de ces deux anarchies surgissent des vitalités qu'un artiste peut ensuite cristalliser en œuvre, c'est là tout son talent. A l'origine du rationnel, on trouve toujours un irrationnel diabolique et foisonnant ; à la source des pensées et des systèmes, on découvre sans cesse des secousses physiologiques. La physique explique la métaphysique, mais plus finement que ne le font les amateurs de réductions neurobiologiques qui se contentent d'une phénoménologie des mécanismes biologiques.

Le philosophe classique n'aime guère ce qui lui résiste, comme le scientifique d'ailleurs. Et plutôt qu'avouer une ignorance, une incapacité théorique intellectuelle, il préfère imaginer d'hypothétiques rationalités. Amateur d'illusions, vendeur de concepts et promoteur de sens, il choisira plutôt de donner l'impression d'une cohérence que d'avouer une indécence, à savoir que le corps est une raison, la raison, la seule grande raison, mais qu'on ignore comment, de quelle manière, pourquoi, en vertu de quels processus, selon quels ordres... Pas assez noble ni héroïque de dire où l'on bute, sur quoi l'on achoppe : la chair, la viande, un paquet de cellules connectées, un sac de peau rempli de sang, de lymphe et de mystères. Dans cette outre, il y a tout ce qu'il faut pour faire du sens, mais on ne sait rien des alchimies qui le préparent.

A quoi pourrait bien ressembler ce trajet qui conduit à de si singulières métamorphoses qu'en partant de la physique on parvienne à la métaphysique ? Comment passe-t-on de la matière à l'âme ? Bien présomptueuse interrogation. Bien plus présomptueuses sont les tentatives pour donner de ce mystère une explication simpliste et sommaire par le biais des seules molécules. D'aucuns, en leur temps, avaient recours à la notion pratique de mystère, sinon à sa formulation théologique : la généalogie d'une subjectivité se serait faite dans les plis de l'âme divine, dans l'épicentre d'une figure radicalement transcendante, et, l'affaire ainsi faite, on évacuait le problème hors de la géographie dans laquelle il est pourtant spécifiquement cantonné. Car il n'est de source qu'immanente. Tout est dans les circonvolutions de la matière, dans une logique qui, pour l'instant, nous échappe, même si, la psychanalyse aidant, les généalogies abandonnent un tout petit peu de leur mystère.

Les romantiques avaient recours au concept de génie. Efficace, pratique lui aussi, utile parce que recyclant l'hypothèse transcendante en des modalités laïques. Le héros, le saint, l'artiste, l'inventeur, l'explorateur, le découvreur, le grand homme, la belle individualité sont de moins en moins déterminés par le talent inné, cher à Longin, mais de plus en plus expliqués par les conditions historiques,

330 Le désir d'être un volcan

chères à Hegel. Pour le philosophe du sublime, le style manifesté dans une figure individuelle est un effet de nature et de tempérament, pour celui de l'incarnation de l'idée dans le réel, il est un pur produit de la raison qui est l'autre nom du réel ou de l'histoire. D'un côté, l'histoire est faite par l'homme d'exception, de l'autre, la généalogie est inversée, et c'est l'époque qui fabrique l'homme.

Pourquoi faudrait-il prendre parti dans cette apparente contradiction ? Au nom de quels principes faudrait-il opter pour la psychologie plutôt que pour l'histoire, car sur un terrain dialectique sommaire, on pourrait avancer l'idée que le mouvement est perpétuellement oscillant : une subjectivité naturellement singulière puis culturellement déterminée, formée, à son tour induirait un frémissement dans l'histoire qui agirait sur le caractère et le tempérament d'un individu qui, à son tour, etc. Aussi pourrait-on faire fonctionner de conserve, et non sur le principe d'exclusion, la sociologie et la psychologie, la psychanalyse et l'histoire, l'âme et l'époque.

De sorte que, par exemple, on ne saurait appréhender Mozart par les seules méthodes sociologiques qui voient dans son génie la réponse spécifique faite aux conditions d'existence et de création dans lesquelles sont tenus les artistes de l'époque, pas plus qu'on ne résout le problème en avançant l'hypothèse de neurones musiciens ou de synapses spécialement douées pour la composition harmonique. Dans l'approche d'une subjectivité, qu'il s'agisse d'un poète ou d'un peintre, d'un musicien ou d'un romancier, on ne peut imaginer meilleure méthode que la psychanalyse existentielle sartrienne, même s'il faut amender ici ou là telle ou telle hypothèse méthodologique par trop soumise à une lecture historiciste ou freudienne orthodoxe. Ni Marx ni Freud ne dominent aujourd'hui sans partage, mais pour autant, il est injuste de ne pas leur

donner la place qu'ils méritent dans le travail intellectuel se proposant l'étiologie d'une subjectivité.

Pour ce qui concerne la seule description, avant
tout diagnostic, toute détermination précise qui
exige une abondante et volumineuse narration
baroque, je veux me souvenir que dans l'histoire des
idées, lorsque les philosophes se sont confiés, ici
dans une correspondance, là dans un journal,
ailleurs dans leur œuvre, il y a presque toujours à
l'origine de leur conversion ce que j'appellerai *le syndrome de Gênes*. En amont, très en amont de cette
apocalypse dans un corps, il y a vraisemblablement
une longue période d'accumulation, de stratifi-
cation, de maturation. Qu'est-ce qui s'agrège ainsi ?
Des expériences, des résidus et des reliefs de sensations et d'émotions, des morceaux délités échoués
d'une histoire demeurée par ailleurs consciente, des
fragments travestis d'aspirations et de rêves, des
bribes, d'infimes paillettes mélangées à la boue.

Quelle est la vie de ces fantômes avant mûrisse-
ment ? Certainement des mouvements incohérents,
des frémissements insensés, des déplacements sauvages et sans loi, des transfigurations en dehors de
toute temporalité, de toute historicité, des gonfle-
ments, rétrécissements, étirements, comme on peut
les voir dans la matière quand elle est travaillée par
les levures et les bactéries. Comment se composent
ces forces ? Dans le chaos, le désordre que ne peut
saisir aucune intellection, loin de toute logique
digne de ce nom. Approches et éloignements, attractions et répulsions, dialectiques barbares, tout ce
qui vit ainsi est aux franges et aux limites qui
génèrent les schizes avec lesquels se font les futures
fractures.

Longtemps portées, les énigmes procèdent d'instincts et de pulsions, de passions et d'émotions. Tout
ce qui est vécu a été filtré par une chair, enregistré
par un système nerveux, imprimé dans un appareil
musculaire, déployé dans une machine respiratoire.
Un regard, un sourire, une inflexion de voix, et le

monde empruntant le couloir des sens pénètre la chair, s'installe au creux de la viande et des neurones, des cellules et des tissus en attendant un recyclage. Une douleur, un plaisir ? Tout se métamorphose en trace dans la matière. Une attention délicate, une négligence appuyée ? De la mémoire en chair, encore et toujours. Doucement, mais sûrement, les viscères et les muscles conservent les flux et se souviennent du traumatisme ou de l'apaisement, de la blessure ou du baume. Dans le ventre autant que dans les cellules de l'encéphale, dans le tube digestif autant que dans le néocortex, les inscriptions sont là, latentes comme les peintures préhistoriques d'une grotte avant leur découverte. Graffiti presque informes ou calligraphies nettes, franches et précises, tout est mélangé, mais présent, en attente d'une émotion architectonique génératrice des connexions avec lesquelles émergeront une logique, un ordre.

Si l'intelligence est bien ce qu'en dit l'étymologie, l'art et la possibilité de mettre en perspective ce qui, a priori, paraissait sans relation, alors c'est elle qui travaille plus ou moins les corps. Aussi dans ce réel qui tout entier est cohérent, on doit être panthéiste si l'on est matérialiste, car rien n'est séparé de l'ensemble, les parties et le tout entretiennent une évidente complicité, même si, dans un premier temps, on ne voit ni laquelle ni comment. Lorsqu'elle œuvre, l'intelligence est discrète et en retrait : on ne voit pas son travail sobre mais efficace. En revanche, on assiste dans la véhémence aux résultats de ses opérations, car elle violente la chair, secoue le corps, ébranle l'ensemble de la carcasse. La frénésie et l'impétuosité génèrent un hapax existentiel sous une forme symptomatique. Ce qui était sans relation est lié, ce qui vivait dans une apparente indifférence est connecté, ce qui témoignait du solipsisme et de l'insularité se révèle dans la cohésion d'un archipel. Un monde surgit, comme une île projetée des fonds sous-marins par

la violence d'un volcan caché dans les abysses. Avant
qu'on ait saisi la forme de cette géographie nouvelle,
on enregistre cette violence pélagique dont le corps
est le seul terrain.

Ce qui se dit dans cette brutalité est l'amorce
d'une résolution, l'ébauche d'une solution pour un
problème longtemps porté sur le mode aveugle et
inconscient. S'il fallait une formule ou une expression pour dire ce qu'il advient d'un hapax existentiel, ce serait Eurêka. En chacun il est des parts
maudites et des ombres qui cuisent, préparant
l'heure dans laquelle on devient un volcan. Elles
marinent, fermentent, chauffent et se consument,
elles brûlent, modulent les énergies avec lesquelles
elles jouent, puis transforment les matériaux en de
nouvelles substances, sublimées par l'œuvre de mise
en correspondance qu'on doit à l'intelligence.

Personne mieux que Freud n'a pour l'instant formulé quelques-unes des lois de cette mécanique.
Avant lui Cabanis ou Maine de Biran, certes, tel ou
tel idéologue dont Destutt de Tracy ou Volney, bien
sûr, mais aussi, évidemment, le Nietzsche du *Gai
Savoir* avant le Valéry de ces paperolles émouvantes.
Car dans leur immense majorité, les philosophes
n'aiment pas fouiller la chair, par mépris de la
matière, haine ancestrale et corporatiste de la vie.
Dans les pages que Valéry consacre à commenter les
célèbres songes que fit Descartes avant de rédiger
son *Discours de la méthode*, on peut pointer une
jubilation à mettre en évidence cette idée que le philosophe des idées claires et distinctes doit la formulation de sa pensée et l'évidence de ses thèses à trois
rêves obscurs et nébuleux. L'opacité des délires nocturnes et les eaux noires des chimères comme
sources de la raison occidentale emblématique,
voilà qui ne manque pas d'intérêt et de piquant. Car
il y a toujours plaisir à remplir le jardin des rationa-
listes purs et durs, des scientifiques aux philosophes, avec deux ou trois pierres qui troublent

l'agencement et l'ordonnance de leurs massifs à la française...

Lorsque Nietzsche écrit que chacun aura son heure d'éruption, comme un volcan qui travaille, et qu'on ne sait quand elle arrivera, un petit matin blême, une aurore orangée, un crépuscule rempli de remords, il énonce que le magma jamais ne s'épuise. Or cette incandescence géologique est la métaphore de l'énergie, des flux, de la vitalité en chacun. Aurores qui n'ont pas encore lui, jets de feu qu'on redoute, coulées de lave qu'on attend, les hapax existentiels sont de ces accidents de la nature, d'heureux accidents par lesquels on entrevoit de temps en temps les braises de l'enfer ou les parfums du paradis.

Orages sur soi et tempêtes dans un crâne, perceptions modulées du temps qui s'étire, se raccourcit, se ramasse, se concentre, durées nouvelles toutes placées sous le signe de la densité, les signes qu'on peut associer au syndrome de Gênes sont nombreux. Dans l'instant magnifié se nichent des options pour demain. Un sublimé, au sens chimique, demande une forme incurvée pour le contenir : le corps en fait fonction, nouvel athanor pour de mystérieuses précipitations. L'âme est coupée en deux, ouverte comme une noix qui laisserait choir d'un côté, puis de l'autre, deux moitiés également sectionnées. Cette coupure organise autour d'elle un nouvel espace, un nouveau temps, une nouvelle géographie. Le sujet dans lequel ce travail s'opère assiste, impuissant, à cette naissance d'un nouveau continent.

Comme en géologie, pareille naissance s'accompagne de fumées, de bouillonnements, de jets de vapeur et de feux mélangés : les signes sont dans l'écoulement de larmes, le tremblement, la secousse, le claquement de dents, l'effroi et la prostration. Les modifications physiologiques suivent : variations thermiques, circulatoires, de pression et de circulation sanguine, transformation des rythmes respiratoires. Sueurs froides, accélération des battements du cœur, respiration courte, haletante. Le corps, toujours le corps, rien que le corps. En dehors de ces forces à l'œuvre, et de ce terrain exclusivement physiologique pour leurs jeux, il n'y a rien.

Si la transe n'a pas enthousiasmé, au sens étymologique, c'est-à-dire si elle n'a pas transporté en des lieux desquels on revient métamorphosé, alors le retour se fait dans un port où l'on n'aura rien à raconter sur la terra incognita pour la raison que, piteux, on ne l'aura pas vue. Pas de tempête, pas de havre ; pas de découvertes, pas de retours flamboyants. En revanche, si le mouvement a conduit assez loin pour qu'un être se soit trouvé métamorphosé en explorateur, son retour est celui d'un « nouvel homme », pour reprendre l'expression de Paul Valéry. Aux extrémités les plus éloignées du trajet, le quai d'embarquement est loin, la traversée a été rude, les flots ont été déchaînés et les paquets de mer furieux, mais une rive vierge a été abordée, conquise. De nouvelles terres ont été découvertes.

Le syndrome de Gênes opère sur des physiologies toujours identiques : pas de pathologie sans une hyperesthésie du sujet concerné. Le tempérament à risque est un individu fragile et, par là même, fort de sa fragilité. Là où le commun des mortels ne voit pas, n'entend pas, ne goûte pas, il voit, entend et sent. Mieux, il perçoit même parfois des signes à nul autre que lui perceptibles. Le démon de Socrate est l'incarnation de cette sensualité plus que fine. Sons au-delà des sons, goûts au-delà des goûts et l'on tient le début d'un fil d'Ariane qui conduira jusqu'au creux du volcan, dans le cratère, là où se font les révolutions singulières. L'individu touché, frappé, est un écorché, une chair à vif que sollicitent plus intensément les accidents du monde. Un souffle pour le quidam est une tempête à ses yeux, un léger vent sans importance pour l'homme du commun se transforme, dans ses voiles tendues, en énergie qui le conduira là où personne avant lui n'aura abordé.

Comme toute pathologie qui se respecte, le syndrome de Gênes fonctionne selon des règles classiques : incubation, symptôme, crise, résolution, récupération, convalescence et émergence d'une santé nouvelle, la grande santé nietzschéenne, peut-être. Nouveau sujet, nouvel individu, métamorphosé, transfiguré, aguerri, visité, transformé. Le corps aura mûri une autre sensibilité soucieuse de se frayer un passage vers des œuvres. La création est sublimation, incarnation de ces furies en des objets participant du feu, de la braise et des magmas. Toute sagesse descendue jusqu'en des formes culturelles procède de cette éternelle maïeutique.

Familier des géographies et des trajets philosophiques effectués sur le mode du pèlerinage païen, il me plaît de constater que ce syndrome qu'a expérimenté Paul Valéry dans cette sublime ville de Gênes avait été théorisé, en d'autres termes, bien sûr, mais selon les mêmes intuitions et avec le même principe, six années plus tôt par Frédéric Nietzsche à Ruta Ligure — près de Gênes... C'est en effet là qu'est rédigée la préface du *Gai Savoir*, à l'automne 1886. Là aussi l'endroit où, avec son ami Paul Lansky, il allume des feux de bois mort sur les rochers du sommet de la côte, la nuit. Là enfin que se dit le culte du feu célébré par Zarathoustra, le fils des volcans, et que se préparent les émotions transfigurées dans un dithyrambe à Dionysos qui a pour titre *Le Fanal* : feu pour les mariniers égarés, point d'interrogation pour les porteurs de réponses, âme même du philosophe épris de lointain, éclats d'astres anciens, océans de l'avenir, ciels inexplorés, le feu de Nietzsche transforme le lieu surplombant la mer en emblème philosophique, presque en personnage conceptuel.

Les thèses de la préface du livre consacré à cette sapience nouvelle disent sur un terrain précurseur ce qui, pour la plupart, semble une évidence méthodologique aujourd'hui, à savoir qu'« on a la philosophie de sa propre personne », qu'une fois ce sont les manques qui se mettent à philosopher chez l'un quand l'autre est plutôt le produit de ses forces et de ses richesses. Nécessité pour l'un, luxe pour l'autre, détresse ici, santé là, toute pensée est un produit du corps. Lisons : « Le travestissement inconscient de besoins physiologiques sous les masques de l'objectivité, de l'idée, de la pure intellectualité, est capable de prendre des proportions effarantes — et je me suis demandé assez souvent si, tout compte fait, la philosophie jusqu'alors n'aurait pas absolument consisté en une exégèse du corps et un malentendu du corps. » Ce qui est dit de la valeur de l'existence est symptôme de l'état dans lequel se trouve celui qui énonce son jugement. Pas de philosophie sans un philosophe qui la formule. Pas de métaphysique sans physique, d'ontologie sans anatomie.

Le syndrome de Gênes invite à une modification de nos habitudes de lecture telles qu'elles sont convenues depuis les pages de Proust sur la méthode de Sainte-Beuve. En effet, dans son *Contre Sainte-Beuve*, on peut lire cette phrase désormais célèbre : « Un livre est le produit d'un autre moi que celui que nous manifestons dans nos habitudes, dans la société, dans nos vices. » Ce qui revient à avaliser l'idée d'une schizophrénie de l'écrivain : d'un côté, un moi qui vit, de l'autre, un moi qui écrit, entre deux, rien, aucun passage, aucun pont. D'une part l'existence, d'autre part, l'écriture. Quelle singulière conception ! Comme il faut vouloir ardemment préserver ce prétendu moi qui vit pour le rendre si peu responsable de celui qui écrit ! Et pour quelles raisons ? Préserver ce qu'il est convenu d'appeler une vie privée ? Ne pas fournir aux lecteurs ou exégètes les moyens d'une lecture historique ? Cacher quelques-unes des ficelles de la création en craignant que sous le personnage littéraire d'une jeune femme on découvre l'existence moins prosaïque d'un jeune homme ? Eviter qu'on reconnaisse dans l'homme qui jouit en regardant des rats se battre et se dévorer autre chose qu'une forme romanesque, une expérience autobiographique par exemple ?

Or, si Nietzsche a raison, ce que je crois, cette volonté de scinder en deux le moi unique participe chez Proust d'une confession autobiographique, en l'occurrence d'une volonté de masquer et d'un désir de brouiller les pistes là où elles semblent pourtant si nettement tracées. Certes, les critiques qui manquent de subtilité voient dans un trait littéraire le seul décalque d'un fait biographique, puis ils oublient que l'œuvre est surtout sublime dans la transfiguration de cette expérience vécue. Tout le travail d'écriture est moins dans le réel brut que dans la perception et l'appréhension raffinée de celui-ci. L'intérêt est dans la distorsion que fait subir l'écrivain aux anecdotes qui, par ailleurs, peuvent sembler d'une étonnante indigence avant transfiguration par la plume. Une passion homosexuelle, une scène sadomasochiste, une crise de jalousie, une nostalgie de l'enfance, un sentiment vécus par Proust expliquent toujours telles ou telles pages qui subliment, dépassent, transcendent les faits divers vécus mais magnifiés par l'art. Nietzsche écrivait également que devant l'horreur et l'absurdité du monde, sa trivialité et sa vulgarité, l'art « seul peut transformer ce dégoût pour l'horreur et l'absurdité de l'existence en images avec lesquelles on peut tolérer de vivre ». Toute vie est faite pour déboucher cristallisée et métamorphosée dans une œuvre. Le vécu n'a d'intérêt que transfiguré en formes qui se tiennent et permettent l'émergence flamboyante d'un style, d'un caractère, d'un tempérament.

Fi du moi noble et majestueux producteur de livres qui s'opposerait au moi ignoble et mesquin ! Car je vois là encore une variation sur l'antique thème platonicien : haine d'un moi sensible et vénération d'un moi intelligible, l'un se nourrissant de vie quotidienne, d'expériences existentielles, d'anecdotes, l'autre, pareil aux anges repus de manne, ne commerçant qu'avec la pureté des idées, des concepts et de l'esprit. Disons-le en termes kantiens : haro sur le moi phénoménal, gloire au moi nouménal ! Mais dans une perspective matérialiste immanente, il faut énoncer l'évidence qu'il n'existe qu'un seul moi diversement modifié. C'est le même qui va au bordel pour quelques francs assouvir sa libido avec des garçons bouchers distraits de leur travail à l'abattoir et qui produit l'une des sommes romanesques les plus magnifiques de son siècle. C'est le même, en d'autres occasions et circonstances, qui écrit d'infâmes lettres et pamphlets antisémites et qui laisse à la postérité le style du vingtième siècle. C'est le même philosophe qui jongle avec les notions du monde ontologiques, qui pense radicalement la métaphysique après la mort de Dieu, et qui applaudit au pouvoir du national-socialisme en Allemagne.

Nietzsche lui-même est justifiable de cette logique, lui qui écrit des textes contre les femmes et ne cessera de les célébrer dans sa vie quotidienne en leur accordant une place majeure tant dans l'élaboration et l'essai de sa propre pensée que dans le pur et simple exercice de la vie quotidienne en commun ; lui qui célèbre la santé, la force, la puissance, la vigueur, l'énergie, et qui subit dans la moindre journée de son existence solitaire, des nausées, des vomissements, des migraines, des douleurs ophtalmiques, des perturbations physiologiques en tout genre ; lui qui célèbre les vertus agoniques, la poudre ou le champ de bataille, et qui est un modèle de courtoisie, de douceur, de politesse et de bienveillance ; lui qui fustige sans discontinuer toutes les formes prises par l'instinct grégaire, célèbre les vertus de l'individu solaire et solitaire, alors qu'il aspire toute sa vie à inventer de nouvelles possibilités d'existence sur le mode communautaire. Et l'ensemble de l'œuvre du philosophe ne peut se lire, se comprendre, se saisir qu'en mettant en perspective les livres, ce qui est dit publiquement, la correspondance, ce qui est raconté privément, et les bio-

graphies, ce qui montre la liaison des deux registres.
Le moi qui vit et le moi qui écrit se sollicitent en
alternance et complémentarité.

De Nietzsche, il en va comme de tout autre artiste,
de Sainte-Beuve à Proust, de François Ier à de
Gaulle, de Beethoven à Stravinski, de Michel-Ange à
Joseph Beuys, de Caravage à Picasso. Pas d'œuvre
sans confession autobiographique, pas de moi éclatés, dignes ou indignes, pas de mondes présentables,
honorables ou indécents, vulgaires : toute production esthétique est sublimation d'une relation qu'un
individu entretient avec l'histoire, l'un faisant
l'autre, et vice versa. Le syndrome de Gênes est
émergence sur le mode brutal d'une résolution du
conflit entre une subjectivité et son époque, car il est
une éternelle antinomie entre l'individu et la société
dans laquelle les ébranlements du hapax existentiel
plongent toujours leurs racines.

L'œuvre est le fil de la hache avec lequel se tranche
le nœud gordien dont chacun est porteur, comme
une boule d'angoisse qui obstrue la gorge. Cessons
donc de lire les philosophes, par exemple, comme
s'ils étaient sans biographie, producteurs de livres
venus du seul ciel des idées intelligibles, auteurs
sans relation avec le monde dans lequel ils publient,
fût-ce sur le mode réactif. L'alchimie, qui transforme le réel en pages écrites et l'expérience vécue
en ouvrage rédigé, est une opération dont les limites
sont le corps. En lui se jouent les tensions, les
flexions, les trajets qui produiront le cataclysme.
Alors, après l'épreuve pareille au chaos cacopho-
nique qui, chez les Grecs, précédait toujours les premières notes harmonieuses du concert, un silence
suivra, puis les premières minutes d'un univers nouveau, une création du monde.

Le corps est opaque, pareil à un matériau qui
absorberait toute la lumière braquée sur lui pour
mieux le comprendre. Le dynamisme obscène qui
travaille la chair est trop installé dans la célérité
pour qu'aucun œil, aucune intellection, fussent-ce

les vivacités les mieux averties, puissent en saisir les mécanismes ni même les traces. Floué par trop de rapidité, l'observateur n'aura à sa disposition qu'un constat des effets, rien d'autre. L'œuvre est là, l'auteur est cela. A charge, pour qui est épris de décodage, de relier les fils, de tendre l'écheveau. D'où la considération du texte comme un symptôme dans lequel apparaît, travesti, sublimé, métamorphosé, bien sûr, le moi de l'auteur. Le travail de lecture consiste à mettre en perspective les lignes de force, les lignes de fuite, les arcs porteurs, les clés de voûte, les architraves et tout ce qui contribue, en guise d'appareil, à permettre l'émergence d'une forme stylée qui se tienne. Alors on pourra peut-être lire et lier cette modification, au sens presque scolastique du terme, qui concerne le moi apparaissant ici comme celui d'un être qui vit, là comme celui d'un sujet qui écrit, les deux perspectives s'offrant du même sujet sur le même objet.

Quel corps pour cette alchimie ? Le même pour tous, dans les agencements de son anatomie. Mêmes systèmes digestifs, respiratoires, circulatoires, immunitaires, ganglionnaires, et l'on pourrait poursuivre. Rien n'est plus égalitaire que l'anatomie, elle installe chacun dans l'identité des chairs. En revanche, ce que peuvent ces organes est profondément divers, différent d'un être à l'autre, radicalement inégalitaire : puissance ici, indigence là, santé ou maladie, vigueur ou faiblesse. Toute pathétique est une modalité poétique de la subjectivité. Les strates et les plans sans interférences directes se superposent, les connexions sont stupéfiantes, les mémoires et les durées se chevauchent.

Une suture venue de l'enfance, une fracture héritée de l'adolescence, un souvenir encore à vif, une souffrance initiatique toujours mémorisée dans les cellules, un deuil encore parfumé d'encens, un champ de blés blonds et brûlants, l'émotion associée au parfum d'une peau goûtée non loin d'un cimetière de campagne, un sourire avant le basculement dans le trépas, tout est dans le corps, en algorithmes et formules mathématiques, en citations latines et chiffres, saveurs et odeurs, impressions tactiles et lectures, personnages de roman et individus subrepticement rencontrés : flux et couplages de flux, circulations et connexions d'énergies fabuleuses, économie libidinale disent les uns, machines désirantes précisent les autres. Oui, certes, cela et autre chose, plus encore et mieux, davantage.

Les neurosciences ne pourront rien d'autre, dans l'état actuel de la recherche, que colorer à l'aide de marqueurs les routes et autoroutes empruntées par ces formidables énergies : elles sont passées par là, ici au carrefour, là bifurquant, relevant d'un secteur et d'une zone, traversant, chevauchant, ralentissant, accélérant. Mais d'un circuit de substance, on ne déduit pas la poésie du trajet, ni ses effets, ses résultats. Les matériaux isolés, les couplages distingués, les synapses désignées, les aires localisées, le mystère reste entier. Trop compliqué. On ne réduira pas Artaud en fouillant son système limbique, en soulevant la dure-mère, en tranchant du scalpel les aires corticales. En revanche, on en saura plus en lisant à côté de son œuvre, sa correspondance, les biographies qui lui ont été consacrées, en scrutant ses dessins, en retrouvant ses lectures, en connaissant ses fréquentations. Plus, mais pas au-delà de plus.

Pour tenter de saisir ce qui a donné le philosophe, en toute circonstance, en toute occasion, on doit s'exposer « dans le langage d'un vent de dégel », écrit Nietzsche. Et il faut dire qu'il en va autant d'un art de lire que d'un art d'écrire. Certes, il faut des qualités pour produire une œuvre, la formuler. Mais presque autant pour la lire et la comprendre. Ceux qui peuvent connaître le syndrome de Gênes sont ceux-là seuls qui l'ont approché, apprivoisé, presque vécu, sinon expérimenté, bien sûr. Pas de lecture sans sympathie au sens étymologique, sans capacité au condouloir, à la souffrance et à l'émotion en compagnie. Pas d'intimité avec l'œuvre si l'intimité avec ce qui l'a produite fait défaut. Qui sait que le corps est « le lieu d'une longue et terrible pression » en dehors de qui aura vérifié cette vérité comme une évidence ? Qui donc, hormis celui qui aura vécu dans sa chair les privations et les impuissances, les tressaillements de joie et les morceaux de désert, l'isolement radical et le sentiment solipsiste à son acmé, la lucidité morbide et la douleur à son paroxysme, l'amertume et l'âpreté, le dégoût et les blessures ? L'organisme qui pâtit, voilà qui fait le philosophe, celui seul qui écrit avec son sang.

Noyées sous les mutations, les leurres, les repentirs et leurs résolutions, la plupart des intuitions avec lesquelles se sont constituées les œuvres sont susceptibles d'être toujours découvertes et mises au jour tant leur récurrence est évidente. « Un art de la transfiguration, voilà ce qu'est la philosophie », enseigne encore et toujours *Le Gai Savoir*. Tout lecteur digne de ce nom doit partir à la quête de cette odyssée, en abandonnant cette certitude en vertu de laquelle tout serait dans le texte et que rien, hors de lui, ne présenterait d'intérêt pour comprendre. Les lignes elles-mêmes se suffiraient, elles contiendraient dans leur donné simple l'essentiel, le nécessaire pour le déchiffrage qu'on se propose. Or, l'œuvre n'étant que la catharsis d'une physiologie débordante, il faut enquêter à côté, en marge, sur les bords de l'objet.

Lire un philosophe, c'est tenter d'accumuler les renseignements sur la structuration d'un ordre qui, lui, répond à un désordre l'ayant précédé. Travailler, ouvrager, pratiquer l'érudition : c'est pointer des traces, répertorier des nœuds, des liens, mettre au jour des points de flexion, des tensions, cartographier, repérer des zones et délimiter des espaces dans lesquels se disent plus et mieux les lapsus et les confidences, les oublis ou les dérapages, les fausses négligences, véritables boussoles et sextants pour faire le point. Car il faut autant s'attarder sur les revers que sur les avers. Au bout du compte, trames

et fils de chaîne isolés, cordes et quadrillages exacer-
bés, on peut proposer un réseau et des textures
lisibles. Ou du moins sensibles.

Comment lire, donc ? En outrant Sainte-Beuve
contre Proust, en pratiquant le nomadisme, en fure-
tant, en allant et venant. En emmagasinant un
nombre incalculable d'informations pour mieux en
oublier la plupart, en entassant des données et des
détails, en collectionnant les abords qui paraissent
sans intérêt, en évoluant dans les marges qui restent
les lieux les plus proches du sens. Il s'agit de lire
autour et à partir de, de circonscrire, tel un chef de
guerre, fin stratège et habile tacticien. Car le propos
est d'enlever une place forte, de faire tomber une
résistance, d'aller au-delà des murailles et des forte-
resses qui masquent. Une œuvre est un bâtiment qui
ne se donne à voir que sous un angle, à chaque fois,
à l'exclusion de tous les autres.

Qu'on ne s'étonne pas, donc, qu'une anecdote,
apparemment sans intérêt, sans dignité et sans
importance, puisse être hissée au rang noble, car
elle peut conduire à la justesse et à la vérité d'une
position plus sûrement que l'idée honorable et satis-
faite d'elle-même. Il n'est pas de petite façon
d'entrer dans un grand texte, pas de moyen vil pour
saisir la qualité et la noblesse d'une architecture. Le
signe infime est toujours grand, car il est un raccourci chargé de densité. Tout génie, toute sottise
aussi, bien évidemment, est manifeste dans le
moindre fragment du génie ou du sot qui s'exprime.
Qu'on chérisse donc, dans l'œuvre, ce qui s'installe
du côté de l'acte manqué, de l'oubli ou de la négligence, des réitérations et des inflexions de voix, des
silences et des omissions perpétuels, des regards qui
fuient ou des timbres qui tremblent. Ce qui est
caché montre toujours mieux que ce qui est exhibé,
la discrétion renseigne plus sûrement que l'ostentation. Et dans l'obscurité, la moindre flammèche est
précieuse. Il serait ridicule de s'en priver sous prétexte que le flambeau fait défaut.

Où sont donc les flammèches ? Disséminées dans les correspondances, les brouillons, les notes et les billets, les cahiers de projet, les témoignages, les journaux intimes et les textes consacrés aux vies et propos des philosophes. Elles sont aussi dans les silences, les omissions et les grands blancs repérables ici ou là. Par exemple, d'aucuns qui se sont contentés du texte de Descartes auront constaté que la fin du *Discours de la méthode* invite à délaisser la philosophie purement spéculative pour se soucier et se préoccuper prioritairement des questions susceptibles de trouver des prolongements dans les faits. « J'ai résolu, écrit-il, de n'employer le temps qui me reste à vivre à autre chose qu'à tâcher d'acquérir quelque connaissance de la nature, qui soit telle qu'on en puisse tirer des règles pour la médecine, plus assurées que celles qu'on a eues jusqu'à présent. » Les mêmes qui, à partir de ces lignes, glosent sur la fin de la scolastique ancienne et la naissance de l'épistémé moderne, quand ils font l'effort d'aller au-delà des textes canoniques, constatent que, dans la correspondance, au jour qui correspond au décès de sa fille, Descartes fait silence sur le sujet. Et de conclure sur son manque de cœur, son impitoyable sécheresse affective. Viennent les arguments habituels : le philosophe n'est grand que dans son œuvre écrite et publiée, il est homoncule pour son valet de chambre, un immense penseur cache souvent un petit homme, etc.

Ce silence sur la mort de son enfant lui a été souvent reproché. Notamment par ceux qui ignoraient que Descartes, qui avait réussi un jour la fabrication d'un automate (car il souhaitait animer de vie les machines), l'avait installé sur un petit coussin, sous une cloche de verre et lui avait donné pour prénom — Francine — celui de sa petite fille disparue par la faute d'une médecine encore balbutiante. Le sens de l'abandon de la métaphysique au profit de la médecine ? La signification du passage du *Discours de la méthode* à la rédaction du *Traité de l'homme* ? Les raisons pour lesquelles se trouve ainsi franchi un immense pas vers le matérialisme du siècle suivant et, partant, de notre modernité ? Les relations qu'entretiennent les péripéties de la vie quotidienne, les affres existentielles avec l'élaboration d'une pensée, l'inflexion d'un système, faut-il les préciser ? Certes, tout Descartes n'est pas réductible à cela, et il serait ridicule tout autant de négliger cette information que d'en faire la seule valable en termes de généalogie, mais rien n'est compréhensible de cette ultime considération du *Discours de la méthode* sans la connaissance de cette histoire. Et l'ensemble d'une œuvre est perpétuellement parsemé de ces détails qui sont des voies d'accès majeures, des brèches par lesquelles s'engouffre le sens.

La sottise structuraliste apparaît alors avec évidence : un texte ne tient pas tout seul, par lui-même, indépendamment de la signature de son auteur. L'inscription de l'œuvre dans l'histoire singulière de qui en est à l'origine, la mise en perspective de celle-ci avec les conditions sociales et historiques de production, toutes ces précautions méthodologiques sont nécessaires pour que se déploient mieux les significations. Les idées universelles sont d'abord des réponses singulières à des problèmes individuels, l'art de la transfiguration esthétique est l'art de la métamorphose du particulier en universel, du singulier en général. Ensuite, et de plus en plus dangereusement avec le temps, des parasites s'installent entre l'œuvre et les lecteurs, et ces interférences, ces distorsions gâchent la réception.

Avec le temps et la disparition de l'évidence des modalités de production, le travail s'opacifie, paraît de plus en plus confus, parce que détaché de ses conditions de possibilité généalogiques. Tout livre digne de ce nom cache un cri qu'il faut savoir entendre, même si le temps et l'espace se sont modifiés entre son émission et le moment où l'on pourrait encore l'entendre. Après Sainte-Beuve, il y aura Taine, puis Marx, puis Freud, puis la psycho-biographie, Binswanger le père de la psychanalyse existentielle et Sartre son fils. Le syndrome de Gênes pourrait paraître comme l'expérience originaire, une sorte de traumatisme de la naissance appliqué au créateur. Les astrophysiciens disent qu'on peut encore entendre dans l'univers l'écho du bruit que fit l'explosion dont procède notre système solaire. Pour quelles raisons le fracas qu'est toujours chez un homme la naissance de l'artiste en lui pourrait-il être moins audible ? Que vienne le temps de ceux qui savent entendre, car avec eux, l'oreille pourrait bientôt servir à mieux lire...

37

ÉRIC TANGUY, SCULPTEUR D'ÉNERGIE

J'aime la nuit, dans ma voiture, lorsque entre deux lieux je ne suis plus d'où je pars et pas encore où je vais. Monde intermédiaire, entre deux bords, comme au milieu d'un fleuve traversé à la nage, au-dessus des nuages entre deux points qu'un avion nous permet de relier : je le pense comme une géographie nécessaire au trajet dans un archipel entre des îles. C'est à égale distance de la ville où j'enseigne et de la sous-préfecture où j'habite, très précisément au moment où bascule l'idée que je me fais du retour, que j'ai entendu sur France Musique, il y a maintenant plusieurs années, une pièce intitulée *Erleben*. Son compositeur, Eric Tanguy, était natif de Caen, justement d'où je venais, et parlait avec une émouvante authenticité des raisons personnelles et intimes de cette œuvre. Mélange de confidences romantiques et d'écriture musicale sans concession, moderne à souhait, vive et forte, puissante et précise, sans fioriture, l'œuvre libérait une énergie mâle et droite, un ton sec, sans aspérité ni gras. La pièce datait de 1988 et son auteur avait donc vingt ans quand il sublima une expérience biographique singulière en composition musicale. La performance valait d'être saluée, d'autant que l'inflexion de la voix d'Eric Tanguy était dans le ton. Son débit, la cadence, la mélodie et le rythme, tout permettait d'entendre comment, dans la vie quotidienne, il musique l'énergie qui l'habite, comme la clarté et la luminosité dans une clairière offerte au milieu des ténèbres.

A l'époque, dans un minuscule journal, je tenais une chronique à prétention musicale. J'y faisais tous les mois un éloge des embryons desséchés de Satie, un plaidoyer pour les castrats quand ils n'étaient pas encore à la mode, j'y réagissais contre un qui vantait les mérites de Kant pour comprendre l'esthétique musicale, enfin je m'y faisais plaisir. Pour ma page aux délais revenus, je fis quelques feuillets sur Eric Tanguy, mauvais. Le temps passa et, je ne sais comment il eut connaissance de mon article, il m'envoya un mot de remerciement, sur une petite page arrachée à un cahier. Quelques lignes sincères, un billet qu'on aurait cru écrit au fond de la classe par un élève dissipé. J'ai gardé cette lettre, bien sûr, car je n'envoie à la poubelle que celles des importuns, de sorte que je détruis beaucoup de papier. Eric Tanguy, en revanche, m'a tout de suite donné l'envie du fétichisme que j'ai pour quelques lettres importantes à mes yeux. J'ai gardé tous les mots qui devaient suivre.

Depuis cette première page, le trajet d'Eric Tanguy est prestigieux. Déjà, d'ailleurs, à l'époque, il étonnait par la qualité de son cheminement : né en 1968, il est l'exact contemporain des pages que Deleuze consacre à Spinoza, un signe. En même temps que paraissent Marcuse et Reich en traduction française, Xenakis livre au public son *Nomos Gamma* pour 98 musiciens éparpillés dans le public et Chostakovitch son *Douzième quatuor*. Eric Tanguy étudiera avec Horatiu Radulescu, Ivo Malec et Gérard Grisey. Commence alors un ballet de reconnaissances internationales sous la forme de prix et surtout de commandes. Aujourd'hui, il est l'un des musiciens contemporains de mon panthéon avec Varèse, et je les aime tous les deux pour une communauté d'audaces sur le double terrain de l'énergie et de la puissance.

Pourquoi écrivais-je que son exacte coïncidence avec le livre que Deleuze a consacré à Spinoza fait sens ? Parce que les thèmes du philosophe hollandais, tels que Deleuze les isole, sont ceux que traite Eric Tanguy musicalement : absolu et abstraction, affect et affirmation, béatitude et corps, désir et durée, entendement et essence, éternité et existence, infini et joie, nécessité et nombres, sens et substance, « le soleil blanc de la substance », pour le dire comme Romain Rolland. Et la leçon de Spinoza, selon Deleuze, est qu'il s'agit de comprendre la vie « comme un rapport complexe entre vitesses différentielles, entre ralentissement et accélération de particules ». Comment mieux dire ou définir le réel comme une matière engagée dans l'énergie ? Du moins, c'est la conclusion que j'avance. Et je vois Eric Tanguy, sa musique du moins, comme un formidable capteur de cette énergie. Toute forme musicale s'énonce dans cet espace qui sépare la vitesse et la lenteur des particules sonores.

Spinoziste, Eric Tanguy ? Peut-être si l'on se souvient du monisme matérialiste du philosophe pour lequel il n'existe qu'une seule substance diversement modifiée, une idée que chériront les matérialistes qui dépasseront et réaliseront le spinozisme à leur manière. Une seule matière, mais des modifications multiples dont deux seulement sont perceptibles par l'homme : l'une sur le registre de l'étendue, l'autre sur celui de la pensée. Or l'espace et le temps, la substance étendue et la substance pensante, sont mêmes, d'où l'induction possible : la musique est modalité, elle aussi, de ce réel un mais aperceptible de mille et une manières. De même, Eric Tanguy est redevable de Spinoza sur le terrain de la joie que l'*Ethique* associe à l'augmentation de la puissance d'agir et au passage à une perfection plus grande. Pourquoi *Jubilate,* par exemple ? Vraisemblablement pour rendre manifeste cette perception du réel sur le mode de l'expansion, de la diffusion. Spinoza écrit : « Il n'existe dans la Nature qu'une substance unique, et elle est absolument infinie. » Si tel est le cas, la matière avec laquelle se fait la musique est la même que celle avec laquelle est fait le réel. De sorte que la musique est consubstantielle au réel. Mieux, elle est l'une des modalités sous laquelle il apparaît. La béatitude, la jubilation s'obtiennent lorsque la connaissance s'effectue, non sur le mode rationnel et conceptuel, mais sur le mode de la manifestation immédiate à l'entendement. Et la connaissance est cause du plaisir qu'on en retire.

Entendre le monde, l'appréhender sous l'unique et spécifique mode sonore, c'est savoir autrement que par les voies classiques et traditionnelles. La musique n'est pas miroir du monde, image du monde, effet sensible découlant d'un univers intelligible devenu enfin manifeste, elle n'est ni participation sur le mode plotinien, ni écho du bruit des sphères. Pas plus elle n'est mathématique d'un genre particulier, ni incarnation sonore du chiffre ou du nombre. Car la musique est le monde, comme Schopenhauer l'a écrit et répété dans *Le Monde comme volonté et comme représentation,* cet autre grand monument spinoziste en son genre. Elle est le monde dans l'une de ses modifications possibles, une épiphanie de la nature naturée. D'autant que, dans l'hypothèse spinoziste, la durée ne peut convenir qu'à l'existence des modes, pas à celle de la substance qui elle seule relève de l'éternité. La musique n'est pas un art de la mise de l'éternité à la disposition des hommes, mais un art spécifique de la durée.

L'œuvre d'un musicien, c'est donc le monde tel qu'il le voit, l'entend, le perçoit ou l'aperçoit. Or cette perception n'est pas sans entretenir de relation avec la vision du monde telle qu'elle est proposée par une époque : Aristote, Ptolémée, Galilée, Copernic, Kepler, Einstein ou Heisenberg ont contribué, chacun en son temps, à une matérialisation de l'univers en des formes qui se sont trouvées unanimement partagées bien souvent après avoir été refusées ou critiquées à leur époque. Que la terre soit au centre du monde plutôt que le soleil, que, conséquemment, les hommes soient au milieu de l'univers ou en sa périphérie, voire, plus tard, que notre monde ne soit plus au centre de l'univers et qu'il nous faille accepter que notre galaxie en soit une seule parmi des millions, sans qu'il soit question pour elle d'être un centre, voilà qui, à chaque fois, induit une métaphysique. Toute cosmologie induit une ontologie, donc une musique. J'y reviendrai.

Eric Tanguy montre un monde moderne, radicalement moderne. Un univers violent, parcouru d'énergies et de forces, de puissances et de flux. Et il me l'a montré autant dans sa musique que dans son aspiration à un autre réel à la dimension de son tempérament : doux et tendre, attentif et soucieux, prévenant et délicat. De sorte qu'il m'a appris à écouter avec d'autres oreilles la musique d'aujourd'hui, celle de Marc-André Dalbavie et de Pascal Dusapin, de Richard Barret et de Philippe Hurel, celle des compositeurs de ma génération en quelque sorte. Non pas que nous ayons théorisé lors d'un dîner d'avant concert, plutôt consacré à parler des mérites comparés des températures dans l'accès aux vins des pays de Loire ; non pas que nous ayons parlé métier, ce dont je suis absolument incapable, mais plutôt parce que nous avons marché côte à côte dans le déambulatoire, la nef et le chœur de l'Abbaye aux dames, l'église de la Trinité, à Caen, dans laquelle nous avons évoqué la mort, Mathilde et Guillaume le Conquérant, la lumière et Sade, l'Italie et l'amitié ; non pas que nous nous soyons perdus dans des considérations cérébrales usantes, mais pour la pure et simple raison que j'ai assisté à ses côtés à la création de l'une de ses pièces ou, ailleurs, à la représentation de telle ou telle autre de ses œuvres et que, de la sorte, je sentais la chance que j'avais à écouter la musique d'un être qui l'écoutait avec souci et modestie comme s'il ne l'avait pas écrite, comme si jamais elle n'était sortie de son âme. J'ai plus appris là, dans ces moments d'amitié, qu'en mille autres circonstances ou occasions. Car je crois à la communion des âmes et à leur capacité, en pareils moments, à se communiquer des vérités essentielles.

Là, donc, aux côtés d'Eric Tanguy, j'ai appris la conviction et la patience, l'effort et le sens, le tout — mais savait-il alors qu'il me l'offrait ? — par son simple pouvoir de séduction, au sens sacré et magique du terme. Aussi, lorsque j'écoute la flûte ou le violon dans ses œuvres concertantes, ou bien les instruments qu'il met en scène dans ses *Solos*, l'orgue, par exemple, j'ai l'impression d'entendre la voix du monde en écho à la sienne, une force contre une autre, celle du réel brutal et puissant opposée à celle de son caractère, douce et apaisante, comme les deux moments qui paraissent contradictoires, en matière dialectique, sont nécessaires pour l'émergence de la synthèse gouvernementale qu'est toujours l'œuvre. Voix célestes dans les deux cas, parce qu'elles expriment le monde sans médiation, sans tiers, sans autre véhicule que la modalité sonore singulière.

La tension à l'œuvre entre ces deux moments dans le mouvement dialectique, le monde et son expression, sonore, est à l'origine de ce que musique presque exclusivement Eric Tanguy : l'énergie. Dans ce concept, les Grecs magnifiaient la force en action : là où la violence est brutale et désordonnée, sans but, sans autre objet que le désir d'une expansion qui la déborde, la force est un flux voulu, contenu, maîtrisé, entendu comme tel pour produire les effets qu'on vise. D'un côté le bruit, les bruits, une matière sonore aléatoire, découlant du désordre du monde, de l'autre, le son, la volonté d'une puissance souhaitée, appelée pour elle-même. Eric Tanguy, comme Varèse auquel je ne cesse de l'associer au fur et à mesure que progresse mon écoute, est un compositeur de l'énergie, de la violence canalisée, donc de la force qui sait ce qu'elle veut.

Son succès sur ce terrain est d'autant plus acquis que d'autres, qui se proposent explicitement le même sujet, restent englués dans l'expressivité sonore classique. Je songe, par exemple, à Robert Simpson qui a composé *Energy* (1971), *Vortex* (1983) puis *Volcano* (1989), tous sujets qui, bien sûr, m'intéressaient et m'ont déçu tant la narration est le mode le moins approprié pour exprimer l'essence du vortex, du volcan et de l'énergie. Car, sur ce sujet, Eric Tanguy raconte et montre moins qu'il ne s'empare de l'énergie elle-même, confondant son sujet et son objet, au contraire de Simpson qui reste dans la tragédie du compositeur travesti en démiurge expliquant son sujet. D'où l'évidence : Eric Tanguy, lui-même matière musicale, est dans le pur registre autobiographique, relatif à son tempérament, lorsqu'il propose musicalement une force qui est une composante essentielle de lui-même, sinon la seule. Car sur le mode spinoziste, nous pourrions écrire qu'il n'existe qu'une seule substance diversement modifiée : l'énergie.

Pour quelles raisons l'énergie est-elle ce qui m'intéresse prioritairement dans la peinture aussi bien que dans la musique ? Parce que je pense qu'il n'est qu'un seul problème véritablement philosophique, à savoir le temps. Tout est variation sur cet axe : la mort et l'entropie, l'usure du temps ; la morale et les vertus, l'usage du temps ; la pathétique et l'esthétique, la sculpture du temps. Et, depuis Einstein, on sait l'intimité du temps, de l'énergie et de la vitesse. Car le vieux monde est mort : Darwin a raconté un singe pour expliquer l'homme et Freud un inconscient pour en dire les mécanismes. Avant eux, Copernic avait installé le soleil au centre, invalidé le géocentrisme, inauguré l'héliocentrisme. Autant de blessures pour l'orgueil des hommes renvoyés aux forêts, aux bords, aux périphéries, loin des points de convergence et des centres mirifiques. Notre modernité est là, tout entière, dans l'avènement et le triomphe de cette absence de centre, de pilier fixe, d'axe autour duquel faire s'enrouler les choses. Nihilisme, écrivait Nietzsche pour expliquer ce veuvage en matière d'axis. Donc chaos, désordre, hasard, aléatoire, tohu-bohu comme avant la création du monde. Cet état avant que quelque chose soit plutôt que rien, je l'entends chez Eric Tanguy.

Fin des proportions, de l'harmonie, de la symétrie et de l'équilibre qui caractérisent le monde quand on est sûr des quelques vérités avec lesquelles on fait les centres : Dieu, sa création, ses créatures, le bien, le mal, l'ordre, le sens. De la monodie grégorienne au sentiment de la nature des romantiques, retrouvons Spinoza, la musique effectue son trajet de la nature naturante à la nature naturée, de la cause efficiente à la raison officiée, de Dieu à la Nature. Et derrière la nature, d'aucuns auront cherché, puis trouvé, le chiffre, le nombre. La mathématisation du réel opérée par l'école de Vienne préparait l'avènement de la physique : non plus les seuls chiffres, pour le plaisir de la spéculation intellectuelle, le jeu cérébral, mais les jeux de force, les flux d'énergie, les plans dynamiques. De la théologie aux sciences de la nature, de Thomas d'Aquin à Goethe, la musique effectue un trajet qui, peu ou prou, la conduit de Pérotin à Gustav Mahler ; des mathématiques à la physique, de Bergson à Deleuze, elle ira des séries de Webern aux blocs d'abîmes d'Eric Tanguy. Du moins, c'est l'hypothèse que je forme.

Que dit la physique d'aujourd'hui ? Que le monde n'est pas statique, mais dynamique, éminemment dynamique, au point même que nous pouvons ima-

giner l'univers en expansion continuelle ; que le
temps absolu n'existe pas et qu'il en va dorénavant
des formes a priori de la sensibilité kantiennes
comme de vieilles lunes ; que la durée est en relation
avec la vitesse de celui qui l'expérimente ; que l'énergie est la vérité de la physique, autant du côté de la
théorie de la relativité que de la mécanique quantique ; que l'espace et le temps sont finis, mais
singulièrement, sans limites, dans un univers sans
bords ; que l'espace est fini, en expansion, courbé
sur lui-même. Elle peut aussi raconter des trous
noirs, des étoiles tellement chargées d'énergie, tellement massives et compactes, tellement soumises à
un champ gravitationnel intense qu'aucune lumière
ne peut s'en échapper ; elle peut dire également des
mouvements browniens et des logiques fractales,
des flèches de temps et des quanta, des quarks et des
naines blanches, enfin elle peut en ajouter autant
qu'elle voudra, elle augmentera chez chacun la
conscience de soi comme fragment de hasard, morceau d'accident, poussière perdue dans le cosmos,
entre deux éternités qui se rejoignent dans le même
néant. D'autant que depuis 1924 — l'année
d'*Octandre* chez Varèse — Hubble a montré que
notre galaxie était perdue au milieu de milliers
d'autres séparées toutes par un immense vide :
l'expansion augmentant en permanence, la distance
déjà immense se creuse entre les univers.

Et l'homme dans cette course à l'abîme ? Il faut le
définir en relation avec ces certitudes, ce chaos,
cette entropie, cette mort à l'œuvre dans les astres,
l'infiniment grand, aussi bien que dans ses cellules,
l'infiniment petit. Perdu entre ces deux infinis, il
erre, vagabonde, sollicité par l'absurde, solitaire sur
une planète désertée par le sens. Parménide a tort,
Héraclite a raison. Et la musique d'Eric Tanguy est
héraclitéenne. Précisons : un monde parménidien,
fidèle en cela au philosophe éléate, aurait une forme
sphérique, hors du temps, sans naissance et sans
mort, sans commencement ni fin, homogène et

inébranlable, parfaite, une, d'un seul tenant. Rien ne manque à ce monde qui, achevé de partout, n'est pas à parfaire. En revanche, un univers héraclitéen, toujours en cela selon les enseignements de l'Ephésien, se distinguerait par l'écoulement, le flux, le fleuve dont on sait, depuis, qu'on ne peut jamais s'y baigner deux fois, car ce qui est ne dure jamais, s'écoule toujours. Pour cette raison, il n'est rien de stable, hors le mouvement. Chez Héraclite, tout naît, vit et meurt ; l'entropie, l'une des lois de la thermodynamique, est évidence. La lumière des étoiles, celle du soleil, les saisons, le cours des jours et des eaux, tout est fugace, tout passe. De même, ces changements s'effectuent dans la vitesse et la vigueur, au point qu'il est même impossible d'avoir affaire deux fois au même objet, même si le temps qui sépare les deux appréhensions est d'une extrême brièveté.

Parménide, philosophe de l'éternité immobile et Héraclite, penseur du temps mobile et des flux, ne cessent de se partager le monde, depuis toujours. Car il est des partisans de l'éternité autant que du temps, de la sphère autant que du fleuve, de l'immobilité autant que des flux. Eric Tanguy a choisi. Les parménidiens existent en musique : dans la sculpture de l'inifiniment petit, ils sont les tenants de la mécanique quantique et ouvragent dans l'inifinitésimal. Je songe aux minimalistes, aux thuriféraires de la musique répétitive, Phil Glass et Steve Reich, Robert Ashley et John Tavener, Earle Brown, Terry Riley et John Adams, mais aussi à ceux des néomystiques d'aujourd'hui qui, tels Arvo Pärt depuis 1976 ou Henryk Gorecki avec sa 3ᵉ *Symphonie*, optent pour la raréfaction, la pauvreté, l'étique.

Le paroxysme du souci parménidien est dans la célèbre pièce de John Cage intitulée *4'33"* (1952) et qui propose autant de temps en silence. Musique des sphères et de l'immobilité, sans naissance ni fin, elle vise un ralentissement du temps jusqu'à sa disparition, son anéantissement. En revanche, les héraclitéens en musique sont chez les néoclassiques, de Richard Strauss à Olivier Messiaen, de Benjamin Britten à Dimitri Chostakovitch, chez les tenants mathématiques du sérialisme et du dodécaphonisme, tous fils de Berg, Schönberg et surtout Webern — on connaît leurs noms jusqu'à Boulez — et tout aussi bien chez les expérimentaux de la musique concrète. Tenants du flux, du mouvement, de l'espace non en phase de viduité, mais en instance de remplissage ou de saturation, ils ont eux aussi leur emblème avec *Amériques* (1918-1922) d'Edgar Varèse dont l'œuvre, on le sait, célèbre moins telle ou telle nation que le symbole même du nouveau continent. Monde blanc du silence et du statisme contre monde immanent du son et du dynamisme, Parménide contre Héraclite.

Dans l'écoute que je fais des œuvres d'Eric Tanguy, d'autres présocratiques me sont précieux. Certes la musique n'exprime rien, puisqu'elle est elle-même monde. Pas plus elle ne dit sur un autre terrain, hors le mode biaisé de l'équivalence et de la correspondance baudelairienne. Le poème symphonique ni l'opéra ou la mélodie avec leurs textes n'expriment musicalement de manière explicite. En revanche, le texte, le titre, ou l'histoire qu'ils racontent, des mésaventures d'un apprenti sorcier à la puissance d'une locomotive à vapeur en passant par une danse macabre ou une séance de filage au rouet, induisent un sens, une signification que n'a pas la musique elle-même. Mais l'univers des mises en perspective, tel que Baudelaire y invite, m'a souvent, sinon presque toujours fait associer la musique d'Eric Tanguy aux descriptions données par les présocratiques du monde avant le monde, du chaos avant l'être, du rien précédant le quelque chose.

De sorte que la cosmologie des Milésiens, des Abdéritains ou des Eléates m'installe sur le terrain d'une métaphysique, puis d'une ontologie, dans laquelle débouchent sans difficulté les créations d'Eric Tanguy. *Jubilate*, par exemple, me paraît une musique excessivement spermatique, génératrice de potentialités, de semences et de puissances. En l'écoutant, je songe aux hypothèses d'Anaximandre sur l'origine du monde : de l'eau et de la terre réchauffées sont sortis des poissons, des créatures larvaires qui, grossissant, évoluant, se sont déchirées avant de libérer ce qui allait devenir l'homme. Ou à d'autres philosophes qui imaginaient la généalogie de notre monde en présentifiant une boue, un magma dans lequel se tordaient des larves à côté d'organes séparés, des oreilles, des yeux, des nez, des bouches, des bras qui tous attendaient la rencontre fortuite, opportune, mais libératrice, leur permettant de passer de l'état de fragment à celui d'organisme, de la partie au tout. Et puis, comment ne pas songer aux mythologies cosmogoniques judéo-chrétiennes, les nôtres, qui racontent le chaos, les ténèbres à la surface de l'abîme, la terre informe et vide, puis l'esprit se mouvant au-dessus des eaux. Avant que ne commencent les travaux du Logos.

Même si le titre, *Jubilate*, renvoie à la jubilation, je ne peux m'empêcher de voir le chaos, le frémissement des bois qui tremblent aux cuivres, les cris, les lignes brisées aux violons, les blocs d'abîmes sollicités par les peaux bandées et frappées des percussions, graves et violentes, comme tendues sur les trous noirs du cosmos, la véhémence des masses sonores, les arpèges des instruments embouchés, comme responsables du vent toujours associé à l'esprit au-dessus des eaux, les souffles métalliques et minéraux venus des gésines, la compacité des ensembles donnant chacun sa mesure, les aigus diffusés en acmé jusque dans des modulations qui annonçaient presque le silence avant retour des volumes sonores tout autant que des couleurs, les fréquences basses et sourdes des contrebasses en paquets nocturnes, les timbales en suspension dans

le néant, les mugissements effaçant les plaintes, puis
le repos des flux avant de plus amples déchaîne-
ments.

Des forces, encore et toujours, une immense puissance, une incroyable énergie et je vois une fois
encore, comme on circonscrit des concepts, ces ani-
malcules en puissance à la recherche de l'acte qui
les fera advenir à la forme ; je vois les abîmes, la
terre qui s'ouvre et se referme comme les flancs d'un
animal monstrueux, blessé, couché sur le côté avant
qu'il ne livre au monde sa parturition ; je vois les
respirations méphitiques de la boue telle qu'elle
crache et souffle sur les champs Phlégréens près du
Vésuve, nourrie du magma des entrailles ; je vois la
larve contorsionnée et les déchirures qui s'opèrent
sous le ventre de la chrysalide avant l'apparition de
la forme au monde ; je vois des accès de lumière, des
trombes de feu, des éclairs, de la foudre qui
déchirent l'espace plus sombre que celui des nuits
les plus obscures. Et pourtant, rien de tout cela n'est
à voir, mais à entendre. Car ce spectacle du monde
dans sa vérité est destiné à l'oreille, au marteau et à
l'enclume, au labyrinthe et au rocher — et non à
l'œil.

Pourquoi *Jubilate*, alors ? Peut-être pour la germination et la généalogie d'un réel, du réel, le plaisir
spinoziste qu'il y a à connaître sur le mode de l'intellection, sans le secours et le recours des connais-
sances dites des trois premiers genres, lorsque la
jouissance intérieure coïncide avec l'intuition claire
qu'on a de l'objet. La musique apparaît alors comme
de l'espace saturé par du temps, sculpté par lui,
lorsque sont confondus le temps et l'espace, la durée
et la matière, l'énergie et la force. Schopenhauer
écrivait dans *Le Monde comme volonté et comme
représentation* que l'architecture, c'est de la musique
congelée. Pour ma part, j'inverserais volontiers les
termes de cette proposition pour affirmer que la
musique, c'est de l'architecture congelée, de la
forme prisonnière autant de l'espace que du temps,

puisque depuis Einstein ils sont mêmes. Le matériau de cette singulière entreprise architectonique,
c'est le temps : étendu, contracté, lisse, strié,
déchiré, reconstitué, éblouissant, nocturne, chaotique, systématique, peu importe. Théologie puis
biologie, mathématique enfin physique, le temps
aura exprimé, comme on le dit des sucs, des
musiques relatives, en relation avec ces modèles
dominants.

Eric Tanguy a entrepris un corps à corps avec
cette énergie, et ce depuis sa première œuvre musicale. Son offrande sonore livrée comme une aurore
a rencontré un jour avec bonheur mon souci et,
dans ma voiture, écoutant pour la première fois
Erleben, sa musique coïncidait avec ce qui advenait
en moi : l'émotion et la nuit partagées, la lumière
double venue des étoiles et de la lune, le mouvement
des véhicules et les traînées jaunes laissées par eux
dans l'espace et sur la réverbération du revêtement
d'asphalte, ma solitude et mon errance de toujours
entre les deux infinis, le trajet vers plus de nuit
encore et cette parole du philosophe artiste qui a
congédié le verbe pour seul et unique trait d'union
entre les chairs solipsistes afin de lui préférer le son,
plus cérébral et diaphane.

38

TOMBEAU POUR LA LECTURE

Lorsque j'étais enfant, dans mon village natal, on
disait d'une vieille femme habitant seule dans une
immense et étrange maison qu'elle était une sorcière. Sabbats et balais chevauchés, furies les nuits
de pleine lune et cornues enfouies dans ses caves,
j'ai tout imaginé de cette pauvre veuve parce que
tous dans le bourg alimentaient cette rumeur.

Recroquevillée, flétrie et grise, elle n'apparaissait que subrepticement derrière sa fenêtre, cachée par la dentelle d'un rideau jauni par le soleil.

Plus tard, lorsque je m'enquis des raisons pour lesquelles on lui faisait cette mauvaise réputation, on me dit qu'on l'avait vue parfois chevaucher la pierre tombale de la sépulture de son mari, la nuit, dans le cimetière du village. Et puis, circonstance aggravante, qu'elle avait placé dans le cercueil de son époux défunt, avant le grand départ, trois ou quatre livres afin que la lecture rende moins pénible son chemin vers l'au-delà.

Depuis, j'aime la mémoire de cette femme, sorcière si l'on veut, mais si délicate et prévenante à l'endroit de son compagnon d'infortune. Je ne sais si, à son tour, entre les planches de sa dernière demeure, quelqu'un a pris soin de lui donner de quoi lire. Mais, pour une fois, j'aimerais qu'il existe une vie éternelle de sorte qu'en cette heure, ailleurs, elle puisse feuilleter les pages d'un vieux volume susceptible de la conduire en des endroits moins sinistres que le paradis ou moins interlopes que l'enfer.

Des années après, lisant Montesquieu, j'ai songé à ma sorcière délicate en trouvant dans *Mes pensées* cette belle idée du philosophe bordelais qui confiait n'avoir jamais eu de chagrin qu'une heure de lecture ne lui ait ôté. Que fallait-il en conclure ? Qu'il n'avait jamais eu à connaître d'authentiques douleurs ou que, véritablement, la lecture avait ce pouvoir magique ?

Peines de cœur et douleurs à l'âme, blessures profondes et plaies béantes sont le lot de tous. Les deuils s'ajoutent aux méfaits de l'entropie et chacun sait que son temps est compté. Aussi, la lecture est-elle le seul baume permettant d'offrir à qui la pratique une occasion de changer de temps et d'espace, d'aller ailleurs et de vivre en d'autres époques.

Etre contemporain d'Ulysse et des flots céruléens, cheminer avec Béatrice non loin des enfers, accompagner un hidalgo dans ses combats contre les moulins à vent, traverser Mégara dans les jardins d'Hamilcar, assister Des Esseintes dans sa morbidezza, Bardamu et Roquentin dans leurs déchéances moites, suivre du regard Solal le magnifique, écouter un sofa raconter ses mémoires, prendre part aux architectures du corps dans le château de Silling et mille autres vies encore, une fois le vice, une autre la vertu, ici l'orgie et la débauche, là une aventure mystique et la cellule d'un renonçant, chaque lecture est l'occasion d'une nouvelle existence en de nouveaux endroits.

Un livre en main, je songe à ses parfums semblables à ceux d'une femme ou d'une forêt, au velouté des papiers pareil à celui des peaux, au bruissement des pages comme bruissent et bougent des corps dans des draps neufs, aux promesses de bonheur déduites d'un regard lancé à l'épaisseur du volume. Vélins et vergés, colles aux effluves puissants, baskerville ou garamond, pliages savants qui laissaient au lecteur le soin de mériter la lecture, les livres anciens, aux pages ébarbées parce que coupées, livraient leurs secrets avec plus de retenue qu'aujourd'hui.

Depuis toujours l'état du volume renseigne sur le lecteur et sa lecture : entamée, achevée, en cours, abandonnée. Les traces de doigts sur la tranche, grisée ou noircie, selon le degré de familiarité et de compagnie partagée, les dos assouplis par les ouvertures réitérées, les pages cornées ou les signes cabalistiques échoués dans la marge, les traits de crayon et leur épaisseur en rapport avec l'enthousiasme qui les a sollicités, tout livre raconte son lecteur à qui sait déchiffrer les indices.

Car il est lui-même un corps avec ses cicatrices et ses vergetures, ses fatigues et ses mémoires, sa peau tannée et ses chairs consistantes. D'ailleurs, la lecture est au volume ce que l'entropie est à la vie quotidienne : une épreuve. De celle-ci sortiront à jamais les avis induits par les émotions, les passions ou les sensations. Alors, un livre deviendra le compagnon pour l'île déserte ou connaîtra les affres de l'abandon dans de misérables cartons où il patientera pour de plus réjouissants destins.

Au pied du lit, après qu'on l'a abandonné au milieu de la nuit, dans la poche d'un long manteau qui nous protège de l'hiver, dans le bagage qui nous accompagne au bout du monde, sur le rayonnage d'une bibliothèque où sont nos volumes élus, en pile sur le bureau où l'on écrit une lettre à l'ami, le livre est toujours un alter ego, un double qui prend sur lui de nous rendre la vie moins pénible. Lu pour l'autre sous la couverture ou pour soi près d'un fleuve, dans le vacarme d'un café ou la solitude d'une chambre d'hôtel, dans une librairie ou à la table matutinale d'un petit déjeuner, le livre tient toujours ses promesses. Et je crains que dans mon village natal on ait eu tort de prendre pour une sorcière celle qui, tout bonnement, offrait à son époux en route vers le néant de quoi alléger la douleur qu'on prête aux morts.

39

ODOR DI FEMMINA

Je me suis toujours demandé, en écoutant le *Don Giovanni* de Mozart, à quoi pouvait bien ressembler cette *odor di femmina*, cette odeur de femme, que Don Juan, émoustillé comme toujours, distingue et débusque quelques secondes avant l'apparition de Donna Elvira. Odeur de chair ? Parfums de cheveux ? Senteurs civilisées en provenance de flacons mirifiques ? Fragrances échappées des bruissements du tissu, de la soie d'une robe, du coton d'un corsage ? Effluves venus de plus loin encore, là où conspirent les animaux embusqués et les bêtes endormies, là où se fomentent les richesses de l'intimité et la générosité complice des plis de la peau et de la chair ? Je ne sais, et nous n'en saurons rien, car le librettiste de Mozart, le prêtre Lorenzo Da Ponte, n'en dira pas plus sur ce sujet...

Tel le chasseur ou le chien d'affût, le libertin découvre sa proie en reniflant, en sentant, bien avant qu'elle apparaisse dans ses atours, car elle est un gibier qui laisse des traces olfactives. Malgré des siècles d'hominisation, nous n'avons rien perdu — hélas ou tant mieux ? — de ces comportements primitifs qui nous font associer une odeur et un plaisir, un parfum et l'envie de séduire. Certes, nous n'en sommes plus à marcher à quatre pattes et à coller le nez aux pistes odoriférantes dans la direction d'une femelle qui nous tient à sa merci, ou que l'on tient à sa merci. Encore que...

Hypocrites avérés, nous les hommes, pour éviter de trop montrer notre parenté avec l'animal qui renifle, nous nous évertuons à civiliser le processus de séduction. La parole dispense d'en arriver trop vite au fait, et pourtant, tout est réglé dans le jeu des olfactions. Ne pas sentir, blairer ou piffer quelqu'un, c'est avouer l'impossibilité de trouver des atomes crochus et des particules olfactives capables de s'harmoniser avec lui. En revanche, être en odeur de sainteté introduit dans le vestibule des architectures de Vénus...

Faut-il sacrifier à la mythologie qui sévit depuis toujours ? La brune piquante, la blonde fadasse et la rousse affriolante ? Je ne crois pas, il me revient en tête des rousses fadasses et des blondes affriolantes. Quant aux brunes... Enfin, quoi qu'il en soit, il est des odeurs animales incontestablement dégagées par les femmes : peaux grasses et huileuses, granulation sèche en écorce d'orange, corps voluptueux et généreux, longues crinières de fauve ou poil ras pareil à celui d'un rongeur, hanches et bassins larges, poitrines lourdes comme dans les représentations de Vénus préhistoriques, toutes sont singu-

lièrement odoriférantes. Les femmes de Boucher,
Watteau et Fragonard ne sentent pas la même chose
que celles de Giacometti ou Modigliani. Touffeurs,
moiteurs, chaleurs et tiédeurs de l'animal épanoui
contre raretés minérales, sèches et métalliques, la
jungle contre le désert, la végétation luxuriante
contre le sable.

Les nuits complices libèrent sous les draps ces
effluves naturels. Les corps nus fabriquent ces parfums qui leur ressemblent et leur correspondent. En
revanche, après le petit matin blême et complice, il
faut remplacer les odeurs naturelles par des parfums artificiels, cacher, masquer, raconter autre
chose. Tromper parfois, mais renseigner toujours.
Tués sous l'artifice, les signes de vérité laissent place
aux élaborations conceptuelles : les vaporisateurs
formulent des signatures, avancent des audaces.

Le trait de senteur est une revendication, une
personnalité, un masque donc. Classique ou
moderne, cérébral ou sportif, épicé ou fruité, léger
ou lourd, évanescent ou tenace, le parfum que l'on
choisit nous révèle. Il est une aspiration, il trahit
l'idée que l'on se fait de soi-même quand l'odeur dit
ce que nous sommes véritablement. Vieille valse
entre le paraître et l'être...

Je connais des femmes félines qui coïncident avec
des liqueurs puissantes, des arômes ambrés, des
senteurs animales et giboyeuses ; je sais des femmes
enfants qui ne gagneraient rien aux parfums de sorcières et, sagement, se contentent de fruits rouges,
framboises écrasées par exemple, ou de vanille ; je
n'ignore point telle femme discrète et telle autre
volubile, la première dans l'once de chèvrefeuille, la
seconde dans la pinte de musc ; je me souviens de
femmes brûlantes comme des volcans et d'autres
froides comme des banquises — ne parlons pas des
tièdes qui compliquent tout — que leurs vaporisateurs trahissaient sans vergogne : civette pour les
incandescentes, verveine pour les polaires.

Les trajets olfactifs nous ramènent des siècles en

arrière, quand l'œil n'avait pas encore les pleins pouvoirs, comme aujourd'hui, à l'époque des traînes parfumées, des senteurs comme de sentiers. Au creux de l'âme, ou, disons-le de manière moins prosaïque, dans les limbes du cerveau reptilien, gît l'instinct en vertu duquel chaque homme est resté cet animal tapi, embusqué, aux aguets, mis en alerte par les fumets — les phéromones disent les scientifiques, ces poètes qui s'ignorent. Comme des clés et des serrures qui se promettent monts et merveilles, les odeurs et les instincts ne cessent de se faire des politesses. Tout l'art de la civilisation consiste à travestir cette vérité essentielle, à masquer l'évidence, trop peu seyante et choquante pour nos sensibilités hypocrites et vertueuses : cette *odor di femmina*, si on la suit à la trace, nous conduit une fois au paradis, une fois aux enfers. Gageons que, dans l'un et l'autre endroit, nous y retrouverons Don Juan...

40

MÉTAMORPHOSE DES EAUX

Lorsque mon esprit divague et vagabonde pour la raison qu'il pleut dans ma campagne, c'est à Debussy que je songe pour accompagner mes rêveries. Bien sûr, parce que dans les *Estampes* une pièce s'intitule *Jardins sous la pluie* et qu'elle a été composée à Orbec, non loin de mon domicile normand, mais aussi parce que la qualité d'averse que j'y entends m'est familière. C'est pluie singulière, épaisse et lourde, lancinante et durable, modulée et musicale. Les gouttes qui s'écrasent sur la route, dans l'herbe ou sur la terre ne sont pas les mêmes que celles qui éclatent sur le toit ou la vitre froide des fenêtres. Pas plus elles ne se ressemblent lorsque la lumière est d'hiver ou d'automne, de printemps ou d'été : pluies glaciales ou tièdes, sinon chaudes, pluies mariées aux terres, épousées par les humus, pluies vite évaporées par les chaleurs estivales, pluies tristes accompagnant la chute des feuilles et bientôt leur pourriture. Mais toutes sont chez Debussy qui raconte la mélancolie et la délicatesse, la douceur et la quiétude consubstantielles à chaque ondée.

Je ne sais si, en écrivant ses *Jardins sous la pluie*, Debussy avait en mémoire les *Jeux d'eau* de Ravel qui sont légèrement plus anciens. C'est probable. Dans les deux cas, on a parlé d'impressionnisme quand de plus avisés, Jankélévitch entre autres, ont protesté pour avancer plutôt l'idée du symbolisme. En effet, si la texture musicale fait songer aux techniques picturales chères à Monet, les atmosphères, en revanche, ne cessent de ramener au mystérieux cher à Moreau. Magie et enchantement, évocation et charme. Ici et là, l'eau est cassée, divisée, fractionnée, éclatée. Furtive dans l'ondée, persistante dans le long après-midi d'averse, elle est à l'origine de la couleur des sentiments qu'elle inspire. D'où mon glissement rêveur vers *Il pleure dans mon cœur* qu'on peut trouver dans les *Ariettes oubliées* du même Claude de France. Car la pluie, qui est transparente, colore les âmes en tombant. Langueur monotone, mélancolie grise, tristesse sans autre raison qu'elle-même.

Pour de plus efficaces pluies, on peut craindre l'âme des brouillards. Les *Préludes* ont prévu la chose, une pièce en célèbre sinon les vertus, du moins l'existence. Nouvelle modalité de l'eau, plus légère, en suspension, volante ou volage, aérienne et moins soumise que la pluie à la chute et à l'attraction vers le misérable sol. Non, là, le brouillard se refuse à tomber, à démériter dans le mouvement descendant. Il flotte, vaisseau fantôme en son genre, forme mobile et douée des plus spécieuses métamorphoses : il s'étend, se plie, se replie, se développe, gonfle et menace explosion, déchirement, puis disparaît, comme il est venu, discret, délicat, silencieux. Eau vaporisée, en cours de disparition, eau volatilisée, le brouillard est une fumée liquide douée pour le vagabondage mélancolique, le lent nomadisme et l'itinérance sans contrainte. Ses vertus sont déplaisantes, car, facteur troublant, il empêche les couleurs et les formes, du moins leur netteté. Eau pour myope. Avec lui, la nuit n'est plus, mais le jour n'est pas encore. Monde interlope, à la frontière et en bordure. Le brouillard magnifie l'eau qui dort dans l'air et ne parvient point à s'éveiller. Pas étonnant qu'il enveloppe l'âme, se saisisse de l'esprit, embue les consciences et emporte avec lui, dans les limbes, ce qui reste au rêveur de lucidité et de sagacité.

Si d'aventure les nuées s'épaississent et prennent de la hauteur, elles deviennent des nuages. Mais là encore Debussy a anticipé la métamorphose, en l'occurrence dans *Nocturnes* dont le premier temps est *Nuages*. Chargés de menaces ou légers comme moutons et cabris, ils annoncent la pluie ou la diffraction de la lumière, sinon les deux. La mélancolie chère au compositeur est diluée dans le cumulus harmonique, le stratus chromatique ou le cirrus mélodique. Ourlés aux contours nets ou déchirés comme un coton sale, bien en chair ou blêmes, lisses ou boursouflés, ils emprisonnent une eau déjà captive de l'air, comme celle des brouillards. J'entends chez Debussy le ciel menaçant et les alternances d'éclaircie, la longue plainte des vents et les frémissements de cordes. L'eau se matérialise comme un éther, elle se pulvérise et, sur le mode chimique, connaît la métamorphose qui la conduit du liquide au gazeux avant d'opter pour l'état solide des pluies qui martèlent les surfaces rebondissantes.

Enfin, eau chtonienne s'il en est, matière digne de comparaison avec l'élément terreux, il faut parler de l'océan. Là encore le père de *Pelléas* a fait le nécessaire. Car *La Mer* est un poème qui me fait songer aux vers de Rimbaud — infusé d'astres et lactescent

— dans lesquels se disent les jeux d'eau et de lumière, les forces et les énergies marines, les vagues fougueuses et l'éternel retour des marées. La mer est propédeutique aux savoirs philosophiques, elle apprend, en effet, la puissance, la répétition, l'immensité, le mystère. Et ce qui chez Freud apparaît sous la rubrique du sentiment océanique, à savoir l'émotion consubstantielle aux débordements et aux expériences mystiques. Vastitude, sensation d'être microscopique dans un univers sans bornes, sans limites, profondeurs insondables, la mer apprend aux hommes, sur le mode du liquide amniotique, qu'elle contient la vie, de son origine jusqu'à maintenant, qu'elle est réservoir de sens et de mythologie, de vérités essentielles et de sapiences ancestrales. L'eau salée de l'océan est parente, chimiquement, des eaux dans lesquelles baignent les noyaux de nos cellules. Vieux souvenirs d'avant le monde des hommes, vieilles leçons toujours données par l'eau. Quinton, scientifique à la façon ancienne, avait enthousiasmé Gourmont avec sa loi de constance intellectuelle et son eau de mer décrétée milieu organique. Aujourd'hui, d'aucuns réactivent ces mythologies en dissertant, en scolastiques accomplis, sur la mémoire de l'eau...

Pluies dans un jardin, brouillards dans la campagne, nuages dans l'azur des provinces, océan partout ailleurs, l'eau se décline sur des modes multiples. Ici, elle est rivière ou fleuve, là iceberg ou calotte glaciaire, ailleurs torrent ou cascade, une fois arc-en-ciel, une autre mirage dans un désert, bruines en bord de mer, embruns sur la côte, ondées dans la jungle, humidité dans la caverne, en tout endroit, métaphore nourricière et vitale, matière placentaire. Ses pérégrinations, ses aventures et toutes ses métamorphoses produisent des effets parmi les plus singuliers. Entre autres, le vin...

En effet, pas de vin sans eau : eaux nourricières dans les nappes phréatiques, eaux quintessenciées dans la sève, eaux vaporisées dans les brouillards —

ô le divin ciron géniteur des pourritures nobles qui feront yquem et les autres sauternes... — , eaux sublimées dans le grain de raisin, eaux souhaitées mais parcimonieusement, juste ce qu'il faut, dans les pluies qui arrosent les vignes ; eaux perlées, réservoir de lumière dans les rosées sur la grappe et les feuilles du chasselas, du merlot, du cabernet, du sauvignon ; eaux en abondance ou en défaut dans les cuves où l'on attend les métamorphoses qui feront les parfums, les saveurs, les bouquets et les degrés d'alcool. Eaux maternelles, sans cesse...

J'ai raconté, ailleurs, combien l'invention du vin, chez Noé, devait à l'excès d'eau imputable au déluge qu'on sait. Mythologies judéo-chrétiennes et asiatiques, d'ailleurs, se rejoignent sur ce sujet : le vin apparaît quand on est saturé d'eau. L'ivresse suit lorsque, de la même manière, on entend oublier l'eau, symbole d'austérité, de nécessité vitale opposée au luxe que représentent les alcools. Pas de folies dues à l'eau, pas d'hydrophiles comme il y a des œnophiles, D'ailleurs, pour être minérale, l'eau ne saurait être ni animale, ni végétale, donc ni fruitée ni florale comme peuvent l'être les vins. On ne trouvera dans le liquide transparent que des minéraux, des métaux, du fer, du zinc, du calcium, du magnésium, du potassium, du sodium, des nitrates et j'en passe. Elle est du côté d'Apollon, l'ordre et la mesure, quand le vin est l'emblème de Dionysos, folie et danse. Aussi, reprenant mes rêveries avec Debussy, souhaitant chevaucher la pluie jusqu'à des contrées plus amènes, plus dionysiaques, j'écoute les *Préludes* et plus particulièrement *Puerta del vino*. Dans l'émotion, je retrouve *Les sons et les parfums qui tournent dans l'air du soir*, puis *La terrasse des audiences au clair de lune*, alors, chargé des plaisirs sensuels et voluptueux qui me sont chers, je bénis l'eau de m'avoir si délicatement conduit... au vin.

41

LE GOÛT DU VAGIN DENTÉ

Bordeaux et sa région me deviennent progressive-
ment familiers comme le sont devenus, pour moi,
des pans de littérature, des continents musicaux ou
des géographies picturales. Avec patience et longueur de temps, en constatant qu'on apprend plus
lorsque l'on évite de vouloir savoir et qu'on sait
mieux en s'abandonnant au réel, toujours pourvoyeur des surprises qui permettent la sapience. Des
paysages aux vignes, des hommes et des femmes qui
font le vin, des lieux et des couleurs, des espaces et
des odeurs, des noms qui longtemps n'ont été pour
moi que des musiques derrière lesquelles je ne pla-
çais aucune image, des brumes et des pluies, je n'ai
appris que sur le mode transversal, en ne m'y attendant pas.

Dans ces pérégrinations bordelaises, mon cice-
rone est toujours Denis Mollat. J'ai dit, en préam-
bule à ma *Raison gourmande*, combien je lui devais
l'émotion superlative du premier yquem. Puis de
quelques autres toujours goûtés et bus en présence
réelle ou virtuelle du comte Alexandre de Lur-
Saluces, commandeur de ce liquide sublime. Peut-
on jamais comprendre Bordeaux si l'on n'a pas
goûté cette liqueur magnifique qui propose simulta-
nément l'exubérance et l'équilibre, la richesse et la
retenue, la grâce et la grandeur ? Je ne sais vraiment, car la capitale d'Aquitaine est un continent et
je procède trop puissamment par toutes mes racines
du duché de Normandie...

Yquem est pointe magnifiée de la culture et de la
civilisation, nectar des dieux, breuvage mystique, il
est or liquide, avant le feu et l'éther des émotions de
bouche. Est-ce pour cette raison que, pédagogue
facétieux, et de sorte qu'ainsi soient fouillées les
deux extrémités du monde, et, pour continuer ce

parcours initiatique, Denis Mollat m'a invité à goûter de la lamproie, quintessence de la nature dans ce qu'elle a de plus primitif, fruste et sommaire ? Vraisemblablement, car se rejoignent et se mélangent ici, entre yquem et lamproie, les matières qui explicitent un tant soit peu les mystères bordelais. Donc, un plat de lamproie.

Je ne connaissais rien de cet animal fabuleux, quasi mythique, fossile en son genre, sinon ce qu'en raconte le beau livre publié sur ce sujet par les éditions Le temps qu'il fait. Et encore avais-je été plus particulièrement séduit puis interloqué par un cliché de Patrick Veyssière qui se trouve présenté dans un cahier de photographies et montre en gros plan la gueule de ce serpent préhistorique aquatique. J'y vis soudainement, et impossible aujourd'hui de me défaire de cette idée, une figuration, la figuration, de ce qu'après Freud les surréalistes ont considéré et magnifié sous l'expression vagina dentata, vagin denté. Effrayant. Bouche suceuse, anneau puissant et constricteur, cercle cartilagineux qu'on imagine puissant dans l'aspiration, l'avalement, l'absorption, mais surtout, orifice constellé de crochets, de minuscules crocs, de dents et de lames prêtes à déchirer. Ce fourreau qu'est le corps de l'animal est protégé par cette cavité parée comme un instrument de torture destiné à déchiqueter, à réduire en lambeaux la chair de qui se trouve approché, puis ingéré, puis digéré. Car l'animal est parasite, comme nombre de nos contemporains qui, par certains côtés, demeurent préhistoriques et primitifs — mais je m'égare.

Parasite, donc, car il vit du sang des autres. Vampire des poissons, des animaux marins, il l'est aussi de sa compagne femelle, car, monogame en diable, la lamproie n'envisage la copulation que sur ledit terrain de la vampirisation. Au moins, les choses ont le mérite d'être claires... Ce vagin denté, la femelle s'en sert pour s'accrocher à une pierre alors que le mâle transforme la tête de sa partenaire en objet à détruire. Gueule ouverte, ventouse imperturbable, crocs fichés dans la chair et le crâne de sa femelle, la lamproie mâle fait couler le sang de sa victime. Leçon que n'auraient pas désavouée Caillois ni Bataille : le sang et le sexe, la mort et la blessure, la douleur et la reproduction, la plaie et l'éjaculation. Dudit Bataille : « L'érotisme est l'approbation de la vie jusque dans la mort »...

Un sexe est une bouche, et peut-être même l'inverse. Ourlé comme une machine de guerre démoniaque, l'orifice buccal de la lamproie, je m'en souvenais pour l'avoir vu dans d'autres photographies de Jean-Christophe Garcia, est coupé avec la tête : avant préparation, l'animal est décapité. Alors, perdant son vagin denté, la bête subsiste sous forme phallique, longue et souple, turgescente et tubulaire. Et ce serpent était là, dans mon assiette, tronçonné, nageant dans un liquide aux couleurs brunes, comme vraisemblablement les eaux primitives, boueuses, sombres et chargées de terre. En l'occurrence de sang et de vin, car Denis Mollat m'apprit que, dans les cuisines, on saignait l'animal saigneur, qu'on récupérait l'hémoglobine vampirisée sur les victimes puis mélangée à un autre sang, celui de la vigne et de la terre. Puis il ajouta qu'une bonne lamproie à la bordelaise devait aussi comporter du poireau et... du chocolat. L'association paraissait surréaliste : l'animal préhistorique, le liquide primitif, et la substance emblématique des douceurs enfantines !

Devant mon assiette, Denis Mollat silencieux et goûtant son plat, j'imaginai un serpent, une vipère à la gueule arrachée, à la tête écorchée, un ventre et une chair vipérine, une matière parente de celle des rampants terrestres. Je crus un instant que je me rabattrai, vaincu, sur quelque chose comme une entrecôte à la bordelaise, pour faire bonne mesure, terroir, mais hexagonal tout de même. Je goûtai. Effrayante première impression ! J'avais en bouche non pas une texture agréable, une viande ou un poisson, quelque chose de connu, de repérable et de sécurisant, mais un tube digestif annelé, un cartilage, une sorte de craquelin ou quelque chose comme un squelette souple mais résistant. Les morceaux me restaient dans la bouche comme des témoignages itératifs de mon audace que j'allais finir par regretter...

Puis, la leçon d'anatomie faite, la dissection opérée et les cartilages évités, congédiés sur le rebord de l'assiette, je pus goûter avec plus de sérénité, de calme et de plaisir. Le parfum vineux, la texture fine, la saveur singulière, la sauce onctueuse mitonnée à l'ancienne, le poireau doux et fondant, la pomme de terre : ma bouche fut captivée, séduite. La lamproie à la bordelaise m'avait apprivoisé, le serpent m'avait dompté, ourobouros fabuleux. Le plat terminé, les quelques traces laissées par mon pain dans le creux de l'assiette, j'eus soudain l'impression d'avoir assisté à une sorte de rite initiatique, d'avoir subi, connu et compris une épreuve mystique d'un genre gastronomique : contact avec des énergies ancestrales, relation avec des forces magiques, incitation par l'émotion gustative à des logiques communautaires, je me sentis complice d'une géographie et d'une terre, puis d'un homme. Denis Mollat n'avait rien dit, mais une fois encore il m'avait initié à Bordeaux.

42

LE RÉVISIONNISME ESTHÉTIQUE

Signe des temps, Nietzsche verrait en cela symptôme de décadence et de nihilisme, ceux qu'il appelait les « barbouilleurs de revue » et autres plumitifs du même acabit s'en prennent avec une dilection particulière aux avant-gardes. Haro sur la moder-

nité ! Sus à l'époque ! Guerre à l'art contemporain !
Or l'attaque pure et simple de ceux qui de leur
vivant sont déjà entrés dans l'histoire donne
l'impression à quelques-uns que leurs diatribes
tièdes leur permettront de ramasser quelques
miettes du festin, puis de laisser ainsi leur nom dans
une notule — à défaut de faire eux-mêmes l'objet du
chapitre. Ils sont légion ceux qui croient penser en
se contentant de s'opposer, de tirer à vue et de
détruire quelques valeurs sûres : Deleuze ? Un
pauvre petit Français rabâcheur de Nietzsche, malhabile et verbeux, un clone. Foucault ? Idem.
Bourdieu ? Même chose, un Marx gaulois au petit
pied, fasciné par les Allemands. On connaît la mécanique, elle permet de transformer le ressentiment en
pensée, de faire de l'invective réactive une méthode
d'analyse. Aujourd'hui, sur les étalages idéologiques,
on dispose du même article version esthétique musicale : Messiaen ? Un bon bougre s'il avait su se tenir
à bonne distance de l'école de Vienne. Boulez ? Un
natif de Monbrison, dans la Loire, et qui voudrait
bien être Webern. Dutilleux ? Pas mal, tant qu'il
ne sacrifie pas trop à l'atonalisme autrichien. La
liste est longue. Mais à compisser les grands
d'aujourd'hui, on n'en reste pas moins petit dans
l'instant.

L'exercice est courant : ressentiment plus réaction
égale pamphlet à prétention analytique. Dans tous
les lieux où se fait l'écume des jours, dans les journaux, les essais jetables, les revues, on peut lire des
placets qui prennent l'art moderne et celui
d'aujourd'hui pour cibles. Ici, on ajuste le tir sur le
conceptuel et le minimal dans les arts plastiques, là
on règle la mire sur le nouveau roman et le cinéma
dit d'avant-garde, c'est-à-dire celui qui se fait depuis
la nouvelle vague, ailleurs on pointe les batteries sur
la musique contemporaine. Dans tous les cas de
figure, on dépoussière Platon et Kant pour un retour
aux vieilles vertus de l'art pérenne, des idées, des
concepts, des notions qui flottent dans l'éternité et

l'on analyse, disons-le ainsi, les productions esthétiques du moment, ou des cinquante dernières années, avec les catégories classiques d'un kantisme de bon aloi : pour ces thuriféraires académiques, le Beau en soi existe toujours, comme si, en authentique nietzschéen qu'il fut sur ce terrain, Marcel Duchamp n'avait pas précipité l'esthétique d'hier dans les abîmes où elle peut rester.

Laissons de côté les noms de ceux qui opèrent en réactifs dans les registres de la philosophie, des arts plastiques, du cinéma ou de la littérature pour ne retenir qu'un travail symptomatique de Benoît Duteurtre intitulé *Requiem pour une avant-garde.* Sur la question esthétique, l'ensemble formule ce qui court dans l'air du temps en matière de lieux communs et qu'on peut retrouver ici ou là dans un livre sur l'invention du goût à l'âge démocratique, un autre sur la trahison des Lumières, un troisième en forme d'autobiographie philosophique ou un ultime sur le problème des artistes sans art. Un point commun à cette hystérie réactionnaire, au sens étymologique : une incapacité radicale à admettre la révolution esthétique induite par Nietzsche et en vertu de laquelle il n'y a plus de vérité éternelle, ni sur le terrain du Beau ni sur celui du Bien, mais qu'il n'y a que perspectivisme et, conséquemment, que le réel s'inscrit dans un lieu et un temps, donc dans l'histoire. D'où la révolution Duchamp dont participe l'art depuis. Et l'on ne comprendra rien à l'art d'aujourd'hui si on l'aborde avec les catégories kantiennes de la *Critique* de la faculté de juger. Etre d'hier rend improbable voire impossible la compréhension d'aujourd'hui.

D'où la pléthore de discours qui dénient même à une certaine production esthétique la possibilité de relever de l'histoire de l'art. Ainsi, dans le registre musical, nombre d'œuvres de ces cinquante dernières années sont renvoyées du côté du bruit, sans autre forme de procès. Ceux qui ne disposent pas des moyens intellectuels d'étayer leur lieu commun en restent là, d'autres, plus pervers convoquent des arguments qui tous se ressemblent et finissent par fonder ce que j'appelle le révisionnisme esthétique. Pour caractériser cette façon, on peut isoler deux repères autour de quoi tout s'articule : le premier affiche un antihistorisme radical, le second un anti-intellectualisme induit. Précisons.

Les tenants du révisionnisme esthétique avancent l'idée que la prise en considération de l'histoire est nulle et non avenue, que les œuvres esthétiques, comme les autres d'ailleurs, sont indépendantes de leurs conditions de production et des réseaux socio-logiques dans lesquels elles germent. Peu importe l'époque, peu importe le lieu, il existerait une *musica perennis*, comme d'autres pensent qu'il existe une *philosophia perennis* : n'étant pas dans un temps, ni dans un lieu, elle relèverait d'un ciel des idées, d'une perspective éternitaire. Insoumise à l'histoire et au temps — cette image mobile de l'éternité immobile —, la musique serait variation sur le thème tonal, à l'exclusion de toute autre hypothèse ou lecture. La tonalité serait un axe immuable et la seule histoire digne de ce nom serait celle qui enseigne cette tradition de Pérotin à Phil Glass, de Monteverdi à John Adams, à l'exclusion de tout ce qui relèverait de l'atonalisme, du sérialisme au dodécaphonisme en passant par les musiques concrètes, aléatoires ou électroniques. Exit l'école de Vienne, coupable d'une prolifération cancéreuse qu'il s'agirait d'opérer dans son noyau aussi bien que dans ses ramifications. Le sérialisme aurait fait dévier l'histoire qui, souffrant d'une perversion, mériterait aujourd'hui d'être traitée dans le sens d'une simplification outrancière. De sorte que le réel, protéiforme, divers, diffus et contradictoire, chaotique et riche de ces efflorescences, ne devrait apparaître que sous une seule forme acceptable : la linéarité, qui plus est tonale. Hors cette ligne simpliste, point de salut.

Or l'émergence d'une pure et simple ligne droite

dans un univers aussi riche et complexe n'est possible qu'au prix de la négation de tout ce qui n'est
pas elle. Et l'hécatombe est redoutable. Dans la
logique révisionniste, pas besoin d'en appeler à l'histoire, puisqu'elle est épiphénomène. En revanche, il
faut s'appuyer sur ce qui dure, à savoir l'éternité
d'une mystérieuse « grille physiologique » en vertu
de laquelle la musique serait un art de l'adéquation
avec le corps, ses rythmes biologiques, ses pulsations, ses cadences, diastole et systole, inspiration
expiration. De musique, il ne saurait y avoir indépendamment de cette étrange théorie des correspondances posée non comme une hypothèse, mais
comme une vérité éternelle. Là encore, c'est oublier
la multiplicité des références possibles, dont celle,
physiologique elle aussi, si l'on veut, des combinaisons, des relations, des organisations, des agencements, des dispositifs qui tous permettent d'expliciter les musiques de toujours, quels qu'en soient les
lieux et les époques.

Mais le recours métaphorique à un corps simple
dans lequel il n'y aurait que des oppositions illustrant les logiques binaires dénonce un intérêt idéologique. En oubliant la complexité des réseaux possibles et pensables dans une physiologie, puisque
c'est le modèle qu'il avance, Benoît Duteurtre prépare, annonce et énonce une analyse manichéenne
réduisant le réel à une opposition sommaire entre le
vrai et le faux, le bien et le mal, la musique tonale et
la musique atonale. Ainsi, il endosse les habits
d'Adorno qui sont pourtant, comme il l'avait lui-
même signalé, de bien tristes reliques. Car Adorno
n'avait pas raison, bien sûr, d'opposer une musique
progressiste, celle de Schönberg à une autre, réactionnaire, celle de Stravinski. De même, il se trom-
pait en opposant de façon systématique et simpliste
le révolutionnaire atonal au bourgeois tonal, la
musique d'aujourd'hui, voire de demain, à celle
d'hier. Mais dans son ardeur à s'opposer à Adorno,
Duteurtre pratique avec la même mauvaise foi, le

même réductionnisme, le même simplisme. Adorno, en hégélien sommaire, mais je crains le pléonasme, enfourchait une dialectique bien trop fruste pour rendre compte d'un réel si compliqué. La critique terroriste du philosophe de l'école de Francfort se révèle et s'illustre dans le manichéisme, la lecture de l'histoire comme processus dialectique conduisant au vrai, permettant l'accès à l'incarnation de l'esprit dans le réel sans coup férir alors que le multiple est irréductible à une ligne aussi sectaire.

Contre l'arbitraire adornien, on ne saurait lutter avec les mêmes armes. Certes, les ravages ont été importants, le ridicule s'est partagé le réel avec le tragique. Mais qu'on dépasse cet agonisme stérile et réducteur : Schönberg n'exclut pas Stravinski, ne le dépasse pas, n'est pas plus vrai, plus juste, ou plus en coïncidence avec le processus dialectique historique. Et l'inverse non plus. L'alternative tonalisme ou atonalisme, école de Vienne ou groupe des Six, Pierre Boulez ou Steve Reich est fautive, car c'est moins le principe de tiers exclu qui est opératoire que celui de complémentarité : le sérialisme et le minimalisme américain, le dodécaphonisme et la musique répétitive, le spectralisme et l'électro-acoustique. La guerre n'a pas lieu d'être, le conflit est d'arrière-garde. Plus grave : lorsque paraît *Philosophie de la nouvelle musique*, Adorno sert des intérêts idéologiques en prenant la musique en otage. En écrivant son *Requiem pour une avant-garde*, Duteurtre agit de même et sert, lui aussi, des idéaux politiques. Le sait-il ?

En plaçant son travail sous les auspices plusieurs fois signalés de l'Internationale situationniste et de Guy Debord, Benoît Duteurtre n'empêche pas qu'il se trouve servir la même cause qu'un certain Claude Autant-Lara, membre de l'Institut, ancien député du Front national au Parlement européen, accessoirement cinéaste. Le discours de réception à l'Académie des beaux-arts du vieil homme qui aimait Rebatet et les pages du jeune homme qui aime l'accordéon accusent de trop nombreuses convergences pour qu'il soit seulement question d'un malheureux hasard. Tous deux stigmatisent la fin de la littérature depuis le nouveau roman, la déliquescence du cinéma depuis la nouvelle vague, la disparition de la musique depuis le sérialisme, la mort des arts plastiques depuis le dadaïsme. Pire, tous deux ont la nostalgie d'une France éternelle qui serait celle de la simplicité, de la légèreté, du bonheur de vivre, de l'allégresse et de la politesse. Celle du bon peuple qui aime les choses simples, à mi-chemin du Front populaire et de la Révolution nationale.

Dans son ardeur à défendre une musique contre une autre, Duteurtre avance des arguments qui méritent qu'on les pointe, ne serait-ce que pour lui donner l'occasion de persister et signer, s'il estime qu'on le peut encore. Précisons : l'atonalité venue des Viennois aurait finalement envahi le paysage musical français jusqu'à saturation pour la simple raison que, persécutée par le nazisme, elle aurait bénéficié d'une sorte de compassion au nom de laquelle la tradition française aurait démissionné. Moraliser et psychologiser à ce point montre ce qui reste d'une méthode quand on se refuse à prendre en considération l'histoire autrement que par ses à-côtés. Ainsi les musiciens français auraient pratiqué « une collaboration esthétique à retardement avec l'Allemagne » pour se dédouaner d'une immense culpabilité... Laissons-là cet argument, et dans l'état.

Une autre raison, qui n'est pas totalement éloignée de celle qui précède, expliquerait le triomphe sans partage de l'atonalité : la componction à l'endroit des victimes de la barbarie du siècle. Après les camps de la mort nazis, le goulag, les bombes atomiques lâchées sur Hiroshima et Nagasaki, une immense culpabilité occidentale interdirait le plaisir et la jubilation, ce que Duteurtre appelle l'hédonisme en musique. Un masochisme de mauvais aloi nous inhiberait, rendant impossible la samba sur les charniers. Je veux, là encore, ne pas discuter plus avant l'hypothèse...

L'idée que compassion et componction expliciteraient un hypothétique nivellement dans la création apparaît bien audacieuse d'autant, il me semble, que l'école de Vienne n'a pas triomphé sans partage, excluant tout ce qui n'était pas elle. Par ailleurs, il apparaît que les prétendues individualités fortes qui se seraient soumises par obligation et auraient succombé à la mode ou au terrorisme sériel sous peine de mort sociale, ne mériteraient guère l'épithète de fortes pour la raison qu'elles n'auraient montré que de la docilité dans le panurgisme. Pas plus je ne crois à l'impérialisme hégémonique de ce courant qui n'a ni empêché ni étouffé les autres. Le réel est polymorphe, l'histoire de la musique, comme toute histoire, arborescente et riche de ces vitalités multiples. Dos à dos, les sériels et les antisériels intégristes contribuent mêmement à l'émergence d'un révisionnisme esthétique. La volonté d'inféoder l'histoire à leur cause dessert la musique avec la même efficacité.

Dans le révisionnisme esthétique contemporain, l'anti-historicisme radical est doublé d'un anti-intellectualisme tout autant affiché et revendiqué. D'un côté, le refus d'une histoire polymorphe débouche sur une simplification outrancière du réel, au point que la vérité platonicienne et arbitraire est posée comme suit : le vrai est dans la tonalité ; de l'autre, le mépris affiché pour la construction intellectuelle, la forme, suscite un impératif esthétique revendiqué : le peuple est le critère par lequel on mesure la validité d'une musique, sa vérité. Contre l'intellectuel verbeux, cérébral, sec et austère, il faut réhabiliter le public sensible, émotif, sincère et — le mot ne finit pas d'étonner ici — hédoniste. Contre l'ascétisme atonal, le plaisir tonal. De Claude Autant-Lara : « Je préfère infiniment l'instinct de conservation à l'intelligence. » La formule est un leitmotiv aussi bien chez Jdanov que chez Rosenberg qui stig-

matisent les avant-gardes coupables d'êtres séparées
du peuple et de son bon sens. La politique de Vichy
allait également dans cette direction ainsi que tous
les populismes pour lesquels le critère du vrai, c'est
l'assentiment du plus grand nombre.

Familier de la méthode, Duteurtre oppose une
ligne formaliste, austère, évidemment atonale et une
autre hédoniste, jubilatoire et tonale. Et, obéissante,
l'histoire se coupe en deux morceaux, sans difficultés : d'un côté les concerts vides de public,
musique à la Webern, bien sûr, de l'autre salles
combles, programmations tonales à la Pärt. D'une
part l'ennui qui fait s'enfuir le plus grand nombre,
d'autre part le plaisir qui fait accourir le grand
public. Dans cet ordre d'idée, l'hédonisme me paraît
un terme inapproprié, sauf si la satisfaction simple
et sommaire, immédiate et fruste peut tenir lieu de
définition de la notion. Auquel cas, les variétés françaises ou anglosaxonnes, si l'on croit pouvoir distinguer, font amplement l'affaire. Point n'est besoin
d'aller chercher plus loin. Mais je crains qu'on
confonde la satisfaction à courte vue et le plaisir
digne de ce nom sans lequel il n'est point d'hédonisme.

Quel est ce plaisir qui transporte les foules ? La
mélodie qu'on retient, le rythme qu'on mémorise,
l'air que l'on fredonne. Certes. La critique de toutes
les avant-gardes s'est toujours faite contre la complexité et pour la simplicité, sinon le simplisme.
Laissons de côté le répertoire des œuvres politiquement correctes pour préférer une interrogation sur
le postulat et l'hypothèse autour de quoi s'organise
l'anti-intellectualisme. Pour quelles raisons le plaisir
serait-il un critère suffisant à légitimer une œuvre ?
Et quel plaisir doit-on retenir ? Car il n'est pas
évident que Henri Sauguet donne du plaisir malgré
l'option tonale, pas plus qu'il n'est convenu qu'on ne
peut éprouver ledit plaisir en écoutant le *Concerto à
la mémoire d'un ange* de Berg ou *Jubilate* d'Eric
Tanguy. Le plaisir, en effet, est multiple, du plus

fruste, simple et sommaire, au plus complexe, au plus élaboré. Il ne coïncide pas obligatoirement avec l'émotion, le pathos, l'instinct satisfait, la sensation courte, l'immédiateté d'un affect. Mieux, il me paraît plus dense encore, plus fort et plus consistant quand il procède d'une architecture qui convoque aussi bien la part animale en soi que la part cérébrale. Du muscle, du nerf, du sang, de la lymphe, de la viande, certes, mais aussi, avec tout cela, de la matière grise, un système nerveux, le cortex. Jouir bestialement est une chose, jouir dans le raffinement une autre : de la nature à la culture, de l'affect simple à la jubilation dans la pointe de la civilisation, il y a tout ce qui sépare un hédonisme vulgaire d'un autre qu'on pourrait appeler métaphysique. Si le premier me convient pour les registres dans lesquels il suffit, j'aime aussi tout particulièrement le second.

Or l'hédonisme suppose une éducation, une initiation : on ne peut le saisir, l'aborder, le pratiquer, le connaître si l'on se contente d'opposer sa subjectivité fruste et inculte à une œuvre complexe. Depuis Duchamp, répétons-le, l'art vise moins à fournir l'occasion de se pâmer devant le Beau qu'à se satisfaire de ce qui fait sens. Pour autant, ce qui permet la pâmoison n'exclut pas la signification, de la même manière ce qui induit du sens n'empêche pas la jubilation. Là encore, la complémentarité s'impose contre le tiers exclu. En rester à la pathétique dans laquelle on communie fournit une satisfaction, certes ; mais aller au-delà dans une œuvre qui, au fur et à mesure qu'on la pratique, montre sa richesse, découvre sa puissance, voilà qui fournit également un autre type de plaisir.

Globalement, l'art contemporain n'est pas flatteur, il ne récompense pas l'inculture et l'absence de référence. Pas plus il ne fait illusion. Il ne trompe ni ne séduit. Dans une époque qui communie dans la facilité, la veulerie de ce qui se donne dans l'immédiat, il revendique la nécessité de l'initiation, de l'apprentissage, de la patience et de l'investissement intellec-

tuel et culturel. En un mot, là où il est de bon ton
de célébrer le tout pour tous au meilleur prix, il
oblige à l'aristocratisation. Il est catharsis, invite à
une transformation de l'individu qui le pratique,
métamorphose le sujet. Finalement, il est l'ultime
rempart électif, élitiste et aristocratique dans un
monde qui vise comme un modèle l'homme unidimensionnel.

Elitisme ? Déjà se profilent les étendards de ceux
qui veulent démocratiser. Et ils n'auront pas tort car
l'effet aristocratique n'exclut pas, en amont, la proposition démocratique, bien évidemment : ceux qui
font la musique contemporaine, bien qu'élitistes,
n'interdisent à personne la pratique du chemin initiatique. Pas d'ésotérisme, mais l'exotérisme dispo-
nible pour tout un chacun, pourvu qu'il en formule
l'idée, le désir et l'intention. D'où la nécessité
d'enseigner ces musiques, de les faire entendre, de
les expliquer, de les commenter, ni plus ni moins
que n'importe quelle œuvre d'art de n'importe quelle
époque : sans culture, personne ne peut accéder à
quelque œuvre que ce soit — un marbre grec ou un
grand vin de Bordeaux, une estampe orientale ou
une sonate sérielle, un masque africain ou une
cathédrale occidentale, une pièce de No ou un Bun-
raku, une tragédie classique ou un poème lettriste.
Qu'on cesse de faire croire qu'il suffit de consommer
en surface pour pénétrer en profondeur. Voir n'est
pas comprendre, écouter n'est pas saisir, et de la
sensation à la compréhension, de la perception à
l'intellection, le chemin est long, en faire l'économie
expose à péricliter dans les registres primaires et à
s'en satisfaire tout en stigmatisant ceux qui auront
décidé de prendre le risque du trajet.

Pour autant, et parce qu'il n'est pas facile d'accéder à une toile de Picasso, faut-il célébrer les vertus
des musées d'art et tradition populaire ? Non. Et le
véritable mépris du public est là : ne lui réserver que
ce qu'il demande parce qu'il le comprend simplement, dans la pure et simple logique de l'offre et de

la demande. L'entretenir dans l'inculture, donc lui interdire les œuvres élaborées, puis induire de sa désaffection la nécessité de ne plus composer les œuvres qu'il ne comprend pas, enfin le nourrir des infâmes brouets qui font son bonheur dans l'immédiat. Dans cet ordre d'idées, en effet, plutôt la variété française que la musique contemporaine.

L'hédonisme subtil produit des plaisirs subtils, mais il suppose une initiation ; l'hédonisme vulgaire est dans l'effet immédiat, il fait l'économie du savoir qui, malgré tout, et je le répète, a toujours été nécessaire pour comprendre les œuvres d'art de toutes les époques. Flatter le goût du peuple sous prétexte qu'il est majoritaire relève d'une logique spécieuse et directement inspirée de la loi libérale du marché. La quantité d'avis positifs n'a jamais légitimé une œuvre dans sa quintessence : au suffrage universel, Tristan Tzara n'aurait guère de chance d'être admis et reconnu comme un artiste.

En appeler au plus grand nombre pour déterminer la portée esthétique, artistique ou culturelle d'une œuvre a toujours été la méthode des populistes, ici dans la Russie soviétique, ailleurs dans l'Allemagne nazie, là dans l'Europe et l'Amérique libérale. Hédoniste, parce que simple et populiste, compréhensible et abordable, la *Fonderie* d'Alexandre Mossolov destinée à l'édification des masses soviétiques en pleine période stalinienne ? Hédoniste *Le Triomphe d'Aphrodite* de Carl Orff avec ses rythmes simplistes, sommaires, ses cadences primitives pour faciliter l'adhésion grégaire massive du peuple nazi ? Hédoniste *Anima mundi* de Phil Glass qui sert de musique de film ou qu'on utilise à merveille, avant les élections, dans les campagnes d'incitation civique télévisuelle ? Il me semble qu'on fait fausse route et que le populisme est le plus dangereux des narcotiques, le plus puissant des opiums pour endormir et anéantir l'intelligence, la culture, la patience et l'effort conceptuel. L'hédonisme n'est pas à confondre avec le culte de l'instinct et de

l'émotion facile. Il est une pointe de civilisation qui
congédie ce avec quoi on fabrique et entretient les
barbaries.

Manichéisme, psychologisation, moralisation,
démagogie, populisme, haine de l'histoire et
déconsidération de l'intelligence sont des recours
dangereux pour des idéologies fallacieuses. Car on
peut bien partir du situationnisme d'un Debord et
s'appuyer sur les thèses de *La Société du spectacle*, il
n'en demeure pas moins qu'on peut finir aux côtés
d'un enfant de Rosenberg, auteur du *Mythe du
XXe siècle*, emporté dans le même combat qu'un
Autant-Lara commettant *Le bateau coule*. Il faut
craindre les compagnies qu'on sollicite trop puissamment. Duteurtre et Autant-Lara, finalement, partagent une étrange dilection pour la France dont
tous deux déplorent la disparition. Cette idée est
saugrenue, car chaque jour des philosophes, des
écrivains, des musiciens, des cinéastes, des artistes
continuent de créer. L'incapacité à démêler l'écheveau, aujourd'hui, et à préciser ce qui restera, le
temps ayant fait son travail, ne doit pas inciter à
conclure au nihilisme, au vide, au silence. Dans
l'abondance confuse de ce qui est, il y a ce qui restera. La France n'est pas exsangue, ni moribonde.
Le pessimisme ne renseigne que sur la bile noire de
ceux qui le pratiquent comme on exploite un fonds
de commerce.

Encore un mot : le discours sur la décadence est
vieux comme le monde, il cache une propension
atrabilaire au ressentiment, un talent certain pour la
pensée réactive, sinon réactionnaire. Dans toutes les
hypothèses, il est symptomatique et désigne un individu qui soit n'a rien à dire, soit n'a plus rien à dire,
dans les deux cas qui est épuisé. A défaut, plutôt que
de hurler avec les loups, de simuler la pensée en
attaquant les bastilles d'hier, d'imaginer qu'on se fait
grand en vitupérant petitement contre de grandes
causes, on se fait actif, on propose, on avance et l'on
travaille à une œuvre — inéluctablement l'artiste

laisse loin derrière lui le parasite qu'est toujours le journaliste qui se prend pour un penseur.

43

VARIATIONS SUR L'INCARNAT

Une érection peut parfois être de bon conseil, du moins, en matière de préférence esthétique. Je sais que pareille position paraîtra bien audacieuse à l'heure où toute appréhension artistique de seconde zone se fait sur le mode du manifeste, du texte, du verbe et de l'explication. La logorrhée triomphe bien souvent comme médiation entre le regard et l'objet, c'est pourquoi je propose, en guise de méthode, les frasques d'un organe atypique, plus soumis à la gonorrhée qu'à la tâche propédeutique. Qu'importe. Maintenant, il faut argumenter...

Le priapisme n'est pas de mon fait, il est d'un ami, que la mort a depuis requis. Devant les rouges qu'utilisait son compagnon, peintre, auquel j'ai consacré mon premier livre esthétique, *L'Œil nomade*, il me disait connaître d'authentiques émois, de véritables ébranlements physiologiques. Et si, au contraire de lui, mes émotions n'ont jamais débordé de manière séminale, je dois avouer que les rouges de l'artiste ont toujours eu sur moi de convaincants et durables effets. Depuis, je sais qu'il n'est de goûts et de dégoûts en matière esthétique, au sens large du terme, qu'après le filtre d'un corps qui absorbe ce qu'il peut d'un fait.

Devant l'œuvre, le travail du sujet est d'abord celui d'une chair qui regarde, écoute, goûte, touche, met en œuvre des sens. L'œil, qu'on privilégie dans le musée, est une projection contenue de cerveau dans l'espace, il est de la matière grise, un fragment d'encéphale retenu par la cornée. Dans le corps, l'image est médiatisée par des réseaux, des flux, de la matière subtile, de la mémoire, de la culture, des souvenirs, des effets de dressage, des capacités à l'audace et beaucoup d'autres cribles qui ouvragent le matériau pour en faire un support à émotions, puis un objet de jugement relatif aux pathétiques expérimentées.

Pourquoi donc une érection ? Parce que d'abord nulle part ailleurs qu'ici le corps est mieux dit, montré, triomphant et impérieux. Ensuite, pour la raison que le phallus érigé est l'antithèse de la raison exacerbée et que la chair turgescente est plus chargée de vérité que l'encéphale triomphant. Enfin, en vertu du fait que la viande gorgée de sang exprime mieux l'ardeur vitale, l'énergie à l'œuvre, la vie donc, que la matière grise dont la couleur ne me dit rien qui vaille. Le corps est donc, pour le dire comme Nietzsche, « la grande raison, le maître du Je qui souffle les concepts ». C'est pourquoi, il est toujours étourdissant de faire du corps l'objet d'une analyse par concept ou par images, d'une appréhension par percept ou par affect — pour reprendre les formulations de Deleuze —, quand on sait qu'il est le grand ordonnateur de ce qui est. S'attarder sur le corps, c'est lui demander un arrêt sur soi : lorsque l'artiste fait de la chair l'objet de son souci, il installe un miroir entre des blocs de néant pour tâcher d'obtenir un reflet quand il n'obtiendra, en cascade, qu'une série d'images qui toutes se contiennent mutuellement. Du corps, on ne verra que des substitutions, des ombres, des images participatives, des figures sublimées, mises à distance pour tâcher et tenter de mieux dire la proximité. En quoi, l'interrogation esthétique sur la chair est condamnée à se contenter de théâtralisation quand la réalisation d'une chair différente, autre, en acte, induit la nécessité d'une éthique qui peut se confondre avec une esthétique. Mais revenons à mon érection, car elle menace effondrement dès qu'il est question de morale.

De quelle couleur est une érection ? D'aucuns hésitent : le rose des bonbons anglais pour de petites fureurs bien sages, le bleu des congestionnés trompés sur la quantité d'oxygène nécessaire, le violacé des entreprenants présomptueux et suicidaires, le vert des sujets atteints de péremption, le blanc filandreux des efflorescences et des bourgeonnements de l'abonné aux candidoses. Tout est possible à qui sait attendre. Pour ma part, j'avancerais volontiers qu'il n'est de tumescence qu'incarnat, cette belle couleur douée d'une inquiétante étrangeté — « cerise et rose » écrit Littré. D'abord parce qu'elle est évanescence du rouge, mélange de sang pourpre et de nerfs blancs, ensuite, parce qu'étymologiquement, elle est issue de la chair, nourrie de la viande.

Je songe aux incarnats et me demande où ils suintent dans l'histoire des beaux-arts. D'emblée, je me souviens des exsudations christiques, rougeoyantes en nombre, des plus célèbres, confinées dans les musées, aux plus provinciales, moisissant dans les églises de campagne. Crucifixions, alors que le sang est rouge, frais ; descentes de la croix, quand il est oxydé, noir — car on a beau être fils de Dieu, on n'en est pas moins soumis aux lois élémentaires de l'hématologie quand on s'est offert le luxe d'être aussi le fils de l'homme ; résurrections, quand la croûte n'est plus qu'un mauvais souvenir avant recyclage d'un corps tout neuf, que les théologiens nomment glorieux, allez savoir pourquoi ; les scènes de genre abondent qui montrent ce sang du Christ qui jamais ne s'épuise, pas plus quand il recouvre les toiles de maîtres et des mauvais épigones, que lorsqu'il tremble dans un calice là où l'on avait appelé sa présence avec un peu de muscadet ou de coteau du Layon. Ce sang-là, incarnat, est coulure sur le front, le flanc, le dessus des pieds, là où les clous ont perforé la peau, la chair, pour tâcher de parvenir jusqu'à l'âme, l'atteindre et la circonvenir. Si le Christ s'est fait homme, c'est là qu'il le montre, dans l'excrétion qui l'apparente aux mortels, comme le rire l'aurait également incarné, au sens étymologique. L'incarnat christique est la couleur de la victime expiatoire.

La blessure est l'occasion de l'incarnat. L'ouverture dans le corps est voie d'accès aux vérités sanguinolentes, qui sont aussi des sapiences sanglantes. Après la figure du crucifié, je songe à l'encorné chez Goya, traversé par la corne de taureau chère à Michel Leiris ; puis au cheval éventré de Picasso, aux entrailles qui font sanie dans la lumière et le soleil de l'arène ; aux guerres de tranchée, aux furies humaines qui se déchaînent dans les conflits armés ou dans les faits divers homicides de mansardes dégoûtantes chez Otto Dix ; à Marat qui marine dans sa baignoire, la blessure ouverte au thorax et détaillée par David ; puis aux triumvirs, aux Innocents, à Méduse chez Poussin, Antoine Caron et Caravage. Et partout, une fois de plus, chez Goya, dans les peintures d'exécutions politiques — *Les Fusillades du 3 Mai* ou *Exécution dans un camp militaire* —, crapuleuses — *Bandit tuant une femme* (L'attaque des bandits III) —, sacrificielles ou mythologiques — la série des *Cannibales* ou *Saturne*. À chaque fois, l'incarnat, la chair violentée, l'âme qui s'épanche sous forme liquide.

Je pense également, au-delà des blessures infligées aux corps humains, à celles qui défigurent des animaux, à *La Raie* de Chardin qui paraît, en plein Siècle des lumières, une préfiguration des charniers de notre siècle. J'ai presque envie de parler du visage de l'animal tant il donne l'impression d'implorer, comme une victime sacrificielle consciente de ce qui advient, le regard du peintre autant que du spectateur qui, de la sorte, se transforme en voyeur consentant par son silence. Rembrandt et son bœuf, Chardin et son poisson, Soutine et son poulet, Picasso et sa tête de mouton, mais aussi Eli Lotar, Egama et Gervais effectuent des glissements qui apparentent la viande animale à la chair humaine, le destin des mammifères consommés à celui des

humains, mammifères consommateurs. Dans le trajet qui conduit à l'abattoir, à la boucherie, à l'étal du
poissonnier, dans les bacs à viande des magasins, il
y a, en raccourci, la figuration esthétique du chemin
qui mène tout un chacun au néant, via la maternité,
l'hôpital, l'hospice, la morgue. L'institut médico-légal
est une boucherie où ceux qui découpent affirment,
avec superbe et sérieux, une incapacité, pourtant
reposante, à n'être que garçons tripiers.

Plaies, coupures, balafres, déchirures, entailles,
sectionnements sont magnifiés, au-delà de la nature
morte qui prend le cadavre animal ou les carcasses
pour objet, par exemple dans le portrait ou le nu qui
sont des invitations à envisager, au sens étymologique, à faire advenir un visage, dans une opération
qui aura nécessité le dévisagement, là aussi dans
son acception originaire : défaire un visage pour
faire un portrait, fouiller sous la peau, dans la chair,
dans la viande, pour y trouver des lignes de force
avec lesquelles refabriquer, comme un démiurge,
une vision, une peau nouvelle. Les genres qui
veulent le nu d'un corps ou d'une face sont familiers
métaphysiques du suaire et de l'ossuaire. Ils pratiquent la politesse en vertu de laquelle l'intérieur
est trituré pour permettre une mise en ordre infor-
mée de ce qui aurait été vu sous la peau par l'artiste.
Le portrait est une couture de l'âme qui dissimule ce
qui grouille sous la peau, dans la viande. Ainsi, *Le
Déjeuner sur l'herbe* peut-il être vu comme une préfiguration de ce qui suit la dévêture, puis de ce qui
advient après la nudité : sous le tissu, la peau, sous
la peau, la chair, sous la chair, le squelette, et derrière lui, le néant vorace. La toile de Manet est, arrê-
tée en route, une propédeutique à la nature morte,
puis à la vanité, enfin aux scènes qui mettent aux
prises le corps d'un être bien en chair et le squelette
encore libidineux d'un chorégraphe de danse
macabre. La chair est l'âme — qui disparaît en
même temps que la viande.

L'incarnat me plaît, donc, parce qu'il est la couleur de l'âme. Dans l'arène inondée de lumière ou sur le champ de bataille boueux, dans la masure piteuse élue par l'assassin ou à la morgue dont le silence est troublé par les autopsies, sur la croix du roi des Juifs ou dans une baignoire d'eczémateux, à l'étal de boucherie aux odeurs fades ou dans l'échoppe du poissonnier, il apparaît dans toutes les viandes qu'on coupe et affleure sous toutes les peaux qu'on peint.

Dans la logique de l'incarnat maîtrisé, voulu et décidé, l'artiste est démiurge quand il se met en demeure de charmer la chair, de lui faire rendre l'âme. Par lui s'opère l'inversion des valeurs : après que le verbe s'est fait chair, il fait de la chair un verbe. Spécialiste en incarnations, il est quelque peu chirurgien, contemporain de cette médecine ancienne qui, justement, pratiquait les incarnatifs, ces substances utilisées pour leurs prétendues vertus restauratrices et reconstitutrices des chairs abîmées dans des plaies avec pertes de substance. Or, l'art est, en ce sens, incarnatif, pratique incarnative, parce qu'il se propose de refermer des plaies, rapprocher les lèvres des blessures pour viser la cicatrice, la fermeture, la trace légère, sur la peau, ou dans l'œuvre, du traumatisme qui fut, dans la chair, ou dans l'être.

Contre les vendeurs d'arrière-mondes qui font la promotion du spirituel dans l'art et qui ne visent qu'à la désincarnation du réel, à sa réduction conceptuelle et nouménale, à sa déconstruction radicale jusqu'à sombrer dans le nihilisme, il est des artistes qui célèbrent la chair réelle, sensible, matérielle, phénoménale, la viande et la vie, la peau et les muscles, le chyle et le sperme, le sang et les humeurs, les nerfs et les organes. Ceux-là ouvragent la réincarnation du monde, de l'art et des lieux dans lesquels philosophes et romanciers, chorégraphes et musiciens, poètes et plasticiens pratiquent l'incarnat contre le substrat : ils entendent arraisonner la chair au monde et la considérer telle qu'elle est, disons postmoderne, c'est-à-dire désertée par l'âme conçue comme une seule forme spirituelle, abandonnée des dieux, défaite des nébuleuses qui la réduisent à une instance diabolique, peccamineuse. Avec ces artistes dionysiens, la chair se fait verbe — et l'érection méthode.

44

POUR THÉLÈME

Mon cher François, l'époque est laide et vous nous manquez beaucoup. Il n'y a plus de géants comme Gargantua, mais seulement des nains, de minuscules homoncules gonflés de leur importance, prêts à éclater. Nous risquons chaque instant l'éclaboussure de leurs tripes breneuses. Finis les héros et les nobles figures. Morts Bacbuc et Bridoye, Rondibilis et Trouillogan. Pour le dire comme vous, le monde est andouillicque, et c'est misère d'y macérer tous les jours. Vous aviez pris le parti de raconter les faits et dits héroïques, aujourd'hui vous seriez oisif, sans objet à faire grincer sous votre plume.

Ceux auxquels vous interdisiez l'entrée de votre abbaye de Thélème ont triomphé. Qui sont-ils ? Pour vous le dire, je vous relis, car j'aime vos mots : « Hypocrites et bigots, vieux matagots, marmiteux, boursouflés, torcols, badauds plus que n'étaient les Goths, porteurs de haires, cagots, cafards empantouflés, gueux emmitouflés, frappards écorniflés, bafoués, enflés », ils sont tous là, ils affluent. Vous y refusiez également « les juristes mâchefoins, clercs, basochiens mangeurs de peuple, juges d'officialité, scribes et pharisiens, juges anciens, usuriers avares, briffauds, léchards, avaleurs de brouillards, courbés, camards, cerbères crétins, vieux chagrins et jaloux, querelleurs lutins, galeux, vérolés jusqu'au cou, ectoplasmes ». Las ! ils sont devant, ils paradent. Vous y vouliez, dans ce lieu qui toujours a charmé les fous de liberté, « de nobles gaillards délurés, joyeux, plaisants, délicats, mignons, gentils compagnons », ils manquent, ils se font attendre.

Je vous enseigne, dès que je peux, je raconte vos thélémites là où j'habite ou quand on m'y invite. Mais personne n'entend plus guère votre voix pourtant si tonitruante qu'elle a traversé les siècles comme Gargantua les paysages de France. Il faut votre anniversaire pour qu'on se souvienne un peu de vous. Après tout, pourquoi pas, s'il est l'occasion d'ouvrir dives bouteilles, de manger force troupeaux, champs de légumes ou de lire et relire les aventures de votre créature bachique. Du moins, nous y trouverons matière à rire à la barbe des « ougrins » et « faquins », « fâcheux » et « breneux », ces « porteurs de rogatons » qui disent en raccourci à quoi ressemblent ceux dont vous écriviez qu'ils ont « l'âme de travers ».

Rions donc avec vos thélémites. Un mot, tout de même, sur le substantif. Il me fait une étrange impression. Thélémites, je songe à moabite, troglodyte ou cénobite. A moins qu'il ne s'agisse de sodomite. Auquel cas, nous serions en pays de connaissance, car vous avez toujours écrit combien vous aimiez ceux qui, pour le dire comme vous, « barytonnent du cul » et modulent par là après les exercices qui relèvent de pédagogies appropriées. Déjà Diogène a enseigné tout ce qu'il fallait savoir sur le sujet, et j'ai planché naguère, en un autre lieu, sur sa méthodologie du pétomane. Là où vesse un homme, son âme n'est pas loin. Votre théorie des gaz méphitiques nous réconcilie avec l'enfer.

Nos institutions, nos écoles, nos sorbonnagres et nos scolastiques, nos Lagarde et nos Michard ont aseptisé vos cris et hurlements, vos éructations et vos braillements. Vous savez, l'esprit thélémite est difficile à colporter, on a du mal à s'en réclamer. J'ai peine à le défendre là où cuistres et dévots se partagent le gâteau. Donneurs de leçons ensoutanés et humanistes perruqués sont ligués pour s'effaroucher puis s'étrangler devant votre métaphysique et sa faconde. Je les comprends eux qui, par leurs fustigations, se condamnent au renoncement ou à l'hypocrisie.

De plus insidieux ont cru bien faire en vous rangeant dans des tiroirs avec force articles, thèses, mémoires et autres polygraphies du genre de celles que vous moquiez en pointant « De la dignité des braguettes » dans la liste des brochures écrites ou à écrire. Vous fûtes, et restez pour quelques-uns, alchimiste codé, épicurien statufié, catholique terrorisé, évangéliste singulier, humaniste appointé, renaissant triomphant. Les descendants de ceux que vous singiez ont pris votre œuvre en otage pour la pressuriser. Ils ont pratiqué l'examen comparatif et tripoté la rhétorique, convoqué l'herméneutique et traqué le dire hyperbolique, je ne plaisante ni n'invente, il suffit malheureusement de parcourir d'un œil léger les tristesses pondues par les épiciers qui utilisent Gargantua pour leurs énurésies publiées. La scolastique n'est pas morte...

Vous n'aviez rien tant chéri que la liberté, me semble-t-il. Dans la langue et dans l'imagination, dans l'esprit et dans la lettre. Vous avez libéré les mots et les corps. Vous avez tordu le monde, déformé le réel, grossi les images, outré les propos, exagéré sans arrêt. Vous avez mis de la liberté partout où régnait la servitude. Vous avez crié là où l'on murmure, vociféré où l'on chuchote, hurlé où l'on papote. Vous avez convoqué rots et pets, vesses et vesnes, bran et pisse là où les fausses politesses fomentent les vraies hypocrisies. Vous avez créé des géants, des fleuves, des montagnes, des épopées là où le plus grand nombre se contente de nains, de ruisseaux, de monticules et de faits divers. Vous avez fulminé contre ceux qui matagrabolisent, c'est-à-dire contre tous ceux qui aiment fatiguer l'esprit avec de longues et impuissantes dissertations à propos de choses vaines et fumeuses. Vous avez manié la tempête, éveillé les furies, joué avec le feu, déchaîné les éléments. Or les petits esprits n'aiment que les petites choses ; leurs petits réflexes engendrent de petites idées ; ils ne sont grands que par la petitesse qui, chez eux, est démesurée. Thélème n'est pas pour eux, bien sûr.

Si vous le voulez bien, venons-en à cette abbaye pour laquelle je vous envoie missive. Elle est véritablement un chef-d'œuvre libertaire, aristocratique et hédoniste. Je désespère tant qu'on ne la visite pas plus ou qu'elle inspire si peu de nos contemporains ! Elle vous a valu l'amitié ou la sympathie de tous les anarchistes qui vous invitent au banquet des précurseurs aux côtés d'Antisthène le Cyrénaïque ou de Diogène le cynique, des gnostiques licencieux ou des Frères et Sœurs du Libre Esprit. Nettlau, Malato, Armand et Reclus, Bakounine hier, Ragon aujourd'hui, tous célèbrent Thélème et votre esprit libre, fort. Permettez que je vous dise pourquoi le libertaire que j'aspire à être aime votre folie thélémite ?

L'hédonisme d'abord. Tous les prêtres qui, à l'heure actuelle, souhaitent confisquer vos livres pour en faire des bréviaires d'un évangélisme nouveau, à la mode en 1534, ignorent, ou feignent d'ignorer, combien vous n'aimez rien qui ressemble à l'idéal ascétique dont Jésus est l'emblème. « L'araignée à croix », comme dira Nietzsche, n'aime ni le corps, ni la chair, ni le désir, ni le plaisir. Quand vous écrivez : Vivez joyeux ! il enseigne Vivez sérieux ! Quand vous proposez : riez ! il avance : priez ! Quand vous chantez la dive bouteille, il fait une Cène. C'est pourquoi j'aime que dans Thélème on désinfecte sur le passage d'un prêtre ou d'une femme prude et pudique. D'ailleurs, on se demande ce que manigancerait pareille engeance dans un lieu si peu fait pour elle. Pas de calotes ni de bigotes. Là où les sinistres ont pour diététique le pain et l'eau, vous entonnez : hic bibitur. Quand les prêcheurs d'arrière-mondes enseignent pauvreté, chasteté et obéissance, vous rétorquez : brocarts d'or, soie, pourpre, bête à deux dos, rataconniculades, et liberté, liberté. D'aucuns vous entendent toujours comme un chrétien inspiré par saint Paul ! Vous lisent-ils eux qui préparent les éditions dans lesquelles on peut aujourd'hui vous découvrir ? Ou faut-il que je songe à me convertir ?

La liberté, ensuite. Car si le libertaire est bien celui qui ne met rien au-dessus de la liberté, vous l'êtes. Et superbement. Un triste sire qui jamais ne rit, vénéra Mao, puis apostasia chez ceux que l'on présentait alors comme des nouveaux philosophes, fit de Thélème « un modèle de contrôle réciproque à la chinoise » — oui, oui. C'était encore trop macérer en chinoiseries ou ne savoir pas lire. A moins que les deux défauts ne fussent cumulés. Car on peut chercher en vos livres, c'est le minimum, et l'on trouvera ceci, concernant les thélémites : « Toute leur vie était régie non par des lois, des statuts ou des règles, mais selon leur volonté et leur libre arbitre. » Est-ce maxime avec laquelle on fait les tyrannies ? S'agit-il d'un apophtegme du *Petit Livre rouge* ? En Thélème, le principe de réalité est soumis au principe de plaisir, et non l'inverse, comme en nos civilisations qui génèrent névroses en bubons et malaises au croupion. Le réveil, le travail, le sommeil, la nourriture sont décisions soumises au désir, aux besoins et non à la nécessité du groupe. Comment peut-on ignorer votre phrase qui est devenue scie musicale de nos usines scolaires : « Leur règlement se limitait à cette clause : fais ce que voudras » ? Que les faux docteurs en conviennent, l'invitation laisse peu de place aux sornettes christiques, balivernes évangéliques et sottises mijotées sur la table des dix commandements. Jésus aussi bien que Mao seraient les derniers invités dans l'abbaye libertaire... D'ailleurs mon vieux maître en langues anciennes me l'avait baillé, en grec, Thélème signifie volonté libre.

Et puis, vous donnez des exemples : dans l'abbaye, les pendules et horloges sont détruites, les clepsydres vidées de leur eau, les sabliers au repos. On sait combien la mesure du temps est une invention des religieux et des commerçants qui veulent toujours asservir la volonté libre : les uns à la prière, les autres au travail et à la production. Dans les deux cas, ils inventent nones et complies, tierces, laudes et tout l'arsenal avant que leurs descendants n'extraient de leurs cervelles chronomètres pour les contremaîtres, pendules de pointages et emplois du temps. Apollon au clocher, c'est Dionysos pourchassé. Vous avez voulu qu'on soumette l'action au désir, que triomphent occasions, circonstances et invention. L'ensemble de votre dessein est soumis à la formulation du contrat social hédoniste révocable à chaque instant. Où est la dictature, fors celle du bon plaisir ?

L'hédonisme libertaire est la condition de possibilité d'une aristocratisation des relations. Quand dans les faits s'imposent les rudesses d'une époque, ce sont délicatesses que vous proposez en principe. En effet, dans Thélème, le désir de l'un est le plaisir de l'autre, l'aspiration de celui-ci est la volonté de celui-là : chacun tâche de vouloir la satisfaction du désir de l'autre en sachant qu'il est pour l'un ce que l'autre est pour lui : un sujet digne du souci hédoniste et non un objet condamné à la violence de l'autre. Donnant du plaisir, désirant du désir, certes, mais aussi en obtenant du plaisir, les belles individualités réalisent le contrat social eudémoniste. Vous écrivez : « Grâce à cette liberté, ils rivalisèrent d'efforts pour faire tout ce qu'ils voyaient plaire à un seul. » Plus question de devoir, d'amour du prochain en Dieu, car surgit en son lieu et place une volonté de jouissance soumise à l'élection. Là où l'appétition de l'un paraît la meilleure façon de parvenir au plaisir de tous, il y a communauté jubilatoire. Nul n'est tenu de consentir à un projet pour lequel il n'aurait

aucun penchant. Parce que Thélème n'est pas la
Chine.

D'ailleurs, pour ceux qui persistent à vous voir du
côté des maîtres penseurs, vous prenez soin de préciser que le contrat est révocable à tout instant et
que l'on sort de la communauté comme on y entre :
librement, sans pression d'aucune sorte. Qu'en est-il
d'un goulag sans barbelés qu'on peut quitter quand
bon nous semble ? Votre Thélème me semble moins
un projet de société qu'un mode propédeutique à
une société, un modèle pédagogique, un micro-
cosme fonctionnant comme un laboratoire libertaire. Car, enfin, les sociétaires de l'abbaye, quand ce
sont des jeunes filles, n'y entrent pas avant dix ans
et n'y restent pas après un lustre. De même, les garçons n'y peuvent séjourner plus de six années après
leur admission à l'âge de douze ans. Au-delà des
limites, la vie quotidienne est souveraine et reprend
le dessus. Chacun choisit l'existence à laquelle il
aspire. Aussi faut-il constater que vous ne visez pas
l'utopie, comme Thomas More, mais que vous dési-
rez une pédagogie. Il me paraît que vous rêvez les
moyens de réaliser de belles individualités avec lesquelles pourraient se faire de beaux gestes, de belles
actions, de beaux projets. De quoi permettre une
intersubjectivité moins laide. Et rien qui ressemble
à un Empire, une Nation, un Etat ou un Royaume.
Thélème vise et permet le seul empire sur soi.

Votre souci esthétique est manifeste : vous
n'aimez pas la laideur, quelles qu'en soient les
formes. Mon vieux maître, toujours lui, verrait là un
avatar renaissant du kalos kagathos hellène, et il
aurait raison. Car vous n'appréciez pas les dif-
formes, les tordus et les contrefaits. Les disgracieux
n'ont pas l'heur de vous plaire. Vous ne célébrez ni
les bossus ni les laiderons. A ceux qui vous deman-
daient ce qu'il fallait faire des femmes qui étaient
« borgnes, boiteuses, bossues, laides, défaites, folles,
insensées, maléficiées et tarées » — ce qui, conve-
nez-en, a toujours fait du monde —, vous répondiez

qu'on devait les destiner au couvent ou aux travaux de couture, à repriser les chemises. Savez-vous qu'aujourd'hui, avec pareils projets, vous créeriez pléthore d'emplois ? Quoi qu'il en soit, croyez-vous vraiment, que les surfaces des peaux ne sont telles que parce que l'intérieur les informe de la sorte ? Ou sacrifiez-vous aux masques, baroque avant l'heure ? La belle individualité qui a vos faveurs ressemble à l'homme de cour tel que le décrit Castiglione : modèle de virtù, excellent en tout, brillant dans la pratique des langues, pourvu d'un beau corps, sportif, habile, intelligent, musicien, élégant. Loin du goulag et des sociétés totalitaires, vous formulez le projet de belles formes individuelles, de beaux sujets capables de sculpter eux-mêmes leur propre statue. Y a-t-il projet plus louable ? Certes non. De mon côté, c'est ce à quoi je m'évertue, le sens de ce que j'écris et de ce que je pense, ce qui me fait vouloir l'existence avec gourmandise. Le trajet est ardu, on y chemine en solitaire. Mais peu importe.

Allez, il est temps de conclure, car je crains de vous importuner en étant plus long. Ceux qui n'apprécient ni Panurge ni ses moutons vous aiment et pour longtemps. Toujours il y aura de quoi entretenir la flamme thélémite dans quelque lieu et quelque époque que ce soit. Pour ma part, je tâche de m'y employer aujourd'hui et tant que mes forces me le permettront. Portez-vous bien là où vous êtes. Saluez Voltaire, embrassez Swift. Fraternellement vôtre.

45

OTTO MUEHL, DIONYSOS INCARCÉRÉ

Contaminés pendant de longues années par le nazisme, les pays qui ont eu à supporter la tyrannie brune, comme l'Allemagne et l'Autriche, ont généré des antidotes dont on n'a pas toujours mesuré à leur juste nature les effets, l'efficacité et la portée. Je ne pense pas qu'on puisse comprendre quoi que ce soit à l'esthétique de l'Actionnisme viennois, par exemple, sans le mettre un tant soit peu en perspective avec les apocalypses induites par le régime hitlérien : sang et graisse, peaux et chairs, squelettes et sacrifices, corps bafoués, viandes mutilées, sanies, souillures, ravalement des êtres à leurs composantes excrémentielles, matérielles et sauvagement corporelles. La lecture de *L'Espèce humaine* de Robert Antelme dit assez ce que furent les corps dans la cloaca maxima du Reich nazi.

Dans ce déluge de feu et de sang, d'acier déchiqueté et de cadavres abandonnés à la terre libérée par les troupes alliées, des hommes se sont réveillés consternés, avec le devoir et la tâche de vivre avec, de comprendre, d'expliquer ou de s'expliquer. Sur le mode dramatique de la compulsion de répétition sublimée, sur le terrain du déplacement des affects d'un monde réel à un autre stylisé par les simulacres, les Actionnistes viennois ont tâché d'avaler et de digérer sans régurgiter ces morceaux d'infamie, ces mémoires infernales. Souvent, on n'a pas compris le rôle cathartique de leur pratique, ni le fondement ludique, dadaïste ou tragique de leurs médiations. Les malentendus demeurent, et certains en paient encore le prix le plus élevé, dont Otto Muehl qui purge actuellement une peine de sept années de prison qui l'installent dans la peau d'un Sade d'aujourd'hui, mal lu, mal compris et persécuté pour des fautes qu'il n'a pas commises dans l'esprit et dans la forme qu'on lui impute.

L'adolescence d'Otto Muehl a été foudroyée par le nazisme : il a quatorze ans lorsque les troupes nazies envahissent l'Autriche. Disons plutôt, lorsque les Allemands du Reich sont accueillis à bras ouverts par la majorité des Autrichiens. Pendant sept années, il vit dans un Etat qui n'a pas caché son

402   *Le désir d'être un volcan*

mariage d'amour avec l'Allemagne hitlérienne. En 1944 et 1945, il est enrôlé dans la Wermacht et connaît successivement le front des Ardennes, les combats en Tchécoslovaquie et la déroute qu'il vit sur le chemin de la Sibérie. C'est alors qu'on le retrouvera, prostré, dans une vieille carcasse de voiture abandonnée en forêt, pétrifié dans l'attente de l'arrivée des troupes alliées. Lors de ses pérégrinations soldatesques, il a vu des cadavres emprisonnés sous la glace, des personnes qui s'enfuient en hurlant, les vêtements en flammes, des corps pourris et abandonnés sur place, d'autres, défigurés par les animaux en déroute. La mort, encore la mort, toujours la mort.

Revenu à la vie civile, il se met aux études, passe quelques diplômes, s'inscrit aux Beaux-Arts, peint dans la veine cubiste. Lors d'une exposition, il est converti au tachisme par Gunther Brus. Cette rencontre inaugure chez lui une période de ludisme formel (1961-1963) qui se caractérise par un jeu dionysiaque et jubilatoire avec les supports entendus comme prétextes à modifications, transformations, sinon destructions. Le châssis, la toile sont considérés avec la même expectative critique que chez les tenants, presque dix années plus tard, de Supports-Surfaces. La mise en pièces des toiles classiques et des plans qu'elle permet est une conséquence du cubisme qui lit le réel en volumes. Muehl installe son travail dans une dimension spatiale et réalise des sculptures dites bric-à-brac qu'on peut apparenter aux sculptures Junk et qui radicalisent, par exemple, les machines de Tinguely en osant davantage de dissolution des formes originales et dans lesquelles l'usage de matériaux métalliques est radicalement perverti. Les formes soudées, apparentées ou appariées visent exclusivement l'expression d'une énergie dont Muehl fera par la suite son perpétuel souci.

Du cubisme aux sculptures bric-à-brac, en passant par le nihilisme à l'endroit des supports tradi-

tionnels, Muehl affirme une recherche dont l'épicentre est la quête de la force, de la violence qui
anime le réel et des flux qui parcourent le monde.
Vers 1963, ses travaux le conduisent à ce qu'il
appelle l'action matérielle et qui lui permet, pour la
première fois, d'intégrer le corps comme un matériau esthétique effectif : il restera fidèle à cette
option. Dans les actions sont combinés des jeux, des
mises en scène, une théâtralisation d'événements,
un mélange des genres dans lesquels le corps est
grimé ou souillé de pigments, de liquides, d'ali-
ments. Des photographies témoignent de ce travail
dont on peut dire qu'il est propédeutique à ce qui,
dans l'histoire de l'art, est devenu classique sous
l'appellation d'Actionnisme viennois (1962 à 1973).

Les premières frasques actionnistes, à Vienne, ont
pour protagonistes Hermann Nitsch et Otto Muehl.
Sur le mode dadaïste et spécifiquement ludique —
une qualité dont jamais le second ne se dépar-
tira —, ils ont décidé de précipiter par la fenêtre
d'un bâtiment de plusieurs étages, un meuble rempli de pots de confiture. Pour cette sculpture
tachiste, en son genre, ils ont obtenu l'assentiment
amusé de la vieille dame qui habite l'appartement
hors duquel on escompte réaliser la précipitation.
En revanche, les forces de l'ordre ne l'entendent pas
de cette oreille et interdisent le passage à l'acte. Premier rendez-vous avec l'autorité...

En 1968, Otto Muehl rencontre un journaliste qui
lui confie ses désirs masochistes. Muehl explique
que l'Actionnisme permet d'intégrer pareilles pulsions, non pas sur le terrain de la répression et de la
contention, mais sur celui de la sublimation par
l'expression cathartique et la libération. Partant du
principe fouriériste qu'il n'est pas de mauvaises pulsions, mais qu'il faut tout simplement mettre en
relation les êtres qui peuvent mutuellement se satisfaire et réaliser leurs fantasmes, il organise une
action à l'université de Vienne. Le masochiste se fait
frapper par Muehl et, conjointement, des concours

de jet d'urine sont organisés pendant que Gunther Brus chante l'hymne national autrichien et que des jeux scatologiques alternent avec des profanations idéologiques. Le public est fort de trois cents personnes, dont Jean Genet. Personne ne trouvera à redire, sauf un journaliste en mal de reconnaissance sociale — il l'avoue volontiers aujourd'hui en privé — qui fournira les informations nécessaires pour qu'un recours en justice soit entamé. Oswald Wiener est relaxé ; Muehl condamné à un mois de prison ; Brus écope de six mois ferme. Il s'enfuira en Allemagne pour éviter de purger sa peine.

L'ambiance est délétère. Dans la capitale autrichienne, on ne comprend pas le dadaïsme subversif des Viennois, ni la charge cathartique et rabelaisienne de leurs théâtralisations ludiques. On n'appréhende leur travail que sous l'angle moralisateur et l'on condamne : outrage aux bonne mœurs, déviances mentales et sexuelles, perversions dangereuses, délires insupportables. Disons-le dans un langage d'aujourd'hui, les faits ne sont pas politiquement corrects. De sorte qu'à cette époque, quand on découvrira le cadavre d'une enfant abandonné aux alentours du Stadtoper de Vienne, on incriminera tout de suite les Actionnistes.

La conjonction de cette condamnation sociale unanime et d'un divorce dans sa vie privée conduit Muehl à expérimenter de nouvelles formes d'actions esthétiques qui relèvent, selon sa propre terminologie, du Post-Actionnisme (1973-1991). C'est le moment de la Commune entendue comme œuvre d'art à part entière, réalisation de ce que Frédéric Nietzsche appelait « les nouvelles possibilités d'existence ». La vie quotidienne s'y trouve esthétisée sur le terrain sociétaire et communautaire. La dernière action hors cadre communautaire aura lieu à l'Université Columbus, aux Etats-Unis (Ohio). Après celle-ci, Muehl entend se consacrer tout entier à la communauté qu'il fonde dans un appartement à Vienne et dans lequel se retrouvent une vingtaine de personnes de passage ou en résidence quasi régulière, pour partager le quotidien, les ressources, les projets, la musique, les enthousiasmes, les désirs et les plaisirs.

Les fondements théoriques de cette expérience sont Freud, Reich et Fourier. Avec *Malaise dans la civilisation*, le fondateur de la psychanalyse met en évidence les processus fondateurs de civilisation et de culture : castration, abandon des pulsions et des instincts au profit d'un collectif qui se nourrit de ce sacrifice, d'où le mal de vivre, les nausées sociales et les douleurs existentielles afférentes. Le pessimisme de Freud est dépassé par Reich qui voit dans l'action possible sur le social et les forces psychiques des moyens de réaliser une existence singulière plus équilibrée et une vie sociale, politique, plus harmonieuse. L'ensemble pouvant trouver sens, forme et incarnation dans une microsociété, sorte de Phalanstère fouriériste actualisé et organisé sur le mode libertaire.

Muehl met au point la théorie et la pratique de l'analyse actionnelle dans le dessein de théâtraliser les scènes primitives, les histoires anciennes cristallisées sous forme de lésions ou les affects qui traumatisent les individus qui sont partie prenante dans la Commune. La subversion est entendue comme une thérapie, et le jeu de rôle cathartique est promu jusque dans les rues de la capitale autrichienne : les Communards sortent en ville habillés avec des vêtements de fous, une tétine à la bouche, le crâne rasé et leurs montres réglées sur un emploi du temps fantasque. L'époque est au prosélytisme, la ferveur ne connaît pas de limites. Dans la communauté, des psychodrames sont joués et mettent en scène le cri primal et les pleurs sollicités, les affleurements et contacts corporels. Les pratiques régressives théâtralisées visent les retrouvailles avec soi-même. Dans un premier temps, le processus a pour objectif l'accès à la connaissance de soi afin d'entamer un cheminement qui doit conduire, dans un deuxième temps, au dépassement des conflits et à la dilution des névroses ou des problèmes psychiques. Dans une logique reichienne, Muehl tente la synthèse du Concept et de la Réalité, de l'Art et de la Sculpture sociale communautaire.

En 1974, la Commune achète Friedrichshof, une ruine à quelque quarante-cinq minutes à l'est de Vienne, à une encablure de la Hongrie. Les travaux sont entamés jusqu'à rendre les vingt hectares habitables par plus de trois cent cinquante adultes et cent vingt enfants. Les passages et allées et venues sont nombreux : six cents personnes s'installent pour une durée variable, mille passent un ou deux jours. Le lieu se propose d'être un laboratoire d'existence dans lequel se pratique, sur un mode dionysien, un freudo-marxisme revendiqué.

Côté freudien, l'assentiment est donné au penseur de la deuxième topique pour lequel le moi est un compromis, la résultante brinquebalante d'un perpétuel conflit entre les pulsions impérieuses du ça, le principe de plaisir, et les castrations efficaces du surmoi, le principe de réalité. L'inconscient, dans la société classique, est entendu comme une puissance négative, dangereuse, à mater. Dans la perspective communautaire, il est une force, une énergie à sublimer, positive, parce que génératrice et motrice des vitalités avec lesquelles on peut structurer une micro-société. Muehl propose de sculpter l'inconscient, et non de le briser, de solliciter en lui les formes adéquates et susceptibles de permettre un désir communautaire harmonieux. Reich invitait à pulvériser la cuirasse qui nous contient dans un corset psychique afin de réaliser un corps libéré.

Côté politique, les références sont plutôt à rechercher sur les terrains occupés par les socialistes utopiques, et plus particulièrement Fourier. Les développements fournis par le père du Phalanstère sur la sexualité généralisée et inventive, les passions papillonnantes exercées, les gastrosophies substitutives, l'action communautaire passionnée sont incarnés dans un réel transfiguré. Loin de viser la révolution dans son pays ou sur le mode international, Otto Muehl se propose la réalisation microcommunautaire sur l'éventuel mode de l'essaimage, mais sans souci prioritaire pour le prosélytisme planétaire. La Commune ne vise pas la disparition de l'Etat dans lequel elle s'exprime, en l'occurrence l'Autriche, mais l'existence à côté, ou en lui, sans haine ni mépris.

Le dessein communautaire est grégaire : la réalisation de l'individu n'est pensable que dans le groupe, par lui et pour lui. Le corps à promouvoir est le contraire de celui que veulent les fascistes. La dénazification s'instruit sur le mode cathartique dans l'Actionnisme, et sur le mode poétique dans la Commune. A Friedrichshof, les idéaux qui structurent le nazisme sont ouvertement battus en brèche : la Famille, la Patrie, le Sang, la Race, l'Etat, la Nation et l'Art figuratif. Les pratiques sont essentiellement communautaires, agrégatives et sans souci de la nation dans laquelle elles s'incarnent. La propriété privée est abolie, les biens sont communs ; pas de couples, la sexualité est libre ; pas d'enfants en propre, l'éducation est collective, les géniteurs sont inconnus et tous sont pères ; pas d'autorité fondée sur le charisme ou l'assentiment hypnotique, mais une répartition des responsabilités en fonction des compétences, la situation occupée dans la place étant révocable par simple vote collectif et direct. Enfin, dans le groupe, l'Art est fédérateur : confondu à l'existence, il suppose l'esthétisation de la vie et induit théoriquement la réalisation du quotidien comme une œuvre d'art. L'art ne sert pas, il n'est pas pris en otage pour dire une idéologie d'Etat, il n'est ni réaliste socialiste, ni réaliste national-socialiste, ni même social-populiste, car il est métaphysique, poétique au sens grec, créateur de forces et de formes existentielles.

Le fonctionnement de la Commune a été dialectique, la théorie et la pratique se fécondant mutuellement, chacune son tour. Une fois, l'idée est invalidée, consolidée ou éclairée par une pratique ; une autre fois, c'est l'inverse. Le quotidien est un vaste terrain pour le mouvement. Aussi, quand il faudra faire face aux problèmes financiers, la Commune décidera que certains travailleraient à l'extérieur pour rapporter à la communauté les finances nécessaires aux travaux d'architecture et d'agrandissement des locaux, à l'entretien des structures déjà existantes, au fonctionnement de tous les jours. D'aucuns voient dans cette décision prise en 1978 — l'équivalent de la NEP chez Lénine — le début de la fin. Car l'efficacité des personnes mandatées pour cette quête d'argent fut telle que l'aisance matérielle vint rapidement. Et avec elle les revendications de ceux qui apportaient le magot et exigeaient conséquemment une puissance accrue dans le groupe.

Dans la Commune, le pouvoir était organisé, selon les vertus proposées par Otto Muehl et pour lequel l'Art est le concept, sinon central, du moins fédérateur de l'ensemble des pratiques, actions et comportements. Les demandeurs de pouvoir qui se proposèrent sur le mode substitutif le firent au nom de leurs valeurs, à savoir celles que l'argent permettait : abolition de la propriété collective avec possibilité de profiter personnellement des biens acquis ; sexualité monogamique en couple avec désir d'enfants en propre, pouvoirs de décision confiés aux détenteurs de finances en relation avec leur poids sur le budget. L'esprit de la Commune était atteint dans son principe, l'argent manifestait le retour du refoulé et l'émergence des instances analysées par Engels dans *L'Origine de la famille, de la propriété privée et de l'Etat*, à savoir toutes les variations sur le thème des exploitations mutuelles.

Par ailleurs, Friedrichshof fonctionnait ouvertement sur le modèle léniniste de l'avant-garde éclairée, en l'occurrence les proches d'Otto Muehl, comme fer de lance de l'action et de la pratique. Certains disposaient de plus de pouvoirs que d'autres et le ressentiment n'a pas manqué d'apparaître. La domination de Muehl comme Père et figure d'Autorité positive, comme amant, compagnon et théoricien, comme fédérateur et dispensateur du sens communautaire a induit un désir de crime, de meurtre rituel. Presque sous forme paradoxale, on pourrait dire que la Commune a succombé à une nécrose d'une double nature susceptible d'être explicitée par les catégories freudiennes et marxistes : les fils ont tué le père primitif, en retournant le mythe fondateur, d'une part, et les bourgeois, ceux qui possèdent les moyens de production, ont instauré leur pouvoir sur les prolétaires, les artistes, ceux qui ne possédaient rien d'autre que leur force de travail. Triomphe, in fine, des vendeurs de culpabilité, les premiers ; puis succès des promoteurs de l'exploitation par le travail, fomentateur des inégalités sociales, les seconds.

La Commune est dans cet état de précarité, dans cette crise identitaire, lorsque surgissent les faits qui, réunis sous de sinistres auspices, conduiront Otto Muehl en prison. Précisons. Depuis dix-sept ans, la sexualité est libre à Friedrichshof. Tous ceux qui sont là ont choisi, ils ont passé un contrat moral avec la communauté : on n'y vit ni contraint, ni forcé, mais en vertu d'un principe d'adhésion susceptible d'être sans cesse remis en cause. Le contrat synallagmatique, ce que Stirner appelle l'association d'égoïstes, fonctionne ouvertement. D'ailleurs, la Commune aide tous ceux qui veulent la quitter et, dans la mesure du possible, finance en partie leur installation et leur reconversion.

C'est donc avec l'accord des parents que Muehl entretient une relation amoureuse et sexuelle avec deux jeunes filles de quatorze et quinze ans. Des toiles entreposées aujourd'hui à la communauté témoignent de la qualité de la relation entretenue, de part et d'autre, par Muehl et l'une des deux jeunes filles. Voyant là l'opportunité de manger le père, pour le dire comme le Freud de *Totem et*

Tabou, quelques-uns, dont les parents qui ne
s'étaient jamais plaints, par ailleurs, de leur statut ni
de celui de leurs filles, ont mis en place un piège qui
devait se refermer sur Muehl. Plainte fut portée
pour sexualité abusive. Les autorités politico-judi-
ciaires, soutenues par l'assentiment populaire,
eurent le triomphe facile. Le procès fut tenu comme
s'il s'était agi d'une sorcière persécutée en plein
Moyen Age.

La jubilation des bien-pensants fut à son
paroxysme lorsque la sentence tomba : sept années
ferme. L'épouse d'Otto Muehl, quant à elle, fut incar-
cérée un an en préventive : elle avait alors trois
enfants, dont une jeune fille handicapée et un bébé
en cours d'allaitement. Invitation lui fut faite, sur le
mode de l'injonction, de divorcer de son époux et de
s'engager à ne plus entretenir de relation avec lui.
Elle est actuellement en résidence dans le sud de la
France, obéissant aux autorités autrichiennes,
n'ayant aucune nouvelle de son mari qui, lui, n'en a
aucune de ses enfants — ni correspondance, ni téléphone, ni visites. De son côté, Otto Muehl purge sa
peine. Longtemps, il lui fut impossible de sortir des
dessins de sa cellule. Aujourd'hui, on autorise qu'ils
franchissent les murs de la prison. Il travaille, lit de
la philosophie, anime un groupe de lecture avec des
personnes qui ont commis des crimes de sang,
exprime son intérêt pour le monde extérieur avec
une vitalité toujours débordante et un humour qui
est resté radical. La santé mentale et l'énergie qu'il
me montra au parloir de sa prison viennoise m'ont
particulièrement saisi.

Son travail carcéral s'inscrit dans une perspective
nouvelle que j'appellerais volontiers primitive. Ce
primitivisme esthétique (depuis 1991) manifeste un
parti pris évident pour la brutalité, la naïveté et la
narration. Le support et les moyens sont induits par
la précarité des conditions de travail : craies grasses
de couleur sur papier aux formats identiques. La
thématique de Muehl est récurrente. On trouve,

dans cette période, la même dérision, le même
humour que dans ses actions ou dans la théâtralisation des affects. Il s'exprime dans les citations et le
traitement des informations fournies par l'histoire
de la peinture. C'est ainsi que son œuvre intitulée *La
Broyeuse de chocolat* manifeste, certes, le clin d'œil
à Duchamp, mais réalise aussi le déplacement dans
l'ordre idéologique, puisqu'elle représente une boîte
crânienne ouverte en coupe, remplie, par un fondement la surmontant, d'une matière fécale régurgitée
calibrée par la bouche. Belle métaphore. Ailleurs,
parodiant la seule onomastique de Picasso, la série
des *Demoiselles d'Avignon* montre des femmes aux
formes emblématiques aux prises avec des rats qui
les assaillent et qui sont, ici complices libidineux, là
victimes expiatoires.

Partout, le corps est fantasmé dans une débauche
de chair suggestive : seins, vulves, cuisses, ventres,
croupes et bouches lascives rappellent les formes
sublimées des Vénus de la préhistoire. Les accouple-
ments sont mis en perspective avec des scènes scatologiques où défécations et compissages sont mon-
trés à satiété. Les sujets sont d'un vérisme exacerbé
induit par la situation carcérale de Muehl : inté-
rieurs de cellule dans le détail de leur agencement
ou de leur pauvre mobilier — toilettes, lavabos,
papier hygiénique, pelle, balai, produits d'entretien —, figures et portraits patibulaires de ses
compagnons de cellule.

Le trait est simple. La volonté naïve, sinon simpliste, de représenter la régression et le dénuement
de manière picturale génère un style critique et
ouvertement narratif qui relève des mythologies personnelles. L'objet d'art habituellement fétichisé par
le marché est ici dépourvu d'attraction et de séduction au profit de la seule charge idéologique. Le traitement esthétique montre une métaphysique à
l'œuvre. Elle désigne, par exemple dans le glissement du visage du prisonnier vers le simiesque, une
fulgurante protestation, vigoureuse, contre les

conditions d'emprisonnement animales et ani-
malisantes. On songe aux thèses exprimées par
Michel Foucault dans *Surveiller et Punir* ici illus-
trées sur le mode expressionniste, émotif et plastique, avec toute l'efficacité immédiate, hors médiation réflexive, que cela peut susciter.

Dans l'histoire de l'art, certes on songe aux néos
de notre époque : néoexpressionnisme pour le traitement et l'exaltation en force du sens ; néofauvisme
pour le recours aux exacerbations colorées, aux
vivacités de vibrations picturales ; néokitsch pour la
volonté affirmée de mauvais goût et de complaisance à l'endroit du sale, du malpropre, du dégoûtant, y compris sur le terrain du traitement de
l'information, ce qui fait inévitablement songer au
courant Bad-Painting. Quoi qu'il en soit, transcendant toutes ces références, avouées ou non, Muehl
ne perd pas de vue sa thématique de toujours : les
corps et leur énergie, les chairs et leurs vitalités,
l'érotisme et la sensualité. Dionysos est son dieu de
prédilection, l'orgiaque, la modalité de son culte.

Otto Muehl a franchi ses soixante-dix ans. Dans le
même temps, l'Autriche aura célébré Hermann
Nitsch, autre enfant terrible de l'Actionnisme viennois, en lui décernant un prix d'Etat et, consécration
suprême, en montrant ses œuvres au pavillon officiel autrichien à l'exposition universelle de Séville.
Par ailleurs, elle aura donné dans l'excès d'indignité
à l'endroit de celui des Actionnistes qui a toujours
opté, non pour le nocturne, mais pour le solaire,
non pour Thanatos, mais pour Eros, non pour la
macération religieuse ou ascétique, mais pour la
libération païenne et hédoniste. Amoureux du corps
des femmes et de la liberté, de la vitalité et des énergies qui débordent, de la souveraineté et de l'excès,
de la dépense et de l'érotisme, pour le dire dans les
catégories de Georges Bataille, sculpteur de parts
maudites, artiste de l'existence, Otto Muehl a illustré, dans l'Actionnisme viennois, une modalité

solaire de l'action, une pratique vertigineuse destinée à éclairer la vie quotidienne.

Aujourd'hui, il pense la Commune dans sa dimension globale et réfléchit sur ce qui a fait s'effondrer l'utopie : accepter tout le monde, sans distinction ? Laisser l'argent prendre une place trop importante ? N'avoir pas assez libéré la parole et l'expression des tensions à l'endroit du pouvoir ? Avoir laissé se creuser un fossé trop profond entre l'avant-garde active et les autres, trop passifs ? Ne pas avoir limité le nombre des Communards ? Ne pas avoir assez estimé le rôle du ressentiment, des comportements réactifs et des envies dans le groupe ? Un peu tout cela, certainement, mais rien de très précis hors une convergence de la négativité.

La Commune est aujourd'hui veuve de son mentor. Quelques-uns sont restés fidèles et montrent que, peut-être, la solution aurait été dans l'aristocratisation des relations, des rapports et des singularités. Vraisemblablement, il aurait fallu une volonté moins optimiste et moins utopique, plus réaliste, qui prenne en considération la difficulté de la tâche et la nécessité de choisir ceux qui pourraient s'intégrer dans une pareille expérience. Car si Duchamp a raison en affirmant que c'est le regardeur qui fait le tableau, il suppose, par conséquent, qu'il faut une nature artiste pour saisir la dimension esthétique de tout projet esthétique, y compris l'entreprise communautaire de Muehl. A défaut, le lien n'est pas artistique, le projet n'a rien qui relève des beaux-arts, dans son sens radicalement contemporain.

Reste un homme en prison dont le travail est, de la sorte, rendu quasi impossible : pas de contacts avec les autres artistes, les galeristes, les critiques et les journalistes spécialisés, les uns et les autres, la vie. Pas de lectures faites au hasard, de rencontres inopinées, d'enrichissements mutuels. Pas de discussions avec ses amis de l'Actionnisme, pas d'émulation. Pas de sexualité, pas de contacts avec sa femme et ses enfants, ses amis. Pas d'espoir, non plus. Le silence et la chape de plomb.

Faut-il que les tenants d'une catharsis radicale et jubilatoire soient indésirables pour qu'on leur réserve la seule geôle en forme de réponse à leur entreprise esthétique de dénazification ! Que veut-on, au-delà des apparences et des discours convenus ? Epargner les uns, passer les autres sous silence, entretenir l'ombre et les spectres, nourrir les fantômes et les bêtes aux ventres encore féconds ? Toujours est-il qu'aujourd'hui, en Autriche et ailleurs, le silence est entretenu, sinon fabriqué. D'autres se contentent de jeter le discrédit sur le travail de Muehl et n'appréhendent pas son trajet en dehors des insultes, du mépris ou du dédain — en un mot de la morale. Personne ne souhaite comprendre, ni se faire expliquer. Tous condamnent, ou la plupart. Jamais la moraline nietzschéenne n'aura produit autant d'effet ni formé d'écran entre la réputation sulfureuse d'un homme et son travail effectif sur près d'un demi-siècle.

Une dernière précision : quand le marquis de Sade est mort dans sa prison de Charenton, il avait l'âge qu'aura Otto Muehl lorsqu'il sortira de prison, si sa peine n'est pas adoucie d'ici là. Nous sommes quelques-uns qui connaissons et soutenons le travail de Muehl, craignons la pertinence des thèses qui magnifient l'éternel retour du Même et savons que la barbarie se conjugue éternellement sur plus d'un mode.

46

DON JUAN, CARMEN ET MOI-MÊME

J'ai désiré Séville pour le Guadalquivir et son eau, la couleur du fleuve et le ciel au-dessus de lui, pour les feuillages découpés des palmiers et les taches jaunes des citrons dans les arbres qui les portent, pour le vin de Carmen et les ivresses douces qu'il procure, pour les odeurs d'arène et le sang qu'on y répand, pour les parfums entêtants venus des buissons ardents sous la chaleur, pour la horchata et l'impression des champs de blé ou d'orge qu'on avale, pour entendre les heures sonner au clocher de la Giralda, pour les remparts près desquels habitait Lillas Pastia. J'ai souhaité Séville pour comprendre Manuel de Falla et saluer Sénèque, pour les capes blanches des moines de Zurbaran, pour les sculptures sur bois qui font douter des peaux martyres, pour tomber amoureux des larmes de la Macarena et pour goûter là-bas le sublime Vega Sicilia pareil au sang des taureaux. J'ai rêvé Séville pour y prier Don Juan, pour y fêter Carmen, pour y trouver mon âme.

Et j'ai trouvé, tard dans la nuit, la quintessence de l'Andalousie dans un bar étrange où dansaient un nain au sourire de faune, une sexagénaire qui montrait ses vieilles cuisses, une obèse qui ruisselait de graisse et de sueur, un genre de travesti aux vêtements de femme et au visage d'homme, des jambes épaisses, des gros seins, énormes, dantesques, des ventres qui tremblaient comme de la gélatine, des décolletés contenant mal les chairs roses et les viandes adipeuses. Goya, du Goya au beau milieu de la nuit andalouse éclairée par la bouteille de manzanilla descendue en douceur sous la moiteur des auspices blêmes. Buveurs fantasques, sorcières en sabbat, bandits en goguette, sorcières flanquées de leurs boucs, fous et pestiférés tombés dans les brasiers de la raison, guerriers assassins et vieilles peaux au bord des abîmes, portraits de dégénérés dévorant leurs enfants — la nuit montrait de Séville une variation sur le thème de l'ombre, et j'aimais ces nuitées grotesques.

Dans les rues, de retour vers mon hôtel, je songeais aux taureaux endormis et aux toreros alités

avec la mort, j'imaginais les mânes des marins partis vers les Indes, les os secs de Christophe Colomb
dans l'immense vaisseau gothique de pierre où il
repose, je pensais aux trois cents maisons de jeu et
aux trois mille bordels qu'on prêtait à Séville quand
on l'appelait Mare Magnum, Babylone castillane ou
Le Caire espagnol, à l'époque de Cervantes. Au beau
milieu de la nuit, devant le tourniquet de l'hôtel, des
éclairages blancs et puissants, froids et coupants
hystérisaient le tournage d'un film. J'avais dans la
bouche, encore, le goût du gazpacho, poivron et ail,
puis celui de l'iode des verres de manzanilla avalés
dans la douceur d'un temps étiré, lent et joyeux. Des
fusées dans le ciel, les cuivres d'une fanfare, des costumes militaires, un chariot d'argent et une vierge
sous un dais de matériaux précieux, une foule qui
chantait, avançait, marchait, s'arrêtait — le souvenir
me revenait d'une procession dans laquelle je fus
emporté, mon corps contre celui de ceux qui chantaient la mère du Christ. Je me sentais au cœur de
l'Espagne, comme on se trouve dans les viscères
d'un animal.

Le lendemain, dans les salons de l'hôtel
Alfonse XIII, je goûtais les charmes surannés d'un
endroit où l'on s'attend à croiser Lorca ou
Hemingway, El Cordobès ou Maria Callas, alors
qu'un pianiste s'évertuait à ne pas s'effondrer sur
l'ivoire des touches, terrassé par une immense et
impérieuse indolence. Manzanilla de Sanlùcar,
encore, et Fino accompagnés de tapas d'olives.
Bourgeois en famille, vieillards décrépits disposant
de plus d'argent sur leur compte que de temps leur
restant à vivre, Américains vêtus comme des
enfants, touristes sages comme des images et ser-
veurs assurant dans leurs gestes, leurs mouvements
et leur chrorégraphie que, véritablement, la vie est
un songe. Les bruits et les sons arrivent feutrés, les
allées et venues semblent réglées par un maître de
ballet, l'espace est à profusion, le bar hanté par une
ou deux consciences grises, âmes en peine accro-

chées au zinc de luxe. Whiskies et cigarettes blondes, haleines chargées et membres flasques, visages livides et corps errants. La nuit va bien aux défigurés.

Dans le patio de l'hôtel, j'avise une belle femme en tailleur rose, française, flanquée de son mari et de deux enfants, un garçon et une fille, Don Juan et Carmen peut-être. Famille idéale, caricature d'instinct grégaire, raccourci d'idéal communautaire. L'idée de la perspective dépravée dans *Théorème* de Pasolini m'effleure l'esprit. Entre la haute couture de leurs vêtements et leurs gestes policés, la tenue raide et guindée de leurs chairs tristes et leurs faciès inexpressifs, j'avais envie de faire réapparaître mon cortège de la veille au soir : nains et bougresses, obèses et fous, adipeuses, travestis, vieilles femmes et trisomiques, un peu de Dionysos au milieu de ces terrains abandonnés à Apollon ; un peu de la folie des vins de Jerez ou de cette hémoglobine épaisse des arènes de Vega Sicilia qui laisse en bouche des saveurs spermatiques de début du monde ; un peu de Buñuel dans cette église aux parfums d'encens et de myrrhe.

Mon regard s'arrêta sur le drapeau andalou aux bandes vertes et au fond blanc sur lequel se découpe une silhouette que je me refusais d'abord à reconnaître comme étant celle d'Hercule. Pourtant, on pouvait y retrouver ses attributs caractéristiques à savoir la peau d'un lion sur le dos, les pattes du félin croisées sur la poitrine de l'homme, deux fauves à ses pieds, une massue dans les mains. L'idéal des cyniques de l'Antiquité grecque, le modèle du *éroé di virtù* de mon Condottiere, le tragique et ridicule époux d'Omphale, reine de Lydie, sur un drapeau, emblème d'une province ! J'avais peine à le croire, et il me plaisait que Séville fût placée sous le signe de ce parangon d'énergie pour lequel j'ai la plus vive affection.

Me renseignant des raisons pour lesquelles on retrouvait là le vainqueur des douze travaux, j'appris qu'en forme de treizième ouvrage on lui prêtait également la fondation de Séville. En effet, le mythe enseigne que l'antique cité a vu le jour grâce aux efforts de Melquart, une divinité sémitique assimilée à Hercule dont les colonnes qui ferment hypothétiquement le monde méditerranéen sont situées non loin, à Gibraltar. Ainsi, le héros qui commença sa carrière en étouffant des serpents dans son berceau, la continua en combattant le lion de Némée, l'hydre de Lerne, le sanglier d'Erymanthe, les oiseaux du lac Stymphale, le demi-dieu qui captura la biche de Cérynie, nettoya les écuries d'Augias, dompta le taureau de Crète, enleva les juments de Diomède, subtilisa la ceinture de la reine des Amazones, déroba les bœufs de Géryon, s'empara des pommes du jardin des Hespérides, cet être-là fut aussi le fondateur de Séville ! Aux enfers il descendit pour affronter Cerbère et ramener Alceste, aux côtés des Argonautes, il combattit avec ardeur, dans les sièges de villes, il fut sans une inflexion dans la vigueur, contre les Lapithes et les Centaures, il batailla, et Séville il ajouta ! Nul étonnement, alors, qu'on trouve dans la cité andalouse ces centaures, ces créatures mi-hommes mi-taureaux, ces masses de chair et d'énergie venues des ganaderias crétoises, échappées des labyrinthes et sollicitant le courage des hommes.

Nul étonnement, non plus, qu'à Séville soit née Carmen, car elle est à mes yeux parfois sœur d'Omphale. Omphale, reine de Lydie, figure en négatif et en creux de la piéta, est à l'origine de l'inversion des valeurs sexuelles classiques, car elle associe les femmes à l'action, la décision, la possession, tout en renvoyant les hommes à la passivité, la soumission et l'obéissance. Dans la grammaire des objets omphaliens, on trouve le tambourin frappé sur une peau de bête, vraisemblablement sur le mode lydien dont on prétendait, Platon du moins, qu'il amollissait les âmes soumises à son écoute. Puis un rouet avec lequel Hercule file la laine. Car le héros a perdu toutes ses qualités, il a d'ailleurs abandonné ses accessoires, la peau de lion et la massue, à la reine qui l'a soumis. Hercule foudroyé, et c'est le sourire d'Omphale : la séduction, le désir et le plaisir joués par la Lydienne sont jeux de mort qui conduisent à des abîmes. Castration, arrachement du phallus et section des génitoires, la femme qui décide de posséder le héros fait de lui ce qu'elle veut par l'usage du plaisir qu'elle manie comme une arme tranchante et redoutable. Castré, châtré, entravé, humilié, dépouillé de sa virilité, défait de son énergie, l'homme qui subit le désir d'Omphale n'a plus qu'à se préparer pour le pire. De Carmen, cette mise en garde qui pourrait être d'Omphale : « Si je t'aime, prends garde à toi... »

Si Carmen me semble un écho occidental du mythe grec, une variation andalouse sur le thème hellénique, elle me fait également songer à Don Juan dont elle est la formule femelle. Carmen est sœur d'Omphale et de Don Juan, car ces trois figures du désir ne veulent rien d'autre que lui et ne respectent rien de ce qui l'entrave. Sous la plume de Nietzsche, Carmen représente « l'amour cynique, innocent, cruel » — comment mieux dire qu'elle est Don Juan fait femme ? Mérimée, pour sa part, l'invente belle et jeune, insolente, petite et bien faite. Peau cuivrée, yeux obliques, lèvres un peu fortes, bien dessinées, dents blanches. Au moral, elle est une louve à l'œil cruel, sa volonté est sauvage, sa volupté débordante et sans frein, son désir d'indépendance inextinguible, le tout est à l'œuvre dans un mélange étrange. Le sexe, le sang, la mort.

Dans la fabrique de cigares — l'ancienne manufacture de tabac devenue rectorat de l'université de la ville — Carmen travaille avec plus de trois mille ouvrières et quelques centaines d'hommes. L'atmosphère est tiède, le travail répétitif, et l'on roule les feuilles venues d'Amérique sur ses cuisses. On ne sait ce qui justifia la rixe, mais Carmen s'en fut chevaucher une femme dont elle taillada le visage avec un couteau pour lui inscrire des croix de Saint-André sur la face. Cruelle, déterminée, volontaire, ne s'en laissant point conter, Carmen qui fera le malheur de Don José lui apparaît un vendredi, jour chargé en symbole puisqu'il est celui de la passion du Christ en même temps que celui de Vénus dans le calendrier grégorien. Crucifixions et sacrifices à la déesse de l'amour en perspective...

Dans le court temps du récit de Mérimée, on connaît à Carmen une ribambelle d'amants, tous ou presque choisis dans le monde mêmement interlope des brigands et des militaires. Outre le mari, le romi, borgne et malfaiteur, la bohémienne a également jeté son dévolu sur un picador, ce qui n'est pas sans intérêt ni signification. J'y reviendrai. Libre et insouciante, cynique, innocente et cruelle, pour le rappeler en termes nietzschéens, elle n'a de loi que son caprice. Elle dit ce qu'on pourrait entendre dans la bouche de Don Juan : « Je ne veux pas être tourmentée ni surtout commandée. Ce que je veux, c'est être libre et faire ce qui me plaît. » Et plus loin : « Lorsqu'on me défie de faire une chose, elle est bientôt faite. » Ni l'argent, ni les honneurs, ni le pouvoir, ni les richesses ne sauraient l'entraver. Ni la crainte du ciel et des enfers, le bien ou le mal, pas plus le Moine bourru cher à Sganarelle, car elle ne croit en rien d'autre qu'en son bon plaisir, cette arithmétique en vertu de quoi deux et deux font quatre.

La mort, peut-être ? Pas plus elle ne la craint, pareille en cela à Don Juan qui la brave en duel ou dans les églises, dans les cimetières ou devant les spectres. Ni Dieu, ni maître hors Eros, car Thanatos n'est qu'un fantoche qu'on doit mépriser. A Don José qui menace de lui retirer la vie, elle dit : « Comme mon rom, tu as le droit de tuer ta romi ; mais Carmen sera toujours libre. » Dans l'alternative la liberté ou la mort, Carmen a choisi. En cela elle est libertine car elle ne met rien au-dessus de la liberté. Comme Don Juan chez Molière elle pourrait dire :

« J'ai une pente naturelle à me laisser aller à tout ce qui m'attire. » Voilà pourquoi elle ment, charme, séduit, ruse, vole, joue, trompe, puis abandonne. Voilà aussi pour quelles raisons, quand on est amoureux d'elle, on peut bien arriver à en boire le calice jusqu'à la lie. Omphale, encore et toujours.

A Don José, qui épousera toutes les causes tordues de Carmen par amour pour elle, elle dira : « Tu as rencontré le diable. » A Elvire, Anna, Mathurine ici, à Isabelle, Aminte, Bélise là, ailleurs aux six cent quarante Italiennes, aux deux cent trente et une Allemandes, aux cent Françaises, aux quatre-vingt-onze Turques, aux mille et trois Espagnoles, Don Juan pourrait également le répéter. Aux comtesses et aux soubrettes, aux paysannes et aux femmes de chambre, aux villageoises et aux princesses, aux blondes et aux brunes, aux jeunes et aux vieilles, aux grandes et aux petites, aux vierges et aux catins, aux riches et aux pauvres, aux laides et aux belles, il pourrait le dire : je suis le diable, un ange déchu, un ange hédoniste qui a perdu le royaume céleste pour avoir préféré la liberté, la rébellion, l'autonomie, l'indépendance et la solitude.

Hercule, Don Juan et Carmen ont tous partie liée avec Séville : le demi-dieu a créé la ville qui elle, à son tour, a engendré les deux héros. La littérature avec Tirso de Molina et Mérimée a produit des figures qui accéderont à l'opéra, à mes yeux consécration pour un mythe. Fischer-Dieskau en Don Juan, Maria Callas en Carmen ont donné à ces pures formes esthétiques des chairs, des voix, des allures et des silhouettes. Date de naissance de ces formes ? La vulgate fait remonter le premier Don Juan à Tirso et donne pour modèle à cette histoire ce qui est arrivé à Don Miguel Mañara Vincentelo de Leca. Or, un minimum de renseignements chronologiques suffit pour constater que la pièce de théâtre a été écrite aux alentours de 1620 alors que le prétendu Don Juan de chair et d'os est âgé de trois ans ce qui, convenons-en, est court pour commencer une carrière de séducteur. Pour faire bonne mesure, en guise d'ancêtres, on ajoute parfois Don Pedro, Don Juan Cristobal Tenorio ou Villamediana. Peu importe, ce qui me plaît, c'est de retenir que, non content de n'avoir pas inspiré le mythe, Don Miguel de Mañera a été, en revanche, envoûté par celui-ci.

En effet, le texte préexiste à Miguel de Mañera quand il court la gueuse, la roturière et la marquise dans la Séville aux trois mille bordels. *L'Abuseur de Séville* est le bréviaire de l'homme dont on a longtemps cru qu'il en était l'inspirateur. Séductions, duels, mensonges, tromperies, meurtres, libertinage effréné, Don Miguel de Mañera défraie la chronique andalouse avant de succomber, comme tous ceux qui sacrifient au donjuanisme, d'abord en rencontrant une Omphale en son genre, ensuite par le jeu d'une inversion de valeurs, enfin, en entrant dans les ordres religieux.

Omphale avait pour nom Doña Jeronima Carrillo de Mendoza. Don Miguel de Mañera l'épousa et devint alors une caricature de bourgeois allant jusqu'à entrer au conseil municipal de Séville tout en s'acquittant de ses charges honorifiques, judiciaires et d'ambassade. Don Juan, mort au donjuanisme, s'occupe de ses propriétés, surveille ses oliviers, ses orangers, ses vignes et ses champs. Omphale trépassa d'on ne sait quel mal, son époux succomba à la plus profonde des mélancolies avant d'entrer au couvent des Frères de la Charité.

Dans les nuits de mon hôtel sévillan, j'ai lu son sinistre *Discours de la vérité* dans lequel, en bon baroque, il vénère d'autant la mort qu'il s'est mis à haïr la vie. Le corps n'est plus que chair destinée aux vers, à la pourriture, à la décomposition, à la poussière, l'existence n'est rien si elle n'est pas consacrée tout entière à préparer sa place près de Dieu, les désirs et les plaisirs sont péchés qui éloignent de l'essentiel. D'où la conclusion qu'il faut mourir dès à présent, et vivre dans le monde comme si déjà on n'en était plus. A Juan Valdès Léal, son ami peintre, il demandera deux peintures édifiantes dans lesquelles on retrouvera le même contenu que dans son livre : un cadavre pourrissant dans son cercueil ouvert, rongé par la vermine, parcouru par des insectes coprophages est même représenté avec le visage de Miguel de Mañara. *Finis Gloriae Mundi*, enseigne la peinture qu'on peut voir aujourd'hui à l'hôpital de la Charité.

J'ai voulu voir ces œuvres, l'hôpital et la tombe de Miguel de Mañera ouverte sur le parvis de l'édifice religieux de sorte qu'on doit la fouler pour se rendre dans l'église. Sur la pierre tombale, on peut lire : « Ici gisent les os et les cendres du pire homme qui fût au monde. Priez pour lui. » Quel immense et éternel orgueil chez les chrétiens ! De quelle arrogance et de quelle prétention ils sont capables lorsqu'ils portent leur humilité en bandoulière ! « Le pire homme qui fût au monde », ce Don Juan défroqué, converti aux fumées célestes par la première pimbêche rencontrée dans un couvent, ce prétendu diable rendu à la cause des prêtres dès le premier cotillon aperçu !

Dans l'hôpital, de vieilles carcasses séchaient au soleil andalou, des vieux agrippaient et collaient leur oreille à un transistor crachouillant des inepties tant que durent les piles du mauvais appareil, des déchets avachis dans des chaises roulantes bavaient sur leur menton, des débris attendaient la mort assis sur un banc, réchauffés par les premières lumières du printemps, et moi, au milieu de cette cour des miracles, j'étais accroché comme un singe derrière les barreaux qui me séparaient du parvis, de l'église, fermée, des toiles de Valdès Léal, et de la tombe de Mañara. Simiesque dans ma posture, je regardais de loin cette pierre que j'aurais voulu fouler non pour rappeler aux mânes du pécheur qu'il l'avait été, mais pour lui signifier qu'il avait eu tort de ne pas le rester...

Car ce qui sanctifie une carrière de libertin n'est ni le mariage, ni la vieillesse qu'on attend patiemment, accroché à soi comme à une antique relique, mais la mort. Et Don Juan tout autant que Carmen meurent. Voilà pourquoi ils sont de Séville, de ce lieu où toute existence est théâtre, certes, songe, bien sûr, mais surtout corrida, évidemment. Tous deux, avers et revers de la même médaille, mâle et femelle d'un destin identique, ils vivent dangereusement, s'exposent à la corne du taureau et savent qu'ils peuvent y perdre la vie. Mieux, sachant cela, ils courent encore et plus le risque puis perdent, c'est-à-dire gagent le droit de devenir des mythes et de s'inscrire dans la voûte étoilée sous la constellation lumineuse des libertins, de ceux qui n'ont pas succombé à la tentation du renégat. L'un reçoit le coup de corne comme l'autre, à force de trop grandes proximités avec le risque, pour être allé trop dangereusement au-delà des limites, là où danse la mort.

Don Juan et Carmen inventeurs mythiques de la corrida ? Pourquoi pas, et ce sous la divinité tutélaire d'Hercule et d'Omphale, du demi-dieu qui dompte et de la reine qui dompte le dompteur, comme parfois le taureau destiné à la mort inverse les rôles et se fait l'acteur d'une transvaluation des valeurs, tuant celui qui devait le tuer. Et puis, j'aime me souvenir que Hercule a combattu le taureau de Crète, qu'il eut pour maître le centaure Chiron, ce mélange d'animal et d'homme, corps de taureau, buste anthropomorphe, ou qu'enfant et affamé, ce parangon d'énergie tua un bœuf pour s'en nourrir. Lorsque Neptune envoya le taureau contre Minos, on pouvait craindre le pire : éléments déchaînés, puissance redoutable, violence et force mélangés impossibles à contenir, ravages. Et pourtant, Hercule se fit tauroctone, comme plus tard les desservants du culte de Mithra, comme aujourd'hui les matadors dans l'arène solaire.

D'où mon hypothèse filée : l'art de la séduction est corrida — et non l'inverse. Cette tragédie en trois actes me fait toujours songer aux manœuvres de

Don Juan et de Carmen, à celles de tous ceux qui pratiquent le donjuanisme. D'abord, premier acte, lorsqu'il entre dans l'arène, aviser l'animal, juger sa vaillance, imaginer ses capacités, supputer ses potentialités, étudier son comportement, quêter des signes qui permettront de savoir son caractère, son tempérament : qui est-elle cette victime à venir ? A quoi ressemble-t-elle ? Attendre pour apprendre, juger, jauger. Mettre en scène les passes de cape pour circonscrire les limites de la détermination de l'animal, trouver les formes et les architectures de sa bravoure. Arrivent alors les piques, instruments de l'acte inaugural. Piques chez Don Juan et Carmen le jeu du regard, les mouvement d'yeux et les sourires, les inflexions de la voix, la rhétorique et le verbe séducteur.

Ensuite, acte deux. Après papillon et lanterne, éventail et pont tragique, après l'esthétique des signes, du regard et des messages infinitésimaux, il s'agit d'induire une esthétique de l'allégresse. Les piques infligées, on s'inquiète de l'état de la victime : combative ou fatiguée ? alerte ou épuisée ? vindicative ou vaincue ? Les instruments de ce moment sont les banderilles qui doivent permettre de mettre en évidence la virtuosité, la lidia. Quel trajet via Omphale de Lydie à lidia ? Le fer entre dans la chair, l'acier tranchant sectionne la peau et va chercher le sang. Banderille la moquerie de Carmen à l'endroit de Don José lorsqu'en public elle raille la chaîne qui lui sert à accrocher son épinglette ; banderille, la fleur de cassie jetée au visage — « cela me fit l'effet d'une balle qui m'arrivait » ; banderille la mantille négligemment abandonnée sur l'épaule pour découvrir un visage enjôleur et séducteur, un regard de braise, aguicheur et sans détour — « j'étais comme un homme ivre » ; banderille la paire de jambes sublimes montrée ostensiblement dans la course d'évasion permise par la complaisance de Don José. L'animal est touché, blessé, il saigne. Don José peut dire de Carmen qu'il l'a dans le sang, dans la peau.

Dernier acte : il vise la mise à mort. Son instrument est l'épée. Son propos : rendre possible le kaïros, l'instant propice en cette danse rituelle d'un homme et d'un animal, d'une intelligence et d'une énergie. D'où les jeux avec l'étoffe et les cornes, le corps au plus proche du souffle et des naseaux, d'où les muscles frôlés, presque mélangés, d'où les énergies juxtaposées, électrisées de part et d'autre. Evitement de l'énergie de l'animal blessé, détournement de celle-ci. Passes multiples, danse avec le soleil. Lorsque les faenas, les passes de muleta, ont ralenti l'allure du taureau jusqu'à le rendre obéissant à la moindre injonction du matador, le moment arrive qui permet l'estocade dans les meilleures conditions. L'acier plonge dans la chair et les os, la viande et le sang jusqu'au cœur que la pointe transperce. Flots rouges et chauds dans la bouche de l'animal, hoquets et soubresauts. Mort. L'épée de Carmen ? Ses mots de mort, son verbe assassin, ses phrases sans appel qui visent le cœur, là où il se perce à coup sûr. Exemple ? Don José est encore debout, il a supporté l'épreuve des piques et des banderilles, Carmen entre l'épée en direction de l'âme : « Je ne t'aime plus (...). je pourrai bien encore te faire quelque mensonge ; mais je ne veux pas m'en donner la peine. Tout est fini entre nous. » L'acier est entré, la lame a pénétré, l'animal est toujours debout. En pareil cas, il faut recourir à une autre arme, le descabello, une épée courte qui permet de trancher le bulbe rachidien pour le coup de grâce et d'achèvement. Second geste de Carmen déterminée à en finir : « T'aimer encore, c'est impossible. Vivre avec toi, je ne le veux pas. » Reste à attendre l'affaissement, l'effondrement, l'écroulement. Les femmes de Don Juan, aussi bien que les hommes de Carmen, ont connu cette épée, le goût de l'acier et celui du sang dans la bouche, car tous deux sont matadors qui dans l'arène ont toujours triomphé — sauf la dernière fois.

Toutefois, parfois le taureau ne meurt pas, la victime échappe à ce qui paraissait être son destin. Lorsqu'elle est valeureuse et brave, certes, on peut l'épargner et lui accorder une grâce. Mais aussi et surtout lorsqu'elle a tué, quand on attendait l'inverse. Taureau vivant contre torero mort, énergie et instincts victorieux contre intelligence et calcul vaincus. Le duende, l'inspiration artistique est parfois doublée d'un art de l'extrême transformant la mort en une ponctuation qui donne un sens à l'ensemble du trajet. Un Don Juan vieillissant, à la retraite, une Carmen massacrée par les ans, voilà qui manque singulièrement de panache. En revanche encorné comme Pepe Illio immortalisé par les gravures de Goya, allongé de tout son long une blessure au corps comme dans la toile d'Edouard Manet, ou renversé sur le dos du taureau, confondu au cheval lui aussi vidé par la béance d'une échancrure de chair, le torero accomplit son destin. Joselito et Manolete, Pepete et Paquirri, Nimeno et Yiyo, puis Don Juan et Carmen, encornés après tant de cogidas, emportés par la faucheuse, éventrés par le poignard, touchés du doigt par l'ultime raison. A son laquais qui lui disait : « Personne ne s'en tire avec toi », Don Juan répondait : « J'adore les échanges. » Puis le même serviteur ajouta : « Tu as jeté la cape au taureau. » Alors Don Juan rectifia : « Eh ! Non, c'est le taureau qui m'a jeté la cape. » Le soleil entama sa descente, les arènes vides sentaient encore le sang, le sable et la mort, la nuit finit par tomber quand au firmament brillèrent quelques étoiles. J'y reconnus la clarté des deux libertins foudroyés.

47

FIXER DES VERTIGES

Dans l'histoire de notre vieil Occident, et de conserve avec les théologiens, les scientifiques n'ont pas peu brillé en l'art de bricoler ce qu'ailleurs j'ai appelé des machines à faire des anges. A quoi ressemblaient pareils dispositifs ? A des mécaniques castratrices, spécialisées dans l'art d'éradiquer les émotions, les sensations, sinon les perceptions, pour les mettre à distance à l'aide de concepts ou de tierces considérations qui désamorcent l'habituelle puissance du corps. Pour encager les désirs, les flétrir ou les réduire à néant, tout est bon qui permet à la morale dite de l'idéal ascétique de manifester sa puissance : de la castration réelle d'Origène à celle, symbolique, mais tout autant efficace, de tout jeune marié qui se respecte, le mot d'ordre est le même : ressembler aux anges qui sont créatures asexuées vivant sans se nourrir et sans boire, sans désirs et sans plaisirs, sans corps et sans sexe.

Bonnets d'universitaires et mitres d'évêques, lorgnons de scientifiques et bures de moines en tout genre, ces accessoires ont toujours fait bon ménage dans ce vaste cirque du savoir qui s'est joué trop longtemps dans les amphithéâtres, les Sorbonnes, les facultés théologiques, les cathédrales et les monastères, lieux interlopes pour le savoir authentique. L'une des modalités de ces machines à faire des anges consiste en art rhétorique et artifices de langage. Car amoindrir le plaisir, le combattre ou le honnir, ce peut être aussi mal en parler. Ou en parler de telle sorte qu'on ne le reconnaisse plus, qu'on ne sache plus à quoi il ressemble, qu'il ait été tellement travesti qu'on le retrouve défiguré, dévisagé.

Plaisirs passés à réactualiser, plaisirs futurs à solliciter, tous ne s'offrent que dans une seule dimension : le présent. Souvenirs heureux d'hier ou promesses de jubilations demain, tout est vecteur de satisfaction dans le pur et simple moment, ici et maintenant. La présence pure est l'unique dimension du plaisir. D'où l'importance des moyens qui permettent de l'appeler, de le faire revenir, de lui redonner toute son actualité ; d'où, par conséquent, le rôle capital du langage qui peut en partie flûter sa séduction comme un charmeur son naja. Car dire le plaisir donne du plaisir, le formuler, le raconter, le mettre en mots, le proposer à autrui, c'est en varier les modulations, en décupler les forces. Son expression, c'est aussi son essence, sinon l'inverse.

Or, mal parler du plaisir peut être plus subtil pour déprécier que ce que l'on attend habituellement d'un contempteur avéré : que le prêtre et les tenants d'une morale laïque, qui n'est que le décalque de celle des chrétiens, fourbissent leurs armes, rien d'anormal. En revanche, plus futés, ou plutôt peu conscients d'être peu ou prou les chiens de garde de l'idéologie ascétique, on peut désigner les scientifiques sous leurs oripeaux multiples, du généraliste au spécialiste en passant par les diététiciens et autres donneurs de leçons anti-hédonistes qui revendiquent la science dure pour confiner les autres, vraisemblablement, dans les sciences molles...

Et puis, je songe aussi aux scientifiques qui mathématisent le réel, déstructurent la vie pour la réduire à des formules, défigurent le monde pour l'algébriser et en faire un immense jeu de construction verbal. Chez eux, le plaisir est une histoire de neurotransmetteurs qui permettent une plus ou moins bonne circulation des molécules de la jubilation. Casanova et ses *Mémoires* ? Rien d'autre qu'une banale histoire de glandes endocrines. Tristan et Iseut ? Un vague problème hormonal. Don Juan ? Une simple affaire glandulaire.

Quant à l'obscur objet du plaisir, n'en parlons pas, n'importe quoi fait l'affaire, pourvu qu'en un cerveau où sont plantés des électrodes on puisse enre-

gistrer des mouvements susceptibles de fournir des
courbes sur un papier millimétré. Qu'au lit où le
patient connaît les transports utiles au rapport
scientifique le septième ciel soit dû à un ventre mer-
cenaire plutôt qu'au bijou rose et noir — pour le dire
comme Baudelaire — de la femme de sa vie, peu
importe... Il en va de même avec tout ce qui est susceptible de fournir un plaisir réductible en courbe.
Donc des vins, de la piquette au grand cru.

La méthode est simple : faire de la complexité du
plaisir un objet simple, oublier les ramifications, les
rhizomes, les radicelles qui courent de l'histoire singulière à l'histoire générale, de la sociologie de
l'individu à celle de son époque, de la psychologie
du sujet à celle de son temps, de la philosophie et de
la métaphysique de l'un avec celle des autres, voilà
qui assure d'une mise à distance suffisante de l'objet
pour qu'il perde de sa vitalité, de sa puissance, de sa
force. Qui se contenterait de l'examen anatomique
d'un cadavre pour décider ce qu'est la vie ? Je crains
de devoir répondre : un scientifique...

Savent-ils, ces doctes-là, qu'ils réactualisent sans
cesse dans leur méthode l'ancienne invitation stoï-
cienne à pratiquer ce qu'il est convenu d'appeler la
psychagogie, à savoir l'association d'une idée qu'on
ne veut pas positive à une autre qu'on choisit négative pour induire un rejet dans et par l'artifice de
l'association ? A l'endroit des plaisirs, la psychagogie vise une déconstruction idéologique, une mise à
plat de ce qui vaut dans la transcendance, dans la
complexité, et qu'on ne présente plus que dans sa
dimension immanente, dans une simplicité carica-
turale. Elle est un art de pulvériser les désirs et les
plaisirs en associant la belle émotion, l'agréable sensation à une idée sale, négative, dégoûtante, dévalo-
risante ou neutralisante pour la perception première. Il s'agit de désaffecter pour désinfecter.

Veut-on des exemples ? Les stoïciens célèbrent la
haine du corps, le mépris des désirs et des plaisirs,
leur combat vise ceux qui aiment boire et manger,

vivre et danser, aimer et ressentir — en un mot, vivre. Aussi, devant un bon plat, un bon vin, une belle sensation, Marc Aurèle indique la voie à suivre : « Pénétrer en dissociant les parties jusqu'au fond des choses et parvenir, grâce à cette analyse, à les mépriser. » La méthode est là, avouée. Toute psychagogie procède de cette phrase.

Aussi, devant disons un homard à la purée d'oignons et au cresson, tout bon élève de l'empereur philosophe opérera la transvaluation de valeur et annoncera un cadavre d'insecte avachi sur une touffe d'herbe. De même, en présence d'un grand millésime de sauternes, il s'évertuera à considérer le jus débile d'un fruit pourri. Sur le même principe, le stoïcien impétrant, loin de s'emballer pour un érotisme ludique, joyeux et solaire, verra dans tout acte sexuel — je cite les *Pensées* pour moi-même — « le frottement d'un boyau et l'éjaculation, avec un certain spasme, d'un peu de morve ». Certes, tout cela manque un peu de poésie, mais, d'un point de vue scientifique, c'est imparable, et vrai. Infalsifiable, dirait Popper l'épistémologue...

Le jeu ne manque pas d'intérêt dès qu'on a compris le mécanisme psychagogique. Et l'ensemble du sublime roman d'Albert Cohen, *Belle du seigneur*, est construit sur ce principe redoutable qui ne laisse aucune chance à l'amour. Pour détruire et congédier la transcendance poétique, rien de tel que l'immanence scientifique. Qu'on en juge : les fesses d'une belle femme ? un peu de viande sur un vulgaire coccyx. Ses seins sublimes ? de pitoyables gourdes laitières. La passion ? rut et manège de bêtes. Les baisers ? minables soudures de deux tubes digestifs. La beauté ? une anatomie suffisamment prometteuse pour les jeux du lit. A ce jeu, il me souvient que le chocolat était une boueuse amertume et les fumeurs de cigares, des téteurs d'étrons. On aura compris.

Que se passe-t-il dès que cette méthode est mise au service de la dégustation des vins ? Les voies sont multiples, bien que pénétrables, qui permettent de détourner peu ou prou ceux qui pratiquent Bacchus avec plus ou moins de modération. Les diététiciens brandissent Pasteur et parlent aliment, calories, surcharge pondérale. Les généralistes, un doigt sur le Vidal — le Gault et Millau des pharmaciens —, promettent artères durcies et génitalités amollies. Les hygiénistes, éructant devant des courbes et des chiffres, parlent santé publique, déficit des budgets et sécurité sociale. Les médecins-conseils aux ministères pensent alcoolémie et transforment les flacons en auxiliaires des pompes funèbres. Les cardiologues menacent, diastoles en folie et systoles en délire. Les dentistes avancent le tartre et les caries, les psychiatres craignent la concurrence déloyale avec les antidépresseurs et les anxiolythiques. Tous s'y mettent pour associer un plaisir à des déplaisirs de plus ou moins grande taille — la mort étant, in fine, le plus gros des déplaisirs à craindre ; peu confessent qu'un plaisir pourrait valoir comme la plus efficace des thérapies.

Outre le corps médical, dans sa façon de faire ouvertement des plaisirs du vin un ennemi, on rencontre également ceux qui en parlent mal tout en croyant bien en parler. Les pires, peut-être. Pour tâcher de grouper sous quelques rubriques non exhaustives la multiplicité des comportements possibles dans la dégustation, il faudrait un sociologue digne de ce nom, véritable esprit encyclopédique, qui enregistre les modes de discours dépréciateurs d'hédonisme par excès de ridicule dans les pratiques sociales qu'ils dévoilent et trahissent alors. Rien n'est plus castrateur et empêcheur de plaisir qu'un dégustateur qui interpose avec lourdeur un discours convenu et attendu entre sa sensation et sa perception. Osons un début de classement de type zoologique.

Le principe de cette sociologie est simple, il relève d'un fragment de ce que pourrait être une typologie du snobisme, si l'on veut bien tenir pour vraisemblable l'étymologie qui souligne l'absence de

noblesse de tout snob. Où serait la noblesse ? Dans
le talent pour faire de la dégustation un art de
culture et de civilisation, dans la capacité à méta-
morphoser tout verre d'un grand vin en œuvre d'art
qu'on tente d'aborder avec sa propre subjectivité,
son audace, sa volonté et en prenant les risques que
cela suppose. Non en se contentant du psittacisme,
cette maladie de la répétition, qui transforme bien
trop souvent le dégustateur en domestique de sa
mémoire plutôt qu'en serviteur de son intelligence.
Créer des concepts, inventer des notions, oser des
rapprochements, affirmer une lecture d'un grand
cru, plutôt que redire, ressasser, répéter, réitérer ce
qu'on trouve partout à longueur de guide, Parker
fonctionnant comme un inévitable cinquième évangile.

Goûter un grand vin, c'est apprécier une toile de
maître, écouter une symphonie, lire un roman
d'exception. Qui se contenterait de reprendre les
commentaires d'un autre en lieu et place d'un jugement propre ? A quoi pourrait bien ressembler ce
fantasme de l'objectivité visant, après les vins qui
tous se normalisent et finissent par dire les mêmes
choses, les discours sur lesdits vins ? La production
d'un breuvage insipide induit aujourd'hui son commentaire indigent. Et, trop souvent, la parole sur le
vin, la formulation du plaisir spécifique qu'il
apporte gâchent la fraîcheur des émotions et des
sensations en s'interposant avec le ridicule associé
au comique de répétition.

Dans la panoplie des dégustateurs, on rencontre
des snobs à l'état pur, des maniaques, des rustiques,
des bavards, des distraits, des tricheurs, des bourgeois, mais toujours, des individus qui confisquent
le plaisir pour des usages sociaux, et font passer au
second plan les jubilations du corps pour leur préférer les pitoyables frétillements sociaux : briller,
montrer son appartenance sociale comme on arbore
une légion d'honneur, faire la démonstration d'une
distinction, pour reprendre le mot de Bourdieu, à

l'aide de laquelle on dit d'abord sa classe et annonce ensuite quelles affinités électives sont possibles, bienvenues, souhaitables et correctes.

Quel besoin d'un livre de cave et d'un cahier de dégustation tenus comme par un employé des hypothèques ? Quel intérêt de connaître le nombre d'hectares d'une propriété, l'encépagement, les proportions dans les assemblages ? Quelle raison de se tenir au courant du carnet mondain des familles de telle ou telle région viticole ? Quelle utilité d'apprendre par cœur Parker et de connaître dans le détail les notes données aux dernières dégustations à Stockholm ? Pour aimer un vin, le boire, le goûter, le comprendre, tout cela est-il véritablement nécessaire ? Qu'on déplace un peu les plaisirs et qu'on imagine un homme qui aimerait les femmes avec les mêmes principes et selon les mêmes usages : avant d'aimer, lui faudrait-il mettre en branle tout cet arsenal ? ou craindrait-il de risquer le fiasco en préférant écouter les leçons de son corps, de ses sens ? Dans le premier cas de figure, c'est le gynécologue qui est le mieux placé pour parler d'amour, dans le second, c'est le poète. Dois-je préciser que je n'ai guère d'enthousiasme pour un abord gynécologique du monde ?

Le médecin, l'amateur, certes, peuvent mal dire le plaisir, le cacher, le travestir, le trahir, le gauchir. Mais aussi le scientifique qui n'a ni la prétention moralisatrice du premier, ni le snobisme du second, mais qui dessert tout de même et autant le vin par le type de discours qu'il installe entre son émotion et sa sensation. Qui est le scientifique dont je parle ? Le physicien, le biologiste, le chimiste, le neurologue, pourvu qu'ils soient confinés dans leur discipline pour aborder le vin et en parler. Car on est cultivé seulement de ce que l'on sait en dehors de sa spécialité. Pour les virils amateurs de science dure, qu'en est-il du plaisir d'un cheval blanc ou d'un carbonnieux ? Atomes et molécules, relations et neurotransmetteurs, particules et substances, rien d'autre qu'un jeu entre ces instances. Autant apporter crédit au gynécologue qui raconterait Iseut et tâcherait d'écrire sa psycho-biographie avec un spéculum pour seule méthode. Dans un cas comme dans l'autre, je crains qu'on aboutisse surtout à une détumescence mentale, et qu'on passe radicalement à côté de la dimension poétique du sujet.

En effet, ceux des scientifiques qui connaissent levures et bactéries par leurs petits noms pratiquent, peut-être sans le savoir, la psychagogie à l'aide de laquelle on congédie la transcendance de l'objet étudié au profit de sa seule immanence. Dans la décomposition, la déconstruction, le démontage, il y a toute la démarche du naïf qui croyait découvrir les secrets de la poule aux œufs d'or en lui ouvrant le ventre et qui, pour tout paiement de sa peine, n'a plus entre les mains qu'un cadavre sanguinolent, une charpie. Aborder le vin par le seul biais des acides tartriques, maliques, lactiques, succiniques, citriques, acétiques, c'est se condamner à transformer le vin analysé en liquide dépourvu de tout coefficient affectif, poétique ou lyrique.

Or le réel n'a d'intérêt que pour le supplément d'âme qu'il offre et qu'on trouve, non pas au cœur de la matière, mais à la périphérie de l'objet, là où il est en contact avec le regard de l'artiste. Le clou de girofle dans le margaux, la rose dans un romanée-conti, le buis dans un carbonnieux ? Pour l'âme poétique, voilà de quoi solliciter les souvenirs d'enfance, sur le mode proustien : la cuisine d'une Tante Léonie où l'on prépare le pot-au-feu non loin des aromates, le parterre fleuri des grands-parents où s'épanouissent des boutons parfumés, ou le jardin du curé saturé des arbustes odoriférants, autant de fragrances qui renvoient aux expériences primitives, toutes fondatrices. Pour congédier cette transcendance des âmes et des sensations, les esprits scientifiques revendiqueront l'immanence des intelligences et des concepts : eugénol, phényléthanol et mercaptométhyl supplanteront la table de la cuisine, le parterre et le jardin, c'est, disent-ils, autant de risque en moins de se tromper en laissant la subjectivité s'exprimer là où seule doit triompher l'objectivité.

Car l'ennemi est là : la subjectivité, la parole libre et singulière d'un sujet qui s'exprime avec pour seul souci de formuler une opinion. Les scientifiques disent leur refus d'un pareil terrain. Ils prétendent travailler dans la rigueur, avec des méthodes, selon des principes infaillibles qui tous leur permettraient de parvenir à la vérité. Leur grand mot. Or, la vérité, bien trop souvent, procède d'un désir et d'une volonté, d'intérêts et de présupposés qui ne sont pas toujours clairs aux yeux et à l'esprit de l'opérateur. De la nécessité d'une psychanalyse de la connaissance scientifique, il ne fait plus aucun doute depuis Gaston Bachelard. De même, depuis Paul Feyerabend et son beau livre *Contre la méthode*, il n'est plus pensable d'imaginer d'épistémologie qui se contente de mépriser les artistes, les poètes, les sorciers, les naïfs, les philosophes, les littérateurs, les primitifs et autres spécialistes en activités lyriques.

Car l'objectivité des scientifiques n'est qu'un mythe de plus sur le terrain des idéologies multiples. Tout autant que la vérité. Qu'on se souvienne des vérités euclidiennes, remplacées par les vérités newtoniennes, elles-mêmes supplantées par les vérités einsteiniennes que battent en brèche, aujourd'hui, les vérités planckiennes, avant d'autres camouflets, vraisemblablement. Depuis Pascal, on connaît le rôle tenu par les Pyrénées dans les multiples généalogies du vrai et du faux. Qu'on me permette donc de croire que l'objectivité et la vérité d'un scientifique ne sont plus vraisemblablement que ses subjectivités vénérées comme des certitudes dans un moment donné de l'histoire des idées. Et qu'à ce titre, une page de Baudelaire peut mener plus loin qu'une autre, de Poincaré par exemple.

L'appréhension scientifique du monde se fait sur

le mode de la convergence centripète : il s'agit de pénétrer, de rentrer dans l'intimité de l'objet jusqu'à en oublier sa nature composite et complexe, symbolique et allégorique. En revanche, la lecture poétique suppose la divergence centrifuge, l'ouverture et la mise en perspective du réel étudié avec d'autres formes susceptibles d'être mises en correspondance. Le parfum de la Malabraise chère à Baudelaire est moins une histoire d'olfaction rétronasale que d'épices venues des îles Mascareignes ; la douceur de sa peau n'a pas grand-chose à voir avec une quelconque hypothèse de somesthésie kinesthésique, mais plutôt avec la chair d'une mangue ou la peau des goyaves ; les parfums fauves et puissants de son ventre renvoient moins à la sensibilité trigéminale chimique qu'aux fragrances de sous-bois en automne ou aux pelages d'animaux sauvages. Du moins, j'imagine...

Lorsque l'on entend comprendre un objet qu'on analyse, on peut vouloir l'absence de sympathie, au sens grec, l'indifférence absolue, l'ataraxie à son endroit : alors, le coefficient affectif est égal à zéro, toute émergence d'une émotion est à bannir, sous prétexte d'éviter le parasite dans l'intellection. Le poète, lui, veut la contamination de ce qu'il considère, il souhaite l'empathie et la fusion, une expérience d'un genre mystique qui permette l'extase matérielle. L'un vise l'évidement, l'autre le remplissage, le premier aspire au rien, au vide, au néant, le second, au plein, à la présence, à l'être. D'une part, l'idéal ascétique et ses modèles installés dans la raréfaction, d'autre part, l'idéal hédoniste et ses repères plantés dans l'abondance. Dans le domaine du vin, le scientifique considérera les molécules, les composés chimiques, le tartre et le glycérol, les levures et les bactéries ; le poète s'envolera du côté des amants et des assassins, des chiffonniers et des solitaires, sans vergogne il parlera de l'âme du vin.

Car le vin, s'il est sans conteste une matière chimique, est aussi, et je dirai pour ma part surtout, une matière poétique. En tant que telle, une poétique des éléments gagnerait, sur le terrain défriché par Bachelard, à considérer le liquide bachique comme l'eau, la terre, le feu et l'air : des supports à rêverie, à poétique, à psychanalyse, à littérature comme disent souvent les hommes de science avec juste le mépris qu'il sied d'avoir sur ce sujet. Ainsi, nous pourrions véritablement parler du plaisir apporté par le vin. Et il serait au centre de nos préoccupations, de nos lectures et de nos mots. Fini le vin prétexte, comme le ferait aussi bien la soude caustique ou l'eau de javel. Fini le vin évité, maltraité, négligé, oublié. Fini le vin tiré qu'on ne boit pas pour se contenter de l'approcher, de rôder autour de lui, de l'envisager d'un œil distrait.

Qu'on cesse d'en faire un usage hygiénique et diététique, ascétique et scientifique, politique et sociologique. Et que vienne le temps de laisser aux grands crus la place qu'ils méritent dans l'histoire de l'art et des créations permises en forme de pointe d'une civilisation. Que l'usage des flacons autorise enfin un usage hédonique et poétique, artistique et éthique. Je m'explique. Tous les gastrosophes, gastronomes et gastrophiles ont souligné l'usage possible de la diététique sur le terrain de l'éthique, mais d'une éthique jubilatoire, amie des sens et des émotions. Grimod la Reynière et Brillat-Savarin ont perçu la table comme un lieu pour de microcontrats hédonistes permettant à quelques amis choisis, œuvrant sur le registre des affinités électives, de créer et entretenir, le temps d'un repas, une société idéale où le plaisir d'autrui, conjugué à son propre plaisir, permette un monde à la hauteur des utopies rêvées par le Siècle des lumières : le bonheur de chacun par et pour le bonheur des autres. Que vienne enfin un usage hédoniste du vin. Ecoutons l'injonction baudelairienne : « A cheval sur le vin pour un ciel féerique et divin. » Et pour ce faire, il faut dire quelques mots sur sa théorie des correspondances.

Baudelaire n'a jamais caché qu'il envisageait toute critique digne de ce nom comme partiale, partielle, engagée et passionnée, pourvu qu'elle ouvre le maximum d'horizons. Il écrivait, d'ailleurs : « Je préfère parler au nom du sentiment, de la morale et du plaisir. » Qu'on me permette de lui emboîter le pas. Dans son sonnet intitulé *Correspondances*, le poète énonce que « les parfums, les couleurs et les sons se répondent ». Parfums frais et chairs d'enfants, modulations de hautbois et vert des prairies, tout cela est un même monde qui induit de pareilles émotions.

Le principe des correspondances est énoncé dans la préface au Salon de 1846 lorsque Baudelaire écrit que tout dans ce monde est en relation intime parce « que toutes ces choses ont été engendrées par un même rayon de lumière, et qu'elles doivent se réunir dans un merveilleux concert ». Et dans son « Richard Wagner » : « Ce qui serait surprenant, c'est que le son ne pût pas suggérer la couleur, que les couleurs ne pussent pas donner l'idée d'une mélodie, et que le son et la couleur fussent impropres à traduire des idées ; les choses s'étant toujours exprimées par une analogie réciproque, depuis le jour où Dieu a proféré le monde comme une complexe et indivisible totalité. »

Ainsi informé, on pourrait montrer dans quelle mesure cette vision du réel fait appel à une conception panthéiste du monde, une forme de spinozisme ou d'hégélianisme d'un genre particulier qui autorisent une lecture multiple d'une même substance diversement modifiée, une fois en liquide vineux, une autre en contrepoint musical, ici en arcades et ogives gothiques, là en forme sculptée dans le marbre, mais, dans tous les cas de figure, qui suppose l'unité et la cohérence indéfectible de l'univers tel qu'il a été voulu et décidé par Dieu.

La généalogie de cette théorie poétique est à rechercher dans la *Théorie des quatre mouvements*, une œuvre de Charles Fourier parue en 1846. C'est en effet dans cet ouvrage que le philosophe extravagant confesse avoir découvert une évidente unité entre le monde matériel et le monde spirituel, entre le globe terrestre et l'univers planétaire : analogie entre les règnes, analogie entre les espèces, les astres et les plantes, les pierres et les animaux, les hommes et les sociétés. Analogie partout, et panthéisme à l'évidence. Fourier prétend alors détenir la clé pour lire l'univers. Dix années plus tard, Baudelaire écrit à Toussenel, un fouriériste célèbre alors, une lettre dans laquelle on peut lire ceci : « L'imagination est la plus scientifique des facultés, parce qu'elle seule comprend l'analogie universelle, ou ce qu'une religion mystique appelle la correspondance. »

Forts de cette analogie, les musiciens français qui viendront par la suite composeront des pièces musicales pour dire, par exemple chez Debussy, les sons et les parfums qui tournent dans l'air du soir, une cathédrale engloutie, des cloches à travers les feuilles, la lune qui descend sur un temple qui fut, mais aussi la mer et la pluie, des feuilles mortes et du brouillard, des feux d'artifice et des reflets dans l'eau, le vent dans la plaine ou des pas dans la neige. Ravel aussi, et pour sa part, racontera musicalement des oiseaux tristes et des jeux d'eau, une barque sur l'océan et des miroirs, alors que Satie s'évertuait à rendre des embryons desséchés, des morceaux en forme de poire, de vieux sequins et de vieilles cuirasses. De son côté, et pendant ce temps, Saint-Saëns tâchait de domestiquer des hermiones et des poissons d'aquarium, des ânes et des cygnes, sinon des fossiles. Et l'on pourrait continuer ainsi, au-delà des musiciens que je dirais symbolistes plutôt qu'impressionnistes, avant de parvenir à Edgar Varèse dont on peut regretter qu'il ait fait disparaître toute trace d'une œuvre qu'il avait intitulée Bourgogne...

Selon ce principe qu'un monde peut être dit par un autre, le rétinien par l'olfactif, le gustatif par l'auditif, on obtient une nouvelle façon, hédoniste et panthéiste, de lire l'univers. Dans la proposition faite par Fourier ou Baudelaire, la correspondance est rendue possible par la participation de tous les fragments du réel à une même totalité confondue au divin. Quelques-uns ont souhaité que ce principe fût conservé, mais qu'on ampute cette formule, et que l'analogie entre les différents moments du divers ne soit justifiable que d'elle-même, indépendamment d'une quelconque divinité, quelle qu'en ait été la forme. Ni stoïciens, ni fouriéristes, ni panthéistes, ces hommes-là ont préféré les synesthésies aux correspondances et analogies.

A sa manière, la correspondance anticipait presque sur le « tout ce qui monte converge » de Teilhard de Chardin, elle supposait une procession de type platonicien ou plotinien sur le mode de la dialectique ascendante, en direction du principe généalogique confondu lui-même au réel, essence et existence réconciliés. En revanche, la synesthésie opère sur un mode horizontal et immanent qui permet une communication des sens entre eux. D'où les possibilités d'auditions colorées, mais aussi de gustations musiquées ou d'olfactions rétiniennes. L'ensemble de l'art symboliste s'est servi jusqu'à satiété du principe synesthésique. Qu'on se souvienne du personnage de Des Esseintes, dandy fin de siècle et décadent chez Huysmans, amateur d'orgue à parfum et auteur d'une analogie entre le kirsch et les timbres de la trompette, le gin et celui des pistons, le whisky allant avec les trombones, et l'eau-de-vie avec les tubas.

L'homme de la théorie synesthésique, c'est Victor Segalen, l'auteur de *Stèles* et des analyses sur l'exotisme, le médecin militaire et le marin, le poète et l'opiomane, le voyageur et l'ethnographe, l'homme de la Chine et de Tahiti, l'ami de Debussy et le fin connaisseur de Gauguin. Le nietzschéen, aussi. Segalen emprunte le terme synesthésie à Millet, lui aussi médecin de marine, et en donne la définition

suivante : « Manière de parler plus vive, destinée
soit à rendre sensible l'idée au moyen d'une image,
d'une comparaison, soit à frapper davantage l'attention par sa justesse ou son originalité. » D'où une
revendication pleine et entière de la subjectivité de
qui la pratique.

Pas de prétention à une hypothétique objectivité
ou vérité scientifique, pas de propos statistique ou
de certitude mathématique, mais une lecture poétique, lyrique, qui procède par associations d'idées,
glissements sémantiques, analogies esthétiques et
autres correspondances esthésiques. Que les perceptions d'un registre sensoriel soient rendues par un
autre registre sensoriel, voilà qui peut se pratiquer,
certes, et qui s'est pratiqué, bien sûr. Mais Segalen
précise que « l'olfaction sonore attend encore son
virtuose ». Presque un siècle plus tard, la poésie
s'étant embourbée dans l'écriture solipsiste, sinon
autiste, les synesthésies de cet ordre n'ont toujours
pas trouvé leur thuriféraire, ni leur promoteur.

Qu'on s'installe donc dans les brisées synes-
thésiques symbolistes du siècle dernier pour mettre
au point de nouvelles façons de parler du plaisir de
goûter car elles solliciteront, à n'en pas douter, de
nouvelles façons de goûter. Les synesthésies, à
l'endroit du vin, permettent, dans une assemblée
hédoniste, d'affiner des plaisirs intellectuels, de
dépasser le confinement des activités sensuelles
olfactives et gustatives, de compléter le seul abord
visuel, de réduire la fracture entretenue dans l'épicentre de toute sensualité occidentale. Le jeu
synesthésique, en dépassant le corps aliéné, coupé
en deux parts qui s'opposent, l'une, noble, l'autre,
ignoble, relève des travaux pratiques pour un matérialisme hédoniste. En outre, il suppose ce que
Segalen déjà avait souligné en remarquant le reten-
tissement affectif de la pratique en question.

Aussi, confiant dans sa subjectivité, moins animal
de mémoire que d'intelligence, celui qui goûte selon
ces principes est à l'origine d'un acte créateur parent

de celui que Marcel Duchamp mettait au jour en affirmant que c'était le regardeur qui faisait le tableau. Goûter, c'est faire surgir au monde, réaliser, générer, donc donner un sens à ce que l'on goûte. Se contenter du jeu social, de la reproduction, du snobisme et du psittacisme, c'est ne pas célébrer le vin, qui mérite mieux que cela, c'est le prendre en otage, en faire un prétexte, l'exploiter, le mettre à son service plutôt que se mettre au sien. De même qu'on ne saurait expliquer, raconter et susciter l'érotisme par la visite d'une clinique gynécologique, on ne saurait approcher le plaisir du vin par les déambulations dans les chais, près des paillasses de laboratoires viticoles, dans les universités oenologiques ou dans quelques colloques et rencontres, eussent-ils pris le plaisir comme objet, sujet ou prétexte.

Quand on lui demandait pourquoi cet étrange sonnet, *Voyelles*, dans lequel Rimbaud jouait sur la coloration des six lettres retenues et pratiquait une analogie qui deviendrait célèbre au point qu'elle obsède encore aujourd'hui les collégiens et autres publics scolarisés, le poète répondait : « Je fixais des vertiges. » Y a-t-il tâche plus exaltante, pour qui aime la vie, le désir et les plaisirs, les émotions et les sensations, les passions et leurs densités, que de consacrer la part de soi qui ne jouit pas à fixer les vertiges de l'autre qui, en nous, connaît ces transports ? Je ne crois pas...

48

PÉNÉLOPE, ET LES AUTRES

Quelles que soient la longueur et la nature du catalogue déroulé par un quelconque Leporello pour un curieux qui le lui demanderait, les figures qu'on y retrouve sont toujours plus ou moins les

mêmes : Eve le savoir et Omphale le pouvoir,
Carmen le plaisir et Elvire le mariage, Médée la passion et Marie la maternité. Les trajets masculins se
font toujours entre ces écueils, dans un archipel de
douleurs et de jubilations, de peines et de plaisirs.
Dans ces mers glacées ou ces eaux brûlantes, entre
la furie de l'une et la violence de l'autre, mes pérégrinations m'ont fait aborder des contrées hospita-
lières ou sinistres, séduisantes ou désespérantes,
mais toujours une Pénélope fut là qui jamais ne
jugea, jamais ne méprisa, toujours tissa sa toile en
attendant que je revienne au port, mouillé, trempé,
fourbu. Pareille grandeur est féminine, je ne connais
pas d'homme, malheureusement, qui ait été
Pénélope plus d'une semaine...

Eve, donc, pour commencer. Modèle féminin par
excellence que j'ai vue comme une Vénus préhistorique : reins puissants, hanches larges comme le
delta des fleuves, seins plus lourds que tous les fruits
du jardin des délices, ventre rond comme un cosmos
et pubis propédeutique aux songes. Mais aussi
figure singulière sachant désobéir à la Loi pour goûter du fruit défendu dont il faut se souvenir qu'il
poussait sur l'arbre de la connaissance. Plus délurée
qu'Adam, moins soumise que lui aux vertus de la
croyance et de l'obéissance, préférant la raison à la
foi, elle est une leçon. Je ne regrette pas qu'après
elle, et jusqu'à cette heure, il ait fallu payer le prix
du péché originel. A chaque fois qu'il me fut possible de croiser une fille d'Eve, j'ai aimé qu'elle ait
obtenu en partage, en héritage, l'audace, l'originalité
et la singularité.

Eve, c'est donc le savoir contre Omphale qui est le
pouvoir. Naguère, j'ai rencontré un double de cette
reine de Lydie. Un, ou plusieurs, je ne veux pas me
souvenir. Dans son genre, elle aussi ne jouissait que
d'asservir Hercule, d'user ironiquement de ses attributs, disons plutôt de ses symboles : la peau du lion
de Némée dont elle s'était revêtue et la massue
qu'elle maniait comme un hochet. Toutes les reines

lydiennes d'aujourd'hui jubilent de partager le pire du quotidien avec leur victime : du chien qu'on sort aux courses qu'il faut faire, du ménage aux vicissitudes triviales, elles aiment voir Hercule filer à leurs pieds aux sons de musiques fadasses et amollissantes. Omphale, c'est la femme sans cesse peinte par Mossa, cruelle, vampire et assoiffée de l'énergie de l'autre. Sa jubilation est dans la castration. Salomé est sa sœur, Madame Bovary sa cousine.

Entre le savoir et le pouvoir, j'ai choisi. De même entre le plaisir et le mariage, entre Carmen et Elvire. J'ai pourtant rencontré l'une et l'autre, sinon quelques-unes de leurs descendantes. La première est fille du sable des arènes et du soleil qui scintille sur les habits de lumière. L'eau du Guadalquivir ne suffit pas pour étancher sa soif de plaisir. Elle est Don Juan faite femme, incarnation du désir qui ne connaît que sa loi. Dans un sonnet de Baudelaire, elle serait parfumée comme un voyage aux îles lointaines et garderait ses bijoux. Terrible dans sa volonté d'aller jusqu'au bout du plaisir, fût-ce au prix de la mort, elle est libertaire et grande dans sa détermination à vouloir. Son monde est celui de la corrida, elle veut l'existence solaire même quand il faut payer tribut aux forces nocturnes. Sa vie risque d'être brève, du moins elle aura été dense.

En revanche, Elvire est à fuir comme la peste. D'abord, il faut l'imaginer redoutable, car Don Juan n'a pas réussi à en obtenir les faveurs autrement qu'en l'épousant. Mais aux grands maux, les grands remèdes : pour sortir une femme de son couvent, il n'y a que mariage devant Dieu et la Loi qui puisse faire office de preuves suffisamment attractives et convaincantes. Certes, épouse de Don Juan est rarement une sinécure, mais enfin. Elvire, c'est Pénélope, moins la délicatesse, la prévenance et l'abnégation. Sans cesse elle poursuit de ses assiduités quiconque lui aura signifié déjà la péremption de l'histoire ancienne. Autant dire qu'elle est autant sangsue qu'Omphale mante religieuse. De l'avis du tiers, elle n'a que faire, et se contenterait même d'un simulacre pourvu qu'elle ait l'impression d'être chérie : Don Juan ne l'aimant plus, elle en veut tout de même encore la jouissance. Piètre revendication, il faut bien, comme elle, avoir porté le voile pour se complaire autant dans l'humiliation de soi... Nombre de celles qui furent épousées un soir, et à qui on avait pourtant pris soin de le dire, se sont retrouvées, le lendemain dans la peau d'Elvire, insistantes et pitoyables.

Enfin, sœur d'Eve et de Carmen, de la volonté de savoir et du désir de plaisir, j'ai aussi connu Médée. Médée ou la passion. Je n'oublierai pas cette figure, car les femmes de l'Eden et celles de l'Arène peuvent être plurielles. Pas celle qui incarne le feu, la brûlure et l'éternité des plaies qui s'en trouvent infligées. Magicienne et déterminée comme on peut l'être face au précipice, devant le vide, Médée est tout entière prête à détruire ce qui entrave sa combustion : les enfants, les rivales, les parents, les proches, sa réputation. Tout. Passionnée, jalouse et cruelle, Médée se frôle comme on approche le souffle que fait la faux de la mort. Revenu de ces lieux éclairés par un soleil noir, quiconque aura été le Jason d'une pareille femme est brisé, cassé, coupé en deux. Mais prêt à mourir en sachant que, désormais, rien ne pourra arriver qui offre transports idoines.

L'inverse de Médée la furieuse, c'est Marie, l'épouse d'un Joseph ancillaire, tant le Saint-Esprit fait de merveilles. Marie la mère. Combien de Maries qui, ignorant tout de Schopenhauer, illustrent quotidiennement le bien-fondé de ses thèses en voulant aveuglément le ventre gravide sous prétexte d'amour. L'endocrinologie réduit ici toute métaphysique à néant. Point de passion ou de folie amoureuse, mais la maternité et l'utérus au service de l'entropie générale du monde. Marie accouchant, allaitant, au berceau, voilà de quoi fournir à Saturne et à Cronos de nouvelles occasions de dévorer de la chair fraîche. Marie, c'est Omphale et Elvire réconciliées, le pouvoir et le mariage œuvrant dans le même dessein : éteindre le désir d'Eve et rendre impossible le plaisir de Carmen.

Qui parmi les hommes n'a pas abordé les rivages de ces contrées ? Une fois Adam affranchi par une femme, un autre Don José, criminel par amour, ou encore anéanti comme Jason par une passion qui l'aura détruit ? Qui n'a souffert d'être Hercule entravé, Joseph attrapé ou Don Juan importuné ? D'aucuns veulent retrouver une mère, mais ce sont les mêmes qui voudraient aussi une sœur, une maîtresse, une épouse. Autant, vraisemblablement, que les femmes qui voudraient un père, un frère, un amant, un époux. Or seul le théâtre rend possibles mille rôles pour une même personne. A défaut, ce que l'une est, l'autre ne l'est pas. Il faut demander à chacune qu'elle soit une figure, à l'exclusion de toute autre, et non Protée. Pour ma part, je formule d'autant plus doctement que je ne sais garder un seul cap : certes ce serait le meilleur moyen pour parvenir sûrement quelque part, mais ce serait aussi la meilleure façon de s'interdire de multiplier les contrées. Sécurité, ou liberté ?

Parvenir quelque part, d'ailleurs, m'installerait immédiatement dans le désir de prendre à nouveau le large. Suis-je en ce sens un homme emblématique ? Médée une fois rencontrée, il en va d'elle comme des sirènes que les marins redoutent et recherchent. Quiconque est pareillement affligé d'un tel vice ne peut éviter la malédiction et la damnation qu'avec la certitude qu'au retour des mers déchaînées, des vagues prêtes à le submerger, Pénélope sera là. Et qu'au fond noir et humide de la tombe, c'est avec elle et nulle autre qu'il voudra partager l'éternité. Bien sûr, tout cela n'est pas sans cruauté, ni sans indélicatesses à l'endroit de qui patiente au port, mais nul homme n'a choisi l'errance, pas plus la souffrance. Il est tout juste choisi par elle. D'où sur ce point mon intraitable mélancolie.

49

ESTHÉTIQUE DE LA CHIRURGIE

Dans la panoplie des questions philosophiques fétiches, on rencontre des : « que sais-je ? » ou « qui suis-je ? » Des « que puis-je savoir ? » suivis de « que m'est-il permis d'espérer ? » Ou bien des « que dois-je faire ? » raccourcis et synthétisés en « qu'est-ce que l'homme ? » On trouve aussi des « pourquoi y a-t-il de l'être plutôt que rien ? » Passionnant, vraiment... Dans l'arsenal des réponses possibles, on peut pointer, dans le désordre, des : « je est un autre », « le moi est haïssable », « le non-être est », enfin de quoi réjouir tous ceux qui préfèrent la parole au silence, le verbe au mutisme. Ce jeu de questions-réponses occupe le monde depuis qu'il est monde, et les philosophes s'y prennent toujours de la même manière pour envisager ces questions : la rhétorique est leur seul moyen, le discours, leur seul arsenal.

A toutes ces interrogations, le travail esthétique et métaphysique d'Orlan propose une réponse dont l'un des mérites consiste à installer le savoir non plus sur le terrain des mots, mais sur celui des images, des gestes, des actes, des faits. A cet instant où l'on enseigne la fin de l'histoire, son aboutissement et sa réalisation dans un immense marché planétaire, en ces heures où l'on enregistre la disparition des odyssées téléologiques et la fin des grands discours, à ce jour où le nihilisme paraît triompher tous azimuts, au point que frémissent le conservatisme, sinon la réaction, Orlan oppose un déni à l'aide d'un corps, le sien, qu'elle veut politique et militant, porteur de sens et support de significations nouvelles.

Dans le désert qui croît et la disparition des pensées du soupçon, au milieu des sables nus et brûlants, vides des vendeurs d'arrière-mondes, disparus comme par enchantement, Orlan revendique le corps, le sang, la chair, la viande, les muscles, elle réhabilite une matière délaissée, honnie et salie par le marché, en invoquant la possibilité de la sculpter comme seule une artiste peut et sait le faire.

Elle interroge : qu'est-ce qu'un corps ? Que peut-il ? Quelles relations, dans son époque, dut-il entretenir avec les technologies nouvelles et radicalement révolutionnaires ? Qu'en est-il de la puissance de l'artifice sur la nature, de la culture et du volontarisme sur la nécessité ? Qu'est-ce que le Nom propre, l'Identité ? Quel usage du visage ? Et autres interrogations qui ont le mérite d'être d'une actualité incandescente, entre sida et cancer, génie génétique et acharnement thérapeutique, lois du marché et images idéologiques, confusion des registres réels et virtuels, réactualisations et recyclages laïques perpétuels des principes judéo-chrétiens. Orlan ne travaille pas avec son esprit sur son corps, comme presque tous les intellectuels soucieux de ce sujet, mais avec son corps sur son corps, comme personne ou presque dans les zones où elle s'aventure.

Son projet est autant simple qu'il est démesuré : transformer son visage, relativement à des figures issues de l'art classique, en ayant recours à la chirurgie esthétique investie d'une mission festive et démiurgique. C'est-à-dire ? Retenir Psyché et Vénus, Diane et Europe, Mona Lisa, pour ce que ces références accusent de charge culturelle, puis jouer Narcisse, Pygmalion et Faust dans un projet qui vise un autre visage : en quelque sorte, dévisager pour envisager, défaire une face pour en faire une autre et, dans cette perspective, inquiéter la notion traditionnelle, acquise et policière d'identité. D'où la nécessité d'une redéfinition, en nos âges nihilistes et postmodernes, de la notion d'autoportrait où le sujet et l'objet, l'artiste et l'œuvre, la création et la créature — en termes spinozistes on pourrait dire aussi la nature naturée et la nature naturante — se subsumeraient sous un même et unique repère : la signature.

Ce volontarisme esthétique est aussi désir de réactiver et réinvestir des notions classiques, et ressortissant au vocabulaire religieux, telles la transsubstantiation, l'incorporation, l'incarnation. Jamais on n'aura mieux dit en formes et termes radicalement laïques, païens, sinon blasphématoires, comment le verbe peut se faire chair, le concept devenir viande, et retour. Pour la première fois, aussi, on opère une transvaluation des valeurs qui permet le passage de la chirurgie esthétique à l'esthétique de la chirurgie, donc la soumission de cette technique non plus aux seuls impératifs médicaux, mais à des projets esthétiques, au sens large du terme.

Les opérations énoncent et présentent les salles de bloc comme des théâtres, des lieux où la parodie, le jeu, l'ironie, la citation, le kitsch se partagent les rôles avec le spectacle, la lecture, la danse et la déclamation. De manière avouée, Orlan inscrit son travail dans une logique baroque, sinon rococo. Pour ma part, j'y vois plus une version du baroque, en l'occurrence le maniérisme, qui suppose le codage excessif, jusqu'à satiété, de l'ensemble des mots, signes, faits et gestes proposés sous les systèmes vidéo et photographiques installés en boucles diffusées mondialement et en simultané à New York (Galerie Sandra Gering), Paris (Centre Georges Pompidou), Toronto (Centre Mac-Luhan), Banff (Media-Art Center) et une dizaine d'autres lieux. Maniérisme, aussi, par l'abondance des allégories et des symboles : Jacques de Voragine et sa Légende dorée, le carnaval et les dionysies, le détournement de l'art classique et un système d'objets parodiques, l'histoire sainte et la mythologie gréco-latine, tout contribue à des festivités qui mêlent Eros et Thanatos, la jouissance et la souffrance, les parts solaires et les morceaux de nuit. Après péridurale, le chirurgien et son équipe travaillent comme à l'accoutumée, tout en étant vêtus et habillés par de grands couturiers. Leur projet est simple : inciser, couper, liposucer, enlever de la chair, aspirer la lymphe et le sang, vider donc, puis remplir avec de la graisse, des prothèses, du silicone, des implants, dans le but de supprimer une ancienne forme pour en faire apparaître une nouvelle. Ce que la Nature avait fait, la Culture le défait, puis le fait autrement : le hasard aveugle laisse place à la décision volontaire. Comment mieux célébrer le projet de tout artiste : produire de l'artifice, troubler la nature, chasser sur son terrain, la faire reculer et manifester la toute-puissance du concept ?

Face à ce projet démiurgique, les réactions sont presque toujours infectées de ce que Nietzsche appelait la moraline. Des réactionnaires et conservateurs, dont c'est le métier, aux prétendues avant-gardes, la réaction de rejet et de dégoût est récurrente. Retenons un seul commentaire, il synthétise les reproches qu'on fait au travail d'Orlan quand on refuse de comprendre pour préférer juger : « Mégalomanie, délire des grandeurs, histrionisme, délire mystique, automutilation, dépersonnalisation, fétichisme, passage à l'acte, narcissisme, masochisme, hystérie, schizophrénie, paranoïa, perversion, tout y est. » Dieu, psychanalyse aidant, quelle liste de péchés !

Laissons là les manies du prêche et de la sentence pour tâcher de saisir la portée esthétique, philosophique et métaphysique d'un tel projet. Depuis la révolution industrielle, et jusqu'aux récentes révolutions cybernétiques, la civilisation n'a cessé de se manifester dans le sens souhaité par Descartes : la maîtrise et la possession de la nature. Dans les conditions ordinaires, les éléments sont domptés ou dominés : l'espace est soumis autant que faire se peut. De même pour le temps — qui est variation sur le thème de la vitesse et de l'espace, pour sa nature universelle, mais qui est aussi modalité des sujets singuliers : la médecine a allongé les durées d'existence en faisant reculer la mort. L'entropie patiente.

Pour autant, les technologies qui touchent les corps sont entravées par un concert de frilosités éthiques. Si la science et la morale jouent à se renvoyer les responsabilités sur les questions de génie génétique, de carte d'identité génique, de compatibilité des substances animales et humaines, de possibilité d'associer du vivant et du mort, du biologique et du mécanique, on peut imaginer que l'esthétique accélérera le questionnement sur ce sujet, mieux, qu'elle rendra plus pressantes les réponses aux interrogations qu'on peut aujourd'hui se poser sur tous ces sujets. Le travail d'Orlan s'inscrit dans ce contexte : maîtrise accélérée de la domination des hommes sur la nature, en même temps qu'inquiétudes sur l'existence possible des limites à cette entreprise prométhéenne. Quelles limites entre Faust et Mabuse, Prométhée et Folamour ?

Orlan constate qu'on accepte volontiers l'intervention de l'artifice pour contrarier l'ordre naturel lorsqu'il s'agit de soigner la santé d'un corps malade : c'est le seul impératif thérapeutique qui justifie la soumission de la nécessité biologique à la volonté médicale. Par ailleurs, dès que la médecine est soumise à un autre projet que thérapique, curatif, elle paraît suspecte, et, de façon sibylline, on parle de médecine ou de chirurgie de confort. Mieux, lorsqu'elle est sollicitée pour un projet esthétique, qui est aussi éthique en son genre, la médecine chirurgicale est fustigée. Pour sa part, Orlan entend ne pas distinguer les usages thérapiques curatifs des projets esthétiques éthiques. C'est son présupposé.

Quelles justifications, dans ce cas, pour une intervention chirurgicale ? Le caprice ne saurait suffire, ni un quelconque trouble de l'humeur ou d'ordre psychiatrique. Ce qui légitime pareil recours est la volonté métaphysique et politique de combler le gouffre ouvert entre ce que l'on ressent être et ce que l'on montre véritablement. Dans cette coupure entre l'essence et l'existence, entre ce que l'on est profondément et la façon dont on apparaît à autrui, s'enracine la cause d'une aliénation majeure que pourrait rectifier, dépasser, la mise en conformité de l'intérieur et de l'extérieur. Pour faire coïncider le signifié, une âme, et le signifiant, le visage qui lui correspond, Orlan demande le recours et le secours de la chirurgie.

Quel corps, diront alors les plus soucieux de poursuivre l'enquête ? Un corps qui échappe au marché, aux lois capitalistes qui proposent puis imposent une allure particulière, des canons, des modèles, des artifices fabriqués de toutes pièces pour solliciter et créer une demande de mise en conformité avec ces artefacts avant de mettre en œuvre ce qu'il faut de marché et de libre-échangisme pour satisfaire ces besoins aliénants. Les corps devenus des marchandises sont produits par le pouvoir dominant qui est aussi celui des hommes. L'usage classique de la chirurgie esthétique est un auxiliaire de ce pouvoir-là. Et Orlan veut mettre cette technique au service d'une autre idéologie, d'autres présupposés éthiques, féministes en l'occurrence.

Ce corps nouveau, mutant, pour échapper aux conformismes sociologiques et politiques dominants, il est déjà en acte. Les neuf opérations qu'a déjà connues Orlan ont ouvragé son visage dans le sens de la métamorphose souhaitée : mais les arcades sourcilières, la bouche, les yeux, le nez, les joues ressemblent encore à ce qui est leur nature. S'ils sont autres dans l'ordre et le registre de la culture, ils sont mêmes dans celui de la nature. Pour aller plus loin, une récente opération a inauguré le dépassement de ces conformismes : deux prothèses destinées au rehaussement des pommettes, dans un usage classique, les auraient modifiées, certes, mais elles auraient été mêmes et autres. En revanche, dans la décision d'Orlan, ces implants ont été placés sur le front, laissant radicalement de côté ce jeu entre le même et l'autre pour s'acheminer vers le terrain du radicalement autre. Aussi, ces deux formes sous la peau donnent-elles aujourd'hui l'impression d'efflorescences pour des cornes démoniaques en puissance, cornes d'un bouc dont l'étymologie rappelle sans cesse la parenté avec la tragédie.

Plus loin sur cette voie, prenant toujours plus de distance avec les modèles séducteurs de la civilisation du marché, après ces deux bosses, Orlan vise une intervention chirurgicale qui lui permettrait d'arborer le plus long nez techniquement possible. Dans cette hypothèse, un mutant cornu au long nez exprimerait avec une radicalité insoupçonnable ce que peut être un corps soumis à une volonté propre et indépendante des lois du marché esthétique — à tous les sens du terme. Autant dire que les artefacts de Matthew Barney, cornes et nez lui aussi, mais en guise de prothèses seulement, se trouveraient surclassés par la performance d'Orlan inscrite, quant à elle, non plus sur le terrain du simulacre, mais dans celui de la chair.

A terme, ainsi radicalement autre, Orlan envisage de prendre contact avec un cabinet de publicitaire afin de trouver un nom nouveau qui corresponde à son état nouveau. Ensuite, à l'aide d'un avocat interrogeant un procureur de la République, elle souhaiterait obtenir une nouvelle identité, puis les papiers et cartes afférents. Du chirurgien à elle-même, via le publicitaire et le magistrat, Orlan aurait effectué le chemin du Corps à l'identité, via l'image et la Loi. Se réappropriant culturellement son corps, accédant à elle-même par le biais non plus d'une nature subie, mais d'une série d'artifices choisis, l'artiste pourrait ainsi se confondre à son œuvre, réconciliant l'art et la vie, le sujet et l'objet, l'artefact et la signature, un moi profond et un moi de surface, le tout dans une étonnante pérégrination démiurgique sans précédent.

Pour autant, et relativement aux interrogations de départ, que faudrait-il conclure du travail d'Orlan ? Qu'à la question de l'identité elle répond par le visage. En effet, ce Je qui est voulu autre est concentré sur la face, car, chez Orlan, aucune intervention n'est prévue sur le tronc, les membres et tout ce qui, du corps, n'est pas le visage. Après Max Picard, Levinas a dit ce qu'on pouvait entendre sur cette idée que l'humanité d'un être était concentrée sur son visage. Mais n'est-ce pas sombrer dans le piège de l'idéal ascétique classique d'imaginer qu'on peut ainsi, sans autre forme de procès, oublier le reste du corps dans une quête aussi fébrile et déterminée de l'identité ?

L'identité, ce serait le visage, comme dans l'administration, qu'elle soit policière, pénitentiaire ou banalement tracassière. Quid, alors des organes, du sexe, miraculeusement épargné, de la taille et du poids, du cœur et du cerveau, éminemment symboliques tout autant que fonctionnels ? Et du sang ? A moins qu'on prenne pour argent comptant la fiction d'Antonin Artaud, revue et corrigée par Deleuze et Guattari, d'un corps sans organes, on gagnerait, en travaillant sur le corps, à en revendiquer la dimension pleine et entière, avec ses flux et ses organes, ses réseaux et ses registres, sa mémoire vive et ses zones autant solaires que nocturnes. Le corps ne saurait se réduire au seul visage, pas plus l'identité, sauf à vouloir une nouvelle épiphanie sur le mode mystique et religieux, théologique et sacré.

Quoi qu'il en soit sur les présupposés qu'on pourrait finalement dire théologiques d'Orlan, son travail ne manque pas d'inquiéter, d'interroger et de faire frémir. Par son audace, sa radicalité, sa passion incandescente et sans concession, elle installe la réflexion menée à propos du corps contemporain sur un plan délibérément tragique, au sens grec du terme. Le souci exclusif du visage place le travail d'Orlan dans la perspective d'une interrogation sur ce qu'est une Personne — dont l'étymologie latine rappelle le masque sur scène et procède de lui — beaucoup plus que sur ce qu'est un Sujet, un Individu, une Subjectivité, sinon une identité, du moins un Corps.

En affirmant « le corps est obsolète », Orlan pose les linéaments d'une nécessaire destruction avant de plus amples travaux visant la reconstruction. Nul doute que, dans cette perspective, elle soit à l'origine d'une impulsion essentielle, aussi bien pour les artistes que pour tous ceux qui réfléchissent aujourd'hui à la question : qu'est-ce qu'un corps ? Et que peut-il ? Son travail ouvre des abîmes, creuse autour d'elle d'incommensurables fondrières. En parcourant ces déserts où elle s'avance, Orlan peut autant risquer la découverte de nouveaux continents que le péril d'un enfouissement qui serait fatal. Elle avance sur un terrain où l'on vit dangereusement des expériences limites, ce qui en effraie plus d'un qui se défend par auto-injection d'une dose anormale de moraline, une substance ignorée dans la pharmacopée de l'artiste...

50

EN LA MER OÙ VENISE EST ASSISE

Sur la piazza San Zanipollo, j'étais venu me reposer des fadaises entendues et de certains accrochages vus à la Biennale 1995. L'ombre de Bartolomeo Colleoni est la seule à me rafraîchir l'âme, directement, en son épicentre, au point que je songeai qu'au sortir d'une hypothétique crémation, c'est là que j'aimerais voir s'envoler mes cendres, comme un nuage trouant la lumière. Sous les auspices de Verrochio et de l'Antiquité réappropriée dans les formes renaissantes, je réfléchissais aux raisons qui rendent Venise si peu familière aux philosophes quand les écrivains, et les poètes à proprement parler en ont fait la scie musicale qu'on sait.

La liste est longue qui permet de réunir sous le même chef la célébration littéraire du lieu au détriment d'une autre qui viserait la métaphysique, voire l'ontologie de Venise. Des poèmes, des romans, des nouvelles, des confessions, des mémoires, des récits de voyage, des correspondances, on en dispose à foison. Une réflexion, une analyse, une méditation, une philosophie ? Rien, nulle part, ou si peu.

Pour retrouver la Sérénissime, objet de préoccupation des penseurs, il faut s'arrêter à ceux qui en ont fait un souci de considération politique : Machiavel ou Montesquieu par exemple, qui méditent sur la généalogie, la croissance, la grandeur, la décadence puis la disparition de la République qu'elle fut. Rôle de l'argent et du commerce, des Doges et de la police, du mercenariat et des conquêtes, mais rien d'autre. Venise est vue comme une alternative à Athènes ou Sparte, une troisième voie entre la démocratie et la tyrannie, à savoir un archétype de l'oligarchie, une catégorie qui toujours inquiète les penseurs politiques.

Dans la relation qu'il fait de son séjour à Venise, en 1728, Montesquieu consigne tout sur l'arsenal et les verreries, les forges et les machines à curer les canaux, le commerce et les armes. Puis il déplore la liberté totale qu'on y trouve, y compris et surtout celle de fréquenter les dames de petite vertu ou de ne pas se rendre à la messe. Dans ce climat libertaire, le magistrat n'est pas à l'aise. Il écrit même : « Il faut être gêné : l'homme est comme un ressort, qui va mieux, plus il est bandé. » On retiendra que la métaphore n'engage vraisemblablement que les lois élémentaires de la physique des solides mécaniques. Et plus loin, dans ses notes, on pourra encore lire : « Je n'aime point une ville où rien n'engage à se rendre aimable ni vertueux. »

Avant lui, Montaigne, déjà, avait été déçu par la Sérénissime. Son *Journal de voyage* laisse presque plus de place aux deux pierres pissées le temps du séjour qu'à toute autre chose. Il confesse avoir trouvé Venise « autre qu'il ne l'avait imaginée et un peu moins admirable » avant de préciser qu'il y avait tout particulièrement apprécié la police, la situation, l'arsenal, la place Saint-Marc et « la presse des peuples étrangers », déjà. Après Montesquieu, Rousseau y séjourna, en tant que secrétaire d'ambassade, les mauvaises langues disent qu'il était plutôt secrétaire de l'ambassadeur, ce qui n'est pas la même chose. Rien de notable chez le Genevois qui s'évertue à se fâcher avec son employeur, ce en quoi il excelle. Fin de partie pour Jean-Jacques dont on a dit, plus tard, qu'il avait trouvé ses intuitions du *Contrat social* dans les quinze mois passés à Venise. La preuve reste à faire...

Rien de passionnant chez ceux qui appréhendent Venise comme un lieu de voyage, de passage, de commerce, donc. Les philosophes ne se réconcilient avec la cité sublime que dans la mesure où ils se soucient d'esthétique. Les tenants d'une réflexion mise au service des sociétés idéales, des gouvernements utopiques, des Etats imaginés convoitent Venise comme une idée de la raison, un archétype dont ils démontent le mécanisme. Mais les rouages défaits, les structures décomposées, il reste sous leur regard un cadavre comme Athènes en ruine ou Carthage effacée par le sel. Comprendre Venise ne se peut que par les familiers de l'art, de la musique ou de l'écriture, du verbe ou de la peinture, de l'architecture ou de la poésie. Car c'est une cité artiste pour les âmes artistes. Aux autres, elle se refuse.

Faut-il donc s'étonner qu'elle ait tenu tant d'importance chez Frédéric Nietzsche ? Les yeux sur l'île des morts, l'île San Michele, dans les fastes du palais Berlendis, sur les Fondamenta Nuevo, le père de Zarathoustra vit en compagnie de l'amitié de Peter Gast, son fidèle, et des mânes de Chopin, sur lequel ils travaillent tous deux. Nietzsche aime les huîtres et le vin blanc, les figues et les bains de vapeur, le chant des gondoliers et les jardins publics.

Mais j'ai déjà raconté tout cela dans *La Sculpture de soi*. Nietzsche et Venise. Nietzsche est Venise. Un lieu où l'on se perd pour se retrouver, où l'on s'abandonne pour mieux se reconstituer, où l'on trouve ce que l'on ne cherchait plus, où l'on cherche ce que plus personne ne trouve : un portrait de soi, une image, une identité. Car Venise donne, relativement à ce que chacun peut obtenir, en regard de ses mérites, ses vertus, sa virtù.

Avant Nietzsche, alors, personne, parmi les philosophes, n'aurait su faire de Venise ce qu'elle est avant toute chose : une exception pour penser ? Si, et précisément au XVIIe siècle, cette époque des jésuites, des prêtres, du pape, de la religion chrétienne, des spécialistes en casuistique catholique, sermons évangéliques, oraisons et rhétoriques funèbres. Venise est le perpétuel antidote à l'idéal ascétique. C'est d'ailleurs la raison pour laquelle elle déplaît aux tristes, aux bigots, cagots et matagots. A Montesquieu, qui désespère de tant de liberté dont il ne sait que faire, lui qui aime tant les lois. Venise, c'est l'anti-Rome papale, l'anti-Florence austère, l'anti-Naples populeuse.

Et dépassant le pyrrhonisme de Montaigne, son stoïcisme mâtiné d'épicurisme vertueux, les libertins du Grand Siècle font de Venise un point de passage, de séjour et de référence obligé. Claude Sammain, l'un d'entre eux, écrivait : « Vivent Venise et la Hollande, qui sont les deux seuls lieux de l'Europe où il y a encore quelque reste de liberté : car pour tout hors de là, ce n'est que tyrannie et moinerie. » Tyrannie et moinerie, voilà ce qu'aiment ceux qui ne prisent pas Venise, la leçon vaut presque tout le temps. Et aux côtés de Sammain, soit à la confrérie vénitienne Biberons et Bachistes, cette nouvelle Tétrade chez les Italiens, soit chez tel ou tel qui ouvre sa maison pour du vin, des femmes, des livres et des amis, on retrouve Gabriel Naudé et Charles de Valliquerville, Scipion de Grammont et Ismaël Bouillau, Jacob Badouère et tant d'autres

qui, souterrainement, ont fait la modernité intellectuelle qui permettra René Descartes, puis, via
Spinoza et La Mettrie, toute la grandeur théorique
des siècles qui suivront. Venise pour les libertins
érudits, Amsterdam pour Descartes. Toujours il faut
se demander si un philosophe aime ces cités-là. Si
la réponse est positive, Dionysos n'est pas loin.
Sinon, ce sont thuriféraires d'Apollon, de l'ordre et
de la mesure qui crient ou écrivent contre Venise.

Aussi, lorsqu'un ami qui, comme moi, aime la cité
des Doges, m'annonça la parution d'un *Contre
Venise*, je me suis inquiété, d'autant qu'il s'agissait
d'un livre de Régis Debray dont j'aime parfois le
tempérament intempestif, sinon iconoclaste. Que
fallait-il craindre d'une démonstration qu'on présentait comme un pamphlet, un libelle et qui se montrait au public avec une bande annonce sur laquelle
on pouvait lire : fin de culte ? Les cultes sont effectivement à conspuer quand ils ridiculisent les sectateurs. Mais faut-il confondre sans précautions les
thuriféraires et la cause qui leur sert de prétexte ? Je
ne crois pas. Aussi, le procès qu'on peut lire sous la
plume de Régis Debray est-il d'autant décalé qu'il
vise neuf fois sur dix l'image qu'ont fabriquée les
adorateurs de cette cité qui n'en peut mais. La
dixième n'étant qu'une occasion de faire fonctionner une belle mécanique intellectuelle dont un certain Régis Debray fit, ailleurs, un beau démontage.
J'y reviendrai.

Avisé comme il l'est sur les questions d'image, de
transmission, de déplacement de sens et de symbolique, Régis Debray aurait dû épargner autant
Venise qu'il a égratigné, voire assassiné, ceux qui
ont revêtu les habits sacerdotaux : académiciens
cacochymes, snobs en détumescence mentale,
esthètes aux parfums de cadavre, narcissistes en
livrée de valet, voire ancien vrai président faux
socialiste devenu spectre hantant la Giudecca,
toutes ces caricatures flanquées de vacanciers et de
touristes font d'excellentes occasions de mépriser la

vénération en tant que telle, mais pas l'objet de celle-ci. Qui mieux que Régis Debray le médiologue devrait être à l'abri de la confusion entre l'image et le réel, l'icône, le symbole et la réalité sensible ? Ou alors, il faut chercher là un symptôme qui montre en quoi, pour le dire comme Nietzsche, l'auteur est resté pieux.

Contre ceux qui aiment Venise, oui, plus justement, ou contre ceux qui l'aiment mal, comme un chromo, un prétexte, une occasion d'en revenir perpétuellement à eux-mêmes et au jeu social qu'ils ne cessent de sacrifier en prenant la cité en otage pour leurs minables frétillements sociaux. Mais qu'on épargne la Sérénissime elle-même, en acte, dans sa matérialité d'eau et de pierre. Car dans ses pages, Régis Debray triomphe moins en athée de Venise, ce qu'il paraissait vouloir, qu'en pur et simple anticlérical.

Or, pour pratiquer l'antiplatonisme nécessaire à la destruction des mythes, il faut distinguer l'idée de Venise et sa réalité sensible. Et d'idée, il n'est que subjective, car il y a autant de Venise que d'amateurs, ce qui permettait à Morand d'écrire plus justement *Venises*. Régis Debray pourfend, avec raison, la Venise des épuisés, et autres nihilistes, décadents, fin de siècle, hors course, cyniques et convenus de tous ordres. Dans une rhétorique qu'il sait spécieuse, il instruit le dossier d'un procès dont il connaît déjà l'issue : il faut condamner la ville des pilotis.

Sa méthode, Régis Debray doit la savoir fautive parce qu'il l'a pointée comme telle chez Guy Debord dans un impitoyable démontage des textes du penseur qui venait de se suicider. Debray stigmatise la méthode qui consiste à recourir aux chiasmes, jeu des contraires, inversion de génitifs qui permettent d'opposer philosophie de la misère à misère de la philosophie, critique des armes et armes de la critique, réforme de la conscience et conscience de la réforme. Il écrit dans cet *A propos du spectacle* :

« Une fois le tour de main attrapé, la fausse profondeur se fabrique à la chaîne. »

Alors que faut-il penser de l'autre Régis Debray, celui qui oublie le savoir critique qui lui permettait de signaler le danger d'une séduction avec des jeux de mots et des oppositions faciles autant que factices, lorsqu'on lit sous sa plume qu'à Venise l'aristocrate fait peuple quand à Naples le peuple est aristocrate ? Que Venise la culture s'oppose à Naples la nature ; que l'une exige l'éducation là où l'autre se contente d'un tempérament ; que le feu du volcan s'oppose à l'eau de la lagune ; que la cité des Doges est sensuelle là où les champs Phlégréens sont nordiques — le même Nord que celui de l'Irlande de De Gaulle ; que Venise est chaos de traces là où Naples est harmonie de traits ; que Lénine vint à Capri quand Venise doit se contenter d'un socialiste de parade, ancien locataire de l'Elysée ; qu'« il y a des églises à Venise, mais il y a de la religion à Naples » ; que « Vienne en 1890 produit des penseurs ; Venise 1990 des pensifs » ; ou encore que « le vénitien est au sentiment tragique ce que le sulpicien est à l'art sacré ». Cessons là. Le petit livre est plein de ces divertissements qui éloignent de ce que pourrait être une authentique réflexion sur ce qui fait Venise et qui dispenserait de se contenter d'un « Venise est le rendez-vous le plus vulgaire des gens de goût ». Tant et si bien que, coupable de tous les vices, Venise se fait reprocher sa pudeur là où Naples triomphe dans la vérité grâce aux « petites culottes tendues au milieu de la rue »... Faut-il vraiment croire Régis Debray sérieux jusque-là et craindre malheureusement sur ce sujet la parenté avec les nihilistes russes qui préféraient une paire de bottes à Shakespeare ? Des petites culottes préférables à Véronèse, ce doit être pour rire et pour les besoins du pamphlet...

Venise n'est pas responsable de l'usage qu'en font les marchands internationaux qui l'ont choisie pour un Forum économique mondial, ni des usages d'opérette d'un chef d'Etat retraité soucieux de sculpter une statue dans un marbre d'occasion, ni des recours convenus des touristes venus de partout pour des polaroïds sur la place Saint-Marc ; pas plus Naples n'est un modèle opposable, car il faudrait lui reprocher ses voleurs à la tire, ses arnaqueurs, ses combinards, ses mafieux, la crasse, l'indélicatesse et la vulgarité de ceux qui la hantent, ce à quoi elle ne se réduit pas, du moins, ce dont elle n'est pas responsable.

Que faut-il comprendre de ces pages contre Venise ? Pourquoi faire un commerce spécifique du contre quand il est plus roboratif, moins nihiliste, d'écrire pour ? La signification de cette bile noire est peut-être à chercher dans cette passion radicalement démocratique, sinon populaire, au risque d'être populiste, d'un homme qui avoue son goût pour le multiple, le reproductible, la série, le nombre, et la photographie.

Car Venise, selon les mots justes de l'auteur, c'est « l'Art fait ville : l'Objet mieux que rare, absolu, non reproductible, pulvérisant la série et le multiple. L'original parfait ». Donc, la ville de la peinture, de l'unicité, du rare, là où ce qui faisait la quintessence du XVIIIᵉ siècle est encore en brume, en lumière, en échos que seuls entendent ceux qui ont l'oreille contemporaine de Casanova. Il en va des siècles comme des êtres, certains sont radicalement XIXᵉ : Zola et *Germinal*, Nadar et ses portraits, Haussman et ses boulevards, Carême et sa cuisine bourgeoise, ils ont la religion du progrès chevillée au corps, croient encore au peuple et à ses vertus, célèbrent indéfectiblement le positivisme scientiste. Dommage qu'ils aient oublié qu'un siècle s'était écoulé depuis, rendant caduques à peu près toutes ces mythologies. Nietzsche, qui était si peu de son temps et tellement du nôtre, aurait vraisemblablement stigmatisé là les symptômes d'une maladie qui paraît s'attaquer exclusivement à ceux qui sont encore pieux et, totalement fâchés avec leur époque, n'aspirent aucunement à la positivité des modernités. Laissons là Régis Debray — et poursuivons les déambulations en quête de modernes.

Au banquet des philosophes, peu sont habilités à parler autant en théoriciens qu'en praticiens. La plupart du temps, un penseur se contente de tour d'ivoire et d'écriture. Et même s'il se donne le prétexte touristique d'aller voir une semaine sur place, il reste un verbal confiné. Du politique, il ne connaît que le théâtre de l'opposition théorique, celui qui permet de briller d'autant dans l'éthique de conviction, chère à Max Weber, qu'il n'est pas sous l'empire d'une éthique de responsabilité. Les philosophes qui exercent le pouvoir sont rares, comme sont nombreux ceux qui croient en détenir parce que confidents ou conseillers, et qui ne font que l'entr'apercevoir, en voyeurs frustrés d'action.

Massimo Cacciari échappe à cette schizophrénie qui a fait écrire à la plupart de la corporation une quantité non négligeable de sottises sur la question politique. Car il est philosophe et maire de Venise, estimant que les deux fonctions se nourrissent avantageusement l'une l'autre. Philosophe-roi, en son genre, comme un certain Marc Aurèle, compatriote de la péninsule, il est plus spécifiquement depuis 1993 roi-philosophe, tâchant de n'oublier ni l'une ni l'autre de ces deux fonctions qui, pratiquées séparément, donnent les plus mauvais fruits dans leurs registres respectifs.

Le philosophe est spécialiste d'angélologie — disons de science des anges —, une discipline plutôt habituellement confisquée par les théologiens, sinon les croyants. Or il n'est ni professionnel de la patristique, ni catholique. On lui doit *L'Ange nécessaire*, une méditation après Klee, Rilke, Dante et Walter Benjamin sur cette figure théorique de l'intercession, du passage, de l'intermédiaire. Entre le ciel et la terre, l'intelligible et le sensible, certes, mais aussi entre la terre et la mer, le sol ferme et la lagune de sa cité natale. On lui doit aussi *Icônes de la loi* et *Géophilosophie de l'Europe*, tous textes dans lesquels il exprime une modernité philosophique à partir de Marx, Nietzsche et Heidegger.

L'homme politique a été élu deux fois député et a siégé huit années sous les couleurs du PCI avant de partir à la conquête de la municipalité en 1990 et de réussir en 1993. Ce citoyen-là, dans l'opposition et en campagne, avait écrit un « Venise possible » (traduit par Marilène Raiola, son ange intercesseur pour la langue française) dans *Lumières de la ville*, la revue de Roland Castro et Jean-Paul Dollé. On pouvait y lire ceci : « Le rapport entre les intellectuels et la politique doit être ramené à des modalités concrètes, à travers lesquelles puissent réellement s'entrelacer compétences et décisions, idées-guides, programmes et capacités administratives. »

Philosophe, il a le souci du concret et envisage sa ville comme une Forme, l'urbanisme et l'architecture comme des moyens, le maire étant le médiateur évangélique du projet à l'endroit de l'idée. Pour Cacciari, Venise est une idée d'un genre particulier : la quintessence de l'artifice. Les projets pour cette cité supposent un certain usage de la dialectique hégélienne, un dépassement et une conservation en même temps : conserver cette essence de la cité et, dans cette logique, l'actualiser dans une époque dont chacun connaît les contraintes. Donc, il faut viser les lieux de la Sérénissime comme des fragments de temps et d'espace, des morceaux d'histoire et les vouloir pour eux-mêmes, leur être et leur persistance dans cette forme.

Ce souci théologique autant qu'esthétique concerne les lieux et leurs mises en perspective, les flux et leurs canalisations, leur inscription dans une logique de déplacement qui soit aussi et en même temps une modalité de la communication, la création de nouvelles possibilités d'existence autant individuelles (l'habitat, le travail sur place, l'intersubjectivité citoyenne, la relation de l'individu à l'ensemble des points de la ville, etc.) que collectives (usage culturel du tourisme et non touristique de la culture, association du lieu dans son temps avec l'éternité de son rôle culturel dans l'histoire, etc.).

Maire, il n'oublie pas la réflexion et envisage la cité comme permettant de développer une immense métaphore linguistique autorisant sa place, in concreto, à l'ange nécessaire de ses méditations. Dans un entretien qu'il a donné à Marilène Raiola pour un film réalisé par Nico Di Biase, après son élection, Massimo Cacciari a précisé : « Entre une certaine idée de la ville et la figure de l'ange, il existe un lien très étroit. L'ange nous enseigne que les mots n'existent pas seulement pour désigner, pour être au service de la chose, mais qu'ils sont surtout des images de l'intellect. De même la ville n'est pas une machine à habiter, telle qu'une certaine culture urbaniste ou architecturale la conçoit. La ville est aussi l'expression d'une image mentale, la ville aussi doit être un mundus imaginalis, et je dirai que Venise plus que toute autre ville représente ce monde imaginaire et non pas une machine à habiter. »

Dans cet ordre d'idée, préférant les anges du Quattrocento, encore en l'air, à ceux de Wim Wenders, déchus et errants sur terre, Massimo Cacciari enrôle les créatures ailées pour un combat d'aujourd'hui dont l'objectif est l'invalidation de Bergson pour lequel le réel épuise les possibles. Le maire de Venise, quant à lui, croit plutôt que les possibles informent et enrichissent le réel. D'où, chez lui, une autre modalité de l'association d'une théologie païenne et d'une esthétique religieuse, en son sens étymologique — qui relie, fasse lien.

Là où Venise est lue comme une forme épuisée, d'hier, ne sollicitant que le passé, Cacciari opère une transvaluation des valeurs : la cité des Doges est ville de l'avenir, de demain et de la modernité à réaliser en acte. Mondrian à l'appui, commentant

Victory-Boogie-Woogie, une toile de 1943-1944 (dont il n'est pas sans intérêt de savoir qu'elle est inachevée), le maire philosophe sur la structure de la cité opposant la grille (héritée de l'antique plan hippodamique grec) au labyrinthe ordonné. Dans la toile de Mondrian, comme dans la Venise réelle, les possibles sont multiples. Flux et forces, lignes de fuite et trajets, temps spatialisé ou espace temporalisé, micro-organismes indépendants et totalité agencée à partir de ces parties autonomes, ce qui vaut pour la peinture est tout aussi pertinent pour la cité.

Venise n'est pas une ville sacrée pour vieux messieurs au bord de la tombe ou pour touristes pressés de s'engloutir dans le triangle des Bermudes déployé entre le pont du Rialto, la place Saint-Marc et l'Académie, un authentique lieu de concentration des nuisances en tout genre — un territoire qui, à lui seul, peut bien légitimement faire cette fois-ci l'objet des récriminations de Régis Debray. Venise serait une œuvre d'art radicalement moderne si elle trouvait son sculpteur, son mécène, son Doge. Elle ne serait plus la ville de Tintoret ou de Véronèse, de Proust ou de Chateaubriand, de Vivaldi ou de Gabrieli, de Casanova ou de Brodsky, avec obligation de choisir et de prendre parti. Elle serait la cité de Nietzsche et Pietr Mondrian, Luigi Nono et Kathy Berberian. Et aussi d'un certain Massimo Cacciari, philosophe et maire de sa cité, démonstrateur hors pair que Venise est un miroir, un lieu pour de redoutables projections. Aussi, à ceux qui interrogent ses possibilités mantiques, elle se contente de renvoyer fidèlement leur image. Briser le miroir parce que l'on se découvre laid est une réaction primaire. On ne trouvera dans Venise que ce que l'on est capable d'apporter : la richesse d'une modernité à construire ou la pauvreté d'un archaïsme à ressasser.

51

AU CREUX DES NUITÉES

Tout commence avec elles, les infirmières. Du moins, j'imagine les premières heures de mon existence en leur compagnie, déjà. A la maternité, en l'occurrence, où elles héritèrent de moi et furent les premières à me toucher, à prendre mon corps dans leurs bras. Mes souvenirs sont plutôt imprécis, mais je ne me trompe guère en m'imaginant glaireux, visqueux telle une anguille, sanguinolent comme un cochon égorgé, noué dans mon placenta pareil à un veau tombé dans un pré. Début de cyanose, cris modulés comme un jour d'apocalypse, puis claques pédagogiques sur mes fesses fripées pour déplier mes sacs à air. Non que les poumons soient logés dans cette éminence charnue, mais tous les officiants du paramédical vous le diront, le derrière ainsi sollicité informe la cage thoracique qu'il est temps de commencer un travail qui finira seulement avec la mort. Elles eurent du mérite, les infirmières, ce premier jour de l'année 1959, lendemain de réveillon. Pas de trêve des confiseurs pour ces anges blancs qui vont et viennent dans ces cathédrales de la douleur que sont les hôpitaux.

Elles m'accueillirent dans cette ville de sous-préfecture où j'habite toujours. Parfois, passant devant les bâtiments, je songe à ce jour, à celles des infirmières qui auraient pu être présentes, à celles aussi qui ne sont plus là, à la vie qui va et conduit de la maternité des étages à la morgue du sous-sol. Entre elles et moi, c'est une longue histoire d'amour. Après les berceaux en plexiglass, ce furent les arrières de tableaux, dans les écoles de campagne où, affublées d'un médecin scolaire, elles fouillaient le fond de nos culottes petit-bateau pour y traquer le phymosis ou le testicule récalcitrant. Passé le stade génital, c'était le moment buccal : elles jouaient de l'abaisse-langue avec dextérité alors que le Diafoirus d'occasion jetait un regard distrait dans les cavités baveuses où il ne voyait rien d'autre qu'une justification pour son salaire de fonctionnaire.

Plus sadiques, elles pouvaient aussi scarifier nos peaux laiteuses pour la bonne cause du vaccin BCG — et laisser sur nos épaules la trace lancéolée qui date au moins de l'Antiquité romaine, puisque Kirk Douglas, dans *Spartacus*, arbore la sienne avec une indolence crâne. Enfin, elles s'occupaient des affaires courantes, ce qui autorisait le regard bovin du médecin qui pouvait alors abandonner l'école comme on laisse derrière soi un abattoir après y avoir sévi.

Plus tard, j'ai retrouvé la profession dans un dispensaire d'hygiène sociale. Le monstre, moustachu, semblait sorti d'un film de Fellini : forte comme un débardeur, velue comme un camionneur, il ne lui manquait plus que le tatouage, une grosse seringue par exemple. Elle officiait dans une pièce recouverte de céramiques blanches et faisait tinter sans états d'âme les aiguilles des piqûres de pénicilline qu'elle jetait dans un haricot d'acier. Odeurs d'alcool, de sueur, de produits désinfectants, bruits répercutés comme dans une architecture carcérale, clairs et réverbérants, métalliques et glacés, l'ambiance était calculée : il fallait faire passer aux adolescents leur fâcheuse manie de collectionner les gonocoques en les dissuadant de faire pire avec le tréponème qui aurait eu des allures plus littéraires, certes, mais je n'avais pas la fibre militante. A cette époque, le sida n'existait pas. Sinon, qui sait...

La fois suivante, les infirmières furent franchement barbues, puisque c'étaient des infirmiers. Dans ces moments où rien ne va, où le corps lâche, j'aime que ce soit d'une femme que vienne le réconfort. Vieilles réminiscences de la mère soignant l'enfant pour la petite grippe qui, soudain, donnait tous les droits contre le monde entier et ses priorités habituelles. Ceux-là, aux antipodes de toute affectivité possible, étaient mandatés par l'armée française pour tuer le temps en tâchant de ne pas faire de même avec les conscrits qu'ils piquaient à la queue leu leu, l'un enfilant les aiguilles, l'autre abouchant les seringues, un troisième pratiquant l'injection, un quatrième arrachant tout le dispositif, un dernier essuyant ce qui coulait, du liquide injecté et du sang. Bouchers ou coiffeurs dans le civil, l'infanterie de marine les avait promus : ils préparaient les corps aux périples d'outre-mer.

La haute suspicion dans laquelle on tenait le quotient intellectuel, le grand culte que l'on vouait aux muscles seuls, tout cela me valut un transit par l'hôpital militaire de région où je pratiquais le pyjama pendant huit semaines, troquant le treillis avant de l'accrocher définitivement, puis de retrouver la liberté. Non sans avoir abandonné ma viande à une infirmière qui, chaque jour, me faisait une prise de sang comme le bourreau doit lâcher le couteau de la guillotine : avec une souveraine désinvolture. Bien que remplissant chaque matin, aux aurores, des fioles qui me paraissaient des litres, elle me semblait très anémique. Tant est si bien que j'ai longtemps cru que si elle soutirait autant d'hémoglobine, c'était vraisemblablement pour son usage personnel. Elle était lieutenant et collectionnait ainsi toutes les fonctions qui me hérissent...

Jusque-là, tout allait bien, car mes rapports au corps infirmier n'étaient que de gestion des affaires courantes. Rien de bien grave, le tout venant, bobos en tout genre, entretien, service après vente. L'affaire fut plus sérieuse lorsque j'eus le mauvais goût de tâter de l'infarctus, un petit matin glacial et saturé de brouillard, un 30 novembre, quelques semaines avant mon vingt-huitième anniversaire. Ce fut l'occasion pour moi de renouer avec une corporation que j'avais eu trop tendance à négliger. De mon lit de douleur à la paillasse du service des urgences, il y eut presque le trajet en raccourci de ma naissance à ce que je croyais être mon trépas.

J'ai raconté tout cela dans le détail en ouverture à *L'Art de jouir*. Une infirmière me fourrageait des comprimés sous la langue en me demandant toutes les minutes si j'allais mieux. Je me sentais glisser, doucement mais sûrement, vers le trépas que j'entrevoyais plus que proche.

Transféré au centre hospitalier universitaire, je fus réceptionné, comme un colis flaccide et presque déjà mort, par un infirmier barbu. Encore un. Mes 85 kg de viande, en l'occurrence avariée, furent logés dans les bras de l'infirmier qui me déposa comme un paquet sur un plan d'acier où, nu, je fus perforé par l'artère fémorale pour que soient réalisés les investigations nécessaires et les soins appropriés. Mon sang coulait sur l'intérieur de mes cuisses, chaud, épais. Je l'imaginais noir, saturé de mal. Une piqûre me plongea dans le sommeil, vraisemblablement aussi facilement que la mort invite à son ralliement. Je devais me réveiller nu, perforé de partout, tuyauté, branché sur écran, réduit à un ridicule petit bruit cardiaque témoignant que j'étais encore là.

Après les incursions vers ces contrées funèbres et cette sorte de nuit artificielle qui a suivi, une infirmière fut la première figure humaine que je vis. Jamais elle ne saura, la pauvre que requéraient le travail, le service, les horaires, combien son visage fut une carte de géographie salvatrice après tant de quarantièmes rugissants. Un havre, une assurance de sérénité, une certitude que j'étais rentré au port après avoir navigué un peu sur les eaux du Styx. Je ne sais qui elle était, elle ne se souvient pas de qui je fus, mais elle donna de la douceur, une denrée rarissime et aux pouvoirs incommensurables, quand on revient brisé d'un pareil voyage.

Certes, il en va des infirmières comme de toutes les assemblées : on y trouve les brutales et les douces, les prévenantes et les insouciantes, les délicates et les rustiques. La proximité quotidienne avec la mort et la souffrance trempe de toute façon les âmes autrement ici qu'ailleurs. Pour tenir, et continuer, il leur faut objectiver les corps, les réduire aux maladies qui les justifient dans leurs services. Toute tentative pour aller au-delà les expose, risque de les mettre en péril. Trop dangereux de compatir, de pratiquer le condouloir. Mais pour celles qui le peuvent, au-delà de la structure, de la machine et de l'institution, il y a un regard, un sourire, un mot, un geste, une attention, une intention, un signe infinitésimal qui tranche et désigne la femme sous l'infirmière, un peu de la mère, de la sœur ou de la maîtresse. La confidente.

J'ai souvenir de marâtres qui, avant la salle d'opération, rasaient mon pubis avec la même désinvolture qu'un horticulteur maniant le sécateur, tenant mon sexe avec deux doigts, comme s'il s'agissait d'un reliquat d'appendice à jeter aux chiens ; j'ai mémoire d'une poseuse de drain qui annonçait la fin de l'opération quand elle n'avait pas même commencé et qui jetait un coton souillé sans un regard pour le perforé nouveau, déjà fouillant la viande du voisin de lit ; j'ai encore en tête les bavardes, telles des pies-grièches, échangeant sur les dépouilles fiévreuses et brûlantes, des conseils pour allumer le barbecue, tondre le gazon ou repeindre les volets, avant de pratiquer un toucher rectal tout en devisant sur l'incompétence de l'institutrice des petits...

Mais j'ai aussi une pensée émue pour toutes celles qui trouvaient, je ne sais comment, le temps de rester humaines, qui regardaient, parlaient, souriaient, s'inquiétaient d'une multitude de détails, veillaient aux petites preuves du bien-être et au supplément d'âme. Toutes celles qui ne font pas regretter qu'on ait échappé au trépas et qui réconcilient un peu avec l'humanité. J'ai souvenir aussi de discussions, tard dans la nuit, les lumières de la ville vacillant comme les âmes à ces heures, l'insomnie aidant, au milieu du sommeil général, sur la vie, la mort, le sens de tout cela, l'absurdité, les raisons métaphysiques de la souffrance, la solitude, le solipsisme, le spectacle de la douleur des autres, le temps.

Au creux de ces nuitées, avec celles qui savaient que dans ses draps tièdes gisait là un professeur de philosophie, il y eut de temps en temps de beaux moments de vérités échangées, de dures certitudes établies, d'effrayantes conclusions obtenues. De la philosophie, de toute façon, peut-être là plus que jamais dans quelque amphithéâtre où la matière est prétendument enseignée. J'ai souvenir, en cet instant, de leurs regrets d'alors de n'être pas aidées, soutenues pour vivre autrement, philosophiquement, leurs épreuves de chaque jour, entre la douleur et la mort, la souffrance et le deuil. Le courage fait défaut, la force aussi, et combien m'ont raconté leurs larmes solitaires en rentrant chez elles, au petit matin, quand il leur avait fallu fermer les yeux d'un malade devenu un peu autre chose qu'un paquet de viande numéroté et affublé d'une maladie. Pour elles qui souhaitaient rester humaines, rien n'est fait. Au contraire, on aspire à transformer les hôpitaux en usines à produire de la santé ou à gérer des cadavres, sans qu'il y ait place, au milieu de cette alternative, pour quelque humanisme que ce soit.

Salaires de misère, emplois du temps baroques, horaires impossibles, travail épuisant, alignements sur les impératifs de rentabilité, invitation à négliger le caractère psychologique, sinon simplement humain de leur tâche pour plus d'efficacité dans le soin pur, le destin de l'infirmière est sinistre. Entre les râles étouffés de ceux qui meurent et les gémissements de souffrances de ceux qui pâtissent, entre les pulsations électroniques des écrans verts et les bips qui annoncent qu'un cœur vient de s'arrêter, elles racontent leurs misères et leurs solitudes. Pour vivre avec ce réel-là, il leur faut se murer, se blinder, car elles n'ignorent pas qu'il faut que le cœur se brise ou se bronze.

Savent-elles qu'au beau milieu de ces nuits sans

fond, elles sont, pour nous qui souffrons dans nos draps moites, ou glacés de sueur, le seul lien qui nous reste avec le monde et qu'on s'y attache comme un oiseau qui pressent sa mort, de toutes ses griffes ?

D'autres infirmières, certainement, traverseront mon existence. Demain, ou après-demain. Un peu plus tard aussi, ce serait bien, pour celle qui sera la dernière. Elle me fermera les yeux, peut-être, avant de couvrir mon corps et mon visage, avant, aussi, de m'isoler des vivants en m'emmenant, furtivement, dans mon lit à roulettes, cadavre pour un dernier transport, moins ludique que ceux qu'on doit habituellement aux literies. Puisque nous sommes de plus en plus nombreux à mourir à l'hôpital, je devrai certainement à une infirmière les détails ultimes. Elle téléphonera peut-être à ma compagne pour lui dire que c'est fini, que je n'ai rien vu, même si c'est faux. Elle repartira au travail, car quelqu'un d'un peu moins mort que moi aura besoin d'elle. Je gâcherai un peu de sa journée, puis elle luttera pour penser à autre chose, parce que pour elle la vie continuera. Elle me lit peut-être aujourd'hui ou, pour ma chance, peut-être aussi n'est-elle pas encore née. Allez savoir... Alors je lui demande pardon par avance pour le désagrément. Et puis je l'embrasse tendrement. Merci pour tout...

52

ARNOLD ET FRÉDÉRIC

Le déficit affectif entre ses amateurs potentiels et l'art contemporain sous toutes ses formes est bien souvent imputable aux carences des médiateurs, de ceux qui pourraient se faire passeurs entre les deux rives sur lesquelles chacun campe si souvent, arrogant et borné. Pourquoi faut-il, par exemple, qu'Arnold Schönberg soit encore le symbole du repoussoir que représente la musique contemporaine aussi bien chez les incultes avérés, ce qui n'est pas grave, mais aussi chez ceux qui, intellectuels ou sujets prétendus avisés, donnent dans le hallali contre l'école de Vienne et toute la modernité qui en procède, ce qui est plus grave ? Pour Schönberg, en dehors d'une médiation comme celle de Theodor Adorno, combien de gloses qui ont contribué à obscurcir ce qui méritait une belle lumière blanche et crue, nette et coupante ?

Car Schönberg est, à l'égal de Tzara pour l'écriture et Duchamp pour les arts plastiques, un grand inducteur de modernité. Et toute la musique de ce siècle qui va bientôt finir a procédé de près ou de loin du renversement de valeurs opéré par le père de l'école de Vienne. Si la tâche nietzschéenne de dépassement du platonisme conserve tout son sens encore aujourd'hui, il faut donner à l'atonalisme, puis au dodécaphonisme un rôle majeur dans la réalisation d'un désert, d'abord, et de son peuplement, ensuite. Si le désert croît, selon les prévisions fines de Zarathoustra, il ne faut pas se contenter du nihilisme et des jubilations en lui comme en une fange. Au-delà du moment négateur de Schönberg, qui est seulement propédeutique, il faut considérer les nouvelles catégories qu'il a rendues possibles.

Si trop de résistances sont repérables à l'endroit de la modernité dans le champ intellectuel contemporain, c'est, en partie, parce que la révolution antiplatonicienne appelée de ses vœux par Nietzsche n'est pas encore accomplie, malgré l'œuvre entière de Gilles Deleuze, tout attelé à ce projet de transvaluation de valeurs. La mise à mort du platonisme ne pourra être enregistrée que lorsque le kantisme, sa forme laïque et germanique, aura été dépecé, lui et l'esthétique qui l'accompagne. Car la *Critique de la faculté de juger* est caduque pour rendre compte de l'art depuis le début de ce siècle.

Et persister dans l'usage des catégories kantiennes pour ce qui est compréhensible seulement avec une autre esthétique ne peut qu'entretenir le malentendu entre des œuvres qui vont bientôt avoir un siècle et un public qui semble n'avoir pas assimilé les conséquences esthétiques de la mort de Dieu et des révolutions qui accompagnent cette réjouissante nouvelle. On ne peut comprendre la modernité à l'aide du seul secours de Kant, car Nietzsche seul est à même de rendre possible une compréhension de ce qui fait et a fait notre siècle.

Dieu est mort, donc, et en même temps que lui, ce qui procédait du modèle transcendant et monothéiste : le Beau, le Vrai, le Bien comme absolus valant universellement et sans concept pour le dire comme Kant. Nietzsche inaugure le règne du relativisme, ce qui ne veut pas dire que tout vaut tout, indistinctement, mais que tout est relatif à des faisceaux de raisons immanentes et non plus transcendantes. Ce qui est n'est compréhensible qu'en rapport avec des catégories issues d'un monde sensible, phénoménal, et non plus intelligible ni nouménal. L'esthétique kantienne n'est tout au plus utilisable que pour les productions artistiques qui lui sont antérieures ou contemporaines, du *kouros* grec à l'architecture de Victor Louis. Au-delà, et selon ce principe nietzschéen, elle n'est plus valable. Place à une nouvelle théorie esthétique. En l'occurrence celle de Nietzsche, toujours inactuelle pour ceux qui n'ont pas accepté ni digéré ce changement de monde et ce basculement du vingtième siècle dans sa spécificité : le Tragique.

Tant qu'on n'écoutera pas Nietzsche, on n'entendra pas Schönberg. D'abord, parce que l'indigence de la pensée kantienne en matière de musique est radicale. Kant, qui, de son propre aveu, n'aimait que les fanfares militaires, n'a consacré à Euterpe qu'une place dérisoire de quelques lignes — et quelles lignes ! — dans ce monument qu'est la *Critique de la faculté de juger* ; ensuite, parce que

Nietzsche tout entier, du philologue au philosophe, procède de la musique et de l'univers dionysien qu'elle suppose. En châtrant dès que cela lui fut possible le Nietzsche musicien, Wagner ignorait certainement qu'il rendait possibles un philosophe et une philosophie qui prépareraient et légitimeraient l'esthétique post-wagnérienne...

Sur la question du rapport de Nietzsche à la musique, on s'est bien trop souvent contenté d'une collection des avis du philosophe sur les musiciens du passé, ou sur ceux qui touchaient son présent. D'où l'alternative : les commentaires sur les gesticulations impétueuses de Beethoven, la vulgarité de Bellini, le sublime de Palestrina, l'alcyonisme de Mendelssohn, la virtuosité de Berlioz ou alors les dissertations sur la mélancolie de l'impuissance chez Brahms, sinon la collection de tares de Richard Wagner. Or, le Nietzsche dissertant sur ses goûts et dégoûts en matière d'histoire de la musique présente moins d'intérêt que ce que j'appellerai sa *théorie de la musique* — si l'on sait se souvenir que dans l'étymologie de *théorie* on retrouve la *contemplation*.

Le discours nietzschéen sur l'essence de la musique est peu ou prou celui de Schopenhauer : elle vise à remplir l'existence tout entière pour lui donner sens puisqu'on doit au philosophe la confidence que, selon lui « sans la musique, la vie serait une erreur ». A l'évidence, on ne trouvera pas chez Nietzsche un éloge de la musique d'ameublement, d'amusement, des ritournelles faciles et mémorisables comme une mélodie populaire, ou des scies qui envahissent l'esprit telle une brume les nuits d'hiver. Car la musique est affaire de tragique. Et sur ce terrain, il semble que Schönberg ait été le prophète d'un messianisme incarné par le philosophe au marteau.

Schönberg lu, vu et entendu par Adorno, c'est moins un musicien pensé qu'un symptôme analysé. Toujours la théorie hégélo-marxiste du reflet des conditions de production, des relations entre une superstructure idéologique et une infrastructure économique qui la rend possible, la conditionne. Et rien sur la subjectivité tragique dont procède l'œuvre. Dès le projet de *Philosophie de la nouvelle musique*, le livre dans lequel Adorno oppose Schönberg le progressiste à Stravinski le conservateur, sinon le réactionnaire, le père de l'Ecole de Vienne émet plus que des réserves : « Le livre sera une arme entre les mains de beaucoup de mes adversaires », écrit-il, prémonitoire en diable... Et il fustige Adorno de n'avoir rien compris à ce qui fait l'essentiel d'une œuvre : l'inspiration d'un créateur, la subjectivité d'un artiste, le sujet habité par une puissance qui le déborde et à laquelle il faut donner forme.

Adorno ignore le corps, Schönberg implique le sien. Nietzsche n'est pas loin. Du corps de Schönberg, on sait la tension, la nervosité, l'hypersensibilité d'écorché, la susceptibilité maladive consubstantielle à tous les médiums qui travaillent inspirés, hantés. Coléreux, violent, radical, instinctif, il est un alchimiste sublime qui transforme ses forces en faiblesses, et vice versa. De tous ceux qui n'aiment pas sa musique, il écrit : « Je considère ces gens-là comme des ennemis. » Je me souviens des injonctions nietzschéennes : « Un oui, un non, une ligne droite. » Malédiction aux tièdes. Tous ou presque en feront les frais autour de lui, Berg et Webern en savaient quelque chose.

Quoi encore sur ce corps ? De l'asthme, en quantité. Trois litres de café par jour, une soixantaine de cigarettes, de la codéine et du Pantopon. Schönberg est loin d'être cet esprit désincarné, ce pur intellectuel auquel se plaisent ceux qui entendent sa musique sans l'écouter et qui identifient fautivement une apparente austérité à l'oreille et une existence de cénobite spécialiste en idéal ascétique. Car sa musique lui ressemble, mais au-delà des clichés : elle est pleine d'impressions et d'expressions, d'émotions et de sensations. Pleine d'éléments biographiques aussi, de citations cachées, de références masquées à sa propre vie quotidienne. A la source de toute cette vitalité en fusion, on trouve l'inspiration dont le musicien confie qu'elle n'a jamais été prise en compte par Adorno qui, à son avis, semble même ignorer son existence et sa nature architectonique.

D'où la revendication de Schönberg qui tenait absolument à ce que l'on sache la priorité de l'artiste chez lui, et écrivait : « Je ne le répéterai jamais assez : mes œuvres sont des *compositions* dodécaphoniques et non des compositions *dodécaphoniques.* » D'abord l'art, ensuite le métier. Schönberg est un compositeur, au même titre que les autres, inscrit dans une lignée historique, donc une époque, un lieu, un temps, rendus possibles par le passé, mais rendant également possible le futur. Moins phénomène d'arithmétique ou génie mathématique des séries, le musicien du *Pierrot lunaire* est un classique hic et nunc.

Nietzschéen par la modernité antikantienne, la considération du corps comme une grande raison, la croyance en la vérité de l'artiste inspiré, Schönberg l'est également par la confusion de l'œuvre et de la biographie, de l'éthique d'une existence et de l'esthétique d'un trajet artistique. Les musicologues ont montré la relation entre sa vitalité plus ou moins affectée, sa sensibilité plus ou moins mise à l'épreuve et le contenu ou la qualité de son travail de composition. Ici et là on pourra repérer un deuil, une séparation, un adultère et trouver une correspondance avec la quintessence de telle ou telle production du moment — de l'avis même de Schönberg, par exemple, la mort de Mahler et les *Petites pièces pour piano* op. 19.

Ailleurs, on découvrira un jeu savant avec des lettres et des notes qui permettent, via les monogrammes de noms propres — le sien et celui de ses proches —, des citations affectives au cœur de l'œuvre sous forme de microstructures récurrentes et d'accords réitérés. De même, à chaque fois que son travail musical suppose une mise en relation avec un texte, Schönberg transfigure esthétiquement un problème de nature autobiographique : l'échec d'un premier mariage, le suicide de l'amant de sa femme et les difficultés du couple nourrissent *La Main heureuse* sinon *Erwartung* ; les quêtes spirituelles, les interrogations sur la façon d'architecturer sa foi fortifient *L'Echelle de Jacob* ; les formes hypothétiques dans lesquelles Dieu peut ou non se révéler hantent *Moïse et Aaron* ; les fascismes européens, la dictature, le totalitarisme expliquent l'*Ode à Napoléon* ; la compassion à l'endroit des victimes juives du nazisme débouche sur *Un survivant de Varsovie*. Comment mieux dire une subjectivité dans son temps propre, privé autant que public ? Peut-on exprimer avec plus de clarté l'enracinement d'une création dans un terreau historique local et personnel, puis global et ontologique ? De l'homme souffrant dans sa chair par l'échec d'un couple à celui qui pratique le condouloir à l'endroit des victimes de son peuple, des hésitations, errances, questionnements, inquiétudes et méditations d'un sujet fragile, aux résolutions dans les formes d'une radicale subjectivité, il y a tout le trajet qui conduit de l'âme à l'œuvre, de la blessure à l'art.

Dans le mystère de cette alchimie, il y a un diamant : le tempérament d'un homme qui se sublime en style. Et Schönberg est aussi nietzschéen dans sa conscience de soi comme destin. Pareil à Nietzsche, il se sait inactuel aujourd'hui parce que appelé à régner un jour. Dans *Ecce Homo*, le père de Zarathoustra dit qu'il est moins un philosophe que de la dynamite, qu'il est appelé à triompher seulement avec le temps, plus tard, qu'un jour, loin du mauvais souvenir des accueils glacés, on enseignera sa pensée dans des chaires spécialement créées à cet effet, qu'une communauté de fidèles, liés par les affinités électives, contribuera, sur le mode évangélique, à propager la philosophie nouvelle. Ne croirait-on pas des lignes signées par Schönberg dont le destin semble identique ? Pour sa part, le musicien écrivait : « J'attends d'avoir cent vingt-cinq ans, et de vivre alors le commencement de mon succès. » Pourquoi ce nombre d'années ? Vraisemblablement parce qu'elles conduisent à 1999, l'aube d'un siècle nouveau, fort d'aurores qui n'ont pas encore lui.

La certitude d'être un destin implique d'être pour l'éternité, c'est-à-dire de souffrir dans l'étroitesse de l'instant présent. Elle installe dans le devenir et rend périlleuse la fixité des moments actuels. Sûr de son fait, il écrit à Rufer, en 1921 : « J'ai fait une découverte qui assurera la suprématie de la musique allemande pour les cent ans à venir. » A savoir la composition à l'aide des douze sons. Nietzsche détruit le platonisme, l'enjambe et promeut son esthétique vitaliste ; Schönberg pulvérise la tonalité, la dépasse et fonde le dodécaphonisme. Fort de ces certitudes, le musicien, tout comme le philosophe, débouchent sur une éthique solaire et solitaire, radieuse et radicalement aristocratique. D'où une croyance indéfectible aux droits de la plus petite des minorités qui va avec une certaine morgue à l'endroit du plus grand nombre et des troupeaux attardés.

Formulant cette éthique qui assume ouvertement ce que Nietzsche appelait « le pathos de la distance », le compositeur écrit : « Si c'est de l'art, ce n'est pas pour les masses ; si c'est pour les masses, ce n'est pas de l'art. » Il n'en démordra pas. Et peut-on lui donner tort ? Les régimes totalitaires, sous toutes leurs formes, pourvu qu'ils aspirent à l'homme unidimensionnel, visent la musique populaire, pour les masses et pour des consommations qui ont moins à voir avec l'esthétique qu'avec l'idéologie — de la révolution prolétarienne au grand Reich antisémite en passant par le marché généralisé.

Pour autant, cette position aristocratique suppose moins un enfermement ésotérique à l'usage de la

distinction, au sens de Bourdieu, ou de la reconnaissance de caste, qu'une pédagogie exotérique destinée à tous ceux qui voudraient savoir, comprendre
et aimer. Aussi, l'aristocrate dans ses exigences est-il
doublé, corrélat obligé, d'un démocrate dans la
méthode : jamais Schönberg n'a économisé son
temps pour expliquer, commenter, éclairer ses
options esthétiques, donc éthiques. Conférences,
interventions, articles, cours, séminaires, brochures,
livres, tout fut bon pour mettre à la portée du plus
grand nombre cette découverte qui, relativement
aux positions qu'on adoptait à son endroit, sélec-
tionnait impitoyablement les élus. Proposée à tous,
la révolution était saisie et comprise par quelques-
uns seulement.

Eminemment sélective, elle suppose l'exigence,
l'effort, la volonté et la sculpture du vouloir. Aux
antipodes de la facilité qui rend veule, de la démagogie qui rapetisse ou des sentiments étroits qui
abaissent, Schönberg proposait, comme Nietzsche,
une éthique des cimes et des hauteurs, là où les
espaces sont déserts, libres d'encombrements. Rien
en demi-teinte, tiédeur ou milieu chez Schönberg
qui écrivait : « Chez moi, il n'y a pas de sentiments
moyens. » Donc, au choix : effort, volonté de savoir,
pouvoir et compréhension, ou abandon aux facilités
des musiques commerciales et indigentes du
moment. Les sommets où l'air est pur et coupe
comme une lame d'acier, ou les vallées dans lesquelles croupissent les foules. Ainsi, dans son *Autoanalyse*, Schönberg analyse brièvement les heurs et
malheurs de « celui qui a eu le courage de risquer sa
vie pour une idée ». Les accents du musicien font
sans conteste songer à ceux du philosophe.

L'homme qui a tout jeté dans l'abîme de ses
convictions, c'est, chez Nietzsche, l'artiste dionysien
auteur de ce qu'un aphorisme d'*Aurore* appelle « une
musique innocente ». Lisons le texte : on considère
comme « musique *innocente* celle qui pense exclusi-

vement à soi, ne croit qu'en soi, et a oublié le monde au profit de soi, — la résonance spontanée de la plus profonde solitude qui parle de soi avec soi et ne sait plus qu'il existe au-dehors des auditeurs aux écoutes, des effets, des malentendus et des insuccès. » Ces pages du philosophe sont écrites en 1881, Schönberg est âgé de sept ans, elles semblent avoir été écrites pour lui. Qu'en est-il de cette innocence ? Est-elle à mettre en perspective avec cette musique pure qui serait pure musique et après laquelle le compositeur a couru toute son existence ? Innocence du devenir et devenir innocent de la musique culminent dans l'absence d'inféodation de la composition à autre chose qu'à elle-même. Alors la musique est transfiguration et coïncidence du réel en sons.

Dans cet ordre d'idées, le musicien veut la musique pour elle-même, il ne la met pas au service d'une cause tierce : plaire au peuple, servir la nation, célébrer un idéal, amuser les clients, obtenir des honneurs, rapporter de l'argent. Dans un fragment posthume, Nietzsche écrit : « *La bonne* musique n'a jamais de "public" : elle n'est jamais, et jamais ne peut être "publique", elle appartient aux élites, elle ne doit jamais avoir lieu "que pour la chambre". » Comment mieux résister à la marchandise, à la valeur d'usage, à la fétichisation du son ? Peut-on autrement dissocier l'art et la massification, l'esthétique et la commercialisation ? Est-il possible de démontrer plus radicalement la nécessité d'un hédonisme conceptuel et raffiné à venir contre un hédonisme vulgaire et naturel *déjà là ?* Nietzsche et Schönberg sont des penseurs de l'Artifice, de la nécessité du trajet initiatique : qualité contre quantité, excellence contre vulgarité, volonté contre avachissement. La musique contemporaine, ainsi que la philosophie qui l'accompagne, nécessitent la sculpture de soi, la promotion de la forme contre la matière brute, la stylisation du vouloir. Autant dire qu'une modernité digne de ce nom est définitivement inconciliable avec les faux-semblants de notre époque. En quoi elle est toujours subversive...

Innocente dans son refus de prendre en considération les désirs de la masse, la musique nietzschéenne de Schönberg propose délibérément une variation sur le thème du romantisme. Non pas celui que Nietzsche décèle et désigne chez les amateurs d'épuisement, les spécialistes en « appauvrissement de la vie », mais plutôt son antidote, celui de « la surabondance de vie ». D'une part, Wagner et les wagnériens qui aspirent à réaliser l'injonction schopenhauérienne d'extinction de soi, de l'autre, les musiciens qui sont encore silencieux à l'heure où Nietzsche écrit. Et pour cause. Contre *le pessimisme romantique* des fatigués, Nietzsche promeut *le pessimisme dionysien* tout entier tendu vers l'expression du tragique. Qu'est-ce à dire ?

Pour le philosophe allemand « l'être chez qui l'abondance de vie est la plus grande, Dionysos, l'homme dionysien, se plaît non seulement au spectacle du terrible et de l'inquiétant, mais il aime le fait terrible en lui-même et tout le luxe de destruction, de désagrégation, de négation ; la méchanceté, l'insanité, la laideur lui semblent permises en quelque sorte, par suite d'une surabondance de forces génératrices et fécondantes qui est capable de faire, de chaque désert, un pays fertile ». Abondance de vie ? oui. Spectacle du terrible ? oui. Luxe de destruction ? oui. Esthétique de la laideur ? oui, d'une certaine manière. Transfiguration des déserts ? oui encore. Schönberg paraît bien être cet homme du tragique, cet artiste dionysien, ce pessimiste ardent.

Esthétique de la laideur, ai-je écrit — je veux m'expliquer. La laideur est entendue relativement aux catégories anciennes, kantiennes. Opposée au beau des classiques, l'équilibré, l'harmonieux, le consonant. Pour étayer cette hypothèse on peut convoquer quelques lignes de *La Naissance de la tragédie* dans lesquelles Nietzsche fait l'éloge, inattendu pour son temps, de la dissonance... Dans *Aurore*, il entretiendra aussi de la « laideur intéressante ». De la dissonance, donc. Nietzsche oppose la réalité de la dissonance à l'idéalité de la consonance. Autant dire la vérité à l'illusion. Une esthétique de la dissonance revendiquée s'énonce sans ambages comme antiplatonicienne, antikantienne aussi, par la même occasion. Question : « Comment la laideur et la disharmonie, matière du mythe tragique, peuvent-elles susciter un plaisir esthétique ? » Réponse : « Le plaisir suscité par le mythe tragique et la jouissance que procure la dissonance dans la musique ont une origine identique. L'élément dionysien, avec sa joie primordiale en face même de la douleur, est la commune matrice d'où naquirent la musique et le mythe tragique. » Et plus loin : « La dissonance est le fond du discours musical, la consonance n'est qu'un accident, un épisode fugitif. Pour les classiques, la consonance est l'élément dominateur et la dissonance lui est subordonnée. Le beau, c'est la splendeur du non-vrai. » Résumons : tragique, pessimisme dionysien, innocence, dissonance, la musique entendue par Nietzsche pourrait bien être celle que composera Arnold Schönberg et que le philosophe allemand attendait sous la rubrique du *grand style*.

Dans les morceaux éclatés de *La Volonté de puissance*, Nietzsche explique ce qu'est à ses yeux le grand style : il suppose le dépassement des catégories classiques et, notamment, le refus de subordonner la création à un hédonisme immédiat. Cet antihédonisme vulgaire est manifeste dans *Le Cas Wagner* où l'on peut lire : « Ne tolérons jamais que la musique "serve de délassement", qu'elle "égaie", qu'elle fasse plaisir. *Ne faisons jamais plaisir !* Nous sommes perdus si l'on se remet à penser à l'art en hédonistes. » Pas question, donc, de soumettre la composition musicale aux désirs, aux souhaits du public, pas question d'inféoder la création artistique aux volontés du plus grand nombre, pas question de ravir, séduire, remporter des suffrages facilement.

La musique n'a pas à aller prioritairement vers le public, en revanche, le public doit aller vers elle. Et, là, le plaisir n'est pas à exclure, en forme de supplément d'âme. Alors, il sera qualitativement sublimé, précieux, rare et brillant comme l'arête d'un diamant.

Du grand style en tant que tel, il en va non pas du plaisir qu'il autorise mais de la puissance de volonté qu'il permet : « La grandeur d'un artiste ne se mesure pas d'après les "beaux sentiments" qu'il éveille : il n'y a que les petites femmes pour croire cela. Mais d'après le degré qu'il met à s'approcher du grand style. Ce style a cela de commun avec la grande passion qu'il dédaigne de plaire ; qu'il oublie de persuader ; qu'il commande ; qu'il *veut*... Se rendre maître du chaos que l'on est soi-même ; contraindre son chaos à devenir forme, à devenir logique, simple, sans équivoque, mathématique, *loi* — c'est là sa plus grande ambition. » Et encore : « Tous les arts connaissent de pareils ambitieux du grand style : pourquoi manquent-ils dans la musique ? Jamais encore un musicien n'a construit comme cet architecte qui créa le Palais Pitti. » Schönberg, *ambitieux du grand style ?* Vraisemblablement.

D'aucuns qui se sont demandé quelle musique Nietzsche aurait écrite s'il avait dû ne pas renoncer à la carrière de compositeur ont hésité : Johannes Brahms ou Hugo Wolf ? Bruckner ou Mahler ? Plus tard, on a questionné : Debussy ou Milhaud ? Bizet, vraiment ? Mais est-ce finalement la bonne question ? Ne faut-il pas plutôt se demander ce que, en tant que philosophe de la modernité, il a rendu possible, ce que le travail de sa plume a permis d'entendre, quelles généalogies autorise son œuvre de théoricien de l'esthétique. Alors, sans conteste, le siècle est nietzschéen et rien n'est compréhensible des révolutions esthétiques qui se sont égaillées depuis que le philosophe a sombré dans la folie sans le formidable secours de son œuvre. De

Nietzsche et du nietzschéisme, il en va comme d'une nuit transfigurée.

53

HAINE DU CORPS

Pauvre Descartes, il avait bien tort de croire que le bon sens est la chose du monde la mieux partagée. Et pour le confondre une bonne fois pour toutes, il faudrait réaliser un jour une encyclopédie des sottises humaines redevables du seul défaut de bon sens. Dans le monceau de volumes, un seul pourrait d'ailleurs être consacré à la haine du corps comme emblème de cette bévue ancestrale qui fait de chacun un *héautontimorouménos*, pour le dire comme Baudelaire inspiré par Térence : le bourreau et la victime de soi, les membres et la roue, le soufflet et la joue, le couteau et la chair qu'on lui offre. Je ne cesserai de me poser la question : pour quelles raisons, autres que masochistes, prendre plaisir à oublier, négliger, salir, brutaliser son corps ? Qu'est-ce qui justifie qu'on retienne ses désirs, qu'on ne réalise pas ses fantasmes, qu'on ne s'abandonne pas à la douce jubilation des chairs qui se prêtent un instant plus qu'elles ne se donnent pour l'éternité ? Pourquoi tant de distorsions, de torsions, de complications avant que deux désirs se repèrent, se rencontrent et s'associent pour deux plaisirs ?

Fourier avait raison d'imaginer que tous les désirs devraient pouvoir être formulés, proposés, puis satisfaits dans une pure et simple logique communicationnelle animée par la volonté de jouissance. En revanche, il avait tort de croire que leurs réalisations supposaient l'intercession d'une instance sociale, étatique ou d'organisation institutionnelle. Rien n'est plus sinistre qu'un plaisir organisé comme un devoir social, qu'une fête décidée par arrêté préfectoral ou ordonnance gouvernementale. Car le social et le collectif sont radicalement et éternellement antinomiques avec l'hédonisme pour la raison qu'une entité collective ne peut se nourrir, se fortifier et durer qu'avec l'énergie des singularités qui la constituent. Le groupe a pour ciment le seul sang des sujets qui s'y trouvent.

Les prêtres haïssent le corps, on le sait. Le principe de toute religion postchrétienne est dans cette haine. Le sang et le corps ne sont justifiables et convenables que dans une forme transsubstantiée : hostie et calice pour le cérémonial, corps glorieux pour les lendemains de résurrection, instrument du péché pour le tout-venant de chaque jour. Peu importe le Dieu des juifs, des catholiques ou des musulmans, car toujours il a décidé : haro sur la viande. Pas d'ivresse ou d'ébriété, de transports charnels ou d'extases matérielles, de transes corporelles ou de frémissements sexuels : les seules vibrations justifiables doivent viser le céleste et utiliser les moyens de transport spirituels. Les saints, modèles de vertu et parangons d'éthique comme il faut, ne jouissent que dans le martyre, la macération, la fustigation. Pour les corps et leur épanouissement, n'attendons rien des religions.

Aux côtés des prêtres, frères en bure, on peut aussi débusquer les philosophes, congrégation sinistre en son genre lorsqu'elle est officielle, universitaire, enseignée dans les ghettos et les réserves naturelles qui fondent son succès sur l'inceste et la reproduction entre membres de la même famille. Rien n'est plus triste que les familles qui fonctionnent au signe de reconnaissance, singent le vocabulaire, jubilent dans le psittacisme et célèbrent les vertus du caméléon théorique. Platoniciens et kantiens réconciliés par-delà le vocabulaire et les questions de détail rhétorique se contentent de formuler en langage faussement philosophique les thèses classiques du Vatican de saint Pierre à Jean-

Paul II : le corps pécheur, le discrédit du désir, la chair peccamineuse, la sexualité réprouvée, les instincts, passions et pulsions condamnables, la soumission au principe de réalité, la malédiction jetée sur tous les plaisirs, le mépris de la vie terrestre, la célébration de la vie céleste. Haine du corps, partout.

Parmi les philosophes officiels, ceux qu'on édite et qu'on transmet, mais qui donnent tout de même l'impression d'être en marge, je veux désigner les pessimistes, ceux qui ont fait leur fonds de commerce en vendant pendant les heures de bureau du désespoir, du pire, de la tragédie dans laquelle on se complaît, des gouffres et des enfers, de la mélancolie et du spleen, mais qui ne lèveraient pas la main contre leur petite personne pour faire comme Michaelstader ou Weininger et se loger une lame en travers de la gorge ou une balle dans la bouche. Entre un alcool fort — seuls chez eux les alcools ont cette vertu — et un bar dans les meilleurs quartiers, les plus littéraires, entre une séance de dédicace chez leur éditeur et un passage à la télévision, une trop longue plainte affectée dans un quotidien parisien et un soupir sur les vertus du néant dans une revue au papier glacé, ils pestent eux aussi contre le corps : les désirs sont des malédictions, disent-ils, avant de sodomiser des petits garçons en Thaïlande ou de gamahucher des collégiennes dans leurs soupentes parisiennes ; le corps est un fardeau qui empêche les longs vols planés de l'âme vers le sacré, Dieu, le divin ou Bouddha se lamentent-ils chez un nutritionniste suisse qui leur refait une ligne moyennant finance ou au bord de feu la piscine qui leur tenait lieu de forum au petit pied ; la vie est un encombrant pensum, une farce trop longue et parsemée d'embûches, se plaignent-ils entre deux postures prises pour une éternité de pacotille ; la conscience, le moi et le je sont des illusions, prêchent-ils dans un journal du soir en signant de leur nom en gras cette profession de foi bouddhiste.

Des affidés de Yahwhé, Jésus, Allah, Bouddha, de ceux du fondateur de l'Académie ou du criticisme prussien, des amateurs épuisés de vapeurs soporeuses, on ne s'étonnera pas qu'ils engrossent le rang des imprécateurs du corps. En revanche, j'ai trouvé plus étonnant de devoir associer à ces tristes sires de la pensée désincarnée la plupart des penseurs ou fonctionnaires qui font aujourd'hui l'art contemporain. Fiers de leurs hypothétiques positions d'avant-garde, assez satisfaits d'être, à leurs yeux, des parangons de modernité et de subversion, nombreux sont ceux qui, dans des lieux où se propagent les devenirs esthétiques, jouent dans le même orchestre que les vendeurs d'arrière-mondes lorsqu'il s'agit d'appréhender la production des artistes qui font de leur corps la matière, le sujet et l'objet de leurs travaux.

De ceux-là, évoluant dans le minimal, le conceptuel, la trans-avant-garde, fluxus et autres junk ou funk, comme s'ils étaient poissons dans l'eau, béats et contents, arrêtés sur leurs certitudes, ethnologues imbattables sur les us et coutumes de toutes les tribus esthétiques, j'ai *toujours* surpris une attitude qui oscillait entre l'étonnement de la condamnation en passant par les variations possibles sur le thème du « mais comment peut-on oser pareilles choses ? ». A l'aide d'un discours mâtiné de psychanalyse qui donne l'impression de pouvoir tenir le même propos que celui des donneurs de leçons morales tout en s'en distinguant par la seule forme, les nouveaux prêtres refusent et croient ainsi réfuter.

Le boudin au sang humain de Journiac ? Le verre pilé et le lait ingérés par Gina Pane ? Les baptêmes au sang chez Hermann Nitsch ? Le cérémonial velpeau de Schwartzkogler ? Les orgies théâtralisées de Muehl ? Les poésies directes de Jean-Jacques Lebel ? La gastronomie maniériste de Peter Kubelka ? Les chirurgies véritablement esthétiques chez Orlan ? Les tatouages de Valie Export ? Névroses, psychoses et autres pathologies redevables de la psychiatrie. Troubles du comportement, détournement de l'esthétique à des fins nosologiques. Et basta ! Un peu de moraline et tournons la page, passons à des choses sérieuses. Ce discours, plus ou moins enrobé, plus ou moins travesti, je l'ai entendu à maintes reprises, dans des lieux différents qui tous avaient en commun de se croire des pointes avancées de la modernité. Haine du corps, là encore.

Toujours la question m'a été posée : « Quelles raisons font qu'on peut s'intéresser à ces marges de l'histoire de l'art ? » Et sans cesse il me faut répondre qu'on n'a pas là une excroissance, un polype bénin ou malin, mais un laboratoire pour un nouveau type d'intersubjectivité des corps. Chez ces artistes, la vie et l'œuvre, l'éthique et l'esthétique, le quotidien et la création ne sont pas séparés, mais réconciliés, ils coïncident et s'éclairent mutuellement.

De même, leur œuvre, au sens large du terme, échappe pour la plupart aux lois du marché qui régissent l'ensemble des circulations de biens esthétiques dans nos sociétés marchandes. Si l'offre et la demande se sollicitent vicieusement avec les toiles impressionnistes tout autant que les bandes verticales de Daniel Buren, on peut, sans craindre de se tromper, affirmer que le marché des artistes qui travaillent sur leur corps n'enregistre aucun des engouements en dollars qui peuvent se repérer ailleurs. Absence dans les galeries, dans les musées, dans les rétrospectives qui font se pâmer le bourgeois, dans les histoires de l'art, absence dans la plupart des cours professés aux Beaux-Arts. Absence dans les revues qui se sont spécialisées dans l'esthétique d'aujourd'hui.

Pour mesurer le degré d'incompétence de ceux qui osent toutefois s'occuper du sujet, il suffit de se reporter aux textes rédigés sur le trajet esthétique de Rudolf Schwartzkogler et constater que la presque totalité des plumitifs reprennent la version fautive

d'une mort par autocastration, induite chez les barbouilleurs de revues par un regard terrorisé sur les
performances de l'artiste, là où il s'est contenté d'un
suicide par défenestration. Mais les clichés et lieux
communs ont la vie dure. Le pillage des notices
comme méthode de travail chez les historiens d'art
apparaît ici comme une évidence, en même temps
que leur indigence à l'endroit d'une pensée possible,
libre, intelligente et ludique sur ce travail. Déjà
Montaigne dénonçait l'*entreglose* comme maladie
infantile de la philosophie.

Laissons là. Pas besoin d'aller plus loin pour plus
d'évidence ou de certitudes : le corps est vilipendé
partout où il apparaît. D'où mon intérêt, plus que
jamais, pour l'hédonisme et, précisons une fois
encore, tous les espaces dans lesquels on apporte
des réponses à la question : que peut le corps ?
Aussi, pour éviter les impairs, il faut dire de quel
corps on parle. Car je ne veux pas plus d'une
absence de corps que d'un corps absent : celui des
idéalistes, des spiritualistes et autres amateurs de
fantômes ou d'ectoplasmes. Corps glorieux des chrétiens, corps astral des thuriféraires de parapsycho-
logie, corps mental ou causal des Orientaux patients
devant la métensomatose. Pas plus je ne me soucie
du corps virtuel de nos sociétés marchandes qui ont
construit un archétype relayé par l'image que
véhiculent tous les types de médias : des corps qui
n'existent pas sans la falsification technique qui les
permet, distorsions photographiques ou créations
informatiques, coupages et collages, sélections et
aboutements, puis production d'une forme hybride,
composite et inexistante en dehors de ses modalités
d'apparition.

Je parle des corps qui se montrent dès l'époque
des Vénus préhistoriques de Lespugue, Savignano
ou Willendorf : seins et vulves, ventres et hanches,
bassins larges et pubis triomphants, femmes fessues
et faces mafflues. Mais aussi, pour les hommes, cet

émouvant visage humain gravé dans la grotte de
Marsoulas en Haute-Garonne, moins une figure platonicienne qu'un portrait déjà vériste, en plein épanouissement magdalénien. Ou ces corps musclés et
graciles, tendus et bandés, vifs et élégants qui
chassent, marchent, courent ou cheminent le phallus en érection.

Ces corps-là mangent et défèquent, respirent et
souffrent, vieillissent et jouissent, fatiguent et
jubilent, s'assoupissent et meurent, dorment et
rêvent. Et ce sont ces chairs-là qui m'intéressent,
parce qu'elles s'ouvrent et s'offrent, saignent et
portent les enfants, sont taillées dans le vif par de
l'énergie et des flux nerveux. Parce que la peau les
recouvre et qu'elles sont douces ou granuleuses,
épaisses ou fines, sèches ou grasses, parce qu'elles
sentent la sueur et s'humidifient comme les forêts,
les sous-bois et les mousses imbibées par les
sources. Poils trempés et fermentations violentes,
animales et guerrières contre corps vidés de leurs
substances pour de pures formes désertées par la
vie. Il faut choisir : les gibiers qui périssent ou les
déserts qui durent.

Autant dire que, désireux de ces corps pleins
qu'on retrouve sublimes chez Boucher, Watteau,
Lancret ou Fragonard, je ne veux pas autre chose
qu'un matérialisme radical, hédoniste et athée. Aux
antipodes du spiritualisme ascétique et religieux,
cette éthique est sous-tendue par une perpétuelle
volonté de jouissance, pour soi et pour autrui, par
soi et par autrui. Le seul corps réel est le corps possible, celui que foudroie aujourd'hui le sida comme
pour attirer l'attention sur les tragédies qui s'installent encore à l'épicentre des échanges, de la
communication et de la circulation des désirs et des
plaisirs. Plus que jamais, et parce que cette épidémie donne trop d'armes aux tenants de l'idéal ascétique, de la castration et de la haine du corps,
l'hédonisme est d'actualité, comme une revendication, une perpétuelle volonté de subversion, une

authentique et capricieuse rébellion élégante devant le gouffre ouvert tel un fruit défendu dont les sucs sont violemment mortels.

FIN DU TOME PREMIER

INDEX

Du même auteur

GEORGES PALANTE, *Essai sur un nietzschéen de gauche*, Folle Avoine, 1989.
LE VENTRE DES PHILOSOPHES, *Critique de la raison diététique*, Grasset, 1989.
CYNISMES, *Portrait du philosophe en chien*, Grasset, 1990.
L'ART DE JOUIR, *Pour un matérialisme hédoniste*, Grasset, 1991.
L'ŒIL NOMADE, *La peinture de Jacques Pasquier*, Folle Avoine, 1993.
LA SCULPTURE DE SOI, *La morale esthétique*, Grasset, 1993 (Prix Médicis de l'essai).
ARS MORIENDI, *Cent petits tableaux sur les avantages et les inconvénients de la mort*, Folle Avoine, 1994.
LA RAISON GOURMANDE, *Philosophie du goût*, Grasset, 1995.
MÉTAPHYSIQUE DES RUINES, *La peinture de Monsu Désidério*, Mollat, 1995.
LES FORMES DU TEMPS, *Théorie du sauternes*, Mollat, 1996.
POLITIQUE DU REBELLE, *Traité de résistance et d'insoumission*, Grasset, 1997.

A paraître

LES VERTUS DE LA FOUDRE, *Journal hédoniste II*, Grasset, 1998.

Composition réalisée par JOUVE

IMPRIMÉ EN FRANCE PAR BRODARD ET TAUPIN
Usine de La Flèche (Sarthe)
LIBRAIRIE GÉNÉRALE FRANÇAISE - 43, quai de Grenelle - 75015 Paris.
ISBN : 2 - 253 - 94263 - 4